常熟儒学碑刻集

陳穎◎主編

蘇州大學出版社

圖書在版編目（CIP）數據

常熟儒學碑刻集 / 陳穎主編．—蘇州：蘇州大學出版社，2017.11

ISBN 978-7-5672-2225-0

Ⅰ.①常…　Ⅱ.①陳…　Ⅲ.①碑刻－匯編－常熟　Ⅳ.① K877.42

中國版本圖書館 CIP 數據核字（2017）第 236500 號

常熟儒學碑刻集

主　編　陳　穎
書名題籤　吴　葦
責任編輯　倪浩文
裝幀設計　倪浩文
出版發行　蘇州大學出版社
（蘇州市十梓街 1 號，215006）
印　刷　常熟市梅李印刷有限公司
開　本　889 mm×1194mm　1/16
印　張　20.5
字　數　480 千
版　次　二〇一七年十一月第一版
印　次　二〇一七年十一月第一次印刷
書　號　ISBN 978-7-5672-2225-0
定　價　200.00 元

《常熟儒學碑刻集》編委會

序

在中國歷史上，以孔子為宗師的儒家文化源遠流長，而以儒家思想為核心的中國科舉制度，也有着一千三百餘年的歷史，不僅影響了中國數千年的文明發展，也對世界文化教育史產生了深遠的影響。

中國碑刻歷史悠久，從兩漢、南北朝一直至今從未間斷，歷經兩千餘年的發展變化，分佈地域遼闊，形式多樣，内容涉及哲學、宗教、歷史、地理、經濟、政治、軍事、文化、藝術、教育、科學、技術、民族等諸多方面。其功能涵蓋述德、銘功、記事、纂言等諸多方面，見證着歷史的進程和時代的變遷，因而可以説碑刻是中國古代文明的精華和濃縮。它最大的特性是既可與歷史事件相互印證，又可補充文獻資料的不足和闕如，具有其他文物不可替代的證史作用。各地文廟（孔廟），自唐宋以來至清末一直是官方的教育場所，為官府所重視。上至京城，下到府學、州學、縣學，每有修繕、遷建、重建等事件，都會有主事官員刻碑記録。據統計，我國現保存碑刻最多的場所幾乎都在文廟（孔廟）内，如曲阜孔廟即有自漢以來以漢文、蒙文、八思巴文、滿文撰寫的真、草、隸、篆等各體碑刻一千餘通，内容包括皇帝追謚、加封、祭祀孔子和修建孔廟的記録以及帝王宰相、文人學士等拜謁孔廟的詩文題記等。無論從年代跨度和數量上，對研究中國古代儒學文化，都具有極高的價值。

縱觀常熟古代碑刻，亦然如此。數量以歷代寺觀和文廟、書院為多，而以儒學碑刻為主流，此當與常熟歷史上尊重儒學、崇文興教有關。據文獻記載，常熟文廟位于古城區學前街，始建于北宋至和年間，後不斷增拓，漸成規模。元元貞二年（1296），升為州學，為吴中四州之冠，左廟右學，規制宏敞。明成化二十二年（1486），監察御史胡漢過常熟展謁文廟，命知縣祝獻移建孔子南方唯一弟子言子專祠于文廟東側，自此，常熟文廟呈三軸綫，成為全國文廟唯一特殊之格局。現今，包括文廟和常熟境内各書院、學舍留存的古代儒學碑刻實物及原拓達一百三十餘通之多，其中有極為珍貴的宋碑七通和元碑七通（原碑大多不存），為全國儒學碑刻所稀見。

儒學碑刻是研究儒學思想史和中國科舉史的重要載體之一，《常熟儒學碑刻集》的出版，當是近年來常熟碑刻研究的重要成果，對研究常熟乃至江南一帶的科舉文化、科舉制度，都具有相當的意義。希望此書的出版不僅能為儒學研究者提供豐富的材料，更能為推動儒學研究的進一步開展起到積極的作用。

丁酉年秋吴葦于通微齋

前言

文廟，是古代國家祭祀孔子與進行儒學教育活動的場所，在禮制上説是廟宇與官方學校合二為一的建築規式。自漢武帝罷黜百家後，設置五經博士，儒學成為了實際意義上的官學，而以文廟祭孔來傳承儒家思想，在各州縣也相繼出現。漢明帝永平二年（59），下詔令學校"皆祀聖師周公、孔子"。發展至唐，"罷周公，升孔子為先聖，以顔回配"。"詔州縣學皆作孔子廟"，"詔尊孔子為宣父"（歐陽修《新唐書》）。這一系列措施，為文廟逐漸發展成為儒家文化的符號和象征奠定了基礎。至宋景祐中，范仲淹在蘇州設廟立學，"天下各縣之始有學"，"迤邐至宋末二百年而學遍天下"。（馮桂芬《（同治）蘇州府志》）自此，廟學合一的規制歷千餘年而不變。

一

常熟為蘇州屬邑，文教自與蘇州類似。惜宋南渡以來，版籍不存，文廟在常熟的發展沿革自唐以前不見記載。宋魏了翁《重建學宫記》云："常熟縣學之始，圖乘放失，廑有屋梁，書至和紀年，餘無所考。"據此，大約宋仁宗時，常熟始有廟學合一的縣學。南宋間，時有增葺。如宋淳熙十年（1183），知縣曾棨建講堂曰進學堂；紹熙五年（1194），知縣葉知幾改進學堂曰明倫堂，并建立九齋以蓄士；慶元三年（1197），知縣孫時又在縣學講堂東偏建吴公子游祠。至宋端平二年（1235），知縣王爚仿蘇州郡庠制重建縣學，東為廟，徙吴公祠于後。自此，左廟右學的規制始定，後雖歷次修葺，終未大變。據魏氏記，西為縣學，有明倫堂，有志道、據德、依仁、游藝、稽古、象賢等六齋；東為廟，有大成殿、六先生祠等；後為子游祠；總有屋一百二十楹。

明洪武中，常熟文廟"時學之制：左則殿廡戟門，欞星之赫奕；右則講堂齋舍，庖廩之畢具；其後則有子游祠、先賢堂，蔚然可觀"。成化中，知縣祝獻等又將子游祠移至文廟東，并表其坊曰吴公祠。至弘治中，據《（弘治）常熟縣志》黌宫圖，西為縣學，進縣學為泮池，進而進賢樓、明倫堂、尊經閣，又有進賢堂、碑亭、訓導宅、教諭宅等建築；中為祭孔之所，經欞星門而戟門而大成殿，又有名宦祠、鄉賢祠等建築；又東為子游祠。嘉靖間，又增設啓聖公祠。自後至清，常熟文廟叠經修葺，布局日臻完善，形成了左廟右學東祠的三大建築群，均南北向，前後左右建築井然有序，形成了布局嚴謹、殿宇宏麗的建築特色。清咸豐間，太平軍興，文廟毁于戰火，僅明倫堂、泮池無恙，尊經閣毁其半，餘皆蕩然。同治九年（1870），巡撫丁日昌撥款重修大成殿，使用西方木材。于是兩廡、崇聖祠、戟門、欞星門、尊經閣、鄉賢祠、名宦祠、巫公祠、張公祠等次第修治。這是文廟的最後一次大規模修治。自後科舉廢，文廟也相應地逐漸失去了它興學養士的功能。

二

文廟的主要功能是教育，是國家利用儒家經典進行教育活動的重要場所，是“文治之本”。在文廟中，主要是利用祭祀、養士來完成其教育功能，從而達到國家樹立文化權威、控制思想文化、引導社會風氣的終極目的。

中國古代社會歷來重視以禮治天下，《荀子·禮論》云：“禮有三本，上事天，下事地，尊先祖而隆君師，是禮之三本也。”因此，文廟祭祀孔子屬于其中的君師之禮。隨着漢武帝罷黜百家，獨尊儒術以來，儒家思想成為了中國文化的主流，孔子的地位越來越受到歷代統治者的重視，文廟祭孔也越來越受到重視，經過不斷地完善與傳承，逐步形成了一種包括音樂、歌章、舞蹈等要素的規模龐大而完備的國家祭祀儀式，統稱文廟祀典。

《禮記·文王世子》載：“凡學，春官釋奠于其先師，秋冬亦如之。”所謂釋奠，就是在學校進行祭孔的一種重要奠禮。至唐，四時常祭逐漸改為春秋二祭，在春秋二季仲月的上丁日舉行釋奠之禮。此後歷代相襲，沿用此制。祭祀活動規模宏大，僅從本書收録的明弘治間《文廟祭器書籍等物明細碑》中就可略見一斑。文中祭器分銅器、錫器、鐵器、瓷器、木器等類，不一而足，有百餘件之多。僅從祭器，就可以看出當時舉行文廟釋奠禮的隆重之極。

此外，各級官府視學、視察，地方官上任，政府遣官致祭等，在文廟也有祭祀活動。如本書收録的明嘉靖間王叔杲《叙建院始末》云：“余令常熟之三日，肅謁文廟。”瞿景淳《常熟縣重修廟學記》云：“侍御尚公奉命按吴之戊午春，行部至常熟，祗謁先師。”清順治間張懋忠《重修儒學啓聖公祠記》：“余奉命督漕江以南，莅止虞山，齋宿釋奠。”以上種種，均可以看出各級政府對當時文廟祭祀活動的重視與參與。

文廟的祭祀儀式作為儒家制度化的一個重要方面，從形式上强化了儒家的獨尊性與神聖性，為社會行為樹立了榜樣和模範，通過這些儀式，可以有效地將儒家的理念滲透到具體的社會生活中，從而使儒學的價值觀得到保持，也使得國家與社會盡可能地長期地保持穩定。

中國古代科舉制度，創始于唐代，經過宋元兩代的發展，在明清達到了極盛，它對中國封建社會的政治、經濟、文化教育等方面均産生了極大影響，是中國古代制度中的一個重要組成部分。明代以前，學校只是為科舉輸送人材的途徑之一，明以後，科舉制度進一步完備，科舉考試與學校教育合而為一，學校成了科舉的必由之路，所謂“科舉必由學校”，而且在考試内容中演化出八股文這一考試文體，在取士布局中也定下了分地配額的格局，進一步提高了科舉制度的地位。

明代極其重視科舉，凡科舉出身的謂之正途出身，明英宗後有慣例，非進士不入翰林，非翰林不入内閣。可見正途出身的重要性。夏時正《進士題名記》："洪惟國家敷求哲人，以謨弼乎億萬斯年之丕基，立賢無方，而特重乎進士。以昔豪杰之士多由此出也。"而作為科舉育才之所的學校，更是重視，明洪武二年（1369）即詔命郡縣建立學校，建立了一整套的地方學校、學官制度。府州縣學，是明代科舉考試的起點，讀書人必須在這裏獲得生員資格，從而或由出貢、入監而得官，或走上更高級的鄉試、會試，得中舉人、進士而入仕。

縣試、府試、院試構成了中國科舉的第一級考試。童試是讀書人取得生員資格的入學考試，是讀書人的進身之始。一般童試三年兩考，先縣試、府試，最後院試，由學政録取。縣試，顧名思義，一般在縣中，由縣官主持；府試則由知府主持；院試是童試中最後的最關鍵的一次考試，由學政主持。通過這三次考試，又可成為生員了，又稱庠生、茂才、博士弟子等。因為縣學中都有泮池，故而入學可以稱為"入泮"。讀書人取得生員資格，"入泮"之後，便可視為四民之首，社會地位隨即發生很大變化。"士子一旦進學，即受國家優遇，异于齊民"，且"違犯禁令，小者府州縣教官責懲，大者申學政，黜革後治罪，地方官不得擅責"。

生員在學期間，在教諭、訓導的指導下進行系列學習。《（嘉靖）尉氏縣志》中有地方學校生員的教法條例，其中"生員習學次第：侵晨，講明經史、學律；飯後，學書、學禮、學樂、學算；未時，學習弓弩、教使器棒。學此數件之外，果有餘暇，原學詔、誥、表、箋、疏、議、碑、傳、記者，聽從其便"。可見學習任務之繁重。此外，還有月考、季考等，楊時喬《新刻楊端潔公文集》卷五《刻教育録序》："學宫月課，郡邑季課，加之勸率，督學憲司歲一試，鄉省三歲一大試。"考試名目，不一而足。此外，還有學政"案臨"主持的歲科兩試，一般而言，丑、未、辰、戌為歲試之年，學政案臨各地，召一府生員集中一地進行考試，一是從童生中選出生員，二是考察生員，劃分生員等級。生員歲考試成績優异者，可依次補廩膳、增廣生員等，成績差者則降級，停廩降增、增降附、附降青衣，甚至貶黜為民。科試，一般在寅、申、巳、亥之年，科試成績在一二等者，可以録送鄉試，參加更高一級的科舉考試。

常熟市圖書館藏鈔本《虞邑科名録》記載，嘉靖一朝四十六年，學政官共主持歲科二試二十一次，大多案臨一地，在蘇州、昆山、常熟、宜興等地主持考試，而且將生員考試成績劃為六等，進行責罰。從中也可以看出生員學業之繁重。

此外，生員得官途徑還有一條，即入監，進國子監學習。國子監是設在京師的高等學府，監生肄業後可經朝考至吏部謁選得官，也可選擇參加鄉試。明代實行兩京制，因此在北京、南京均有國子監。清沿例，順治七年（1650）裁撤南京國子監。趙爾巽等《清史稿》："肄業生徒，有貢、有監，貢生凡六，為歲貢、恩貢、副貢、拔貢、優貢、例貢。監生由四，為恩監、蔭監、優監、例監。"但還有一種監生，即納監，是指生員捐納而入監學習，是國家一種臨時性措施，一般在用兵或灾荒之年，捐納之途才會大開。

三

常熟文廟自宋王爚仿蘇州郡庠例重建以後，千餘年來一直坐落在常熟縣城東南，雖屢有增葺，但没有較大的變化。其悠久的歷史，積淀了深厚的底蘊。自宋至清，在常熟縣學中走出了數百名進士、上千名舉人、上萬名秀才，在蘇州甚至東南地區都有着自己重要而又獨特的影響力。明傅玉良《科貢題名記》有云："常熟，東南名邑，邑先賢子游以文學名科，聖門遺教，沾丐後人。士知砥礪，學行名節，拾青取紫，代不乏書。"他們中，有的官居一品、位至宰執，有的一身正氣、滿袖清風，有的名垂青史，有的獨擅文壇，他們均是常熟的文化精英，都是常熟作為歷史文化名城最直接的體現。

常熟文廟在上千年的積淀過程中，對常熟的文化、風俗等有着積極的影響力和引導力。走進文廟，其琳琅滿目的碑刻顯示了其上千年的深厚歷史。據丁祖蔭《（民國）常昭合志》記載，文廟中有碑百餘方。本書《常熟文廟碑刻録》即根據文廟原有碑刻，并參照丁《志》，按圖索驥，在常熟文廟、常熟市碑刻博物館所藏碑刻、常熟圖書館館藏碑刻拓片中，遴選而出，共選碑刻（包括拓片）一百十一方，另外無碑（包括拓片）有文二十四篇，彙輯而成。這批碑刻，對研究常熟文廟的歷史演變、常熟文廟對常熟文化、風俗的影響以及常熟文廟在常熟科舉上的作用力均有一定裨益。

在上千年的文廟歷史進程中，各個歷史時期的地方政府均對常熟文廟極其關注，增葺不時，宋魏了翁的《重建學宫記》、元閻復的《平江路常熟縣重修文廟之記》、唐泳涯的《平江路常熟州重修廟學之記》、明楊榮的《常熟縣重修廟學記》、徐有貞的《直隸蘇州府常熟縣儒學興修記》、清張能鱗的《重修常熟縣儒學碑記》等，均可以反映出這一情況。而宋嘉熙間的《學田籍碑》、明劉乾亨的《常熟縣儒學義田記》、席遵路的《詳准議置學田碑》、詹向善的《常熟縣儒學新建養賢倉記》等，可以對常熟縣學的財政收入情況、田租來源等理出一條思路來。文廟是教育的重要場所，縣令、教諭等的稱職與否，更是對常熟文風有重要影響，宋趙師簡的《邑令王君生祠堂記》、元《知州孔公德政碑》、明趙用賢《常熟縣學三先生遺澤碑》、翁憲祥《本石李先生遺澤碑》等，可以看出賢令佳師對常熟科舉的促進作用。常熟是言子故里，言子遺迹處處皆在，言子影響兩千餘年來亦處處皆在，因而本書收録了宋朱熹《平江府常熟縣吴公祠記》、袁甫《常熟縣教育言子諸孫記》、明李賢《重修吴公祠堂記》、清陳祖范《復先賢言子宅記》等十餘方碑刻。明清以來，常熟的蒙學、社學不斷發展，雖然與文廟無太多關涉，但畢竟也是常熟教育的一端，如明代東湖書院、文學書院以及清代游文書院、正修書院、梅里書院等，在常熟教育史上也有一定地位，因而本書也酌情與此相關的碑刻，如明錢仁夫《東湖書院記》、嚴訥《文學書院記》以及清陳祖范《正修書院記》、康基田《梅里書院記》等。而明傅玉良《科舉題名記》、章表《儒學進士題名碑》、李杰《常熟縣學進士題名記》、夏時正《進士題名記》和《鄉貢士題名記》，正是對常熟文廟在常熟科舉上的杰出作用力的最直接反映。此外，對存放于文廟的其他碑刻，也酌情收入，比如宋杜範的《常熟縣端平經界記》、元《加封大成至聖文宣王詔》、明陳播《報功祠記》、明正德間《天文圖并跋》和《地理圖并跋》、清雍正《平定青海告成太學碑》、乾隆《御製平定金川告成太學碑》和《御製平定回部告成太學碑》等。

常熟市委市政府一向重視對傳統文化的保護和弘揚，而儒家文化又是傳統文化的核心要素，文廟作為儒家文化以及科舉文化的重要載體，也備受關注。2016 年 9 月，市委市政府斥巨資修復的常熟文廟正式對外開放，已逐步成為了一個重要的文化陣地，在對國學教育的普及，傳統文化的發揚上，取得了明顯效果。而無論是弘揚傳統文化，還是解構文廟發展過程中的問題，都需要對文廟加以深入系統的研究和論證，這樣才能在新時代中國特色社會主義文化建設中取得自己的位置。本書對常熟文廟碑刻的系統整理，不過是對常熟文廟在歷史上的作用與地位論定的一次粗淺嘗試，而對其更深層次的研究與剖析，尚待于來者。

編者

凡例

一　本書共收與常熟儒學相關之碑刻、拓片，凡一百十一通，并附原碑、拓片已散佚而見諸文獻之儒學碑文二十四篇，以碑文成書年代為序。碑後附以釋文、按語，以便閱讀、理解。

二　本書凡志書中所載原碑在文廟之碑刻，全部收入；凡與言子相關之碑刻，酌情收入；凡與常熟古代教育相關之碑刻，也盡量收入。

三　本書釋文，凡碑刻者，盡量依碑刻録入；無碑者，依常熟市圖書館藏拓片録入；碑與拓片模糊處，依據志書或《海虞文徵》，加以録入，以期内容完整。實在漫漶不清，且找不到依據的，加“□”替代。

四　古碑書刻隨意性大，有時為書法變化，多有一字异寫者。今遵照最新國家規範及古籍整理慣例，本書釋文僅保留繁體字和非一一對應的异體字，其他异體字、舊字形皆改為規範的繁體字、新字形，没有繁體字的，則改為簡體字。

目録

序 …… 一
前言 …… 二
凡例 …… 七

一　朱熹《平江府常熟縣吴公祠記》　宋慶元五年（1199）…… 二
二　孫沂《平江府增置常熟縣學新田記》　宋紹定六年（1233）…… 四
三　魏了翁《重建學宫記》　宋嘉熙元年（1237）…… 六
四　學田籍碑　宋嘉熙元年（1237）…… 八
五　袁甫《常熟縣教育言子諸孫記》　宋嘉熙元年（1237）…… 一六
六　杜範《常熟縣端平經界記》　宋嘉熙二年（1238）…… 一八
七　趙師簡《邑令王君生祠堂記》　宋淳祐三年（1243）…… 二二
八　宣聖廟禁約　元至元二十五年（1288）…… 二四
九　知州孔公德政碑　元至元二十九年（1292）…… 二六
十　閻復《平江路常熟縣重修文廟之記》　元至元三十年（1293）…… 二八
十一　加封大成至聖文宣王詔　元大德十一年（1307）…… 三〇
十二　周馳《常熟知州盧侯生祠記》　元至大三年（1310）…… 三二
十三　唐泳涯《平江路常熟州重修廟學之記》　元皇慶元年（1312）…… 三四
十四　忠字碑　元 …… 三六
十五　孝字碑　元 …… 三八
十六　陳基《常熟州修學記》　元至正二十四年（1364）…… 四〇
十七　生員禁約十二則　明洪武十五年（1382）…… 四二
十八　傅著《子游像贊并序》　明洪武間 …… 四六
十九　傅玉良《科舉題名記》　明永樂二十一年（1423）…… 四八
二十　楊榮《常熟縣重修廟學記》　明宣德九年（1434）…… 五二
二十一　張洪《學道書院記》　明宣德九年（1434）…… 五四
二十二　趙永言《重修常熟縣儒學之記》　明正統六年（1441）…… 五六
二十三　吴訥《常熟縣儒學新建尊經閣之記》　明正統十三年（1448）…… 五八
二十四　李賢《重修吴公祠堂記》　明天順三年（1459）…… 六二
二十五　章表《儒學進士題名碑》　明天順四年（1460）…… 六四
二十六　徐有貞《直隸蘇州府常熟縣儒學興修記》　明成化四年（1468）…… 六八
二十七　李杰《常熟縣儒學進士題名記》　明成化九年（1473）…… 七〇
二十八　楊一清《常熟縣重建吴公祠記》　明弘治三年（1490）…… 七二
二十九　李杰《直隸蘇州府常熟縣重修廟學記》　明弘治八年（1495）…… 七四
三十　夏時正《進士題名記》　明弘治十年（1497）…… 七六
三十一　夏時正《鄉貢士題名記》　明弘治十年（1497）…… 八〇
三十二　重建吴公家廟記　明弘治十二年（1499）…… 八四

三十三　陳播《報功祠記》　明弘治十三年（1500）……………………　八六
三十四　文廟祭器書籍等明細碑　明弘治十五年（1502）………………　八八
三十五　楊守阯《常熟縣學重建先聖廟記》　明弘治十五年（1502）…　九二
三十六　冠婚喪祭圖　明弘治間 ………………………………………　九四
三十七　地理圖并跋　明正德元年（1506）……………………………　一〇三
三十八　天文圖并跋　明正德元年（1506）……………………………　一〇六
三十九　錢仁夫《東湖書院記》　明正德二年（1507）………………　一〇八
四十　劉乾亨《常熟縣儒學義田記》　明嘉靖元年（1522）………　一一〇
四十一　道統聖賢之贊　明嘉靖四年（1525）…………………………　一一二
四十二　陳察《重建昭明讀書臺亭記》　明嘉靖十五年（1536）……　一一四
四十三　鄧韍《梁昭明太子讀書臺銘》　明嘉靖十五年（1536）……　一一六
四十四　陳察《常熟縣儒學創建啓聖公祠記》　明嘉靖初 ……………　一一八
四十五　鄧韍《漸齋先生王公傳》　明嘉靖三十三年（1554）………　一二〇
四十六　瞿景淳《常熟縣重修廟學記》　明嘉靖三十七年（1558）…　一二二
四十七　沈應魁《重修常熟縣學記》　明嘉靖三十七年（1558）……　一二四
四十八　王叔杲《叙建院始末》　明嘉靖四十四年（1565）…………　一二六
四十九　趙用賢《常熟縣學三先生遺澤碑》　明萬曆元年（1573）…　一二八
五十　嚴訥《文學書院記》　明萬曆九年（1581）…………………　一三〇
五十一　許成器《重建常熟縣儒學西舍碑記》　明萬曆二十五年
（1597）…………………………………………………………　一三四
五十二　何節《助工碑記》　明萬曆間 ………………………………　一三八
五十三　曾子像贊　明萬曆三十年（1602）……………………………　一四〇
五十四　小孔子像贊　明萬曆三十年（1602）…………………………　一四二
五十五　顧憲成《重修常熟縣學尊經閣并釐復祀典創置學田記》
明萬曆三十八年（1610）………………………………………　一四四
五十六　李維楨《常熟縣儒學志序》及王穉登《常熟縣學政志序》
明萬曆三十八年（1610）………………………………………　一四六
五十七　翁憲祥、錢謙益《常熟縣學志序》　明萬曆三十八年（1610）…　一五〇
五十八　楊漣《修海虞學志序》　明萬曆三十八年（1610）…………　一五四
五十九　李維楨《常熟縣重修儒學尊經閣并釐復祀典創置學田記》
明萬曆三十九年（1611）………………………………………　一五六
六十　李維柱《學志後序》《學志發端》　明萬曆三十九年（1611）…　一五八
六十一　席遵路《詳准議置學田碑》　明萬曆四十一年（1613）……　一六二
六十二　詹向善《常熟縣儒學新建養賢倉記》　明萬曆四十二年
（1614）…………………………………………………………　一六六
六十三　翁憲祥《本石李先生遺澤碑》　明萬曆末 …………………　一六八
六十四　陶良楫《虞庠重修儀門記》　明崇禎八年（1635）…………　一七二
六十五　重造常熟縣儒學東廡碑記　明崇禎間 ………………………　一七四
六十六　張懋忠《重修儒學啓聖公祠記》及駱士憤《重建啓聖祠疏》
清順治十年（1653）…………………………………………　一七六
六十七　張能鱗《重修常熟縣儒學碑記》　清順治十四年（1657）…　一七八
六十八　魯超《重修常熟縣儒學尊經閣記》　清康熙七年（1668）…　一八〇

六十九　至聖先師孔子贊并序　清康熙二十五年（1686）……………… 一八二
七十　四配贊　清康熙二十八年（1689）…………………………………… 一八四
七十一　馬逸姿《重修文學書院言子祠碑記》　清康熙四十六年
（1707）……………………………………………………………………… 一八六
七十二　郭朝祚《釐正祀典碑記》　清康熙四十八年（1709）……… 一八八
七十三　陳祖范《復先賢言子宅記》　清雍正二年（1724）………… 一九〇
七十四　御製平定青海告成太學碑　清雍正三年（1725）…………… 一九二
七十五　詳陳置備學宫禮器立案文　清乾隆二年（1737）…………… 一九四
七十六　劉柏《常昭兩邑賑饑記》　清雍正十二年（1734）………… 一九八
七十七　陳祖范《正修堂碑記》　清乾隆元年（1736）……………… 二〇〇
七十八　雅爾哈善《重修虞山書院移祀商相巫公碑記》　清乾隆八年
（1743）……………………………………………………………………… 二〇二
七十九　御製平定金川告成太學碑文　清乾隆十四年（1749）……… 二〇四
八十　御祭言子文　清乾隆十六年（1751）………………………………… 二〇六
八十一　陳祖范《重修尊經閣記》　清乾隆十七年（1752）………… 二〇八
八十二　御製平定准噶爾告成太學碑文　清乾隆二十年（1755）…… 二一〇
八十三　御祭言子文　清乾隆二十二年（1757）…………………………… 二一四
八十四　御製平定回部告成太學碑文　清乾隆二十四年（1759）…… 二一六
八十五　言子遺像　清乾隆二十四年（1759）……………………………… 二二〇
八十六　先賢言子文學里坊基　清乾隆二十八年（1763）…………… 二二二
八十七　先賢言子墓圖　清 ……………………………………………………… 二二三
八十八　康基田《梅里書院記》　清乾隆二十九年（1764）………… 二二四
八十九　李因培《重修儒學記》　清乾隆三十年（1765）…………… 二二六
九十　康基田《清水書屋記》　清乾隆三十一年（1766）…………… 二二八
九十一　康基田《正修書院記》　清乾隆三十一年（1766）………… 二三〇
九十二　康基田《智林社學記》　清乾隆三十一年（1766）………… 二三二
九十三　重修始祖先賢言子故宅記　清乾隆三十九年（1774）……… 二三四
九十四　公建及重修游文書院原議　清乾隆四十二年（1777）……… 二三六
九十五　蘇凌阿《重修石梅游文書院碑記》　清乾隆四十二年（1777）… 二四〇
九十六　學制復舊重新原案　清乾隆四十二年（1777）……………… 二四二
九十七　言如泗《始祖先賢吴國公言子專祠建修記》
清乾隆四十四年（1779）…………………………………………………… 二四四
九十八　諭正士習碑　清乾隆四十五年（1780）…………………………… 二四六
九十九　乾隆辛丑重修儒學記略　清乾隆四十六年（1781）………… 二四八
一百　始祖先賢吴國公縣東家廟重修記略　清乾隆四十六年（1781）… 二五二
一百零一　復言子故宅記　清乾隆四十七年（1782）……………………… 二五六
一百零二　先賢言氏西城書院重建記　清乾隆四十七年（1782）……… 二六〇
一百零三　言如泗《跋魏了翁、袁甫碑》　清乾隆五十二年（1787）… 二六二
一百零四　萬仞宫墻記　清乾隆五十七年（1792）………………………… 二六四
一百零五　嚴禁士子鬧學碑　清嘉慶十年（1805）………………………… 二六六
一百零六　李蒙泉《重修梅里書院記》　清道光二十四年（1844）…… 二六八
一百零七　梅里書院基圖　清道光二十四年（1844）……………………… 二七〇

一百零八　沈偉田《正修書院增設義塾記》　清咸豐九年（1859）……　二七二
一百零九　楊泗孫《重建先賢言子祠墓記》　清同治十一年（1872）…　二七四
一百十　文廟聖賢神像圖　清光緒五年（1879）……………………　二七六
一百十一　清光緒十六年會試恩科題名録　清光緒十六年（1890）……　二八四
一百十二　黄溍《文學書院記》　元 ………………………………………　二八八
一百十三　黄溍《常熟州學田記》　元 ……………………………………　二八九
一百十四　閻復《楊氏義學記》　元 ………………………………………　二九〇
一百十五　楊維楨《重建學宫碑》　元 ……………………………………　二九一
一百十六　趙永言《學圃記》　明 …………………………………………　二九二
一百十七　錢仁夫《重建正蒙社學記》　明 ………………………………　二九三
一百十八　瞿景淳《重建文學書院記》　明 ………………………………　二九四
一百十九　趙用賢《射圃亭記》　明 ………………………………………　二九五
一百二十　王錫爵《重建虞山書院記》　明 ………………………………　二九六
一百二十一　耿橘《虞山書院義助記》　明 ………………………………　二九七
一百二十二　王叔杲《重建文學書院碑》　明 ……………………………　二九八
一百二十三　王鈇《重修儒學碑》　明 ……………………………………　二九九
一百二十四　松溪真學《奎文閣題名記》　明 ……………………………　三〇〇
一百二十五　趙永言《跋彭勖教官箴》　明 ………………………………　三〇一
一百二十六　黄體勤《重建會饌堂碑》　明 ………………………………　三〇二
一百二十七　許成器《新建屏墻記》　明 …………………………………　三〇三
一百二十八　孫繼有《詹先生去思碑》　明 ………………………………　三〇四
一百二十九　趙國琦《許先生去思碑》　明 ………………………………　三〇五
一百三十　顧雲程《潛白黄公去思碑》　明 ………………………………　三〇六
一百三十一　陳綸《三友堂記》　明 ………………………………………　三〇七
一百三十二　鄧韍《留竹堂記》　明 ………………………………………　三〇八
一百三十三　周光宙《雙桂堂記》　明 ……………………………………　三〇九
一百三十四　蔣以忠《常熟縣梅李鎮耆民蘇濤義捐田宅記》　明 ……　三一〇
一百三十五　張元臣《吴公祠記》　清 ……………………………………　三一一

後記 ……………………………………………………………………………　三一二

一　平江府常熟縣吳公祠記

一　朱熹《平江府常熟縣吴公祠記》

年代：宋慶元五年（1199）
碑文：

丹阳公祠堂記

平江府常熟縣學丹陽公祠者，孔門高第弟子言偃子游之祠也。按太史公記，孔門諸子多東州之士，獨公為吴人。而此縣有巷名子游，橋名文學，相傳至今。《圖經》又言，公之故宅在縣西北，而舊井存焉。今則雖不復可見，而公為此縣之人，蓋不誣矣。然自孔子之殁以至于今，千有六百餘年，郡縣之學通祀先聖，公雖以列得從腏食，而其鄉邑乃未有能表其事而出之者。慶元三年七月，知縣事通直郎會稽孫應時乃始即其學宫講堂之東偏，作為此堂，以奉祀事。是歲中冬長日之至，躬率邑人、學士、大夫及其子弟，奠爵釋菜，以妥其靈，而以書來曰："愿有記也。"

熹惟三代之前，帝王之興，率在中土，以故德行道藝之教，其行于近者著，而人之觀感服習，以入焉者深。若夫句吴之墟，則在虞夏五服，是為要荒之外。爰自泰伯采藥荆蠻，始得其民，而端委以臨之，然亦僅没其身。而虞仲之後，相傳累世，乃能有以自通于上國，其俗蓋亦朴鄙而不文矣。公生其間，乃能獨悦周公、仲尼之道，而北學于中國，身通受業，遂因文學以得聖人之一體，豈不可謂豪杰之士哉！今以《論語》考其話言，類皆簡易疏通，高暢宏達。其曰本之則無者，雖若見詘于子夏，然要為知有本也。則其所謂文學，固宜有以异乎今世之文學矣。既又考其行事，則武城之政不小其邑，而必以詩書禮樂為先務，其視有勇足民之效，蓋有不足為者。至使聖師為之莞爾而笑，則其與之之意，豈淺淺哉？及其取人，則又以二事之細，而得滅明之賢，亦其意氣之感，默有以相契者。以故近世論者，意其為人，必當敏于聞道，而不滯于形器，豈所謂南方之學，得其精華者，乃自古而已然也耶？

矧今全吴通為畿輔，文物之盛絶异曩時，孫君于此，又能舉千載之闕遺，稽古崇德，以勵其學者，則武城弦歌之意，于是乎在。故熹喜聞其事，而樂為之書。至于孔門設科之法，與公之言所謂本、所謂道，及其所以取人者，則愿諸生相與勉焉，以進其實，使此邑之人，百世之下，復有如公者出，而又有以一灑夫偷懦憚事、無廉耻而嗜飲食之譏焉，是則孫君之志，而亦熹之愿也。公之追爵，自唐開元始封吴侯，我朝政和禮書已號丹陽公，而紹興御贊猶有唐封，至淳熙間，所頒位次，又改稱吴公云。

五年六月甲申，朝奉大夫致仕、婺源縣開國男、食邑三百户、賜紫金魚袋朱熹記。

常熟縣學有子游祠，宋……記。端平元年，縣令王爚徙……懼其久而湮滅也，既重刻之……名于聖門，而不為書以傳後……氏為之，其徒為之也，子游之徒無間為……人則曰本之則無稱子游之難，……隨時制禮，各得其宜。其為文學之見矣，後……孔庭鄒縣之有孟廟，而夫知常熟之有言祠……國史修撰事、承務郎、邑人張洪謹識。

按：宋慶元三年（1197），縣令孫應時建子游祠于邑學明倫堂東。朱熹撰記。孫應時（1154—1206），字季和，宋淳熙二年（1175）進士，初為黄岩尉，後知常熟，有惠政。有《燭湖集》。此刻原石久亡，元刻亦佚。明宣德中，邑人張洪重書刻石，并按以跋語。現亦殘削。清乾隆四十七年（1782），言如泗重刻，姚大勛書，亦不存。又按，此刻岁久漫漶，兹據《海虞文徵》補入。宋碑已佚，現碑存文廟碑廊。

二　平江府增置常熟縣學新田記

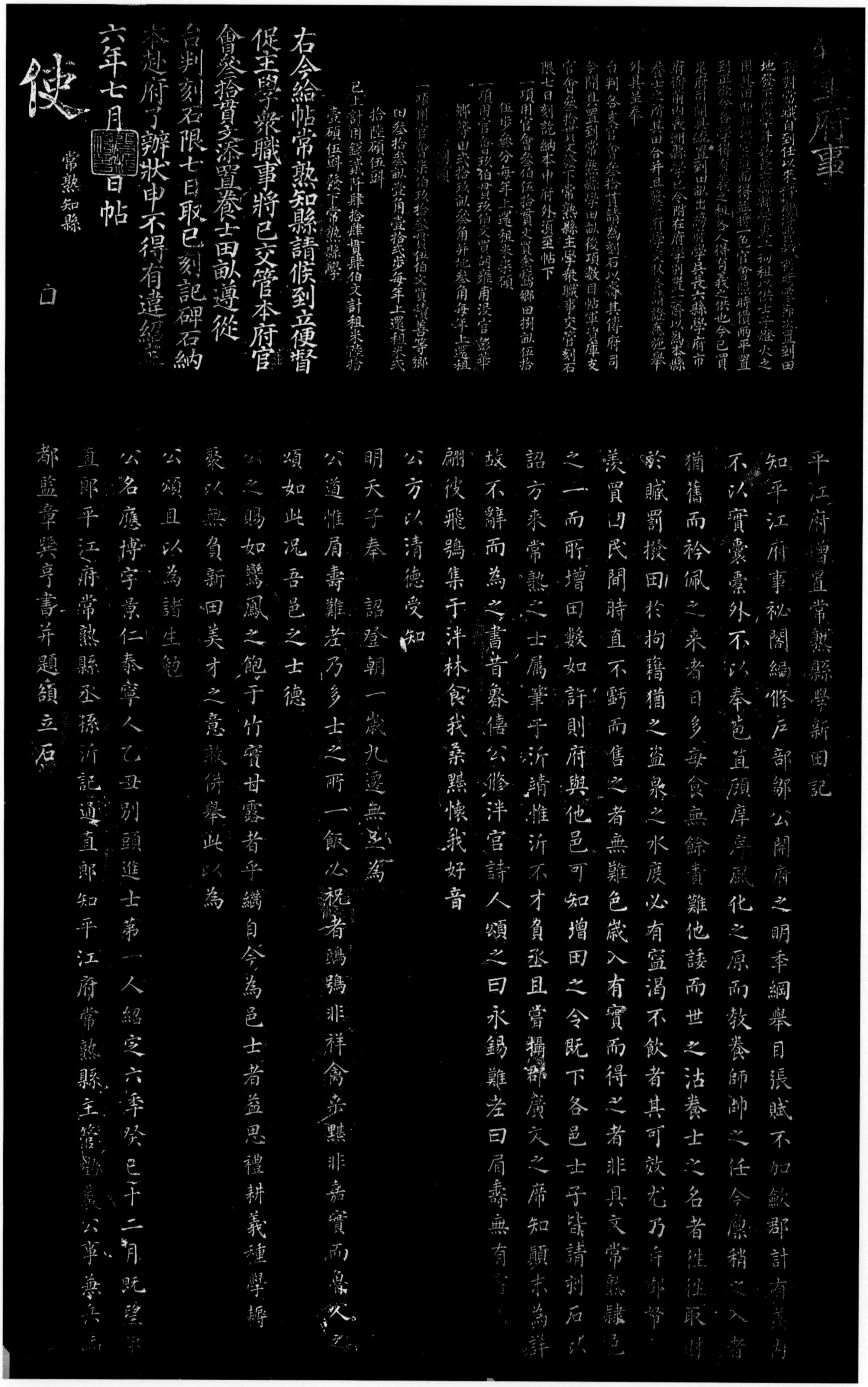

平江府事

[illegible]判常職自到任以來[illegible]置到田
地發下府學并吳長[illegible]一祠祖以供士子燈火之
用其田[illegible]而得並將一色官會照時價兩平置
到正欲令各學得有義之租令人得有義之供也今已買
足府司開具統置到田畝出榜府學吳長六縣學府市
府衙前四長洲縣學已令附在府學別置一齋以為本縣
養士之所其田合并且發下府學[illegible]施舉
外具呈奉
台判各支官會叁拾貫請為刻石以壽其傳府司
今開具置到常熟縣學田畝後項數目帖軍資庫支
官會叁拾貫文發下常熟縣主學衆職事交管刻石
限七日刻訖納本申府外須至帖下
一項用官會叁伯伍拾貫文買金鶴鄉田捌畝伍拾
伍步叁分每年上還租米柒碩
一項用官會玖伯貫玖伯文買胡雍甫沒官彭華
鄉等田弍拾玖畝叁角并地叁角每年上還租
[illegible]碩
一項用官會柒伯玖拾叁貫伍伯文買積善等鄉
田叁拾叁畝壹角壹拾弍步每年上還租米弍
拾陸碩伍㪷
已上計用錢弍阡肆拾肆貫肆伯文計租米陸拾
壹碩伍㪷發下常熟縣學
右今給帖常熟知縣請候到立便督
促主學衆職事將已交管本府官
會叁拾貫文添置養士田畝遵從
台判刻石限七日取已刻記碑石納
本赴府了辦狀申不得有違紹定
六年七月　日帖
常熟知縣
使
白

平江府增置常熟縣學新田記
知平江府事祕閣編修戶部鄒公開府之明年綱舉目張賦不加斂郡計有羨內
不以實橐橐外不以奉苞苴頹庠序風化之原而教養師帥之任今廪稍之入者
猶舊而衿佩之來者日多每食無餘責難他諉而世之沽養士之名者往往取財
於贓罰撥田於拘籍猶之盜泉之水庻必有盜渴不飲者其可效尤乃斥郡帑
羨買田民間時直不斲而售之者無難色歲入有實而得之者非其文常熟隸邑
之一而所增田數如許則府與他邑可知增田之令既下各邑士子皆請刻石以
詔方來常熟之士屬筆于沂惟沂不才負丞且嘗攝郡廣文之席知顛末為詳
故不辭而為之書昔魯僖公修泮宮詩人頌之曰永錫難老曰眉壽無有害
翩彼飛鴞集于泮林食我桑黮懷我好音
公方以清德受知
明天子奉　詔登朝一歲九遷無所爲
公道惟眉壽難老乃多士之所一飯必祝者鴟鴞非祥禽桑黮非嘉實而泉人之
頌如此况吾邑之士德
公之賜如鸞鳳之飽于竹實甘露者乎繼自今爲邑士者益思禮耕義種學耨
聚以無負新田美才之意敢併舉此以為
公頌且以為諸生勉
公名應博字景仁泰寧人乙丑別頭進士第一人紹定六年癸巳十二月既望承
直郎平江府常熟縣丞孫沂記通直郎知平江府常熟縣主管勸農公事無兵正
都監章巽亨書并題額立石

二　孫沂《平江府增置常熟縣學新田記》

年代：宋紹定六年（1233）
碑文：

知軍府事：

證對當職自到任以來，撙節浮費，躦剩畸零，節次置到田地，發下府學并吴長六縣縣學，專一拘租，以供士子燈火之用。其田即非以它道而得，并將一色官會照時價兩平置到，正欲令各學得有義之租，各人得有義之供也。今已買足，府司開具統置到田畝，出榜府學、吴長六縣學、府市府衙前。内長洲縣學已令附在府學，别置一齋，以為本縣養士之所。其田合并，且發下府學交收。各請證應施舉外具呈。奉台判，各支官會叁拾貫，請為刻石以壽其傳。府司今開具，置到常熟縣學田畝後項數目帖軍資庫支官會叁拾貫，文發下常熟縣主學衆職事交管刻石，限七日刻訖，納本申府外，須至帖下。

一項用官會叁伯伍拾貫文，買金鵝鄉田捌畝伍拾伍步叁分，每年上還租米柒碩。

一項用官會玖伯貫玖伯文，買胡雍甫没官彭華鄉等田貳拾玖畝叁角，并地叁角，每年上還租米貳拾捌碩。

一項用官會柒伯玖拾叁貫伍伯文，買積善等鄉田叁拾叁畝壹角壹拾貳步，每年上還租米貳拾陸碩伍㪷。

已上計用錢貳阡肆拾肆貫肆伯文，計租米陸拾壹碩伍㪷，發下常熟縣學。

右今給帖常熟知縣，請候到立便督促主學衆職事將已交管本府官會叁拾貫文添置養士田畝，遵從台判刻石，限七日取已刻記碑石納本赴府，了辦狀申，不得有違。紹定六年七月　日帖。

使常熟知縣。

平江府增置常熟縣學新田記

知平江府事秘閣編修户部鄒公開府之明年，綱舉目張，賦不加斂，郡計有羡，内不以實囊橐，外不以奉苞苴。顧庠序風化之原而教養師帥之任，今廪稍之入者猶舊，而衿佩之來者日多，每食無餘，責難他諉。而世之沽養士之名者，往往取財于贓罰，撥田于拘籍，猶之盗泉之水，度必有寧渴不飲者，其可效尤？乃斥郡帑之羡，買田民間，時直不虧而售之者無難色，歲入有實而得之者非具文。

常熟，隸邑之一，而所增田數如許，則府與他邑可知。增田之令既下，各邑士子皆請刻石，以詔方來。常熟之士屬筆于沂。竫惟沂不才負丞，且嘗攝郡廣文之席，知顛末為詳，故不辭而為之書。昔魯僖公修泮宫，詩人頌之曰永錫難老，曰眉壽無有害，又曰翩彼飛鴞，集于泮林；食我桑黮，懷我好音。公方以清德受知明天子，奉詔登朝，一歲九遷，無足為公道。惟眉壽難老，乃多士之所一飯必祝者。鴟鴞非祥禽，桑黮非嘉實，而魯人之頌如此，况吾邑之士德公之賜，如鸞鳳之飽于竹實甘露者乎？繼自今為邑士者，益思禮耕義種，學耨仁聚，以無負新田美才之意。敢并舉此以為公頌，且以為諸生勉。

公名應博，字景仁，泰寧人，乙丑别頭進士第一人。

紹定六年癸巳十二月既望，承直郎、平江府常熟縣丞孫沂記；通直郎、知平江府常熟縣、主管勸農公事、兼兵馬都監章巽亨書并題額、立石。

吴郡張世聰同弟思明摹刻。

按：宋紹定六年（1233），縣丞孫沂撰記，知縣章巽亨書并題額。孫沂，字彦温，丹徒人，進士，以承直郎為常熟縣丞，上官委攝府學教授，不就，歸卒。碑上截刻府帖，下截正文。原在邑學明倫堂，後佚。

三　重建學宮記

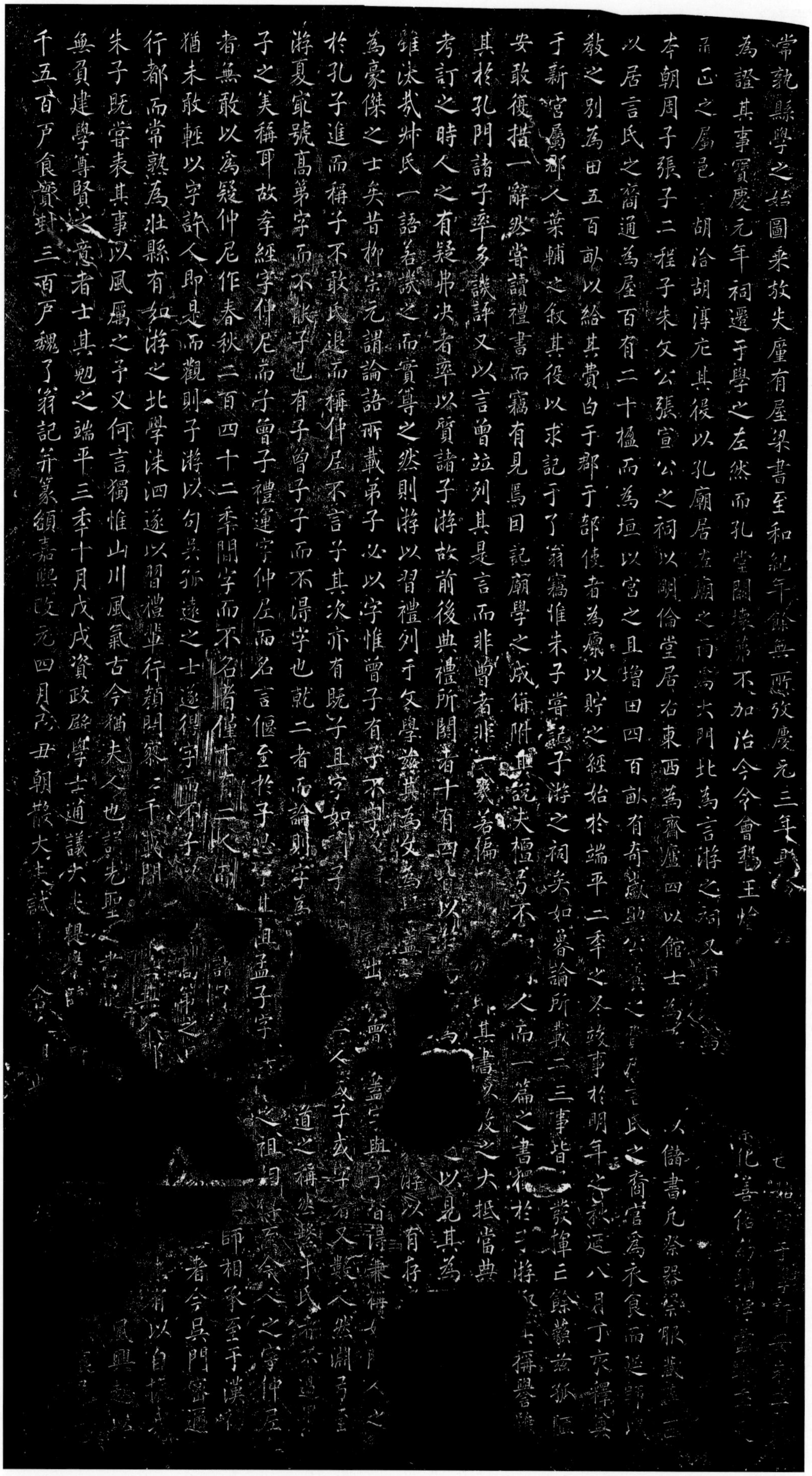

三　魏了翁《重建學宫記》

年代：宋嘉熙元年（1237）

碑文：

常熟縣學之始，圖乘放失，廑有屋楔，書至和紀年，餘無所考。慶元三年，縣令孫應時以言游里人也，始祠于學，新安朱子既為證其事。寶慶元年，祠遷于學之左，然而孔堂闕壞，弗不加治。今令會稽王爚始至，大懼無以崇化善俗，約縮浮蠹，逾年更而正之。屬邑士胡洽、胡淳庀其役，以孔廟居左，廟之南為大門，北為言游之祠。又東北為本朝周子、張子、二程子、朱文公、張宣公之祠，以明倫堂居右，東西為齋廬四以館士，為塾二，東以儲書，凡祭器、祭服藏焉；西以居言氏之裔。通為屋百有二十楹，而為垣以宫之。且增田四百畝有奇，歲助公養之費；凡言氏之裔，官為衣食，而延師以教之，别為田五百畝，以給其費。白于郡于部使者，為廪以貯之。經始于端平二年之冬，竣事于明年之秋。乃八月丁亥，釋奠于新宫。屬郡人葉輔之叙其役，以求記于了翁。

竊惟朱子嘗記子游之祠矣，如《魯論》所載二三事，皆□發揮無餘。藐兹孤陋，安敢復措一辭？然嘗讀禮書，而竊有見焉。因記廟學之成，并附其説。夫檀弓，不知何人，而一篇之書，獨于子游極其稱譽，雖其于孔門諸子率多譏評，又以言曾并列。其是言而非曾者非一，幾若偏于抑揚。然即其書以考之，大抵當典禮訛闕，無所考訂之時，人之有疑弗决者，率以質諸子游。故前後典禮所關者十有四，皆以游一言為可否，亦足以見其為時人之耳目。雖汏哉叔氏一語，若譏之而實尊之，然則游以習禮列于文學，兹其為文為學，蓋三代典章之遺，賴游以有存者。嗚呼，信其為豪杰之士矣！昔柳宗元謂《論語》所載弟子，必以字，惟曾子有子不字，遂謂是書出于曾門。蓋字與子皆得兼稱，如門人之于孔子，進而稱子，不敢氏；退而稱仲尼，不言子。其次亦有既子且字，如閔子之等，不一二人，或子或字者，又數人，然淵弓至游夏，最號高第，字而不能子也。有子曾子，子而不得字也。就二者而論，則字為尊，蓋子雖有師道之稱，然係于氏者，不過男子之美稱耳。故《孝經》字仲尼，而子曾子；《禮運》字仲尼，而名言偃。至于子思字其祖，孟子字其師之祖，相傳至今。人之字仲尼者，無敢以為疑。仲尼作《春秋》，二百四十二年間，字而不名者，僅十有二人。而游夏諸子之門人，亦各字其師。相承至于漢初，猶未敢輕以字許人。即是而觀，則子游以句吴孤遠之士，遂得字而不子，以列于高第之目，此又豈易易然者？今吴門密邇行都，而常熟為壯縣。有如游之北學洙泗，遂以習禮蜚行顔閔，寥寥千載間，豈終無其人耶？或者狃于習俗，未有以自振。我朱子既嘗表其事以風厲之，予又何言？獨惟山川風氣，古今猶夫人也，誦先聖之書，服先賢之訓，嗚呼，其必有聞風興起，以無負建學尊賢之意者，士其勉之。

端平三年十月戊戌，資政殿學士、通議大夫、提舉臨安府洞霄宫、臨邛郡開國侯、食邑一千五百户、實封三百户魏了翁記并篆額。

嘉熙改元四月己丑，朝散大夫、試中書舍人、賜紫金魚袋袁甫書撰。

□緯陶鑄摹。

按：宋端平二年（1235），知縣王爚仿郡庠制重建文廟。端平三年（1236），魏了翁撰記并篆額，袁甫書。原刻間有殘缺，兹據《海虞文徵》補入。魏了翁（1178—1237），字華父，號鶴山，蒲江人，慶元五年進士，歷任禮部尚書、同簽書樞密院事等。為南宋著名理學家，有《鶴山全集》《九經要義》等。碑原在邑學戟門，已佚。

四　學田籍碑

四　學田籍碑

年代：宋嘉熙元年（1237）

碑文：

嘉熙元年八月日，承議郎、知平江府常熟縣、主管勸農公事、兼兵馬都監、兼弓手寨兵軍正王

第壹都

龔觀國，租田伍畝叁角，租米壹石捌㪷。

王千三，租田叁畝叁角肆拾柒步半，租米貳石。

第貳都

魏六六，租田肆畝壹角伍拾步，租米壹石肆㪷。

黃千乙，租田陸畝叁角，租米叁石柒㪷伍勝。

黃千四，租田貳畝，租米壹石貳㪷伍勝。

譚百念四，租田叁畝叁角叁拾伍步，租米壹石貳㪷。

李千乙名興，租田壹拾叁畝貳角壹拾壹步，租米叁石叁㪷捌勝五合。

第叁都

李四九，租田肆畝，租米貳石。

王九乙，租田叁畝貳拾步，租米壹石伍㪷。

李四八，租田叁畝貳拾步，租米壹石伍㪷。

第伍都

朱小四，租田肆畝貳角，租米貳石伍㪷叁勝。

第陸都

沈千四，租田玖畝貳角肆拾步，租米叁石。

第捌都

崔五乙，租田伍畝叁角，租米□石貳㪷。

第拾都

湯千四，租田肆畝壹角，租米壹石貳㪷柒勝伍合。

拾貳都

張五乙，租田肆畝，租米壹石叁㪷肆勝。

丘千八，租田壹拾畝，租米叁石。

東千十五，租田陸畝壹角，租米貳石叁㪷。

陳三乙，租田貳畝貳角，租米陸㪷。

陸小四十乙，租田伍畝，租米壹石肆㪷。

徐千三，租田伍畝，租米壹石柒㪷。

拾玖都

陶細乙，租田肆畝，租米貳石貳㪷。

何千六，租田陸畝叁角，租米肆石肆㪷。

焦懋，租田捌畝玖步，租米貳石肆㪷。

王千十九，租田壹拾壹畝貳角，租米伍石肆㪷。

徐興宗，租田貳拾柒畝壹角壹拾步，租米捌石壹㪷捌勝。

貳拾都

王承信，占人王千乙名勝，租田貳拾柒畝肆拾貳步，租米捌石壹㪷伍勝。
張忻，租田叁畝，租米玖㪷。
念壹都
張珉，租田陸畝，租米貳石貳㪷伍勝。
張俶，租田陸畝，租米貳石貳㪷伍勝。
念貳都
曹千二秀才，租田陸畝貳角貳拾陸步，租米壹石玖㪷陸勝。
念肆都
季德富，租田叁拾壹畝，租米玖石叁㪷。
念伍都
焦侃，租田貳拾畝，租米陸石。
顧百三，租田柒畝叁角，租米陸石玖㪷叁勝。
陳細乙，租田伍畝伍拾步，租米叁石肆㪷。
瞿千五，租田伍畝伍拾步，租米叁石肆㪷。
張六官人，租田肆拾伍畝，租米壹拾叁石伍㪷。
念玖都
陳小五，租田貳拾畝，租米陸石。
叁拾都
李六十二，租田壹畝叁角肆拾步、地壹畝壹角，租米玖㪷伍勝。

四　學田籍碑（局部）

奚百念三名通，租田肆畝，租米壹石貳㪷。

楊百十二名立成，租地叁角，租米肆㪷。

許又念二，租田貳畝貳角，租米捌㪷。

吴千六名成，租田伍畝壹角貳拾柒步半，租米壹石伍㪷玖勝。

李子成、李彦忠、李文富，租地肆畝，租米壹石貳㪷。

李五十四、李五六，租田肆畝，租米壹石貳㪷。

李千十三，租田伍畝，租米壹石伍㪷。

吴思忠、吴思贇、吴崇德，租田肆畝，租米壹石貳㪷。

叁拾壹都

李七五名彦榮，租田捌畝，租米貳石肆㪷。

叁拾叁都

于福户下彦誠，租田壹拾貳畝，租米叁石陸㪷。

叁拾肆都

王兖，租田伍畝叁角，租米壹石柒㪷貳勝伍合。

王元，租田伍畝壹角，租米壹石伍㪷柒勝伍合。

王深，租田陸畝貳步半，租米壹石捌㪷。

張必大，租田捌畝叁角，租米貳石陸㪷貳勝伍合。

肆拾都

湯懋，租地伍拾捌畝，租錢叁拾肆貫捌伯文。

肆拾壹都
陸七五，租田貳拾捌畝，租米柒石。
陳文富，租田貳拾貳畝，租米陸石陸㪷。
俞偉秀才，租田壹拾貳畝壹角貳拾伍步，租米叁石柒㪷。
肆拾貳都
許士龍秀才，租田叁拾叁畝肆拾步，租米壹拾石。
冀千乙，租田壹拾肆畝壹角，租米玖石叁㪷。
許儀，租田壹伯捌拾畝，租米伍拾肆石。淳祐三年增作柒拾貳碩。
肆拾叁都
金澤，租田肆拾伍畝，租米壹拾叁石伍㪷。
葛僉判十六知禄，租田陸畝壹角肆拾陸步肆赤，租米壹石玖㪷貳勝。
葛僉判十九官人，租田陸畝壹角肆拾陸步肆赤，租米壹石玖㪷叁勝。
葛僉判二十宣教，租田陸畝壹角肆拾陸步肆赤，租米壹石玖㪷叁勝。
葛監鎮，租田捌畝貳角肆拾步，租米貳石陸㪷壹勝。
葛朝散户下運幹，租田捌畝貳角肆拾步，租米貳石陸㪷壹勝。
葛監鎮户下五五官人，租田叁畝伍拾叁步貳赤，租米玖㪷柒勝。
葛監鎮户下五七官人，租田叁畝伍拾叁步貳赤，租米玖㪷柒勝。
葛監鎮户下五八官人，租田壹畝，租米叁㪷。
葛監鎮户下五九官人，租田叁畝伍拾叁步，租米玖㪷柒勝。
葛總幹，租田伍畝壹角貳拾步，租米壹石陸㪷。
葛朝散監酒，租田伍畝壹角貳拾步，租米壹石陸㪷。
肆拾伍都
俞萬乙，租田壹畝壹角，租米壹石伍勝。
陸千十四，租田肆畝貳角叁拾步，租米肆石肆㪷伍勝。
瞿千三，租田肆畝肆拾步，租米叁石陸㪷貳勝。
王五二，租田貳畝貳角肆拾捌步，租米貳石貳㪷貳勝。
繆千六，租田肆畝貳角，租米叁石柒㪷捌勝。
蔡九二，租田壹畝壹拾步，租米壹石伍勝。
陳千十五，租田壹畝壹拾步，租米壹石伍勝。
肆拾陸都
顔百念三，租田伍畝，租米叁石。
縣市
陸英，第二界租地錢壹貫文。
吴縣至德鄉拾壹都
謝念六，租地柒畝，租米柒石。
長洲縣武丘鄉捌都
陸三三、陸四二，租田叁畝，租米叁石捌㪷。
玖都
邵小七，租田貳角，租米陸㪷。
潘四乙，租田壹畝叁角，租米壹石玖㪷。
彭華鄉壹都
杜細五，租田伍畝，租米伍石貳㪷。

沈小五，租田壹畝叁角，租米壹石玖㪷。
沈百乙，租田捌畝，租米捌石。
金鶩鄉拾都
顧千三，租田捌畝，租米柒石。
叁拾玖都
湯懋，租柒地叁拾伍畝貳角伍拾柒步，租錢貳拾壹貫肆伯文。
陳四六，租地壹拾貳畝，租錢柒貫貳伯文。
第壹都
余百乙，租田叁畝叁角貳拾叁步，租米壹石。
繆四二名聰，租田壹拾柒畝叁角，租米貳拾石。
孫細二，租田壹拾柒畝叁角伍拾陸步，租米伍石肆㪷。
第貳都
王千二，租田肆畝，租米叁石貳㪷。
譚念玖，租田壹拾貳畝貳角壹拾步，租米柒石叁㪷。
第伍都
李百乙，租田肆畝；鍾歸老，租田肆畝伍拾貳步，租米伍石陸㪷。
錢千三，租田肆畝壹角，租米壹石貳㪷柒勝伍合。
茅千九，租田肆畝壹角伍拾步，租米壹石叁㪷。
龔千五，租田貳畝貳角貳拾步，租米柒㪷柒勝。
周萬十乙，租田貳畝貳角伍拾肆步，租米捌㪷貳勝。
陳又八，租田貳畝貳角壹拾捌步，租米柒㪷柒勝。
錢小八，租田肆畝貳角伍拾柒步，租米壹石肆㪷貳勝。
第陸都
蔡百乙，租田肆畝叁角肆拾叁步，租米叁石叁㪷。
第捌都
蔡又十二，租田陸畝壹拾伍步，租米壹石捌㪷壹勝伍合。
張六五，租田壹畝貳角叁拾陸步，租米肆㪷玖勝。
拾壹都
蘇千三，租田伍畝壹角叁拾步，租米壹石叁㪷。
徐一百五，租田壹畝壹拾步，租米叁㪷壹勝。
拾叁都
戴細十三、余百四，租田柒畝壹角壹拾肆步，地貳畝壹角，租米貳石捌㪷伍勝。
張添二，租田叁畝伍拾叁步，租米玖㪷柒勝。
朱千十，租田捌畝貳角貳拾貳步，租米貳石伍㪷陸勝伍合。
楊萬六，租田貳畝貳拾步，租米陸㪷貳勝。
朱九七、葛千五，租田貳畝貳角，租米柒㪷伍勝。
念壹都
嚴千十乙，租田壹拾肆畝貳角貳拾步，租米肆石貳㪷。
念肆都
孫又四，租田玖畝壹角叁拾步，租米貳石柒㪷捌勝。
支千五，租地貳角，租米壹㪷伍勝。
馮千七，租地壹畝壹拾步，租米叁㪷。

羅小九，租地貳角，租米壹蚪伍勝。

周千六，租田玖畝壹角貳拾玖步，租米貳石柒蚪柒勝伍合。

錢九七，租田肆畝叁角陸步，租米壹石肆蚪貳勝伍合。

念陸都

張德，租田捌拾畝，租米伍拾柒石貳蚪肆勝。

黄千十五，租田伍拾肆畝，租米叁拾捌石伍蚪陸勝。

王百二，租田肆拾柒畝，租米叁拾叁石伍蚪陸勝。

同千乙，租田陸拾柒畝，租米肆拾柒石捌蚪肆勝。

王千八，租田壹拾畝貳角肆拾肆步，租米叁石壹蚪玖勝。

顧百三十八，租田壹拾畝貳角肆拾肆步，租米叁石壹蚪玖勝。

念捌都

陳伯圭，租柴場地捌畝叁角貳拾步，租米貳石貳蚪。

念玖都

吴細乙，租田肆畝，租米壹石柒蚪。

馮千八，租田貳拾貳畝壹角叁拾壹步，地伍畝貳角貳拾玖步，租米玖石。

叁拾貳都

王萬乙，租田貳拾畝貳角，租米伍石陸蚪。

叁拾叁都

顧千念乙，租田壹拾陸畝，租米肆石；又租柴場地捌畝，租錢捌貫文。

肆拾叁都

薛細一，租田壹拾肆畝貳拾步半，租米捌石肆蚪陸勝。

唐八三，租田壹拾伍畝叁角伍拾肆步，租米壹石貳蚪叁勝。

唐念四，租田陸畝叁角伍拾伍步，租米肆石陸蚪。

龔五七，租田叁畝壹角貳拾柒步，租米貳石叁蚪。

肆拾陸都

葉仲軾，租田陸畝，租米叁石。

肆拾柒都

邵大十二，租田肆畝叁角叁拾肆步，租米叁石壹蚪。

蔣七二，租田陸畝貳角貳拾貳步，租米伍石伍蚪。

福山鎮

顧百三十四，租田叁畝叁角貳拾步，租米壹石壹蚪伍勝。又租地壹拾肆畝肆拾捌步，租錢捌貫伍佰貳拾伍文。

胡千乙，租田貳畝柒步，租米陸蚪壹勝。又租地壹畝叁角貳拾叁步，租錢壹貫壹伯文。

胡千二，租田貳畝柒步，租米陸蚪壹勝；租地貳畝伍步，租錢壹貫貳伯壹拾文。

王千二，租地叁畝壹拾玖步，租錢壹貫捌伯陸拾文。

馮萬乙，租地壹畝壹角肆拾貳步，租錢貳貫文。

第貳都

花百十四，租田叁畝叁步，租米壹碩肆蚪肆升。

沈小三十四，租田肆畝貳角壹拾捌步，租米貳石玖蚪叁升貳合伍勺。

魏七五，租田肆畝貳角壹拾捌步，租米貳石玖蚪叁升貳合伍勺。

李五二，租田叁畝，租米壹石陸蚪壹升。

浦千六，租田玖畝，租米伍石陸蚪叁升伍合。

諸九四，租田壹拾畝壹角伍拾步，租米陸石貳斗壹升。

租田貳畝叁角。

租田叁畝貳角。

租田貳畝伍拾步。

第叁都

趙大十二、徐百九六，租田玖畝貳角貳步，租米貳石壹斗貳升。

孫伴叔、黄千七嫂，租田肆畝壹角貳拾伍步，租米玖斗玖升柒合伍勺。

龔細化六、孫萬六，租田壹拾貳畝肆拾步，租米貳石柒斗肆升。

黄千七嫂、孫伴叔，租田陸畝貳角，租米壹石肆斗陸升貳合伍勺。

邵千十九，租田陸畝貳拾步，租米叁石肆斗叁升。

陳細五，租田肆畝壹角捌步，租米壹石伍斗。

邵千十六，租田柒畝叁角壹拾陸步，租米叁石玖斗伍升伍合。

第五都

秦万十二、秦大十二，租田陸畝叁角壹拾伍步，租米貳碩捌斗捌升。

拾叁都

張大十三，租田陸畝壹拾伍步，叁碩陸斗。

念伍都

魯五二，租田壹拾壹畝壹拾玖步，租米肆石伍斗陸升。

周五乙，租田肆拾捌畝貳角伍拾壹步，租米壹拾玖石貳斗。

陳百十六，租田貳拾柒畝壹步半，租米壹拾石貳斗。

錢九十二，租田肆拾柒畝貳角肆拾步。

劉千四，租田壹拾肆畝壹角貳拾貳步半，租米陸石。

包乙十，租田貳拾叁畝叁角叁拾步，租米玖石。

念捌都

朱佐，租田肆拾陸畝壹角壹拾陸步，租米貳拾石。

念玖都

陳百二，租田陸畝叁角伍拾步，租米叁石伍斗。

陳世良，租田貳拾畝叁角貳拾步，租米捌石。

按：宋嘉熙元年（1237），知縣王爚立，記邑學田佃户名、田畝、租數等。王爚（1199—1295），新昌人，字仲潛，嘉定十三年（1220）進士，端平初知常熟，重建邑學，修言子祠，正經界，立役法，修社壇，創義阡。後歷官至觀文殿大學士、平章軍國重事。此碑原在邑學明倫堂，已佚。

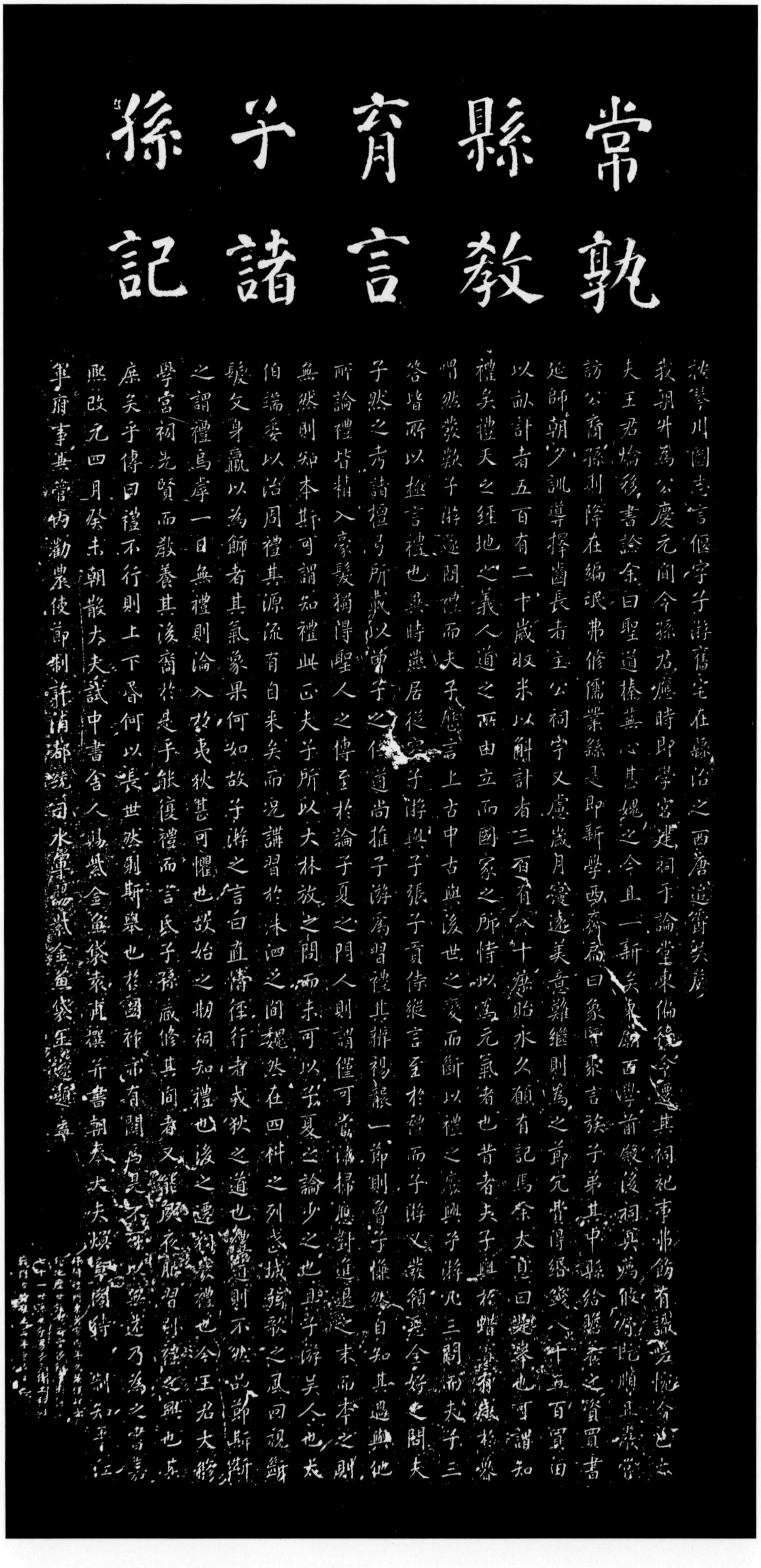

五　常熟縣教育言子諸孫記

五　袁甫《常孰縣教育言子諸孫記》

年代：宋嘉熙元年（1237）

碑文：

按《琴川圖志》，言偃，字子游，舊宅在縣治之西。唐追爵吴侯，我朝升為公。慶元間，令孫君應時即學宫建祠于論堂東偏。後令遷其祠，祀事弗飭，有識嗟惋。今邑大夫王君爚移書諗余曰："聖道榛蕪，心甚愧之。今且一新矣，東廟西學，前殿後祠，奠薦攸序，既順且嚴。嘗訪公裔孫，則降在編氓，弗修儒業。繇是即新學西齋，扁曰'象賢'，聚言族子弟其中，縣給贍養之資，買書延師，朝夕訓導。擇齒長者主公祠宇。又慮歲月浸遠，美意難繼，則為之節冗費，得緡錢八千三百，買田以畝計者五百有二十，歲收米以斛計者三百有八十。庶貽永久，願有記焉。"

余太息曰："是舉也，可謂知禮矣。禮，天之經，地之義，人道之所由立，而國家之所恃以為元氣者也。昔者，夫子與于蜡賓，有感于魯，喟然發歎。子游遂問禮，而夫子歷言上古、中古與後世之變，而斷以禮之廢興。子游凡三問，而夫子三答，皆所以極言禮也。异時燕居從容，子游與子張、子貢侍，縱言至于禮，而子游又發'領惡全好'之問，夫子然之。考諸《檀弓》所載，以曾子之任道，尚推子游為習禮，其辨裼襲一節，則曾子慊然自知其過。與他所論禮，皆精入豪髮，獨得聖人之傳。至于論子夏之門人，則謂僅可當灑掃、應對、進退之末，而本之則無。然則知本，斯可謂知禮。此正夫子所以大林放之問，而未可以子夏之論少之也。且子游，吴人也，太伯端委以治周禮，其源流有自來矣，而况講習于洙泗之間，巍然在四科之列。武城弦歌之風，回視斷髮文身，羸以為飾者，其氣象果何如？故子游之言曰：'直情徑行者，戎狄之道也。禮道則不然。品節斯，斯之謂禮。'烏虖，一日無禮，則淪入于夷狄，甚可懼也。"故始之創祠，知禮也；後之遷祠，嚴禮也。今王君大修學宫，祠先賢而教養其後裔，于是乎能復禮。而言氏子孫藏修其間者，又能夙夜服習。則禮之興也，其庶矣乎？"《傳》曰：禮不行則上下昏，何以長世？然則斯舉也，于國祚亦有關焉，是不可以無述，乃為之書。

嘉熙改元四月癸未，朝散大夫、試中書舍人、賜紫金魚袋袁甫撰并書。

朝奉大夫、焕章閣待制、知平江軍府事兼管内勸農使、節制許浦都統司水軍、賜紫金魚袋王遂題蓋。

碑樹禮門東翼室内，年久屋傾，碑亦仆地，歷廿餘載，雨雪侵蝕，字漸漫滅。七十一世孫廉命男夢奎倩工移樹戟門右，時雍正三年重陽日也。

按：宋端平元年（1234），知縣王爚修言子祠，并延師以教言氏後裔。袁甫撰記并書，王遂題額。袁甫，字廣微，嘉定七年（1214）進士第一，仕至兵部侍郎，兼吏部尚書。著有《蒙齋集》等。此碑原在邑學戟門西官廳，現存言子專祠禮門。

六　常熟縣端平經界記

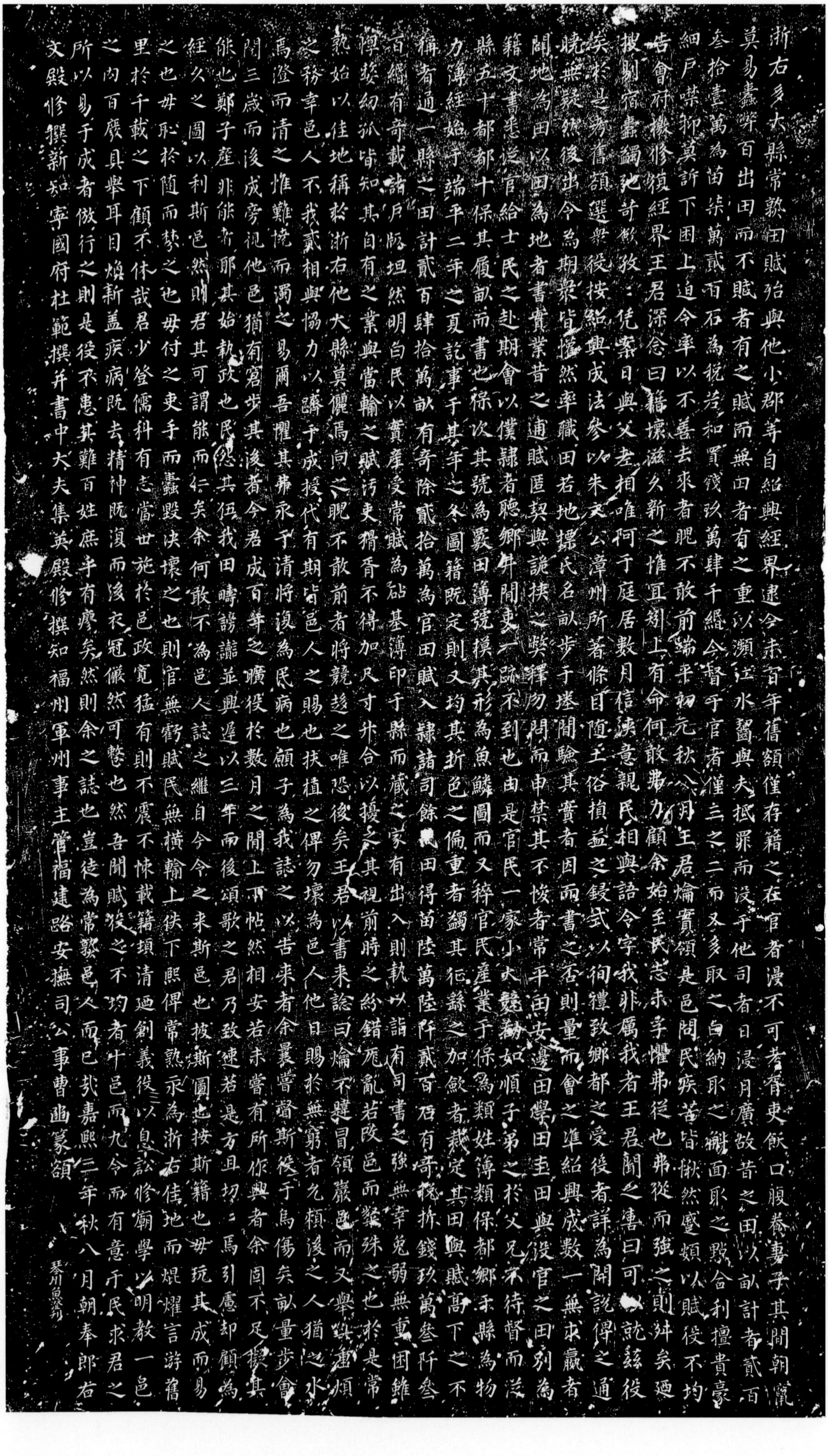

浙右多大縣常熟田賦殆與他小郡等自紹興經界逮今未百年舊額僅存籍之在官者漫不可考胥吏飫口腹養妻子其間朝廷
莫易盡解百出田而不賦者有之賦而無田者有之重以瀕江水齧與夫抵罪而沒于他司者日浸月廣故昔之田以畝計者貳百
叁拾壹萬為苗柒萬貳百石為稅若和買錢玖萬肆千緡今督于官者僅三之二而又多取之白納取之斛面取之戥合利擅貴豪
細戶喋抑莫訴下困上迫令率以不善去來者服不敢前端平初元秋八月王君爚實領是邑閭民疾苦皆愀然蹙頞以賦役不均
告會府檄修復經界王君深念曰籍壞滋久新之惟宜矧上有命何敢弗力顧余始至民志未孚懼弗從也弗從而強之則弊矣迺
搜剔宿蠹鋤絕奇衺敦敦凭案日與父老相唯阿于庭居數月信洽意親民相與語令字我非厲我者王君聞之喜曰可以就茲役
矣於是旁舊額選衆役按紹興成法參以朱文公漳州所著條目隨土俗損益之鏤式以徇禮致鄉都之受役者詳為開說俾之通
曉無疑然後出令為期衆皆欣然率職田若地標氏名畝步于壟間驗其實者因而書之否則量而會之準紹興成數一無求贏者
閒地為田以田為地者書實業昔之逋賦匿契與詭挾之弊釋勿問而申禁其不悛者常平甲安邊田學田圭田與役官之田別為
籍文書悉從官給士民之赴期會以僕隸者聽鄉井間吏一跡不到也由是官民一家小大競勸如順子弟之於父兄不待督而從
縣五十都都十保其履畝而書也保次其號為覈田簿號摸其形為魚鱗圖而又稡官民產業于保為類姓簿類保都鄉于縣為物
力簿經始于端平二年之夏訖事于其年之冬圖籍既定則又均其折色之偏重者鐲其征蘇之加歛者裁定其田與賦高下之不
稱者通一縣之田計貳百肆拾萬畝有奇除貳拾萬為官田賦入隸諸司餘[illegible]田得苗陸萬陸阡貳百石有奇稅折錢玖萬叁阡叁
百緡有奇載諸戶版坦然明白民以實產受常賦為砧基簿印于縣而藏之家有出入則執以詣有司書之強無幸免弱無重困雖
惇婺幼孤皆知其自有之業與當輸之賦污吏猾胥不得加尺寸升合以撓之其視前時之紛錯尨亂若陜邑而鑒殊之也於是常
熟始以佳地稱於浙右他大縣莫儷焉向之肥不敢前者將競趨之唯恐後矣王君以書來諗曰爚不韙冒領巖邑而又與興蠹煩
之務幸邑人不我貳相與協力以躋于成授代有期皆邑人之賜也扶植之俾勿壞為邑人他日賜於無窮者允賴後之人猶泌水
焉澄而清之惟難撓而濁之易爾吾懼其弗永于清將復為民病也願子為我誌之以告來者余曩嘗蹐斯役于烏傷矣畝量步會
閱三歲而後成旁視他邑猶有窘步其後者今君成百年之曠役於數月之間上下帖然相安若未嘗有所作興者余固不足擬其
能也鄭子產非能有耶其始執政也民怨其伍我田疇謗讟並興遲以三年而後頌歌之君乃致速若是方且切切焉引慮却顧為
經久之圖以利斯邑然則君其可謂能而仁矣余何敢不為邑人誌之繼自今令之來斯邑也披斯圖也按斯籍也毋玩其成而易
之也毋恥於隨而替之也毋付之吏手而蠹毀決壞之也則官無虧賦民無橫輸上佚下熙俾常熟永為浙右佳地而焜燿言游舊
里於千載之下顧不休哉君少登儒科有志當世施於邑政寬猛有則不震不悚載籍頃清迺劉義役以息訟修廟學以明教一邑
之內百廢具舉耳目煥新蓋疾病既去精神既復而後衣冠儼然可整也然吾聞賦役之不均者什邑而九今而有意于民求君之
所以易于成者倣行之則是役不患其難百姓庶乎有瘳矣然則余之誌也豈徒為常熟邑人而已哉嘉熙二年秋八月朝奉郎右
文殿修撰新知寧國府杜範撰并書中大夫集英殿修撰知福州軍州事主管福建路安撫司公事曹豳篆額
琴川魯瑩刊

六　杜範《常熟縣端平經界記》

年代：宋嘉熙二年（1238）
碑文：

浙右多大縣，常熟田賦，殆與他小郡等。自紹興經界，逮今未百年，舊額僅存，籍之在官者漫不可考。胥吏飫口腹，養妻子，其間朝竄莫易，蠹弊百出。田而不賦者有之，賦而無田者有之，重以濱江水齧，與夫抵罪而没于他司者，日浸月廣。故昔之田以畝計者貳百叁拾壹萬，為苗柒萬貳百石，為税若和買錢玖萬肆千緡。今督于官者僅三之二，而又多取之白納，取之斛面，取之點合。利擅貴豪，細户噤抑莫訴。下困上迫，令率以不善去，來者睨不敢前。

端平初元秋八月，王君爚實領是邑，問民疾苦，皆愀然蹙頞，以賦役不均告。會府檄修復經界，王君深念曰："籍壞滋久，新之惟宜，矧上有命，何敢弗力？顧余始至，民志未孚，懼弗從也，弗從而强之則舛矣。"乃搜剔宿蠹，蠲弛苛斂，孜孜凭案，日與父老相唯阿于庭。居數月，信浹意親，民相與語："令字我，非厲我者。"王君聞之，喜曰："可以就兹役矣。"于是考舊額，選衆役，按紹興成法，參以朱文公漳州所著條目，隨土俗損益之，鋟式以徇。禮致鄉都之受役者，詳為開説，俾之通曉無疑。然後出令為期，衆皆懽然。率職田若地，摽氏名畝步于塍間，驗其實者，因而書之，否則量而會之，準紹興成數，一無求贏者。闢地為田，以田為地者書實業。昔之逋賦匿契與詭挾之弊，釋勿問，而申禁其不悛者。常平田、安邊田、學田、圭田與没官之田，别為籍。文書悉從官給。士民之赴期會以僕隸者聽。鄉井閑吏一迹不到也。由是官民一家，小大競勸，如順子弟之于父兄，不待督而從。縣五十都，都十保，其履畝而書也。保次其號為覈田簿，號模其形為魚鱗圖。而又稡官民産業于保為類姓簿，類保都鄉于縣為物力簿。經始于端平二年之夏，訖事于其年之冬。圖籍既定，則又均其折色之偏重者，蠲其征繇之加斂者，裁定其田與賦高下之不稱者。通一縣之田，計貳百肆拾萬畝有奇。除貳拾萬為官田，賦入隸諸司，餘民田得苗陸萬陸阡貳百石有奇，税折錢玖萬叁阡叁百緡有奇。載諸户版，坦然明白。民以實産受常賦，為砧基簿，印于縣而藏之家。有出入則執以詣有司書之。强無幸免，弱無重困，雖惸嫠幼孤，皆知其自有之業與當輸之賦。污吏猾胥，不得加尺寸升合以擾之。其視前時之紛錯庬亂，若改邑而粲殊之也。于是常熟始以佳地稱于浙右，他大縣莫儷焉。向之睨不敢前者，將競趨之，唯恐後矣。

王君以書來，諗曰："爚不韙，冒領岩邑，而又舉此重煩之務，幸邑人不我貳，相與協力，以躋于成。授代有期，皆邑人之賜也。扶植之俾勿壞，為邑人他日賜于無窮者，允賴後之人。猶之水焉，澄而清之惟難，撓而濁之易爾，吾懼其弗永于清，將復為民病也。愿子為我志之，以告來者。"余曩嘗督斯役于烏傷矣，畝量步會，閲三歲而後成，旁視他邑，猶有窘步其後者。今君成百年之曠役于數月之間，上下帖然相安，若未嘗有所作興者。余固不足擬其能也。鄭子産非能者耶？其始執政也，民怨其伍我田疇，謗讟并興；遲以三年而後頌歌之。君乃致速若是，方且切切焉引慮却顧，為經久之圖，以利斯邑，然則君其可謂能而仁矣。余何敢不為邑人志之？繼自今令之來斯邑也，披斯圖也，按斯籍也，毋玩其成而易之也，毋耻于隨而棼之也，毋付之吏手而蠹毁决壞之也。則官無虧賦，民無横輸，上佚下熙，俾常熟永為浙右佳地，而焜耀言游舊里于千載之下，顧不休哉？

君少登儒科，有志當世，施于邑政，寬猛有則，不震不悚。載籍頓清，乃創義役以息訟，修廟學以明教。一邑之内，百廢具舉，耳目焕新。盖疾病既去，精神既復，而後衣冠儼然可整也。然吾聞賦役之不均者，十邑而九，令而有意于民，求君之所以易于成者仿行之，則是役不患其難，百姓庶乎有瘳矣。然則余之志也，豈徒為常熟邑人而已哉？

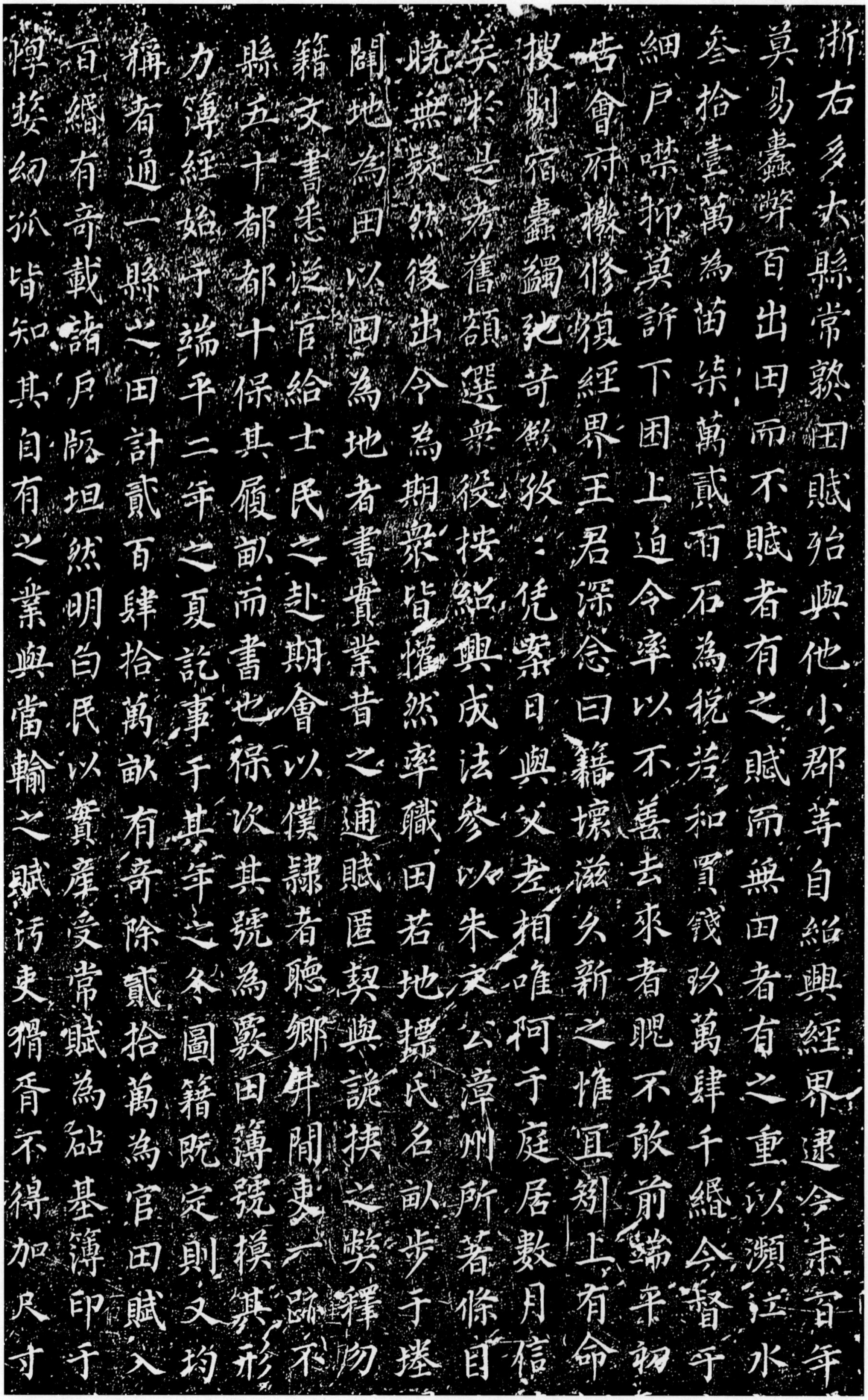

浙右多大縣常熟田賦殆與他小郡等自紹興經界逮今未百年
莫易蠹弊百出田而不賦者有之賦而無田者有之重以瀕江水
叁拾壹萬為苗柒萬貳百石為税若和買錢玖萬肆千緡令督于
細戶㵲抑莫訴下困上迫令率以不善去來者朒不敢前端平初
告會府檄修復經界王君深念曰籍壞滋久新之惟宜剟上有命
搜剔宿蠹蠲弛苛斂役：凭案日與父老相唯阿于庭居數月信
矣於是考舊額選衆役按紹興成法參以朱文公漳州所著條目
曉無疑然後出令為期衆皆懽然率職田若地摽氏名畝步于垡
闢地為田以圖為地者書實業昔之逋賦匿契與詭挾之弊釋物
籍文書悉從官給士民之赴期會以僕隸者聽鄉毋聞吏一跡不
縣五十都都十保其履畝而書也保次其號為覈田簿號模其形
力薄經始于端平二年之夏訖事于其年之冬圖籍既定則又均
稱者通一縣之田計貳百肆拾萬畝有奇除貳拾萬為官田賦入
百緡有奇載諸戶版坦然明白民以實產受常賦為砧基簿印于
惇嫠幼孤皆知其自有之業與當輸之賦汙吏猾胥不得加尺寸

六　常熟縣端平經界記（局部）

嘉熙二年秋八月，朝奉郎、右文殿修撰、新知寧國府杜範撰并書。

中大夫、集英殿修撰、知福州軍州事、主管福建路安撫司公事曹豳篆額。

琴川魚澄刊。

按：宋端平二年（1235），知縣王爚修復縣經界。嘉熙二年（1238），杜範撰記并書，曹豳篆額。杜範（1182—1245），字成之，黄岩人，宋嘉定元年（1208）進士，仕至右丞相兼樞密使。碑原在邑學禮門，已佚。

七　邑令王君生祠堂記

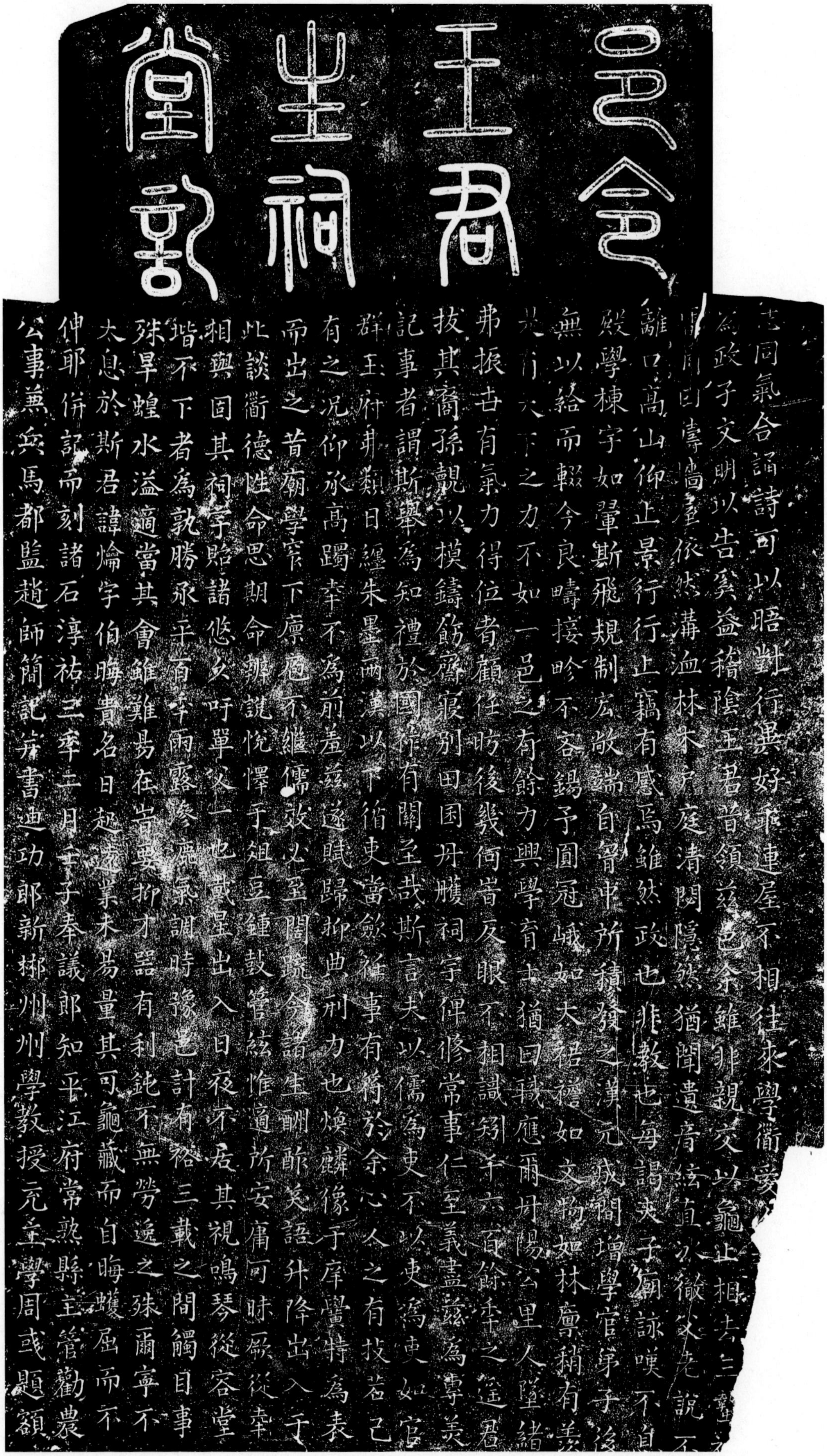

邑令王君生祠堂記

志同氣合誦詩可以晤對行異好乖連屋不相往來學術愛
爲政子文明以告奚益稽陰王君昔領茲邑余雖非親交以龜止相去三
閭閻田疇墻屋依然溝洫林木户庭清閟隱然猶聞遺音絃直之徹父老說不
雖曰高山仰止景行行止竊有感焉雖然政也非教也每謁夫子廟詠嘆不自
殿學棟宇如翬斯飛規制宏敞端自胷中所積發之漢元成閣增學官弟子從
無以給而輟今良疇接畛不啻錫予圓冠峨如大裾禮如文物如林齋稍有羨
是有天下之力不如一邑之有餘力興學育士猶曰職應爾丹陽公里人墜緒
弗振古有氣力得位者顧往昉後幾何嘗反眼不相識矧乎六百餘年之遠君
拔其裔孫靚以模鑄飾齋寢別囿園丹雘祠宇俾修常事仁至義盡茲爲尊羨
記事者謂斯舉爲知禮於國裨有關至哉斯言夫以儒爲吏不以吏爲吏如官
群王府弗類日纏朱墨兩漢以下循吏當繇往事有觭於余心人之有技若己
有之況仰承高躅幸不爲前羞茲遂賦歸抑曲刑力也煥麟像于庠黌特爲表
而出之昔廟學窄下廩匱不繼儒效必至闇蹠今諸生酬酢笑語升降出入于
此談衜德性命思朝命辨鋭悅懌于俎豆鍾鼓管絃惟適所安庸可昧厥從來
相與固其祠宇賂諸悠久吁單父一也戴星出入日夜不居其視鳴琴從容堂
階不下者爲孰勝承平百年雨露滲漉氣調時豫邑計有裕三載之間觸目事
殊旱蝗水溢適當其會雖難易在豈要抑才器有利鈍不無勞逸之殊爾寧不
太息於斯君諱煒字伯晦貴名日趨遠業未易量其可龜藏而自晦蠖屈而不
伸耶併記而刻諸石淳祐三年三月壬子奉議郎知平江府常熟縣主管勸農
公事兼兵馬都監趙師簡記并書迪功郎新郴州州學教授兖垩學周彧題額

七　趙師簡《邑令王君生祠堂記》

年代：宋淳祐三年（1243）
碑文：

志同氣合，誦詩可以晤對；行异好乖，連屋不相往來。學道愛人□□□□□□□□為政子文明以告奚益。稽陰王君昔領兹邑，余雖非親交，以龜止相去三蟄□雷爾田疇墻屋，依然溝洫林木。户庭清閟，隱然猶聞遺音；弦直冰徹，父老説不離口。高山仰止，景行行止，竊有感焉。雖然，政也，非教也，每謁夫子廟，咏歎不息。

殿學棟宇，如翚斯飛，規制宏敞，端自胸中所積發之。漢元成間，增學官弟子，後無以給而輟。今良疇接畛，不吝錫予，圜冠峨如，大裙襜如。文物如林，廪稍有羨，是有天下之力，不如一邑之有餘力。興學育士，猶曰職應爾。丹陽公，里人，墜緒弗振。世有氣力得位者，顧任昉後，幾何时反眼不相識？矧千六百餘年之遥，君拔其裔孫，覿以模鑄，飭齋寢，別田囷，丹雘祠宇，俾修常事。仁至義盡，兹為專美。

記事者謂斯舉為知禮，于國祚有關。至哉，斯言！夫以儒為吏，不以吏為吏，如官群玉府，弗類日纏朱墨，兩漢以下，循吏當斂衽。事有符于余心。人之有技若已有之，况仰承高躅，幸不為前羞。兹遂賦歸，抑典刑力也。焕麟像于庠黌，特為表而出之。昔廟學窄下，廪庖不繼，儒效必至闊疏。今諸生酬酢笑語，升降出入于此，談道德性命，思期命辨説，悦懌于俎豆，鐘鼓管弦，惟適所安。庸可昧厥從幸，相與固其祠宇，貽諸悠久。吁，單父一也，戴星出入，日夜不居，其視鳴琴從容堂階不下者為孰勝？承平百年，雨露滲漉，氣調時豫，邑計有裕，三載之間，觸目事殊，旱蝗水溢，適當其會。雖難易在时，要抑才器有利鈍，不無勞逸之殊爾，寧不太息于斯？

君諱爚，字伯晦，貴名日起，遠業未易量，其可龜藏而自晦，蠖屈而不伸耶？并記而刻諸石。

淳祐三年二月壬子，奉議郎、知平江府常熟縣、主管勸農公事兼兵馬都監趙師簡記并書。

迪功郎、新郴州州學教授、充主學周彧題額。

按：宋嘉熙元年（1237），知縣王爚升任去，萬民感戴。至淳祐三年（1243），時任知縣趙師簡因撰此記并書，周彧題額。碑原在邑學言子祠，已佚。

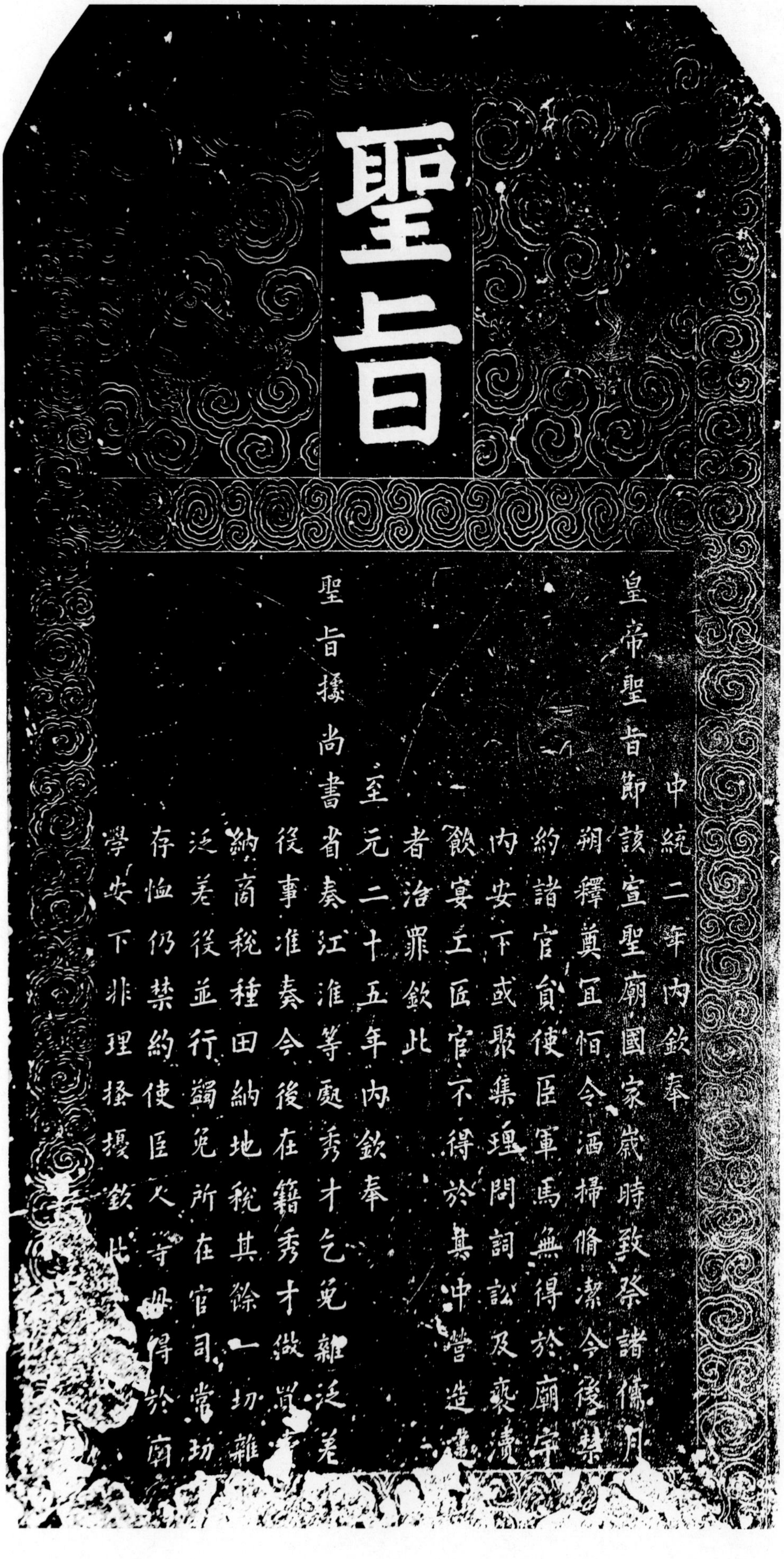

聖旨

中統二年內欽奉
皇帝聖旨節該宣聖廟國家歲時致祭諸儒月
朔釋奠宜恒令洒掃脩潔今後禁
約諸官員使臣軍馬無得於廟宇
內安下或聚集理問詞訟及褻瀆
飲宴工匠官不得於其中營造違
者治罪欽此
至元二十五年內欽奉
聖旨據尚書省奏江淮等處秀才乞免雜泛差
役事准奏今後在籍秀才做買賣
納商稅種田納地稅其餘一切雜
泛差役並行蠲免所在官司常切
存恤仍禁約使臣人等毋得於廟
學安下非理搔擾欽此

八　宣聖廟禁約

年代：元至元二十五年（1288）
碑文：

中統二年内欽奉皇帝聖旨節該宣聖廟，國家歲時致祭，諸儒月朔釋奠，宜恒令洒掃修潔。今後禁約諸官員、使臣，軍馬無得于廟宇内安下或聚集，理問詞訟及褻瀆飲宴，工匠官不得于其中營造，違者治罪。欽此。

至元二十五年内欽奉聖旨，據尚書省奏，江淮等處秀才乞免雜泛差役事，准奏。今後在籍秀才，做買賣納商税，種田納地税，其餘一切雜泛差役并行蠲免。所在官司，常切存恤。仍禁約使臣人等，毋得于廟學安下，非理搔擾。欽此。

按：此碑原在邑學戟門右，現存文廟禮門。

九　知州孔公德政碑

九　知州孔公德政碑

年代：元至元二十九年（1292）

碑文：

皇上至仁如天，化流四海，日月所照，舟車所通，莫不建置郡縣，選用循良，為之令長，所以宣佈德意，嘉惠元元，恩至渥也。凡祗厥官者必虔共上命，奉敭王休，毋怠乃事，斯為稱職。

蘇之常熟，為浙右壯縣，腋江距海，延袤百餘里，民物棶蕃，征賦浩繁，夙號繁劇，非有優為之材，鮮能勝任。東平孔君，以至元丁亥來莅兹邑。其始至，視簿書棼如也，問錢穀茫如也，延省其民，單弱者嗷嗷，强梗者嚚嚚。公徐而理之，不動聲色。是歲大水泛濫，飄溺田廬，飢民流離，公申明發廪，賑飢拯溺，全活甚衆。明年，遂躬督郊民，疏港浦，泄積水而注之于江，于是澤國之田，基基可種，秋乃大熟。公初莅事，邑之富豪以私謁干之，公以理諭遣，折服其心，由是吏民望風敬畏。縣有官租數千石，為勢豪所占，吏不敢問。公覈實其數，感以誠意，莫不輸納。大抵公之為政唯務與民相安，不敢激烈，聲沽虛譽。于是怵以權勢，汙以貨利，則毅然弗之顧也。以故視事朞年，政通訟簡，民心孚格。昔之棼如者今以井井，茫如者今以條條，嗷嗷者咍咍，嚚嚚者伈伈。三年之間，撫摩愛育，未始一日忘，故雖民罹水灾，而田野開闢，户口蕃衍，邑境恬然，公之仁政，于是乎效。昔漢章帝有云，安静之吏，悃愊無華，如襄城令劉方，吏人同聲謂之不煩，殆近之矣。何武為吏，所至無赫赫名，去後人皆思之。夫為政而安静不煩，使人有去後之思，何必更求它异而立赫赫名耶？劉何非公匹也，而政或與之類。人但知公之政，而不知公之政蓋有所本。公，宣聖後也，中都之法得于家傳，學道愛人，恪守先訓。自公少時，以才名處東平嚴侯幕府，以至朝廷擢用，三十餘年，歷十數任，簿齊河，宰夏津，宰黄縣，又宰華亭，董綦陽鐵冶，任濟南經歷，在在有聲，而黄縣尤表表。按察陳公祐過蒲稱善，播之聲詩，鑱之于石，齊魯間人多能誦之。常熟，言游故里也，弦歌洋洋，廟貌奕奕，而公以聖人後來為之宰，誠盛事也。而治效又如此，真可謂上能宣朝廷之德，下不負家庭之傳，為吏稱職，詎有過于是者乎？公名文貞，字從善，博學能文，尤工詩詞。鳴琴之暇，與邑之士大夫往來賡咏，皆粲然可觀。此又政事之外者。

公既解龜二閲期已，邑人思公益切，一日相率謂曰："公三年之政，其可忘也？"乃為之立石，紀其德政，以傳方來。其辭曰：

公宣聖裔，來宰于兹。兹言游鄉，抑何幸而。歲在丁亥，大水民饑。賑饑拯溺，公全活之。水患未息，民情郁伊。邑有港浦，躬督疏治。公心如水，罔干以私。寧忤權勢，俾糧不虧。三年報政，民心攸依。公之遺愛，如何勿思？尼山峨峨，虞山巍巍。沂水淵淵，琴水漪漪。思公之德，何有已時。百世而下，視此豐碑。

至元二十九年壬辰正月日，闔邑卿士耆老百姓等共立石。

按：孔文貞，字從善，東平人，元至元二十四年（1287）來知縣事。志在安民，不邀浮譽，吏民畏愛之。去任，邑人為立德政碑，即此碑。碑原有漫漶處，兹據《海虞文徵》補入。原在邑學禮門左，已佚。

十　平江路常熟縣重修文廟之記

十　閻復《平江路常熟縣重修文廟之記》

年代：元至元三十年（1293）
碑文：

洙泗發源中國，言吴公導一脈而南，湔我吴俗，變樸陋為文學，聖賢之澤後世深矣。至元壬辰，復監治吴郡，朔望過郡庠，縫掖雲集，周覽殿廬，歷年滋久，往往廢而弗治，頗以教風不競為憂。是時聞常熟有楊公麟伯，睹廟學缺壞，樂輸私帑，為崇飾之。聖殿賢廡，門墻幄座，以至吴公、宋諸儒祠宇，繪塑丹雘，粲然復新。竊惟常熟，言公故里，故水號琴川，橋名文學，薰陶漸漬，宜其异于他邑。《傳》曰："魯無君子者，斯焉取斯。"方春按行屬縣，亟欲一往觀之，尋以疾告，遂不果。是年冬，閑居吴中，前令尹孔君文貞，价公之婿盛琦、子應順，謁文以志歲月。

復聞學舊有記，先儒文石具在，辭不敢當。孔君道公之意甚勤，復亦嘉公用心有過人者，不得不為一言。雖然，公之作新廟學，豈直為觀美哉？方今文軌混同，皇仁一視，疏浚教源，此其時也。吾願居是鄉、莅是邑者，仰聖賢之遺像，誦聖賢之格言，深求所謂君子小人學道之義。為人上者，推廣愛人之念以撫其下，若慈父之保赤子；為人下者，祗服易使之訓以奉其上，如孝子之事嚴父。上下相安，風恬俗熙，庶幾武城弦歌之化，復見于兹邑，豈直為觀美哉！于是作為歌詩，以詒邑人。公字祥甫，世為常熟人，甲子入太學，戊辰登進士第，仕至揚州觀察推官。是役也，糜錢五千緡有畸。督工，婿與子洎鄉士李敬甫、金應澤。其辭曰：

勾吴之墟，古維荒遐。維此常熟，言公之家。公登聖門，學列四科。湔我吴俗，洙泗一波。縣邑有學，歷年孔多。塈塗剥落，棟宇攲斜。彼美楊公，好善靡他。作而新之，亦孔之嘉。孔堂巍巍，言祠峨峨。有來邑人，瞻望咨嗟。如聆誨音，如被切磋。學道一言，是訓是訛。君子愛人，刑靡濫加。若保赤子，維職撫摩。小人易使，奚俟譴訶。如聽父教，罔或僭差。邑子彬彬，樂育菁莪。民俗熙熙，薰沐泰和。昔我來斯，忝接使華。尚觀厥成，贊以咏歌。

至元三十年十二月庚寅，通議大夫、前翰林學士、江南浙西道肅政廉訪使閻復撰并書。

中奉大夫、江浙等處行中書省參知政事、新除江南浙西道肅政廉訪使徐琰題蓋。

按：元至元二十九年（1292），邑人楊麟伯捐資修文廟，閻復撰碑并書，徐琰題額。閻復（1236—1312），字子靖，高唐人。以才幹起翰林應奉，終平章政事。有《静軒集》。碑原在邑學禮門右，現存文廟禮門。

十一　加封大成至聖文宣王詔

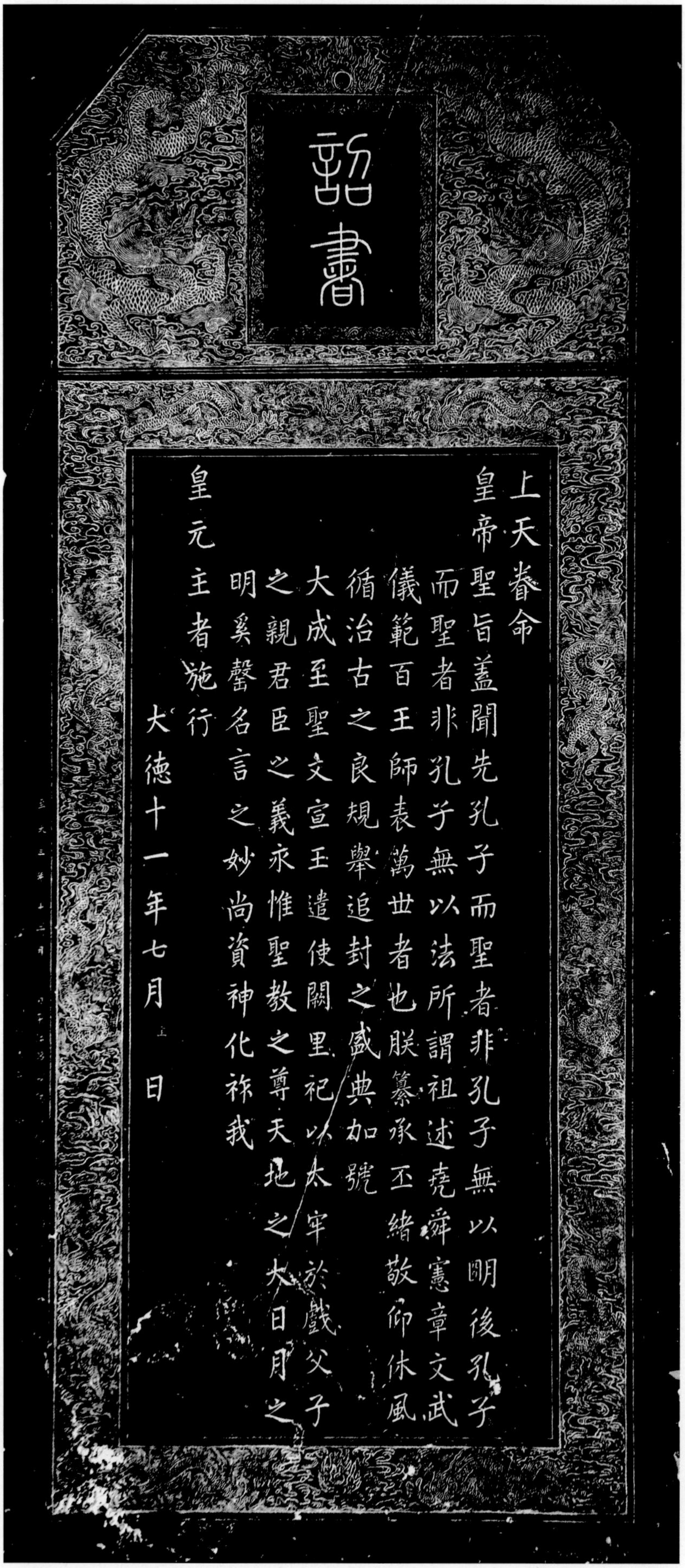

詔書

上天眷命
皇帝聖旨蓋聞先孔子而聖者非孔子無以明後孔子
而聖者非孔子無以法所謂祖述堯舜憲章文武
儀範百王師表萬世者也朕纂承丕緒敬仰休風
循治古之良規舉追封之盛典加號
大成至聖文宣王遣使闕里祀以太牢於戲父子
之親君臣之義永惟聖教之尊天地之大日月之
明奚罄名言之妙尚資神化祚我
皇元
主者施行
大德十一年七月　日

十一　加封大成至聖文宣王詔

年代：元大德十一年（1307）

碑文：

上天眷命，皇帝聖旨。蓋聞先孔子而聖者，非孔子無以明；後孔子而聖者，非孔子無以法。所謂祖述堯舜，憲章文武，儀範百王，師表萬世者也。朕纂承丕緒，敬仰休風，循治古之良規，舉追封之盛典，加號大成至聖文宣王。遣使闕里，祀以太牢。於戲，父子之親，君臣之義，永惟聖教之尊；天地之大，日月之明，奚罄名言之妙？尚資神化，祚我皇元。主者施行。

大德十一年七月寶日。

至大三年十二月□日，平江路常熟州儒學教授、臣唐泳涯同儒生臣姚義方等立石。奉議大夫、平江路常熟州知州兼勸農事臣韓居仁書并篆額。

按：原在文廟戟門西首，現存文廟戟門。

十二　常熟知州盧侯生祠記

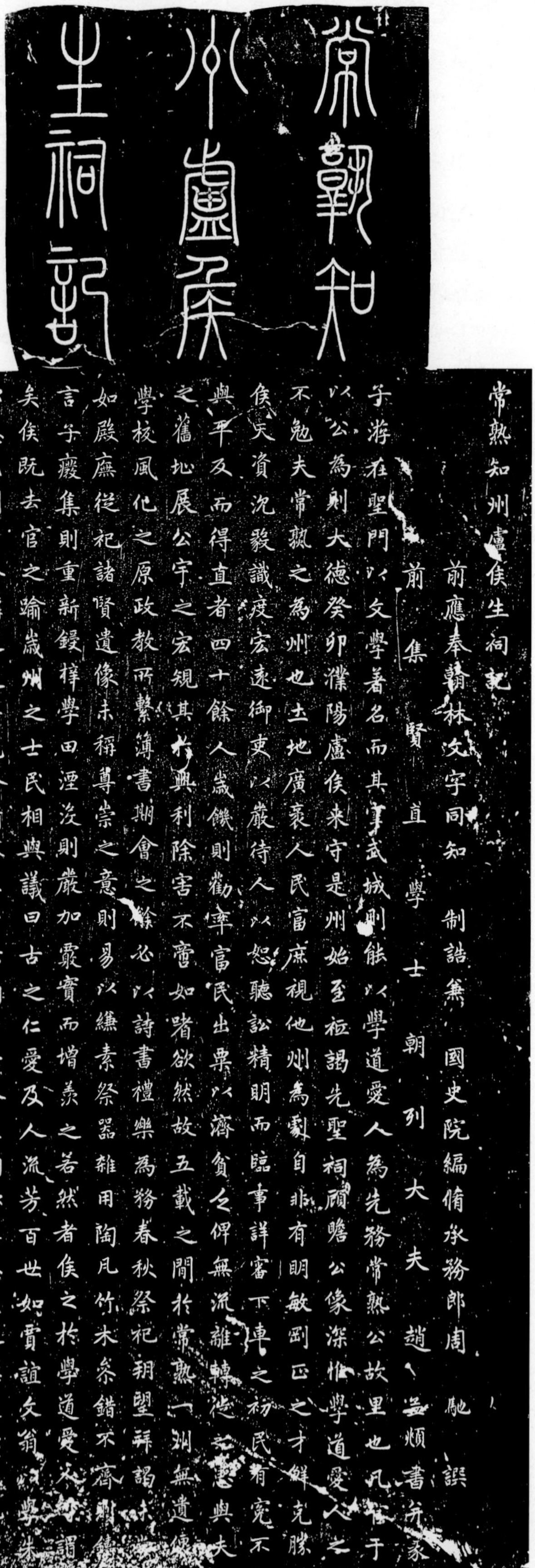

常熟知州盧侯生祠記

常熟知州盧侯生祠記

前應奉翰林文字同知　制誥兼　國史院編修承務郎周　馳　譔

前　集　賢　直　學　士　朝　列　大　夫　趙孟頫書并篆額

子游在聖門以文學著名而其宰武城則能以學道愛人為先務常熟公故里也凡宰于此者當以公為則大德癸卯濮陽盧侯來守是州始至祗謁先聖祠顧瞻公像深惟學道愛人之政不敢不勉夫常熟之為州也土地廣袤人民富庶視他州為劇自非有明敏剛正之才鮮克勝其任[illegible]侯天資沈毅識度宏遠御吏以嚴待人以恕聽訟精明而臨事詳審下車之初民有冤不能伸[illegible]與平反而得直者四十餘人歲饑則勸率富民出粟以濟貧乏俾無流離轉徙之患與夫新[illegible]之舊址展公宇之宏規其於興利除害不啻如嗜欲然故五載之間於常熟一州無遺[illegible]學校風化之原政教所繫簿書期會之餘必以詩書禮樂為務春秋祭祀朔望拜謁[illegible]如殿廡從祀諸賢遺像未稱尊崇之意則易以纁素祭器雜用陶瓦竹木參錯不齊則[illegible]言子廢集則重新鋟梓學田湮沒則嚴加覈實而增羨之若然者侯之於學道愛人[illegible]謂[illegible]所本矣侯既去官之逾歲州之士民相與議曰古之仁愛及人流芳百世如賈誼文翁[illegible]學[illegible]邑羊祜以惠民到于今稱之近世邑令脩齋王公亦祠于學今立祠以無忘侯之德是亦風化之一助也祠成乃請余紀述其事以示久遠余嘗辱為侯之寮佐不可以文詞鄙陋辭乃依士民陳以雅等狀而為次第侯名克治字仲敬云至大二年正月七日記

十二　周馳《常熟知州盧侯生祠記》

年代：元至大三年（1310）

碑文：

常熟知州盧侯生祠記

前應奉翰林文字、同知制誥、兼國史院編修、承務郎周馳撰。

前集賢直學士、朝列大夫趙孟頫書并篆額。

子游在聖門，以文學著名。而其宰武城，則能以學道愛人為先務。常熟，公故里也。凡官于此者，當以公為則。

大德癸卯，濮陽盧侯來守是州。始至，祇謁先聖祠，顧瞻公像，深惟學道愛人之政不敢不勉。夫常熟之為州也，土地廣袤，人民富庶，視他州為劇。自非有明敏剛正之才，鮮克勝其任者。侯天資沉毅，識度宏遠，御吏以嚴，待人以恕，聽訟精明，而臨事詳審。下車之初，民有冤不能伸，至與平反而得直者四十餘人。歲饑，則勸率富民，出粟以濟貧乏，俾無流離轉徙之患。與夫新社稷之舊址，展公宇之宏規，其于興利除害，不啻如嗜欲然。故五載之間，于常熟一州無遺便，且以為學校風化之原，政教所繫，簿書期會之餘，必以詩書禮樂為務。春秋祭祀，朔望拜謁，未嘗少懈。至如殿廡從祀諸賢遺像，未稱尊崇之意，而易以縑素。祭器雜用陶瓦竹木，參錯不齊，則鑄銅為之。言子廢集則重新鋟梓，學田湮没則嚴加覈實而增羡之。若然者，侯之于學道愛人，可謂知所本矣。

侯既去官之逾歲，州之士民相與議曰："古之仁愛及人，流芳百世，如賈誼、文翁以學，朱邑、羊祜以惠，民到于今稱之。近世邑令修齋王公，亦祠于學。今立祠以無忘侯之德，是亦風化之一助也。"祠成，乃請余紀述其事，以示久遠。余嘗辱為侯之寮佐，不可以文詞鄙陋辭，乃依士民陳少雅等狀而為次第。侯名克治，字仲敬云。至大二年正月七日记。

按：盧克治，字仲敬，濮陽人。元大德七年（1303）來綰縣篆，修水利，葺學舍，拓公宇，修邑志，百務具舉。邑人為立生祠，周馳撰記，趙孟頫書并篆額。碑原在邑學禮門左，已佚。

十三　平江路常熟州重修廟學之記

十三　唐泳涯《平江路常熟州重修廟學之記》

年代：元皇慶元年（1312）
碑文：

平江路常熟州重修廟學記

常熟為吴中四州冠，州庠仍邑之舊，左廟右學，規制宏敞，自興創距今，幾八十禩。歲月浸久，上漏旁穿，往往視為傳舍，漫不加省。至大戊申夏四月，檇李唐泳涯實始來典教，周爰顧瞻，謀所以為整葺計，自秋徂冬，略見端緒。繼而窘于資用，工弗克竟。越明年二月，古汴韓侯來尹是州，首以此事白侯，侯曰："古之化民成俗者，常先教而後政，子姑徐徐，毋庸亟。國家崇重學校，詔書每下，必以作養後進為第一義。今兹大學課講已有定式，獨小學生徒晨星，非闕歟？"于是增廣員額，申嚴規矩，有肄業者，從本州畀以公憑。不旬月間，童丱雲集，遂至五十餘人。日給師生二膳，卯而入，盡酉而出，弦誦之聲，朝暮不輟。侯朔望視學，殿謁既畢，坐明倫堂，召諸生問所業，序長幼，程優劣，進退周旋，濟濟如也。廉車鞍臨，嘉侯之績，上其事于憲臺，以為諸學矜式，當路稱賞。侯既興舉小學，又慮租糧不足以贍，乃倡率同寅，捐己俸，助乏絶，邦之大夫士亦莫不翕然從命。侯曰："教事粗習，人情粗孚，可以議修廟學矣。"居無何，沙溪盛登仕琦、楊山長應順、盛山長應鳳聞之，喜曰："文廟吾先翁所葺也，繼述之責，曷嘗一日不以介懷抱？頃雖重建欞星，猶懼未能大慰先志。"辛亥三月，遣侯亮裹糧而來，徵工興役，自儀門至禮殿，靡一不葺，閱四旬而後畢。繇是頓復舊觀，不至貽風雨憂。惟泮宫兩廡弊漏日甚，侯曰："是非得慷慨特達者，莫能辦吾事。"州判李敦武深以為然。未幾，有福山曹萬户南金與弟司丞進義良玉、總管承直濟滿、平准副使友仁，皆領會侯意，謂其客趙良夔、莫汝礪曰："修泮，義事也，余何敢靳？"亟捐金，俾周元掌之，量其用度，時其支給。州委盛元任董工之責，仍分委學職張汝玉、周炳文、姚振孫左右協贊焉。衆工具興，役夫咸集，悉撤舊蔀更，换之陶瓦，視昔增什之四，榱桷朽腐，易以堅壯，楶棁傾撓，更以端勁，綢繆牖户，塗墍垣墉，黝堊相輝，丹碧交絢，由内及外，焕然為之一新。是役也，始于辛亥季冬，畢于壬子孟春，工費繁夥，良不易易。向非邦侯意氣感召，精神鼓舞，與夫州之長貳僚佐相與畢力從臾，疇克臻是耶？抑此邦為言游故里，文學之士代不乏人，矧今廟庭整肅，黌舍寬潔，蹈德咏仁，綽有餘地。講習于斯者，謂宜以學道自勉，求無愧于前哲，此則邦侯新美之初意，而亦職教者之所望也。侯名居仁，字君美，號艾溪，寬仁愛人，以廉能聞于時。嘗為監學官矣，兩綰郡符，皆有善政，雖古循吏無以加。侯既美解，諸生不能忘侯之功，遂書其顛末而刻于石。

皇慶改元二月朔日，平江路常熟州儒學教授唐泳涯記。

都目段貞，提控案牘閔益，承事郎、平江路常熟州判官任伯通，敦武校尉、平江路常熟州判官李伯榮，承直郎、平江路同知、常熟州事睦忽彬，承務郎、平江路同知、常熟州事吕儀之，奉議大夫、平江路常熟州知州、兼勸農事王英，奉直大夫、平江路常熟州達魯花赤、兼勸農事火你赤同立石。姑蘇吴德□镌。

按：元至大四年（1311），知州韓居仁議葺文廟，邑人楊應順、盛琦及曹南金等助修。皇慶元年（1312），唐泳涯撰記。唐泳涯，字君儒，嘉興人，淹貫經史。元至大間，來典教事。歷官蘭溪州判。碑原在邑學禮門左，已佚。

凡厥細民猶知供賦稅出
力役以事
一人矧士之讀書行義享爵
祿而被榮寵者寧忍自私
其身忘作成養育莫非
君恩庶幾竭心圖報而不愧
乎為臣
忠

十四　忠字碑

十四　忠字碑

年代：元

碑文：

凡厥細民，猶知供賦稅、出力役，以事一人。矧士之讀書行義、享爵禄而被榮寵者，寧忍自私其身？念作成養育，莫非君恩，庶幾竭心圖報，而不愧乎為臣。

常熟縣儒學刊。

按：宋文天祥書，無年月，元刻。碑陰即明夏時正《鄉貢士題名記》。碑原在邑學禮門東，已佚。

十五　孝字碑

事親之道不遠於身知已
之所以愛吾子則知所以
愛吾親惟養生與送死在
致勞而服勤以順乎親斯
可爲人世有父親不若愛
子者是謂之悖
逆倫

十五　孝字碑

年代：元

碑文：

事親之道，不遠于身。知己之所以愛吾子，則知所以愛吾親，惟養生與送死在。致勞而服勤，必順乎親，斯可為人。世有愛親不若愛子者，是謂之悖逆倫。

宋文山先生。

按：宋文天祥書，無年月，元刻，原在邑學禮門西，碑陰即明夏時正《進士題名記》，已佚。

十六　常熟州修學記

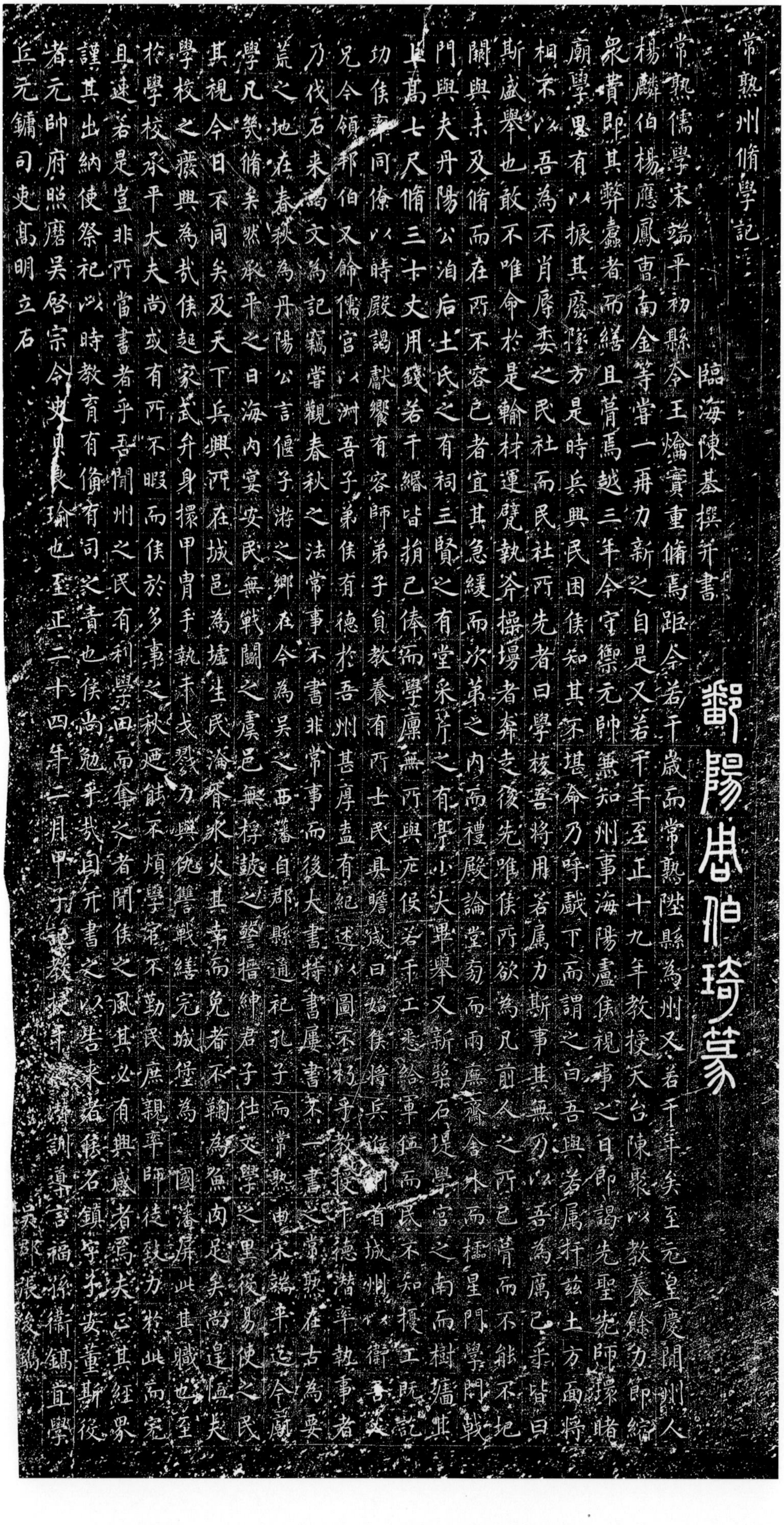
常熟州脩學記
臨海陳基撰并書
鄱陽周伯琦篆
常熟儒學宋端平初縣令王爚實重脩焉距今若干歲而常熟陞縣為州又若干年矣至元皇慶間州人
楊麟伯楊應鳳曹南金等嘗一再力新之自是又若干年至正十九年教授天台陳聚以教養餘力節縮
衆費即其弊蠹者而繕且葺焉越三年今守禦元帥兼知州事海陽盧侯視事之日即謁先聖先師環睹
廟學思有以振其廢墜方是時兵興民困侯知其不堪命乃呼戲下而謂之曰吾與若屬托茲土方面將
相不以吾為不肖辱委之民社而民社所先者曰學校吾將用若屬力斯事其無乃以吾為厲己乎皆曰
斯盛舉也敢不唯命於是輸材運甓執斧操墁者奔走後先唯侯所欲為凡前人之所已葺而不能不圮
闕與未及脩而在所不容已者宜其急緩而次第之內而禮殿論堂旁而兩廡齋舍外而櫺星門學門戟
門與夫丹陽公洎后土氏之有祠三賢之有堂采芹之有亭小大畢舉又新築石堤學宮之南而樹牆其
上高七尺脩三十丈用錢若干緡皆捐己俸而學廩無所與庀役若干工悉給軍伍而民不知擾工既訖
功侯率同僚以時殿謁獻饗有容師弟子負教養有所士民具瞻咸曰始侯將兵從□首城州衛吾父
兄今領邦伯又飭儒宮以淑吾子弟侯有德於吾州甚厚盍有紀述以圖不朽乎教授于德潛率執事者
乃伐石來為文為記竊嘗觀春秋之法常事不書非常事而後大書特書屢書不一書之常熟在古為要
荒之地在春秋為丹陽公言偃子游之鄉在今為吳之西藩自郡縣通祀孔子而常熟由宋端平迄今廟
學凡幾脩矣然承平之日海內宴安民無戰鬬之虞邑無桴鼓之警搢紳君子仕文學之里役易使之民
其視今日不同矣及天下兵興所在城邑為墟生民淪胥水火其幸而免者不鞠為魚肉足矣尚遑恤夫
學校之廢興為哉侯起家武弁身擐甲冑手執干戈戮力與仇讐戰繕完城堡為 國藩屏此其職也至
於學校承平大夫尚或有所不暇而侯於多事之秋廼能不煩學宮不勤民庶親率師徒致力於此而完
且速若是豈非所當書者乎吾聞州之民有利學田而奪之者聞侯之風其必有興感者焉夫正其經界
謹其出納使祭祀以時教育有備有司之責也侯尚勉乎哉自并書之以告來者繇名鎮字子安董斯役
者元帥府照磨吳啓宗令史吳良瑜也至正二十四年二月甲子□教授于德潛訓導言福孫衛鎮直學
丘元鏞司吏高明立石
吳郡張俊鵠

十六　陳基《常熟州修學記》

年代：元至正二十四年（1364）
碑文：

常熟州修學記

臨海陳基撰并書，鄱陽周伯琦篆。

常熟儒學，宋端平初，縣令王爚實重修焉，距今若干歲；而常熟陞縣為州，又若干年矣；至元、皇慶間，州人楊麟伯、楊應鳳、曹南金等嘗一再力新之，自是又若干年。至正十九年，教授天台陳聚以教養餘力，節縮衆費，即其弊蠹者而繕且葺焉。越三年，今守僉元帥兼知州事海陽盧侯視事之日，即謁先聖先師，環睹廟學，思有以振其廢墜。方是時，兵興民困，侯知其不堪命，乃呼戲下而謂之曰："吾與若屬扞兹土，方面將相，不以吾為不肖，辱委之民社，而民社所先者曰學校，吾將用若屬力斯事，其無乃以吾為厲已乎？"皆曰："斯盛舉也，敢不唯命。"于是輸材運甓，執斧操墁者奔走後先，唯侯所欲為。凡前人之所已葺而不能不圮闕，與未及修而在所不能容已者，宜其急緩而次第之，內而禮殿論堂，旁而兩廡齋舍，外而櫺星門、學門、戟門，與夫丹陽公洎后土氏之有祠、三賢之有堂、采芹之有亭，小大畢舉，又新築石堤學宮之南而樹墻其上，高七尺，修三十丈，用錢若干緡，皆捐己俸而學廩無所與。庀役若干工，悉給軍伍，而民不知擾。

工既訖功，侯率同僚以時殿謁，獻饗有容，師弟子員教養有所，士民具瞻，咸曰："始侯將兵莅州，首城州以衛吾父兄；今領邦伯，又飾儒宫以淑吾子弟，侯有德于吾州甚厚，盍有紀述以圖不朽乎？"教授干德潜率執事者乃伐石來，謁文為記。

竊嘗觀春秋之法，常事不書，非常事而後大書特書，屢書不一書之。常熟在古為要荒之地，在春秋為丹陽公言偃子游之鄉，在今為吴之西藩。自郡縣通祀孔子，而常熟由宋端平迄今，廟學凡幾修矣。然承平之日，海内宴安，民無戰鬥之虞，邑無桴鼓之警，搢紳君子仕文學之里，役易使之民，其視今日不同矣。及天下兵興，所在城邑為墟，生民淪胥水火，其幸而免者，不鞠為魚肉足矣，尚遑恤夫學校之廢興為哉！侯起家武弁，身擐甲胄，手執干戈，戮力與仇讎戰。繕完城堡，為國藩屏，此其職也。至于學校，承平大夫尚或有所不暇，而侯于多事之秋，乃能不煩學官，不勤民庶，親率師徒致力于此，而完且速若是，豈非所當書者乎？吾聞州之民，有利學田而奪之者，聞侯之風，其必有興感者焉。夫正其經界，謹其出納，使祭祀以時，教育有備，有司之責也，侯尚勉乎哉！因并書之，以告來者。侯名鎮，字子安。董斯役者，元帥府照磨吴啓宗、令史貝良瑜也。

至正二十四年二月甲子記，教授干德潜，訓導言福孫、衛鎬，直學丘元鏞，司吏高明立石。吴郡張俊鎸。

按：元至正二十二年（1362），知州盧鎮修文廟。二十四年（1364），陳基撰記并書，周伯琦篆額。陳基（1314—1370），蘇州人，元末曾入張士誠幕府，吴平，應明太祖召預修《元史》，即還。有《夷白齋稿》。碑原在邑學禮門左，已佚。

十七　生員禁約十二則

年代：明洪武十五年（1382）

碑文：

禮部欽依出榜，曉示郡邑學校生員，為建言事理。本部照得，學校之設，本欲教民為善。其良家子弟入學，必志在薰陶德性，以成賢人。近年以來，諸府州縣生員父母有失家教之方，不以尊師學業為重，保身惜行為先，方知行文之意，眇視師長，把持有司，恣行私事。少有不從，即以虛詞徑赴京師，以惑聖聽。或又暗地教唆他人為詞者有之。似此之徒，縱使學成文章，後將何用？況為人必不久同人世，何也？蓋先根殺身之禍于身，豈有長生善終之道。所以不得其善終者，事不為己，而訐人過失，代人報讎，排陷有司。此志一行，不止于殺身未知止也。出榜之後，良家子弟歸受父母之訓，出聽師長之傳，志在精通聖賢之道，務必成賢。外事雖入，有干于己，不為大害，亦置之不念。固性含情，以拘其心，待道成而行行，豈不賢人者歟？所有事理，條列于後。

一今後府州縣生員，若有大事干于家己者，許父兄弟姪具狀入官辯別。若非大事，含情忍性，

十七　生員禁約十二則

毋輕至公門。

一生員之家，父母賢志者少，愚痴者多。其父母賢志者，子自外入，必有家教之方，子當受而無違。斯孝行矣，何愁不賢者哉？其父母愚痴者，作為多非，子既讀書，得聖賢知覺，雖不精通，實愚痴父母之幸，獨生是子。若父母欲行非為，子自外入，或就内知，則當再三懇告。雖父母不從，致身將及死地，必欲告之，使不陷父母于危亡。斯孝行矣。

一軍民一切利病，并不許生員建言。果有一切軍民利病之事，許當該有司，在野賢人、有志壯士、質朴農夫、商賈技藝皆可言之，諸人毋得阻當。惟生員不許。

一生員内有學優才贍、深明治體，果治何經，精通透徹，年及三十，愿出仕者，許敷陳王道，講論治化，述作文辭，呈稟本學教官。考其所作，果通性理，連僉其名，具呈提調正官，然後親賫赴京奏聞，再行面試。如是真才實學，不待選舉，即時録用。

一為學之道，自當尊敬先生。凡有疑問及聽講説，皆須誠心聽受。若先生講解未明，亦當從容再問。毋恃己長，妄行辯難，或置之不問。有如此者，終世不成。

一為師長者，當體先賢之道，竭忠教訓，以導愚蒙。勤考其課，撫善懲惡，毋致懈惰。

一提調正官，務在常加考較。其有敦厚勤敏，撫以進學；懈怠不律，愚頑狡詐，以罪斥去。使在學者皆為良善。斯為稱職矣。

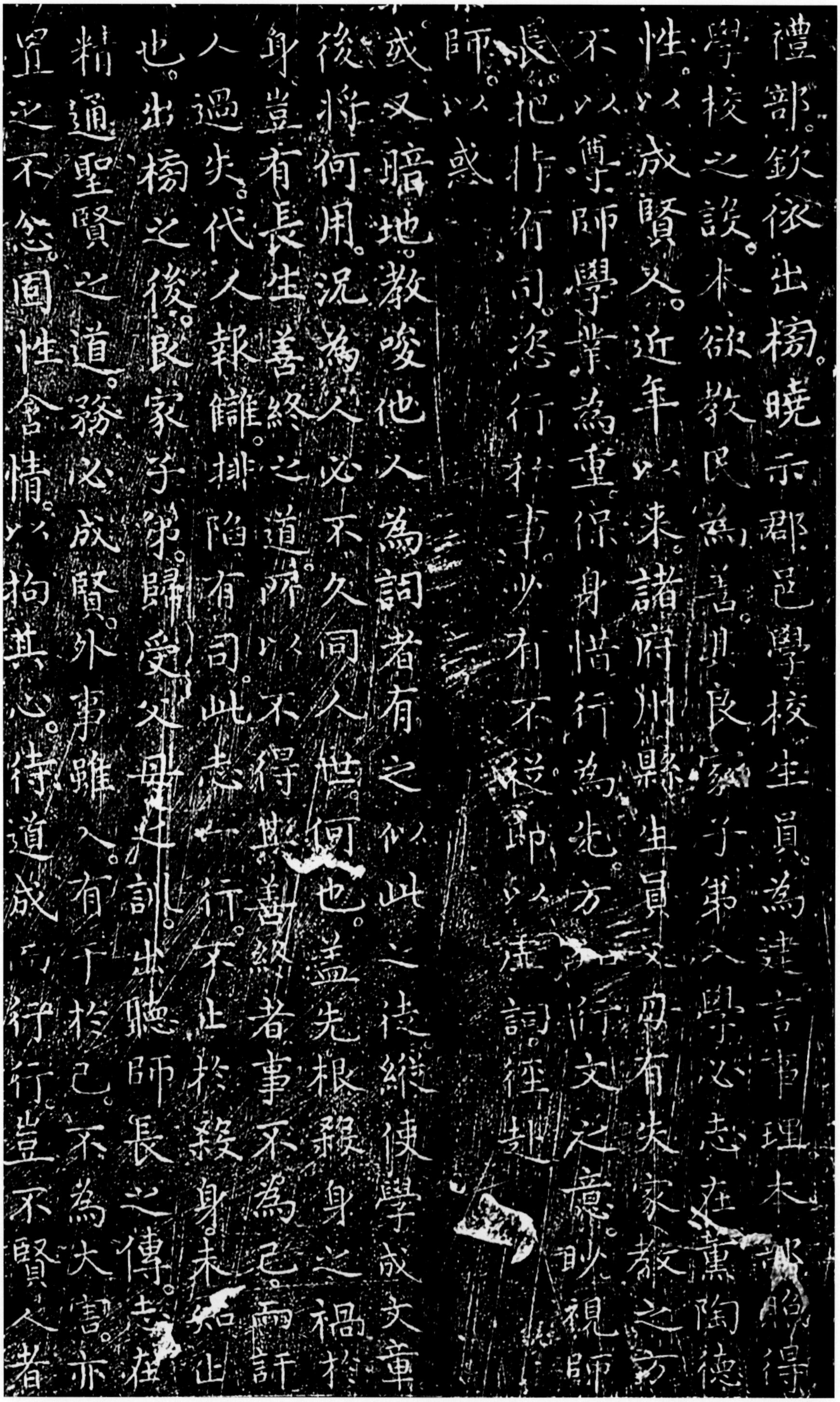

禮部。欽依出榜。曉示郡邑學校生員。爲建言事理本部照得
學校之設。本欲教民爲善。其良家子弟入學。必志在薰陶德
性。以成賢人。近年以來。諸府州縣生員父母有失家教之方
不以尊師學業爲重。保身惜行爲先。方行文之意。眇視師
長。把持有司。恣行私事。少有不從。即以虛詞徑赴
師。以惑
或又暗地教唆他人爲詞者有之。似此之徒。縱使學成文章
後將何用。況爲人必不久同人世。何也。蓋先根殺身之禍於
身。豈有長生善終之道。所以不得與善終者。事不爲己而訐
人過失。代人報讎。排陷有司。此志一行。不止於殺身未始出
也。出榜之後。良家子弟。歸受父母之訓。出聽師長之傳。志在
精通聖賢之道。務必成賢。外事雖入。有干於己。不爲大害。亦
宜之不忿。固性含情。以拘其心。待道成而行行。豈不賢人者

十七　生員禁約十二則（局部）

一在野賢人君子，果能練達治體，敷陳王道，有關政治得失、軍民利病者，許赴所在有司，告給文引，親賫赴京面奏。如果可采，即便施行。不許坐家實封入遞。

一民間凡有冤抑干于自己，及官吏賣富差貧，重科厚歛，巧取民財等事，許受害之人將實情自下而上陳告，毋得越訴。非干自己者，不許及假以建言為由，坐家實封者。前件如已依法陳告，當該府州縣布政司、按察司不為受理，及聽斷不公，仍前冤枉者，方許赴京伸訴。

一江西、兩浙、江東人民多有事不干己、代人陳告者，今後如有此等之人，治以重罪。若果鄰近親戚人民全家被人殘害，無人伸訴者，方許。

一各處斷發充軍及安置人數，不許建言。其所管衛所官員，毋得容許。

一若十惡之事，有干朝政，實迹可驗者，許諸人密竊赴京面奏。

一前件事理仰一一講解遵守，如有不遵，并以違制論。

一欽奉敕旨榜文到日，所在有司即便命匠置立卧碑，依式鐫勒于石，永為遵守。

右榜諭

衆通知

按：碑原在明倫堂，洪武間置，通諭郡邑學校生員禁約十二則，已佚。

十八　子游像贊并序

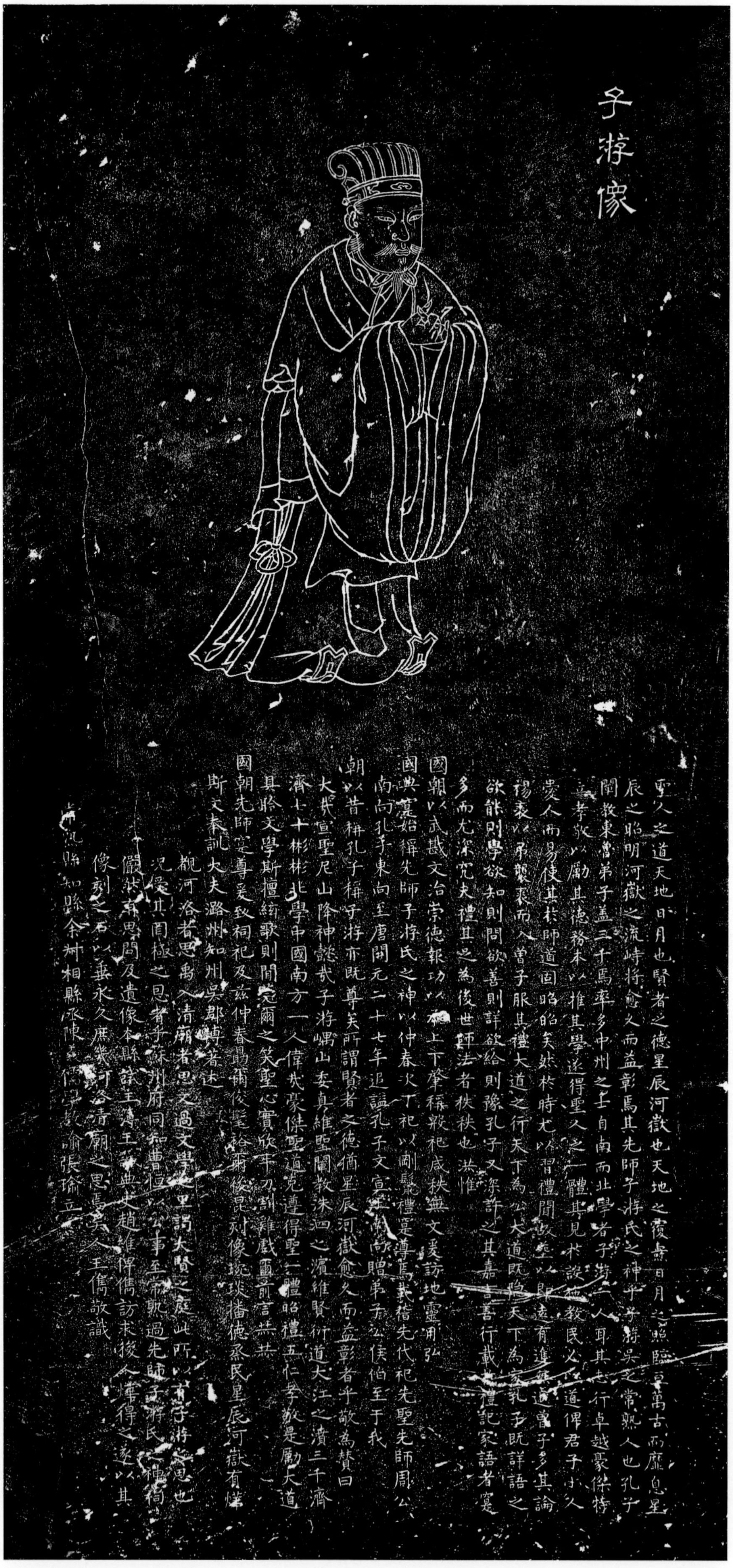

十八　傅著《子游像贊并序》

年代：明洪武間

碑文：

聖人之道，天地日月也；賢者之德，星辰河嶽也。天地之覆燾，日月之照臨，亘萬古而靡息；星辰之昭明，河嶽之流峙，將愈久而益彰焉。其先師子游氏之神乎？

子游，吴之常熟人也。孔子闡教東魯，弟子蓋三千焉，率多中州之士。自南而北學者，子游一人耳。其志行卓越，豪杰特立，孝敬以勵其德，務本以推其學，遂得聖人之一體。其見于設施，教民必以道，俾君子小人，愛人而易使。其于師道，固昭昭矣。然于時尤以習禮聞，故葬以即遠，有進無退，曾子多其論；裼裘以弔，襲裘而入，曾子服其禮。大道之行，天下為公；大道既隱，天下為家，孔子既詳語之。欲能則學，欲知則問，欲善則詳，欲給則豫，孔子又深許之。其嘉言善行，載于《禮記》《家語》者實多。而尤深究夫禮，其足為後世師法者，秩秩也。洪惟國朝以武勘文治，崇德報功，以承上下，肇稱殷祀，咸秩無文。爰訪地靈，用弘國典，實始稱先師子游氏之神。以仲春次丁，祀以剛鬛，禮實尊焉。載稽先代祀先聖先師，周公南向，孔子東向。至唐開元二十七年，追謚孔子文宣王，南向，贈弟子公侯伯。至于我朝，以昔稱孔子、稱子游，亦既尊矣。所謂賢者之德，猶星辰河嶽，愈久而益彰者乎？敬為贊曰：

大哉宣聖，尼山降神。懿哉子游，嵎山委真。維聖闡教，洙泗之濱。維賢衍道，大江之濆。三千濟濟，七十彬彬。北學中國，南方一人。偉哉豪杰，聖道克遵。得聖一體，昭禮五仁。孝敬是勵，大道具聆。文學斯擅，弦歌則聞。莞爾之笑，聖心實欣。牛刀割雞，戲爾前言。赫赫國朝，先師實尊。爰致祠祀，及兹仲春。勖爾俊髦，裕爾後昆。刻像琬琰，播德烝民。星辰河嶽，有煒斯文。

奉訓大夫、潞州知州、吴郡傅著述。

睹河洛者思禹，入清廟者思文。過文學之里，謁大賢之庭，此所以有子游之思也。况受其罔極之恩者乎？蘇州府同知曹恒以公事至常熟，過先師子游氏之神祠，儼然有思，問及遺像。本縣試主簿王誠、典史趙維俾僞訪求後人煒得之，遂以其像刻之石，以垂永久，庶幾河洛清廟之思焉。吴人王僞敬識。

常熟縣知縣余叔相、縣丞陳義、儒學教諭張瑜立。

按：明洪武間，教諭傅著撰，郡人王僞跋，邑令余叔相等立。傅著，字則明，郡人，洪武初預修元史，任常熟教諭，仕至潞州知州。有《味梅齋稿》。碑原在邑學大成殿西，已佚。

十九　科舉題名記

十九　傅玉良《科舉題名記》

年代：明永樂二十一年（1423）
碑文：

科舉題名記

賜同進士出身、蘇州府常熟縣知縣、臨江傅玉良撰。

常熟縣儒學訓導熊冕書。

山西平陽府解州芮城縣知縣、琴川沈洧篆額。

朝廷取士，未有重于科目者也。科目肇于成周，鄉舉里選；盛于唐宋，明經、進士諸科，得人之盛，彬彬濟濟，功名事業，照映簡策千古，令人歆羡。先儒謂非科目足以得人，豪杰之士由科目進者是也。

常熟，東南名邑，邑先賢子游以文學名科，聖門遺教，沾丐後人。士知砥礪，學行名節，拾青取紫，代不乏書。我朝由太祖高皇帝平一區宇，至于今皇上繼統以來，擢科之士，或學校樂育，或山林奮興，政聲宦迹，歷歷可數。而題名記由宋嘉熙以來，未有繼書之者，蓋缺典也。今年秋，諸生魚侃輩領薦歸，將詣春闈。有司偕教官歌鹿鳴餞之于學宫，廣文諸暨孟宗嚴、司訓修江熊朝美謂予宜有所紀。予謂窮經致用，固士子之素志，而作興勸勵者，縣官分内事也。予不職，承乏兹邑且五年，可得辭歟？爰采國初迄今凡由科目進者，書其姓名而係其出處于下，刻石立諸講堂，將以耀前而勸後也。凡我同志，嗣而續之，庶斯文之不泯焉。

永樂二十一年歲在癸卯十月朔日，本學教諭孟恪立石，署縣事巡檢陳忠同建，邑人吕謙鎸。

張著　字則明，西北隅人，洪武庚戌進士，任臨江府同知。

唐溥　字彦博，東南隅人，洪武庚戌進士，任階州判官。

鄒立誠　字久思，東始人，洪武庚戌進士，任金州判官。

黄著　字明甫，宛山人，洪武庚戌進士，任監察御史。

施顯　字孟微，東南隅人，洪武丁卯進士，任監察御史。

黄鉞　字叔揚，東南隅人，洪武庚辰進士，任户科左給事中。

姚伯善　字德全，瀆涇人，洪武己卯鄉貢，工科都給事中。

張信　字孟孚，東南隅人，洪武己卯鄉貢，任國子監助教。

陳寬　字叔裕，東南隅人，永樂癸未鄉貢，任河南府陳州西華縣學教諭。

魏謙　字伯恭，東南隅人，永樂己卯鄉貢，任紹興府學教授。

殷瓚　字廷璧，東郭人，永樂甲申進士，任臨江府知府。

周冕　字尚文，山涇人，永樂乙酉鄉貢，任濟南府歷城縣學教諭。

嚴敬　字用莊，五灌人，永樂乙酉鄉貢，任河南府鄭州學正。

楊伸　字孟舒，河陽人，永樂壬辰進士，任瑞州府推官。

曹澄　字彦清，東南隅人，永樂甲午鄉貢，任杭州府餘杭縣學訓導。

唐敏　字志學，耿涇人，永樂甲午鄉貢，任饒州府浮梁縣學訓導。

袁方　字仲矩，東南隅人，永樂戊戌進士，任刑部主事。

陶安　字静學，西南隅人，永樂丁酉鄉貢，任永平府灤州知州。

陳泰　字熙和，二十一都人，永樂丁酉鄉貢，任青州府安丘縣知縣。

連恭　字伯莊，東南隅人，永樂丁酉鄉貢，任寶慶府通判。

衛敬　字尚禮，東北隅人，永樂庚子鄉貢，任平陽府汾西縣學訓導。

冷融　字季和，福山人，永樂庚子鄉貢。

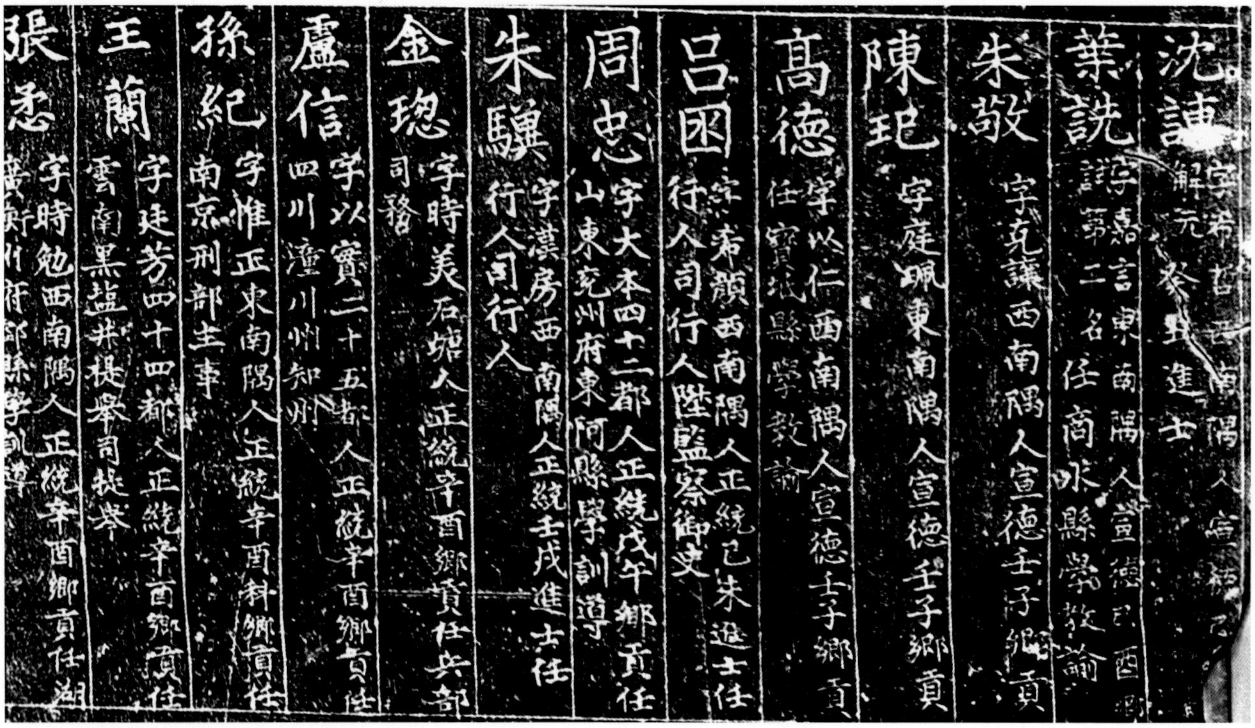
沈諌　字希哲西南隅人宣德己……
解元癸丑進士
葉詵　字嘉言東南隅人宣德己酉
鄉試第二名任商水縣學教諭
朱敬　字克讓西南隅人宣德壬子鄉貢
陳玘　字庭珮東南隅人宣德壬子鄉貢
高德　字以仁西南隅人宣德壬子鄉貢
任寶坻縣學教諭
吕囦　字希顔西南隅人正統己未進士任
行人司行人陞監察御史
周忠　字大本四十二都人正統戊午鄉貢任
山東兖州府東阿縣學訓導
朱驥　字漢房西南隅人正統壬戌進士任
行人司行人
金璁　字時美石塘人正統辛酉鄉貢任兵部
司務
盧信　字以實二十五都人正統辛酉鄉貢任
四川潼川州知州
孫紀　字惟正東南隅人正統辛酉科鄉貢任
南京刑部主事
王蘭　字廷芳四十四都人正統辛酉鄉貢任
雲南黑鹽井提舉司提舉
張悉　字時勉西南隅人正統辛酉鄉貢任湖
廣衡州府酃縣學訓導

十九　科舉題名記（局部）

魚侃　字希直，東北隅人，永樂癸卯鄉貢，甲辰進士，任刑部主事。

程式　字以則，東南隅人，永樂癸卯鄉貢，癸丑進士。

王瓊　字韞中，雙鳳人，永樂癸卯鄉貢。

沈諌　字希哲，西南隅人，宣德己酉解元，癸丑進士。

葉詵　字嘉言，東南隅人，宣德己酉鄉試第二名，任商水縣學教諭。

朱敬　字克讓，西南隅人，宣德壬子鄉貢。

陳玘　字庭珮，東南隅人，宣德壬子鄉貢。

高德　字以仁，西南隅人，宣德壬子鄉貢，任寶坻縣學教諭。

吕囦　字希顔，西南隅人，正統己未進士，任行人司行人，陞監察御史。

周忠　字大本，四十二都人，正統戊午鄉貢，任山東兖州府東阿縣學訓導。

朱驥　字漢房，西南隅人，正統壬戌進士，任行人司行人。

金璁　字時美，石塘人，正統辛酉鄉貢，任兵部司務。

盧信　字以實，二十五都人，正統辛酉鄉貢，任四川潼川州知州。

孫紀　字惟正，東南隅人，正統辛酉科鄉貢，任南京刑部主事。

王蘭　字廷芳，四十四都人，正統辛酉鄉貢，任雲南黑鹽井提舉司提舉。

張悉　字時勉，西南隅人，正統辛酉鄉貢，任湖廣衡州府酃縣學訓導。

陳璧　字仲奎，東北隅人，正統辛酉鄉貢，景泰甲戌進士，任監察御史。

錢昕　字景寅，五瀶人，正統甲子鄉貢，乙丑進士，任監察御史。

章儀　字來鳳，西北隅人，正統甲子鄉貢，任昌樂縣學教諭。

章格　字韶鳳，西北隅人，正統甲子鄉貢，景泰辛未進士，任南京工部主事。

諸璵　字廷輝，福山人，正統甲子鄉貢，任河間府滄州學正。

吴琳　字潤夫，東北隅人，正統丁卯鄉貢，任山東東平州學正。

王儀　字叔莊，東南隅人，正統丁卯鄉貢，景泰辛未進士，任監察御史。

張汝昌　字仲光，塗松人，正統丁卯鄉貢。

徐忕　字公度，十一都人，正統丁卯鄉貢。

李毓　字廷秀，東始人，正統丁卯鄉貢，景泰辛未進士。

章表　字翔鳳，西北隅人，景泰庚午解元，辛未進士，充二十八宿，任行人司行人。

蔣紱　字洪章，西南隅人，景泰庚午鄉貢，甲戌進士。

湯洪　字宗範，東南隅人，景泰庚午鄉貢，任浙江衢州府江山縣學訓導。

程宗　字源伊，東南隅人，景泰庚午鄉貢，辛未進士，任刑部主事。

陸杲　字孟昭，雙鳳人，景泰庚午鄉貢，辛未進士，任刑部主事。

曾珍　字時寶，西南隅人，景泰庚午鄉貢。

繆樸　字尚質，東南隅人，景泰庚午鄉貢，辛未進士，任行人司行人。

章度　字虞鳳，東北隅人，景泰庚午鄉貢。

楊集　字浩然，東南隅人，景泰庚午鄉貢，甲戌進士，任直隸保定府安州知州。

沈顯　字德輝，東南隅人，景泰庚午鄉貢。

張厚　字文博，東南隅人，景泰庚午鄉貢，任直隸保定府安州學正。

湯琛　字魯寶，東南隅人，景泰癸酉鄉貢，丁丑進士。

唐冕　字尚周，雙鳳人，景泰癸酉鄉貢。

桑璚　字廷瑞，西南隅人，景泰癸酉鄉貢。

章律　字鳴鳳，西北隅人，景泰癸酉鄉貢，甲戌進士。

顧崙　字希高，雙鳳人，景泰癸酉鄉貢。

陳問　字裕之，雙鳳人，景泰癸酉鄉貢。

顧以山　字安道，沙溪人，景泰癸酉鄉貢，丁丑進士。

徐恪　字公肅，十一都人，景泰丙子鄉貢。

盧琮　字彦貴，西南隅人，景泰丙子鄉貢。

桑瑾　字廷璋，璚之弟，景泰丙子鄉貢。

按：明永乐二十一年（1423），邑人魚侃等領鄉薦，將赴春闈。邑令傅玉良餞于邑學，因撰此碑。训导熊冕書，邑人沈洧篆额。下列中式邑人名録，自明洪武三年（1370）始，至景泰七年（1456）止，共列六十九人。碑在邑學明倫堂西，已佚。

二十　常熟縣重修廟學記

二十　楊榮《常熟縣重修廟學記》

年代：明宣德九年（1434）
碑文：

常熟縣重修廟學記

榮禄大夫、少傅、工部尚書、兼謹身殿大學士、知制誥、國史總裁、建安楊榮撰。

宣德癸丑，常熟縣重修孔子廟學成。吏部稽勛主事錢衡，世家斯邑，少嘗游是學，來請于予曰："學在縣治東南，其地隆然以高，宏然而敞，創始于宋至和，重修于開禧、端平，而再葺于元之皇慶、至正。其間政教興替靡常，未可以概舉也。洪惟國朝文教聿興，洪武庚戌，教諭朱昞来掌教事，時學之制：左則殿廡、戟門、欞星之赫奕；右則講堂、齋舍、庖廩之畢具；其後則有子游祠及先賢堂，蔚然可觀。歷歲滋久，上雨旁風，浸以圮壞，未有能振之者。近西江羅汝寬典教兹邑，慨然欲作新之計，其工費浩繁，慮有弗給，乃先度其力可為者為之，若廊廡、講堂、門垣齋舍，及先賢祠宇，皆循次修葺，惟禮殿未之能也。壬子之秋，縣丞李子廉、主簿郭南暇日視學宫，見汝寬用力之勤，亦慨然曰：'修學責在有司，吾輩視其頹廢，而不加力，寧無愧焉？'乃各捐俸以倡，訓導徐萬鎰、翁玭力贊助之，命耆老平孟悦等督其事。衡適得請于朝，歸省墓，乃奉白金四伯錢，佐其役。仍率邑之好事者王惠吉、陳崇道、張士良、錢汝周、楊師顔等，捐資以助，于是聚材鳩工，殿之梁棟榱桷、瓦甓墻壁之毁者易之，帷幙器用之弊者新之，聖賢像設章服則繪飾之，與汝寬先事所修葺者，輪奐華采，相為炫耀焉。是役也，不煩于官，不擾于民，而卒以時就，誠可謂難矣。敢求一言，以示不朽。"

余嘉佐邑者之得人，又嘉衡之能輕財，而知所尊也，故不辭其請，而為之言曰：學校，育材之地，風化之原，為國者之先務也。天啓皇明大一統文明之治，開萬載太平之業，在内則立胄監，在外則府州若縣莫不有學，而學之教法規制盖已超軼漢唐宋，而娓娓乎唐虞三代之隆矣。皇上嗣登寶位，尊崇儒道，凡一言一動，莫不師法孔子，以弘堯舜之治，是以屢詔天下修理廟學。然郡縣之吏能奉承者鮮，而常熟邑佐李子廉、郭南氏知其所重，一新學宫，可謂能祇順德意者矣。夫常熟乃子游過化之地，子游，聖門高弟也，則今縣之令佐與夫為師生者優游于兹，當何如哉？必景仰賢哲，修舉學政，且務其為己之學，盡乎孝弟忠信之道，勿徒炫名譽、徇利禄，以負國家建學立師之盛意，則庶乎其可也。敢以此復衡之請，且告其邑人焉。

宣德九年夏四月望日，常熟縣知縣郭南，縣丞李子廉、張壽方、林崇福，主簿陳陽福，典史柳俊，本學教諭羅汝寬，訓導徐萬鎰、翁玭。

右《廟學記》，今少傅、大司空、榮禄公因吏部主事錢衡之請而作，時宣德八年冬也。記文付下則九年之春矣。主簿郭南已欽陞常熟縣知縣，立石于是年之夏。不當復署舊銜，宜光今之寵命，既不失其實，且以示勸云。

行在翰林院致事修撰、承務郎、同修國史、邑人張洪識。

董工耆老平孟悦、陳叔維。

邑人吕臻鐫。

按：明宣德八年（1433），教諭羅汝寬、縣丞李子廉、主簿郭南等次第重修廟學。九年（1434），楊榮應邑人錢衡請撰記，張洪跋。楊榮（1371—1440），字勉仁，福建人。明建文二年（1400）進士，歷仕四朝，終太子少傅、謹身殿大學士。碑原在邑學戟門内東首，現存文廟戟門北。

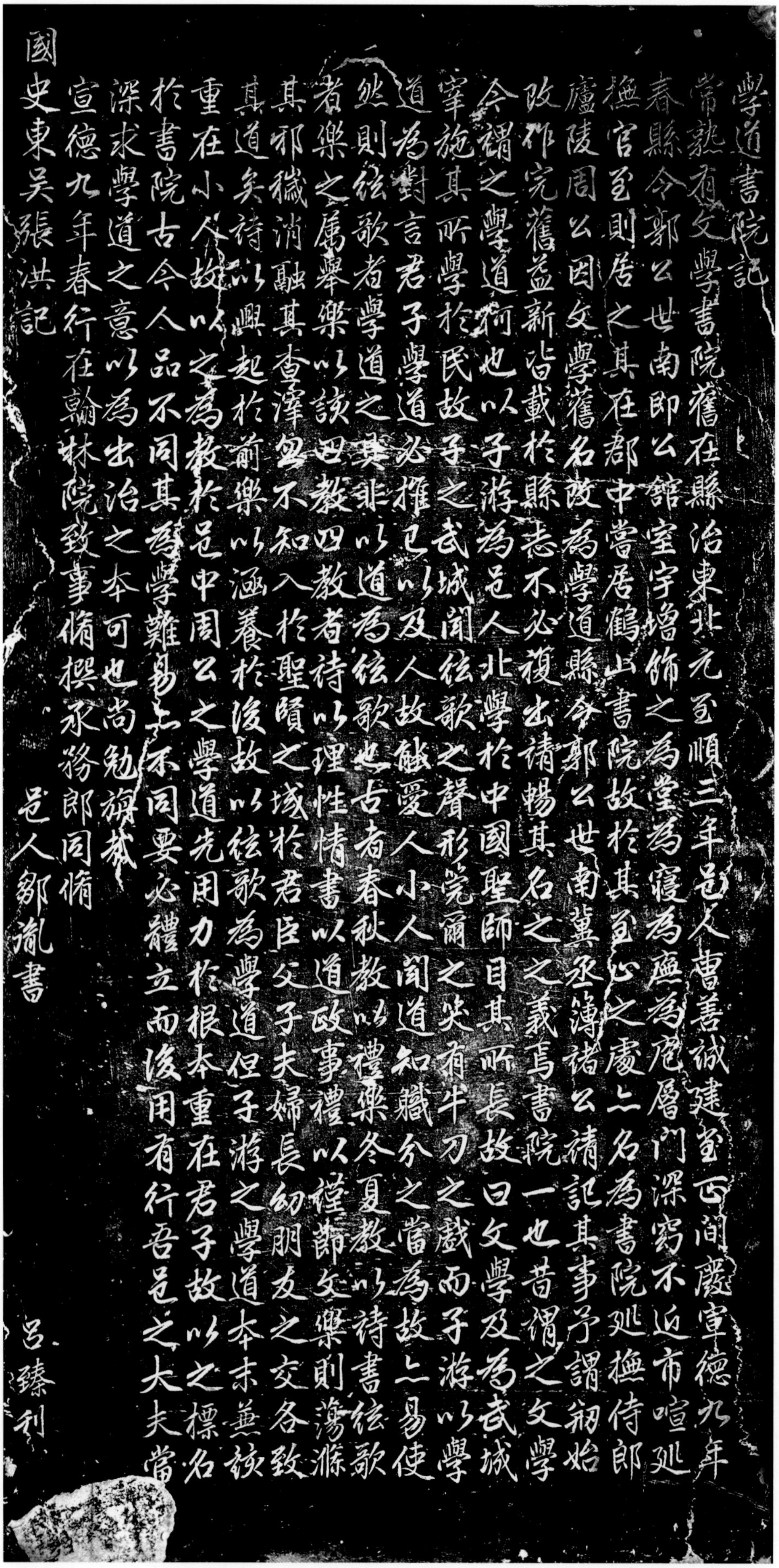
學道書院記
常熟有文學書院舊在縣治東北元至順三年邑人曹善誠建至正間廢宣德九年春縣令郭公世南即公館室宇增飾之爲堂爲寢爲廡爲庖層門深窈不近市喧延撫官至則居之其在郡中嘗居鶴山書院故於其至止之處亦名爲書院延撫侍郎廬陵周公因文學舊名改爲學道縣令郭公世南蕫丞簿諸公請記其事予謂初始改作完舊益新皆載於縣志不必復出請暢其名之之義焉書院一也昔謂之文學今謂之學道何也以子游爲邑人北學於中國聖師目其所長故曰文學及爲武城宰施其所學於民故子之武城聞弦歌之聲形莞爾之笑有牛刀之戲而子游以學道爲對言君子學道必推己以及人故能愛人小人聞道知職分之當爲故亦易使然則弦歌者學道之具非以道爲弦歌也古者春秋教以禮樂冬夏教以詩書弦歌者樂之屬舉樂以該四教四教者詩以理性情書以道政事禮以謹節文樂則蕩滌其邪穢消融其查滓無不知入於聖賢之域於君臣父子夫婦長幼朋友之交各致其道矣詩以興起於前樂以涵養於後故以弦歌爲學道但子游之學道本末兼該重在小人故以之爲教於邑中周公之學道先用力於根本重在君子故以之標名於書院古今人品不同其爲學雖易亦不同要必禮立而後用有行吾邑之大夫當深求學道之意以爲出治之本可也尚勉旃哉
宣德九年春行在翰林院致事脩撰承務郎同脩
國史東吳張洪記
邑人鄒瀜書
呂臻刊

二十一　張洪《學道書院記》

年代：明宣德九年（1434）

碑文：

學道書院記

常熟有文學書院，舊在縣治東北。元至順三年，邑人曹善誠建，至正間廢。宣德九年春，縣令郭公世南即公館室宇增飾之，為堂為寢，為廡為庖，層門深窈，不近市喧。巡撫官至則居之。其在郡中，嘗居鶴山書院，故于其至止之處，亦名為書院。巡撫侍郎廬陵周公，因文學舊名改為學道。縣令郭公世南冀丞、簿諸公，請記其事。

予謂創始改作、完舊益新，皆載于縣志，不必複出，請暢其名之之義焉。書院一也，昔謂之文學，今謂之學道，何也？以子游為邑人，北學于中國，聖師目其所長，故曰文學。及為武城宰，施其所學于民，故子之武城，聞弦歌之聲，形莞爾之笑，有牛刀之戲。而子游以學道為對，言君子學道，必推己以及人，故能愛人；小人聞道，知職分之當為，故亦易使。然則弦歌者，學道之具，非以道為弦歌也。古者春秋教以禮樂，冬夏教以詩書。弦歌者，樂之屬，舉樂以該四教。四教者，詩以理性情，書以道政事，禮以謹節文，樂則蕩滌其邪穢，消融其查滓。忽不知入于聖賢之域，于君臣、父子、夫婦、長幼、朋友之交，各致其道矣。詩以興起于前，樂以涵養于後，故以弦歌為學道。但子游之學道，本末兼該，重在小人，故以之為教于邑中。周公之學道，先用力于根本，重在君子，故以之標名于書院。古今人品不同，其為學難易亦不同，要必體立而後用有行。吾邑之大夫，當深求學道之意，以為出治之本可也，尚勉旃哉！

宣德九年春，行在翰林院致事修撰、承務郎、同修國史、東吴張洪記。

邑人鄒胤書。

吕臻刊。

按：明宣德九年（1434），邑令郭南萁別館于儒學西，巡撫周忱更名為學道書院。邑人張洪撰記，鄒胤書。張洪，字宗海，號止庵，邑人。洪武間坐累戍雲南，永樂初起授行人，充《永樂大典》副總裁官。學務根柢，所著頗富。碑原在邑學大殿東，已佚。

二十二　重修常熟縣儒學之記

二十二　趙永言《重修常熟縣儒學之記》

年代：明正統六年（1441）

碑文：

重修常熟縣儒學之記

常熟縣儒學教諭浚儀趙永言撰文。

訓導天台侯誠篆額，莆田周哲書丹。

學校，所以育人材、明人倫也。人倫明則風俗美，英材出則治道隆，此學校有關于名教也大矣。常熟儒學，在縣治東南一里，始于宋之慶曆，左廟右學，廟前兩廡，廡前有戟門，戟門之南為靈星門，東為神厨，西為刑牲房，廟後吴國言公祠。學内外二門，中鑿為泮，伐石為梁，而架之以木。明倫有堂，堂之兩旁為齋，各虚四楹。齋上下又各連六楹，為諸生講肄所。堂後有寢，泮左為庫，右則張尉旭之祠也。歷元迄今，凡四百有餘歲，若縣尹孫應時、王爚、韓居仁，教授唐泳涯、陳聚，士民楊麟伯等隨壞隨葺，仍舊貫也。

正統改元丙辰夏五，余承乏是學，載瞻載顧，廟廡輪奂，言祠新建前軒，皆縣尹郭侯之力也，少傅建安楊公榮嘗記之。而學之堂齋隘且弊，余謀于侯曰："廟既新矣，學其可以弗新乎？"侯曰："當徐圖之。"未幾，侯偕丞分宜李子廉、簿延平陳陽福戾止，顧謂余曰："堂齋將旋可理，子其相與計之。"余曰："堂隘可廣，基下可高，齋各可拓，儲庤逼堂，非其所也。頤養逼齋，非其地也；學官廨宇，猶未備也；架梁以木，不能久也。"侯諾而還，首命工舁石斧斵，不逾月而橋成。徐輒經度，市木將備，適侯如京師，語丞治之。會提督學校監察御史吉豐彭公駐車，亦以堂舍卑狹，習射窵遠，二者未宜。丞亟成之，拓基丈餘，崇土三尺，堂崇舊如土數，經始于是年十有一月，落成于十有二月。侯還，相率寮寀，捐月俸，并募民之樂助，東貿射圃，得地若干畝，西貿膳所廨宇，又得地若干畝，正東南故宇一區，存舊圃為學之蔬畦。正統辛酉春三月，命生員謝昇、衛杰、邑掾蘇拳、楊林、耆德平豫、陳浩，分董其事。徹其兩齋，拓其址，構以重屋，工倍蓰于昔。于是觀頤有堂，學官有居，習射有圃，觀德有亭，易庫址以建儲庤，置肅賓處敬，為致齋之所。工畢于是年九月，高明爽塏，斬焉一新。

吁，宰是邑者非一人，教是邑者亦非一人，遍觀舊記，舉不過去腐易新，未有若此之拓建者。今侯能之，可謂知所本矣。抑侯莅政以來，凡諸壇壝與夫應祀祠廟，罔不修舉，去淫祠三百餘處。邑自元有弊俗，每歲春季賽會，蠱惑臧善。侯悉禁止，斯亦政教之大者也。矧常熟子游故里，子游游聖門，以文學名科，禮樂為教。流風遺俗，猶有存者。師之處于是，知所以為教；弟子之游于是，亦知所以為學。將見英材出，人倫明，可以儷于古矣。余首風教不容默，遂摭其興學前後惠政始終，勒諸石，以為宰邑者勸。侯名南，字世南，唐汾陽王二十三世孫，吴中賢大尹也。

正統六年龍集辛酉嘉平月初吉，縣丞張克明、劉得、陳澄，主簿陳陽福、吴泰，典史馬庸同立。

邑人吕順刊。

按：明正統元年（1436），知縣郭南重修廟學，至六年（1441），次第以成。時任教諭趙永言撰記，訓導周哲書丹、侯誠篆額。碑原在邑學明倫堂東首，現存學宫門東首。

二十三　常熟縣儒學新建尊經閣之記

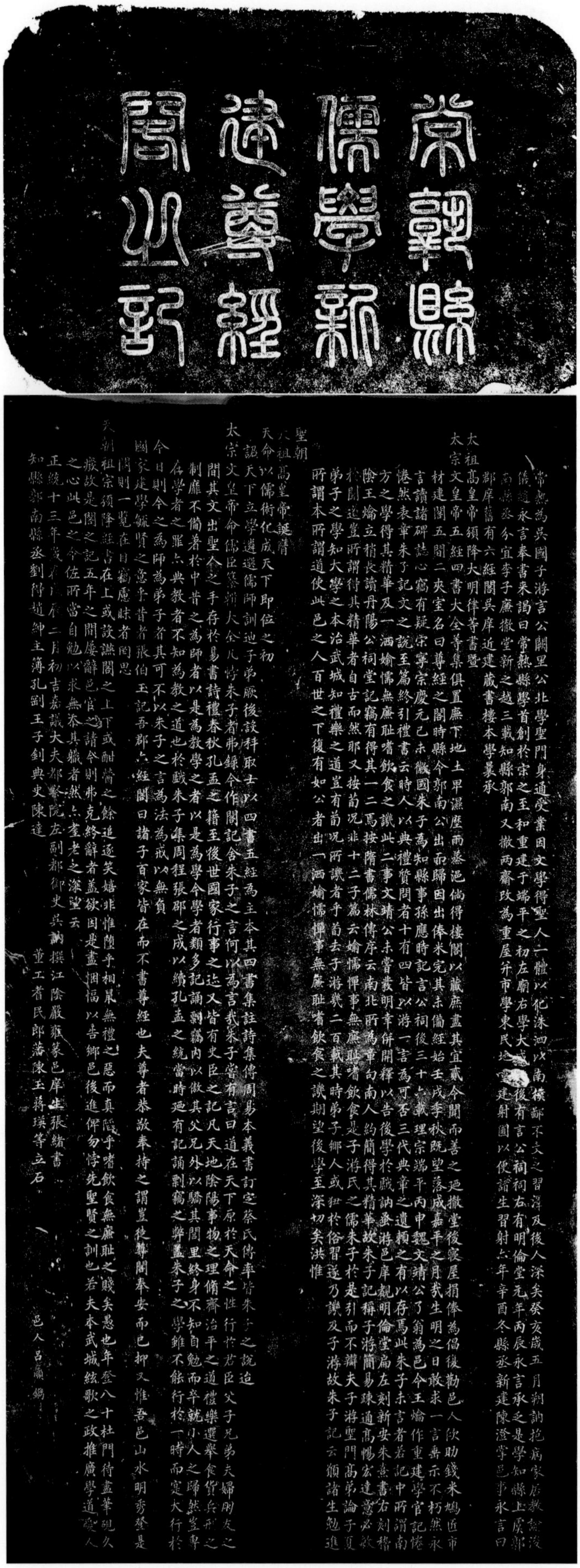

二十三　吴訥《常熟縣儒學新建尊經閣之記》

年代：明正統十三年（1448）
碑文：

常熟為吴國子游言公闕里。公北學聖門，身通受業，因文學得聖人一體，以化洙泗以南樸鄙不文之習，澤及後人深矣。癸亥歲五月朔，訥抱病家居，教諭浚儀趙永言奉書來謁，曰：“常熟縣學，首創于宋之至和，重建于端平之初，左廟右學，大成殿後有言公祠，祠右有明倫堂。元年丙辰，永言承乏是學，知縣上虞郭南、縣丞分宜李子廉，撤堂新之。越三載，知縣郭南又撤兩齋，改為重屋，并市學東民地，重建射圃，以便諸生習射。六年辛酉冬，縣丞新建陳澄掌邑事，永言曰：‘郡庠舊有六經閣，吴庠近建藏書樓。本學曩承太祖高皇帝頒降《大明律》等書，暨太宗文皇帝五經四書大全等集，俱置廡下。地土卑濕，塵雨蒸浥，倘得樓閣以藏，庶盡其宜。’貳令聞而善之，乃撤堂後寢屋，捐俸為倡，復勸邑人佽助錢米，鳩匠市材，建閣五間二夾室，名曰尊經之閣。時縣令郭南公出而歸，因出俸米，完其未備。經始壬戌季秋既望，落成嘉平之月哉生明之日，敢求一言，垂示不朽。然永言讀諸碑志，心竊有疑。宋寧宗慶元己未，徽國朱子為知縣事孫應時記言公祠；後三十六載理宗端平丙申，魏文靖公了翁為邑令王爚作《重建學宫記》，惓惓然表章朱子記文之説，至篇終引禮書云，時人以典禮質問者十有四，皆以游一言為可否。三代典章之遺，賴之有以存焉。此朱子未言者。若記中所謂南方之學，得其精華，及一洒偷懦、無廉耻、嗜飲食之譏。此二事文靖公未嘗發明，幸并開釋，以告後學。”

於戯！訥蚤游邑庠，睹明倫堂扁，左刻新安朱熹書，右刻稽陰王爚立。稍長讀《丹陽公祠堂記》，竊有得其一二焉。按《隋書・儒林傳序》云：“南北所為章句，南人約簡，得其精華。”故朱子《記》稱子游“簡易疏通，高暢宏遠”，意必敏于聞道，豈所謂得其精華者自古而然耶？又按荀況《非十二子篇》云：“偷懦憚事，無廉耻，嗜飲食，是子游氏之儒。”朱子于是引而不辯。夫子游，聖門高弟，論子夏弟子之學，知大學之本；治武城，知禮樂之道；豈有荀況所譏者乎？荀去子游幾二百載，其時弟子、鄉人，或狃于俗習，遂乃譏及子游。故朱子《記》云：“愿諸生勉進所謂本，所謂道，使此邑之人，百世之下，復有如公者出，一洒偷懦憚事，無廉耻、嗜飲食之譏。”期望後學，至深切矣。

洪惟聖朝太祖高皇帝誕膺天命，以儒術化成天下。即位之初，詔天下立學，遴選儒師，訓迪子弟；厥後設科取士，以《四書五經》為主，本其《四書集注》《詩集傳》《周易本義》，《書》訂定《蔡氏傳》，率皆朱子之説。迨太宗文皇帝命儒臣纂輯《大全》，凡悖朱子者弗録。今作閣記，舍朱子之言，何以為言哉？朱子嘗有言曰：道在天下，原于天命之性，行于君臣父子兄弟夫婦朋友之間。其文出聖人之手，存于《易》《書》《詩》《禮》《春秋》孔孟之籍。至後世國家行事之迹，又皆有史臣之記。凡天地陰陽事物之理，修齊治平之道，禮樂選舉食貨兵刑之制，靡不備著于中。昔之為師者，以是為教。學之者，以是為學。今學者類多記誦剽竊，内以傲其父兄，外以驕其閭里，終身不知自勉，而卒就小人之歸，然豈專在學者之罪？亦典教者不知為教之道也。於戯，朱子集周程張邵之成，以續孔孟之統，當時乃有記誦剽竊之弊。蓋朱子之學，雖不能行之于一時，而實大行于今日。則今之為師為弟子者，其可不以朱子之言，為法為戒，以無負國家建學毓賢之意乎？

昔者張伯玉記吾郡六經閣曰：“諸子百家皆在，而不書尊經也。”夫尊者，恭敬奉持之謂，豈徒尊閣奉安而已？抑又惟吾邑山水明秀，登是閣則一覽在目。竊慮昧者罔思天朝祖宗頒降經書在上，或設讌閣之上下，或酣醟之餘，追逐笑嬉，非惟墮乎相鼠無禮之惡，而真陷乎嗜飲食、無廉耻之賤矣。愚也年登八十，杜門待盡，筆硯久廢，故是閣之記，五年之間屢辭邑官之請。

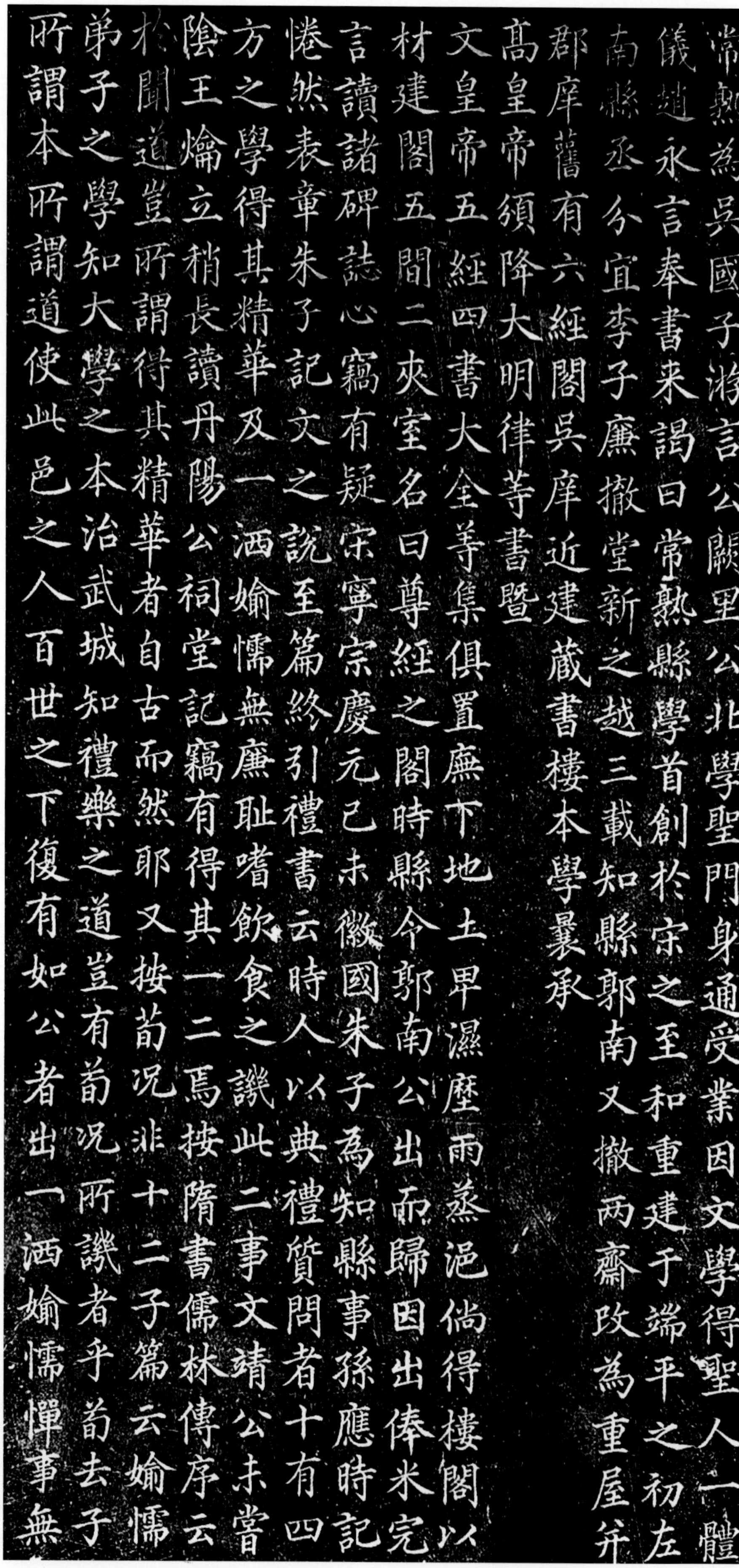
常熟為吳國子游言公闕里公北學聖門身通受業因文學得聖人一體
儀趙永言奉書来謁曰常熟縣學首創於宋之至和重建于端平之初左
南縣丞分宜李子廉撤堂新之越三載知縣郭南又撤兩齋改為重屋并
郡庠舊有六經閣吳庠近建藏書樓本學曩承
高皇帝頒降大明律等書暨
文皇帝五經四書大全等集俱置廡下地土卑濕歷雨蒸浥倘得樓閣以
材建閣五間二夾室名曰尊經之閣時縣令郭南公出而歸因出俸米完
言讀諸碑誌心竊有疑宗寧宗慶元己未徽國朱子為知縣事孫應時記
惓然表章朱子記文之説至篇終引禮書云時人以典禮質問者十有四
方之學得其精華及一洒媮懦無廉耻嗜飲食之譏此二事文靖公未嘗
陰王爚立稍長讀丹陽公祠堂記竊有得其一二焉按隋書儒林傳序云
於闕道堂所謂得其精華者自古而然耶又按荀況非十二子篇云媮懦
弟子之學知大學之本治武城知禮樂之道豈有荀況所譏者乎荀去子
所謂本所謂道使此邑之人百世之下復有如公者出一洒媮懦憚事無

二十三　常熟縣儒學新建尊經閣之記（局部）

今則弗克終辭者，盖欲因是盡悃愊以告鄉邑後進，俾勿悖先聖賢之訓也。若夫本武城弦歌之政，推廣學道愛人之心，此邑之令佐所當自勉，以求無忝其職者，然亦耋老之深望云。

正統十三年歲在戊辰二月初吉，嘉議大夫、都察院左副都御史吴訥撰；江陰嚴雍篆；邑庠生張緒書。

知縣郭南，縣丞劉得、趙紳，主簿孔剛、王子釗，典史陳達，董工耆民郎藩、陳玉、蔣瑛等立石。

邑人吕順鎸。

按：明正統七年（1442），縣丞陳澄新建尊經閣。正統十三年（1448），邑人吴訥撰記，嚴雍篆額，張緒書，知縣郭南等立石。吴訥（1372－1457），字敏德，邑人。明永樂中，以醫薦至京，仕至南京左副都御史。碑原在邑學尊經閣，現存文廟尊經閣西首。

二十四　重修吴公祠堂記

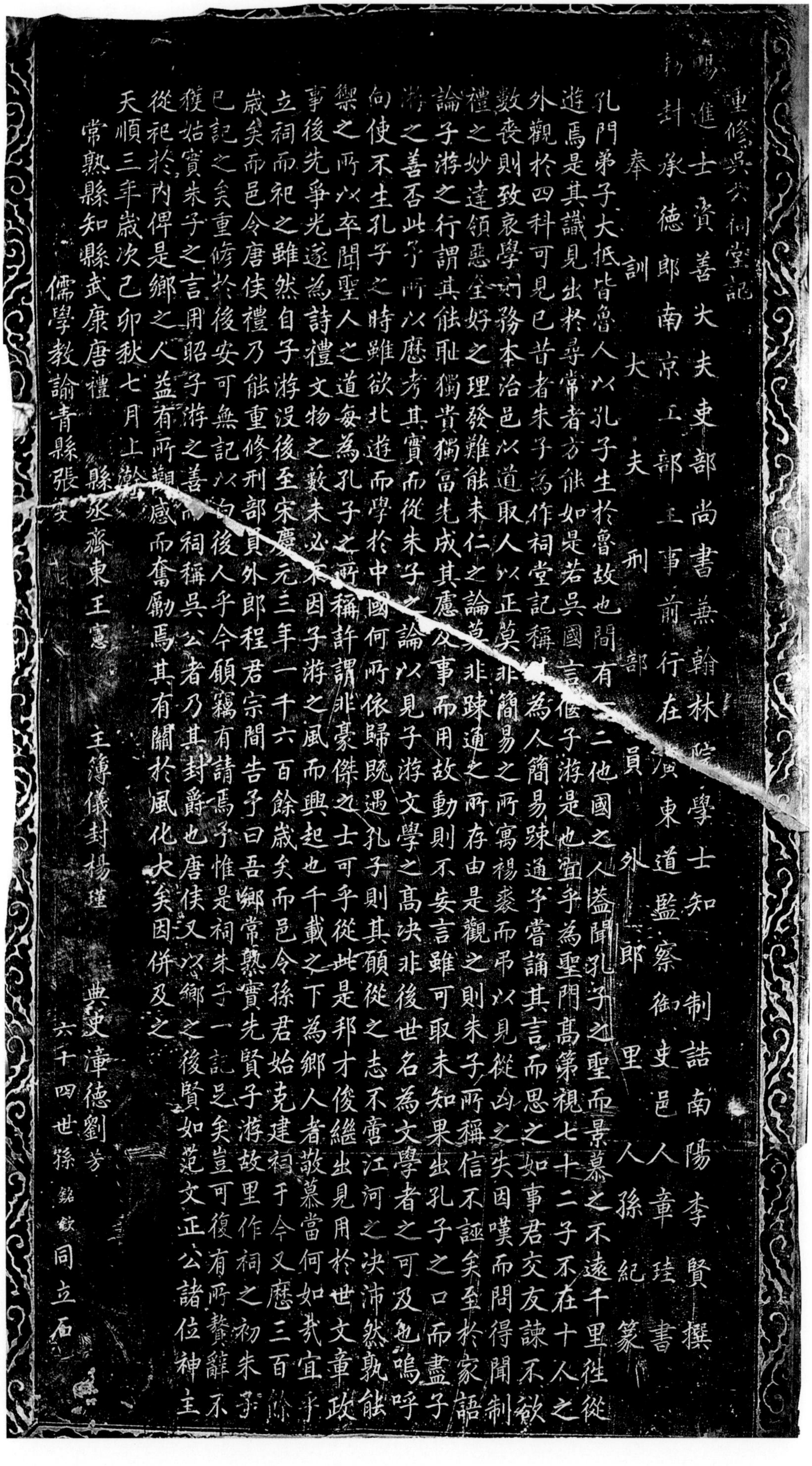

重修吴公祠堂記

賜進士資善大夫吏部尚書兼翰林院學士知　制誥南陽李賢撰
勑封承德郎南京工部主事前行在廣東道監察御史邑人章珪書
奉　訓　大　夫　刑　部　員　外　郎　里　人　孫　紀　篆

孔門弟子大抵皆魯人以孔子生於魯故也間有一二他國之人益聞孔子之聖而景慕之不遠千里往從遊焉是其識見出於尋常者方能如是若吴國言偃子游是也宜乎為聖門高第視七十二子不在十人之外觀於四科可見已昔者朱子為作祠堂記稱[illegible]為人簡易疎通予嘗誦其言而思之如事君交友諫不欲數喪則致哀學所務本治邑以道取人以正莫非簡易之所寓裼裘而弔以見從凶之失因嘆而問得聞制禮之妙達領惡全好之理發難能未仁之論莫非疎通之所存由是觀之則朱子所稱信不誣矣至於家語論子游之行謂其能恥獨貴獨富先成其慮及事而用故動則不妄言雖可取未知果出孔子之口而盡子游之善否此予所以歷考其實而從朱子之論以見子游文學之高決非後世名為文學者之可及也嗚呼向使不生孔子之時雖欲北遊而學於中國何所依歸既遇孔子則其願從之志不啻江河之決沛然孰能禦之所以卒聞聖人之道無為孔子之所稱許謂非豪傑之士可乎從此是邦才俊繼出見用於世文章政事後先爭光遂為詩禮文物之藪未必不因子游之風而興起也千載之下為鄉人者敬慕當何如哉宜乎立祠而祀之雖然自子游沒後至宋慶元三年一千六百餘歲矣而邑令孫君始克建祠于今又歷三百餘歲矣而邑令唐侯禮乃能重修刑部員外郎程君宗聞告予曰吾鄉常熟實先賢子游故里作祠之初朱子已記之矣重修於後安可無記以詔後人乎今願竊有請焉予惟是祠朱子一記足矣豈可復有所贅辭不獲姑實朱子之言用昭子游之善而祠稱吴公者乃其封爵也唐侯又以鄉之後賢如范文正公諸位神主從祀於內俾是鄉之人益有所觀感而奮勵焉其有關於風化大矣因併及之

天順三年歲次己卯秋七月上澣

常熟縣知縣武康唐禮　縣丞齊東王憲　主簿儀封楊瑾　典史潼德劉芳
儒學教諭青縣張安　六十四世孫鉊欽同立石

二十四　李賢《重修吴公祠堂記》

年代：明天順三年（1459）
碑文：

重修吴公祠堂記

賜進士、資善大夫、吏部尚書兼翰林院學士、知制誥、南陽李賢撰。

敕封承德郎、南京工部主事、前行在廣東道監察御史、邑人章珪書。

奉訓大夫、刑部員外郎、里人孫紀篆。

孔門弟子大抵皆魯人，以孔子生于魯故也。間有一二他國之人，蓋聞孔子之聖而景慕之，不遠千里，往從游焉。是其識見出于尋常者，方能如是，若吴國言偃子游是也。宜乎，為聖門高第，視七十二子，不在十人之外，觀于四科可見已。昔者朱子為作祠堂記，稱其為人簡易疏通。予嘗誦其言而思之，如事君交友，諫不欲數，喪則致哀，學則務本，治邑以道，取人以正，莫非簡易之所寓。裼裘而弔，以見從凶之失；因歎而問，得聞制禮之妙。達領惡全好之理，發難能未仁之論，莫非疏通之所存。由是觀之，則朱子所稱，信不誣矣。至于《家語》論子游之行，謂其能耻獨貴獨富，先成其慮，及事而用，故動則不妄。言雖可取，未知果出孔子之口，而盡子游之善否？此予所以歷考其實，而從朱子之論，以見子游文學之高，决非後世名為文學者之可及也。嗚呼，向使不生孔子之時，雖欲北游而學于中國，何所依歸？既遇孔子，則其愿從之志，不啻江河之决，沛然孰能禦之？所以卒聞聖人之道，每為孔子之所稱許。謂非豪杰之士，可乎？從此是邦才俊繼出，見用于世，文章政事，後先争光，遂為詩禮文物之藪，未必不因子游之風而興起也。千載之下，為鄉人者敬慕當何如哉？宜乎立祠而祀之。雖然，自子游歿後，至宋慶元三年，一千六百餘歲矣，而邑令孫君始克建祠；于今又歷三百餘歲矣，而邑令唐侯禮乃能重修。刑部員外郎程君宗間告予曰："吾鄉常熟，實先賢子游故里。作祠之初，朱子已記之矣。重修于後，安可無記以白後人乎？今愿竊有請焉。"予惟是祠，朱子一記足矣，豈可復有所贅？辭不獲，姑實朱子之言，用昭子游之善。而祠稱吴公者，乃其封爵也。唐侯又以鄉之後賢，如范文正公諸位神主，從祀于内，俾是鄉之人益有所觀感而奮勵焉，其有關于風化大矣。因并及之。

天順三年歲次己卯秋七月上澣，常熟縣知縣武康唐禮、縣丞齊東王憲、主簿儀封楊瑾、典史漳德劉芳、儒學教諭青縣張雯、六十四世孫銘欽同立石。

按：明天順三年（1459），知縣唐禮重修言子祠，李賢為撰記，邑人章珪書、孫紀篆額。李賢（1409 — 1467），字原德，鄧州人。明宣德八年（1433）進士，仕至吏部尚書、華蓋殿大學士。碑原在邑學言子祠，双面碑，已殘。現存文廟碑廊。

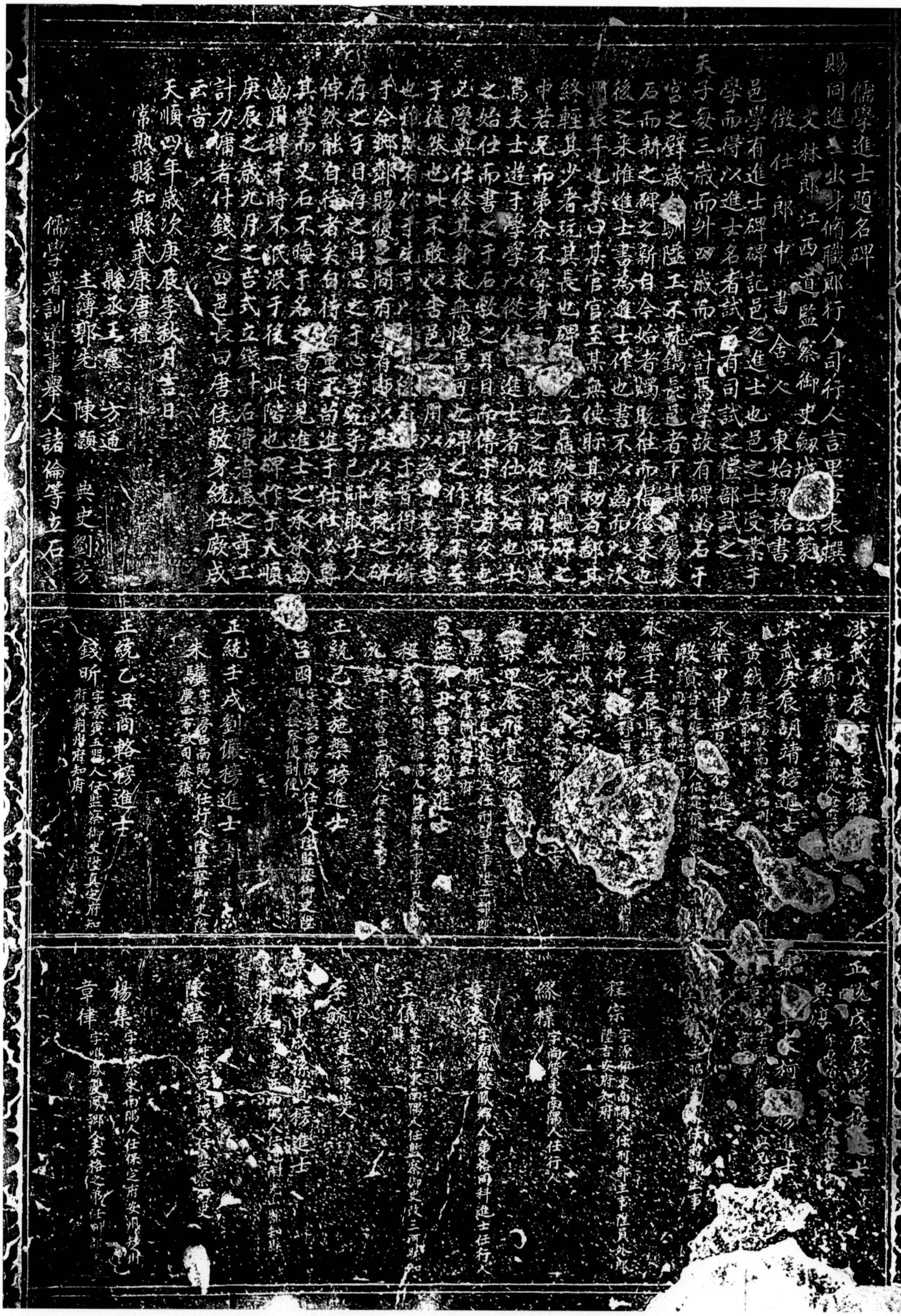

儒學進士題名碑

賜同進士出身脩職郎行人司行人[illegible]表撰

文林郎江西道監察御史[illegible]篆

徵仕郎中書舍人[illegible]書

邑學有進士碑碑記邑之進士也邑之士受業于學而得以進士名者試於有司試之禮部試之天子發三歲而外四歲而一計焉學故有碑爲石于官之壁歲久剝蝕工不就鐫是者[illegible]石而新之碑之新自今始者[illegible]後來也後之來惟進士書爲進士作也書不以齒而以次[illegible]終輕其少者玩其長也碑[illegible]立矗然[illegible]觀碑之中若兄而弟余不學者[illegible]焉夫士進于學學以從仕[illegible]進士者仕之始也士之始仕而書之于石數之耳目而傳于後者[illegible]足學與仕終其身求無愧焉[illegible]之碑之作亦至于從然也此不敢以告邑之[illegible]用以爲[illegible]兄弟者也[illegible]于今鄉鄰賜復之間有[illegible]以養後之碑存之于目存之自[illegible]之于心[illegible]乎己師取乎人俾然能自待者矣自待[illegible]不苟進于仕仕必尊其學而又石不瞭于名[illegible]書目見進士之承[illegible][illegible]用碑于時不泯泯于後一此階也碑作于天順庚辰之歲九月之吉式立錢十石[illegible]者[illegible]之奇工計力傭者什錢之四邑長曰唐侯敬身號任庵成云昔

天順四年歲次庚辰季秋月吉日

常熟縣知縣武康唐禮

縣丞王憲　方通

主簿鄭先　陳顯　典史劉芳

儒學署訓導事舉人諸倫等立石

洪武戊辰[illegible]榜 施顯
洪武庚辰胡靖榜進士 黃鉞
永樂甲申曾棨榜進士 殷瓚
永樂壬辰[illegible] 楊紳
永樂戊戌[illegible] 袁方
[illegible]
宣德[illegible]
[illegible]
正統己未施槃榜進士 呂國
正統壬戌劉儼榜進士 朱驥
正統乙丑商輅榜進士 錢昕

正統戊辰[illegible]榜進士
[illegible]
程宗
綵樟
[illegible]
王[illegible]
[illegible]
景泰甲戌[illegible]榜進士
陳璧
楊集
章律

二十五　章表《儒學進士題名碑》

年代：明天順四年（1460）
碑文：

儒學進士題名碑

賜同進士出身、修職郎、行人司行人、言里章表撰。

文林郎、江西道監察御史、劒城朱鉉篆。

徵仕郎、中書舍人、東始魏祐書。

邑學有進士碑，碑記邑之進士也。邑之士受業于學而得以進士名者，試之有司，試之禮部，試之天子，每三歲而升，四歲而一計焉。學故有碑，函石于宫之壁，歲久駠隘，工不就鐫。長邑者下謀于屬，募石而新之。碑之新自今始者，燭既往而倡後來也。後之來惟進士，書為進士作也，書不以齒而以次，用表年也。某曰某官，官至某，無使际其初者鄙其終，輕其少者玩其長也。碑石既立，矗然聳觀。碑之中若兄而弟、余不學者三，予既記之，從而有所感焉。夫士游于學，學以從仕。曰進士者，仕之始也。士之始仕而書之于石，敷之耳目而傳于後者久也，必學與仕終其身，求無愧焉可也。碑之作，幸不至于徒然也。此不敢以告邑之士，用以為予兄弟告也。雖然有作于先，可以興其後；有鑒于昔，得以修于今。鄉鄰賜履之間，有學有師，以恭以養，視之碑存之于目，存之目思之于心，學究乎己，師取乎人，倬然能自待者矣。自待者重，不苟進于仕，仕必尊其學而又石不晦于名之書，日見進士之承承齒齒，用裨于時，不泯泯于後，一此階也。碑作于天順庚辰之歲九月之吉，式立錢計石費者萬之奇，工計力傭者什錢之四。邑長曰唐侯敬身，統任厥成云。

时天順四年歲次庚辰季秋月吉日，常熟縣知縣武康唐禮，縣丞王憲、方通，主簿郭先、陳灝，典史劉芳，儒學署訓導事舉人諸倫等立石。

洪武戊辰任亨泰榜進士

施顯　字孟微，東南隅人，任監察御史。

洪武庚辰胡靖榜進士

黄鉞　字叔揚，東南隅人，任刑科給事中，陞户科左給事中。

永樂甲申曾棨榜進士

殷瓚　字廷壁，東郭人。任建德縣知縣，遷岳州府同知，陞臨江府知府。

永樂壬辰馬鐸榜進士

楊伸　字孟舒，河陽人，□□□□□□□□□□州府推官。

永樂戊戌李騏榜進士

袁方　字仲矩，東南隅人，刑部主事。

永樂甲辰邢寬榜進士

魚侃　字希直，東北隅人，任刑部主事，陞工部郎中，升開封府知府。

宣德癸丑曹鼐榜進士

程式　字以則，東南隅人，任兵部主事，陞員外郎。

沈譓　字希哲，西南隅人，任吏部主事。

正統己未施槃榜進士

吕困　字希顔，西南隅人，任行人，陞監察御史，升湖廣按察使副使。

正統壬戌劉儼榜進士

朱驥　字漢房，西南隅人，任行人，陞監察御史，升廣西布政司參議。

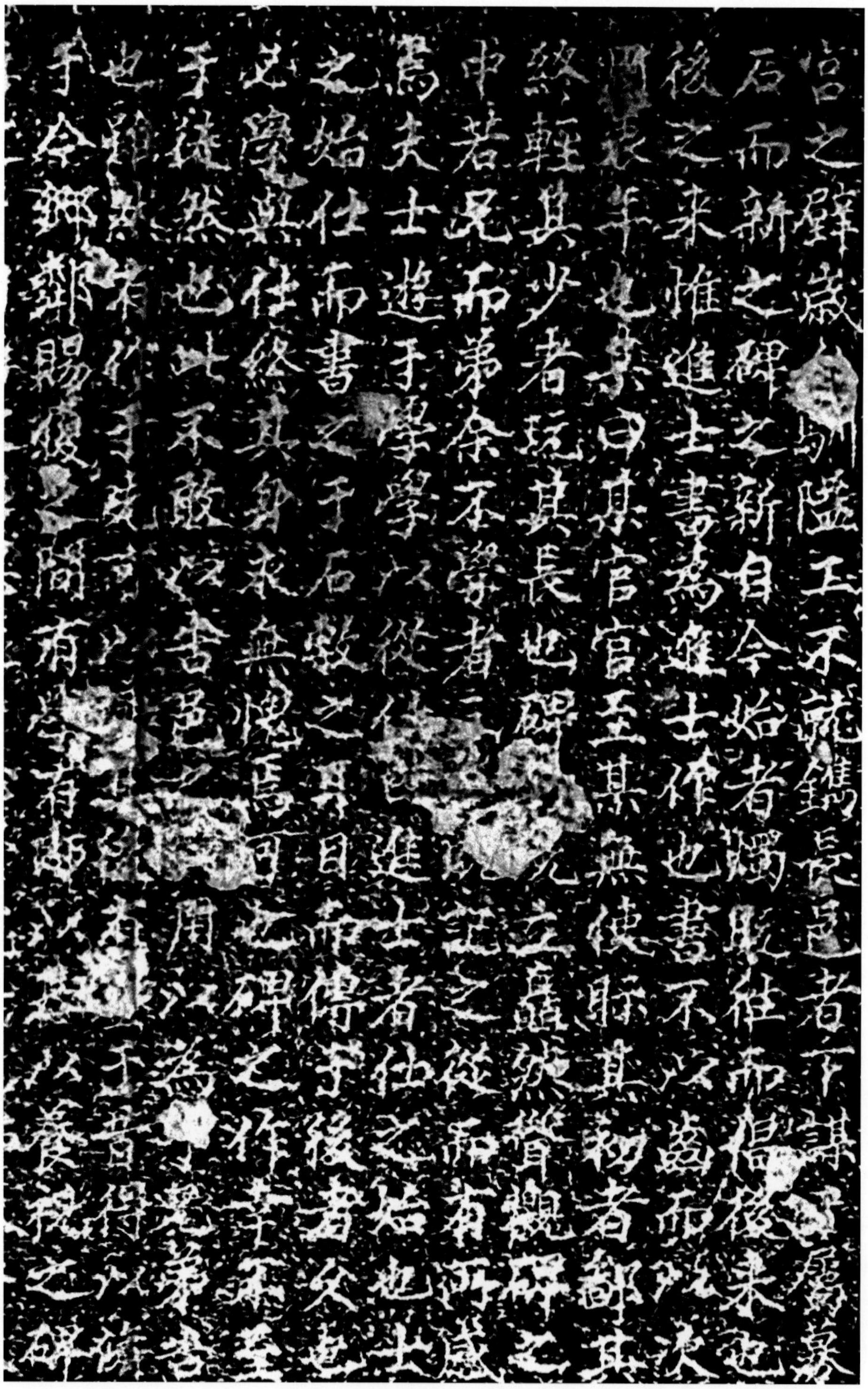

二十五　儒學進士題名碑（局部）

正統乙丑商輅榜進士

錢昕　字景寅，五瞿人，任監察御史，陞真定府知府，轉荆州府知府。

正統戊辰彭時榜進士

吴淳　字厚伯，北郭人，任監察御史。

景泰庚午柯潛榜進士

章格　字韶鳳，雙鳳鄉人，與兄表□□□□□部主事。

陸杲　字孟昭，雙鳳人，任刑部主事。

程宗　字源伊，東南隅人，任刑部主事，陞員外郎，陞吉安府知府。

繆樸　字尚質，東南隅人，任行人。

章表　字翔鳳，雙鳳鄉人，弟格同科進士，任行人。

王儀　字叔莊，東南隅人，任監察御史，改三河縣知縣。

李毓　字廷秀，東始人。

景泰甲戌孫賢榜進士

蔣紱　字大章，西南隅人，任湖南光山縣知縣。

陳璧　字仲奎，西北隅人，任監察御史。

楊集　字浩然，東南隅人，任保定府安州知州。

章律　字鳴鳳，雙鳳鄉人，表、格之弟，任刑部主事。

按：明天順四年（1460），邑學立進士題名碑，章表為撰記，朱鉉篆額，魏祐書。章表，字翔鳳，號貞庵，邑人。明景泰二年（1451）年進士，仕至廣西布政左參議。碑原在邑學明倫堂，已佚。

二十六　直隸蘇州府常熟縣儒學興修記

二十六　徐有貞《直隸蘇州府常熟縣儒學興修記》

年代：明成化四年（1468）

碑文：

直隸蘇州府常熟縣儒學興修記

前太史中執法、經筵講官、知制誥……奉天詡衛推誠宣力守正文臣、特進光禄大夫、柱國武……華盖殿大學士……

奉議大夫、山西等處提刑按察司僉事、奉敕提督屯田……

太中大夫、資治少尹、山西等處承宣布政使司□參政……

常熟，蘇之上邑也，盖古吴國之虞鄉，言游氏之故里也。于今以文獻稱天下，然其學宫雖舊而世弊未之收，科目雖盛而士風未之振，論者病焉。先是為邑者率惟簿書會計徵科之急，而緩于學事。成化改元之秋，澶淵甘侯實來，周爰顧瞻，慨然以興修為己任，乃咨于學官及邑之賢者，圖惟經營次第為之，以明年春蕆事。及秋，而文廟禮殿，暨左右廡，欞星戟門，像設祭器，罔不畢具。又明年春及秋，乃修子游之祠，繼葺明倫之堂，志道、據德之齋，建育賢之門，闢觀德之圃，架泮池之橋，暨治師生之舍，庫庾庖饔，周垣坊表，罔不畢飭。盖自經始至于落成，載歷燠涼，為日三百有奇。而廟學規制，于是乎稱。其邑人湖廣大參錢君以書來，曰:“愿有記。”於戲，興學之舉，甘侯惟能矣，然吾于二三子尚有所諗焉。夫上之為教，未嘗不欲其古若也；下之為學，亦未嘗不欲其古若也。考其成功，卒未之古若者，何哉？豈其為教與學之名與古同，而所以為教與學之實與古异與？其在上者不可語，而在下者不可誘也。古之士為道德，不為功名，不為富貴。今則或惟富貴之為而已，為乎道德則功名在其中，為乎功名而富貴在其中，為乎富貴則出乎道德功名之外矣，安望其能古若哉？夫言游氏，天下儒學之哲，而常熟之鄉先生也。其于孔門，以文學為稱首，而其言學必曰道、曰本、曰禮樂之原；及其行事，見于《魯論》《漢記》，彰彰矣。然則其為也，豈徒文哉？蓋子游之學之道也，仲尼之學之道，堯舜禹湯文武周公之學之道也。學惟其道，雖窮而在下可樂也；學非其道，雖達而在上可耻也。古如是，今亦如是，不足以言學。吾愿與二三子省之，由子游以求乎仲尼，由仲尼以求乎堯舜禹湯文武周公。其于道也，若泝流而求源，由一心而運之天下，小試而為弦歌之治，大行而成禮樂之化，庶幾哉其古若爾矣。吾愿與二三子勉之。甘侯名澤，字弘濟，以名進士為名御史、名憲副，敭歷内外臺，詘而為邑于斯，其信而復陞也，有公道在焉。其所啓以圖成乎廟學者，教諭樂安謝纮、訓導嚴陵諸倫、開封高旦及邑義士錢昌、劉儆、耆彦徐宗暘、曾昂也。

成化四年孟春良月，縣……

按：明成化二年（1466），知縣甘澤修廟學，建禮門三楹；四年（1468），次第以成。徐有貞為撰記。徐有貞（1407—1472），字元玉，蘇州人。明宣德八年（1433）進士，仕至華盖殿大學士，掌文淵閣事。有《武功集》。碑原在邑學東碑亭，已佚，拓片亦半泐，今據邑志録入。

二十七　常熟縣儒學進士題名記

二十七　李杰《常熟縣儒學進士題名記》

年代：明成化九年（1473）
碑文：

常熟縣學進士題名記

賜進士出身、翰林院國史編修、文林郎李杰撰文。

賜進士出身、奉政大夫、修正庶尹、浙江提刑按察司僉事、奉敕提督銀場致仕、前監察御史陳璧書丹。

賜進士第、朝列大夫、廣西等處承宣布政使司左參議、前尚書刑部郎中章表篆額。

天朝設進士科以取天下之才，致天下之治，三年則有司皆合郡邑之士而試之，拔其尤以貢于禮部；又合所貢之士而試之，拔其尤以貢于大廷。上必臨軒親策之，始第為進士。士之績學志用而發身是科者，亦榮甚矣。蓋自設科以迄于今，吾邑之能階此以進于仕者，已三十餘人。海虞固東吴名邑也，生材之盛，厥亦宜哉。

邑學舊有題名之碑，函石講堂之壁，卑隘弗稱，無以聳人視瞻。乃成化辛卯之冬，同知郡事盧侯來莅于兹，爰謀易而新之，更置于庭之右，作亭覆蔽，以圖久遠。規畫既具，而侯適以秩滿去任，功久弗就。至是邑大夫鄧君鳩工度材，用成侯志。碑既立，視舊屹乎加崇，凡邑之進士咸與名焉。名之序次，惟視其升進之先後，甲第之等差以列，名之下則并載其職任履歷之詳。書甲子，志某科也；虚下方，俟後來也；不立于他而于學，以進士之所從出也。盧侯之為是舉，豈非欲永其名以風厲游學之士哉？然名之所在，實亦從之。以進士名者，必隨所任，使殫厥心，慎厥操，奮厥勛，庸以副我皇家取才圖治之盛意，俾士之未進也則思趾其名，而已進也則思企其實，斯善矣。予雖無似，忝從邑之諸先進後，夫惡敢以不勉後之繼焉以起？而列名是碑者，方繩繩焉尚有取于予言否也？

碑立于成化癸巳夏五月之望。盧侯名忠，永年人。鄧君名珙，閩邑人。來請記者，前司訓杞縣薛君方。而貳尹固始佘君茂、星子胡君欽，暨今掌教莆田黄君體勤、司訓鄭君焯，實相與贊其成云。

成化九年仲夏良日，主簿曹銘、劉清立石。

邑人王縉等刊。

下附各科邑士之中式者姓氏履歷等，略。

按：明成化九年（1473），知縣盧忠立，李杰為撰記，陳璧書丹，章表篆額。李杰（1443—1518），字世賢，號雪樵，邑人，明成化二年（1466）進士，仕至禮部尚書，致仕歸，卒贈太子太保，謚文安。有《石城集》。碑原在邑學西碑亭，現存文廟碑廊。

二十八　常熟縣重建吴公祠記

二十八　楊一清《常熟縣重建吴公祠記》

年代：明弘治三年（1490）
碑文：

常熟縣重建吴公祠記

奉議大夫、山西按察司僉事、奉敕提督學校、石淙楊一清撰文；郡人奚概書丹篆額。

成化乙巳冬，監察御史鉛山胡君漢按節三吴，過常熟，祗謁先聖，退謁鄉先賢吴公子游祠。祠出禮殿之後，隘陋弗展，君顧瞻盡咨，乃進蘇州府同知華容毛君瑄曰："吴公大賢，常熟钜邑，維祠堂僻弗稱，殆非所以崇明德、厲風教也，盍相與撤其舊而新是圖？"毛君曰："諾。"爰率諸博士弟子，度地于學之東偏，遂承檄任其事。然本以義舉，不欲勞民力。時教諭天台張景元捐俸首事，邑之士民尚未丕應。無何，蘭江祝君獻起進士，為邑令，用君意勸誘屬人，聞者風動，共佽助之，以後為耻。材甓髹堊，至于工傭餼稟之資，胥此焉出。乃卜吉庀事，命義官孫芃、周棠董其役，隆棟厚礎，既嚞既安，堂室中嚴，門廡森列，經始于丙午春三月，至次年秋九月訖功。議者猶病祠前地迫，義官趙璧市民居以廣之。由是宕然開朗，視舊觀不啻數倍。耕農販夫，但見新祠之焕儼，而不見庸調之及已也，莫不戴神之休，以上之人不虐用其民為德。毛君謂重建本末不可無記，寓書鎮江，屬余記。

嗚呼，時至春秋，王者不作，詩書禮樂之化，或幾乎熄矣。吾夫子出，始立教以振之，時則有若吴公邁迹句吴，北學于中國，篤信不懈，遂能以文學上齒顔冉，為高第弟子，卒開東南文獻之源。其有功于鄉邑甚大。且當時稱名卿相謀人家國者，漠乎未聞道，功利之説瀾倒，故以由求之賢，其論為國，止于有勇足民也，可知已。公宰武城，獨能以禮樂為教，使當官者知以道治民為賢，而刀筆筐篋之吏，不得為名教所貴。其為惠于天下後世甚博。先民有言，盛德宜百世祀，故鄉先生没則祭諸其社，尸而祝之。公道德之在天下者，廟廷通祀，萬世無議。其在鄉邑，則澤潤後人，不但所謂鄉先生而已。為之特祠以奉祀事，仰止景行之意，于是乎存。然自公没千有餘禩，宋縣令孫應時始創建于慶元之三年，晦庵先生為之記。厥後改建于王爚，鶴山魏氏記之。重修于國朝之唐禮，南陽李學士記之。第皆僅取苟完，無慮經久，其亦有待于後之人乎？夫祠不祠，不足為先賢重輕，獨以義而風化其下者，有司事也。然世之為部使者所以程督其下，惟錢穀訟獄，期會間是急，郡縣之吏，奔走不暇，以應乎其上者，如斯焉耳矣。胡君方稽覈戎籍，顧能于風教究心焉，然不數月擢僉山西按察司事以去。使郡邑之間，不有賢者為之宣力，則其志莫可自遂。且以朝廷良法美意，動為有司所格，懸重典以待之，不事事者猶自若也，况于一祠之小，簿書督責之所不及者哉？君子于是當有以窺其趨操之正矣。若為政為學，公所受于聖人之家法具在。凡吏于兹而不能以詩書禮樂化訓其民士，于兹而不能志公之志，學公之學，皆弃于公者也。因以麗牲之石，并著之。

弘治三年龍集庚戌仲春既望，蘇州府同知華容毛瑄、常熟縣知縣蘭溪祝獻、縣丞遼東王錦、會同楊明、主簿安邑戈敏、儒學教諭天台張景元、訓導廬陵黄淑、黄岩林元吉立石。長洲章浩刻。

按：明成化二十二年（1486），巡按御史胡漢命知縣祝獻將言子祠移至文廟東，楊一清為撰記，奚概書并篆額。楊一清（1454—1530），字應寧，丹徒人。明成化八年（1472）進士，歷仕四朝，官至内閣首輔。碑原在邑學言子祠。後作碑陰，正面重刻朱熹《平江府常熟縣吴公祠記》，現存文廟碑廊。

二十九　直隸蘇州府常熟縣重修廟學記

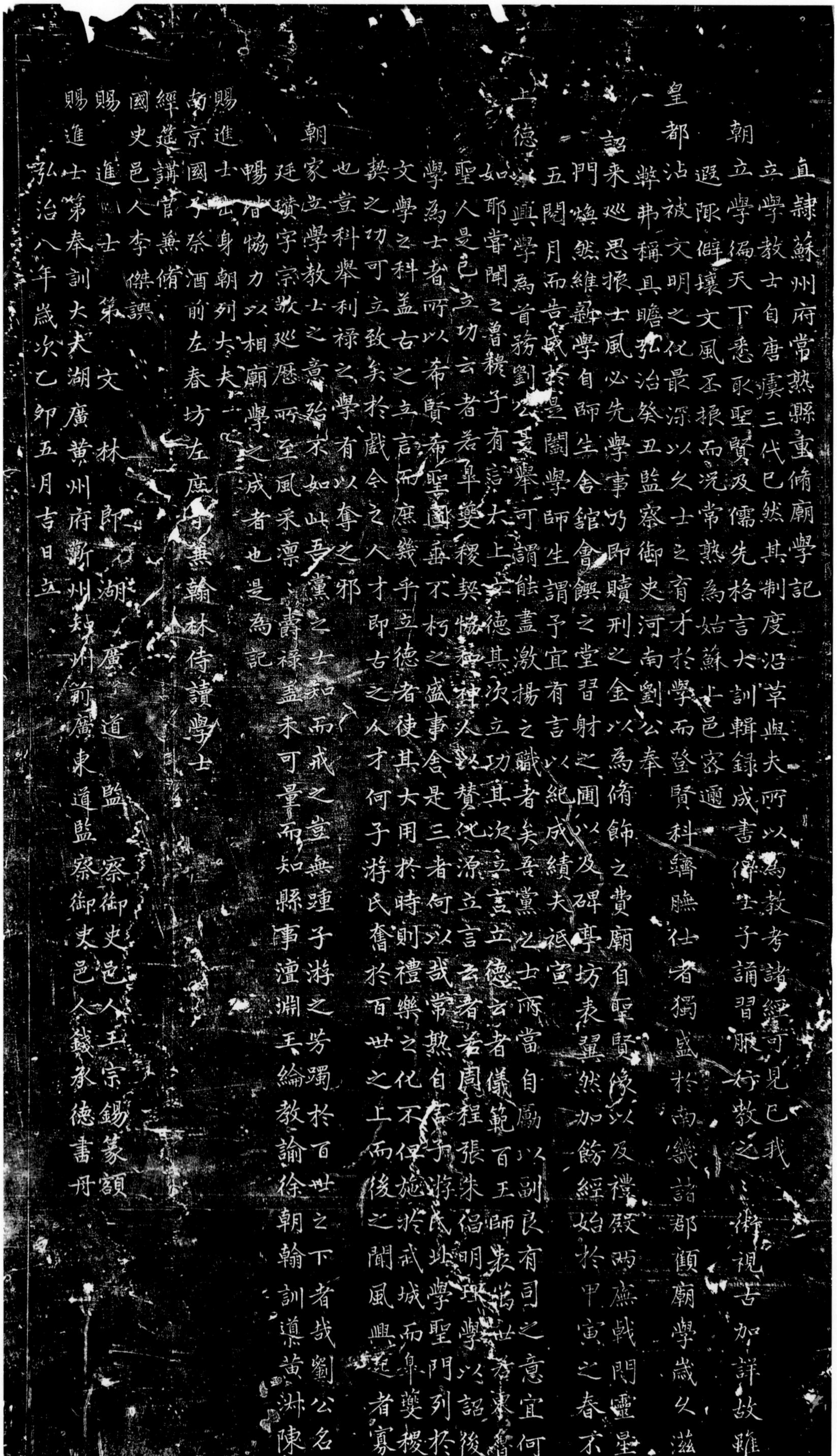
直隸蘇州府常熟縣重脩廟學記
立學教士自唐虞三代已然其制度沿革與夫所以為教考諸經可見已我
朝立學徧天下悉取聖賢及儒先格言大訓輯錄成書俾士子誦習服行教之之術視古加詳故雖
遐陬僻壤文風丕振而況常熟為姑蘇上邑密邇
皇都沾被文明之化最深以久士之育才於學而登賢科躋膴仕者獨盛於南畿諸郡顧廟學歲久滋
弊弗稱具瞻弘治癸丑監察御史河南劉公奉
詔來巡思振士風必先學事乃即贖刑之金以為脩飾之費廟自聖賢像以及禮殿兩廡戟門靈星
門煥然維新學自師生舍館會饌之堂習射之圃以及碑亭坊表翚然加飭經始於甲寅之春不
五閱月而告成於是闔學師生謂予宜有言以紀成績夫祇宣
上德以興學為首務劉公茲舉可謂能盡激揚之職者矣吾黨之士所當自勵以副良有司之意宜何
如耶嘗聞之魯穆子有言太上立德其次立功其次立言立德云者儀範百王師表萬世若東魯
聖人是已立功云者若皋夔稷契惇敘人以贊化源立言云者若周程張朱倡明理學以詔後
學為士者所以希賢希聖圖垂不朽之盛事舍是三者何以哉常熟自言子游氏北學聖門列於
文學之科蓋古之立言而庶幾乎立德者使其大用於時則禮樂之化不但施於武城而皋夔稷
契之功可立致矣於戲今之人才即古之人才何子游氏奮於百世之上而後之聞風興起者寡
也豈科舉利祿之學有以奪之邪
朝家立學教士之意殆不如此吾黨之士知而戒之豈無踵子游之芳躅於百世之下者哉劉公名
廷瓚字宗獻巡歷所至風采凛凛壽祿蓋未可量而知縣事澶淵王綸教諭徐朝翰訓導黃淞陳
暘皆協力以相廟學之成者也是為記
賜進士出身朝列大夫
南京國子祭酒前左春坊左庶子兼翰林侍讀學士
經筵講官兼脩
國史邑人李傑譔
賜進士第文林郎湖廣道監察御史邑人王宗錫篆額
賜進士第奉訓大夫湖廣黃州府蘄州知州前廣東道監察御史邑人錢承德書丹
弘治八年歲次乙卯五月吉日立

二十九　李杰《直隸蘇州府常熟縣重修廟學記》

年代：明弘治八年（1495）
碑文：

直隸蘇州府常熟縣重修廟學記

立學教士，自唐虞三代已然，其制度沿革與夫所以為教，考諸經可見已。我朝立學遍天下，悉取聖賢及儒先格言大訓輯録成書，俾士子誦習服行。教之之術，視古加詳。故雖遐陬僻壤，文風丕振，而況常熟為姑蘇上邑，密邇皇都，沾被文明之化，最深以久，士之育才于學，而登賢科、躋膴仕者，獨盛于南畿諸郡。顧廟學歲久滋弊，弗稱具瞻。弘治癸丑，監察御史河南劉公奉詔來巡，思振士風，必先學事，乃即贖刑之金，以為修飾之費。廟自聖賢像以及禮殿兩廡，戟門、靈星門，焕然維新；學自師生舍館，會饌之堂，習射之圃，以及碑亭坊表，翼然加飭。經始于甲寅之春，不五閱月而告成。于是闔學師生謂予宜有言以紀成績。

夫祗宣上德，以興學為首務，劉公是舉，可謂能盡激揚之職者矣。吾黨之士，所當自勵以副良有司之意，宜何如耶？嘗聞之魯穆子有言，太上立德，其次立功，其次立言。立德云者，儀範百王，師表萬世，若東魯聖人是已；立功云者，若皋夔稷契，協和神人，以贊化源；立言云者，若周程張朱，倡明理學，以詔後學為士者所以希賢希聖。圖垂不朽之盛事，舍是三者，何以哉？

常熟自言子游氏北學聖門，列于文學之科，蓋古之立言而庶幾乎立德者。使其大用于時，則禮樂之化，不但施于武城，而皋夔稷契之功，可立致矣。於戲，今之人才即古之人才，何子游氏奮于百世之上，而後之聞風興起者寡也？豈科舉利禄之學，有以奪之邪？朝家立學教士之意，殆不如此。吾黨之士，知而戒之，豈無踵子游之芳躅于百世之下者哉？劉公名廷瓚，字宗敬，巡歷所至，風采凜凜，爵禄盖未可量。而知縣事澶淵王綸、教諭徐朝翰、訓導黄淑、陳暢，皆協力以相廟學之成者也。是為記。

賜進士出身、朝列大夫、南京國子祭酒、前左春坊左庶子、兼翰林侍讀學士、經筵講官兼修國史、邑人李杰撰。

賜進士第、文林郎、湖廣道監察御史、邑人王宗錫篆額。

賜進士第、奉訓大夫、湖廣黄州府蘄州知州、前廣東道監察御史、邑人錢承德書丹。

弘治八年歲次乙卯五月吉旦立。

按：明弘治七年（1494），巡按御史劉廷瓚修邑學。八年（1495），李杰撰記，王宗錫篆額、錢承德書丹。李杰，見前《進士題名記》。碑原在邑學言子祠，已佚。

三十　進士題名記

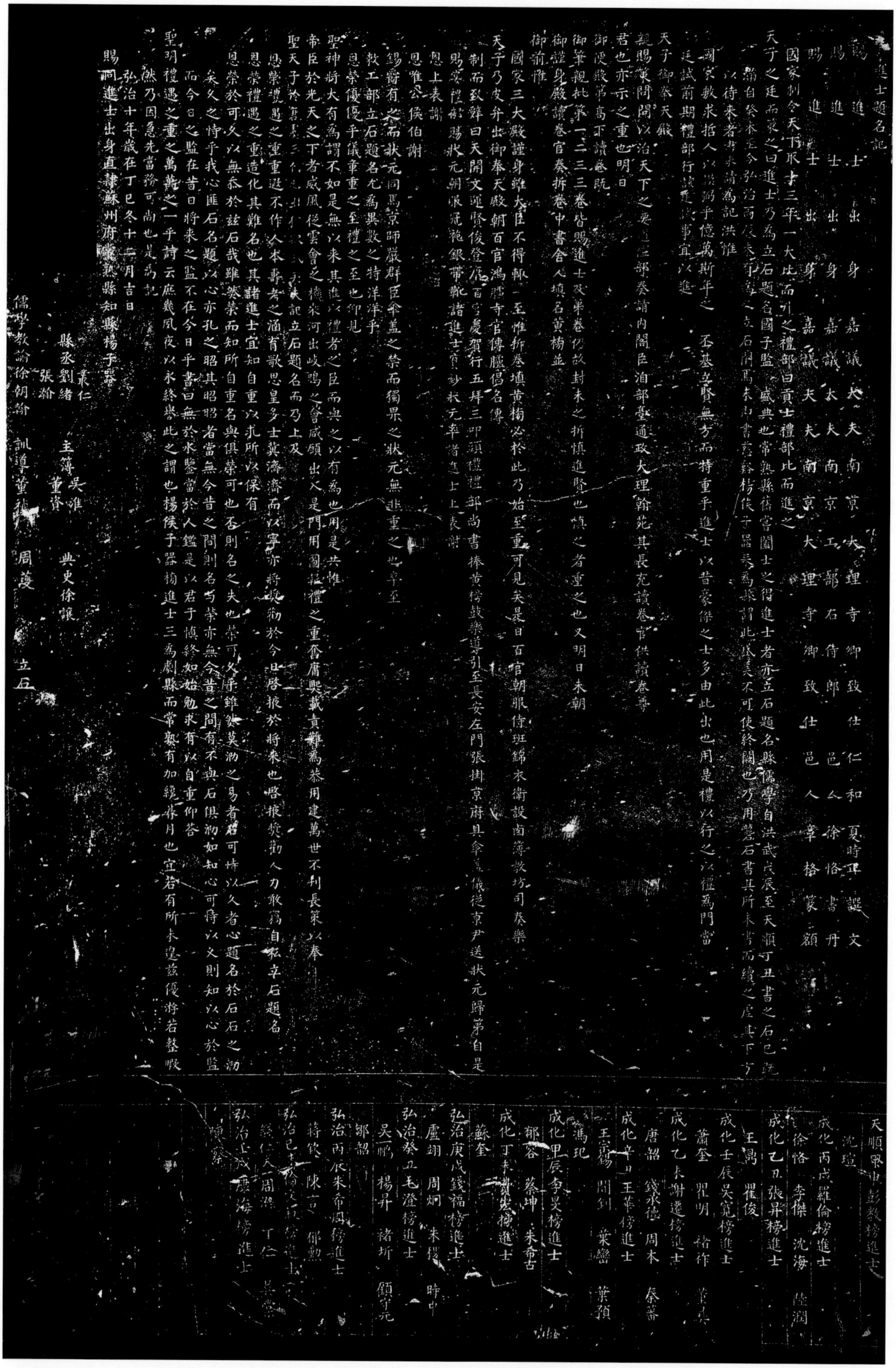
進士題名記
賜進士出身嘉議大夫南京大理寺卿致仕仁和夏時正撰文
賜進士出身嘉議大夫南京工部右侍郎邑人徐恪書丹
賜進士出身嘉議大夫南京大理寺卿致仕邑人章格篆額

三十　夏時正《進士題名記》

年代：明弘治十年（1497）
碑文：

進士題名記

賜進士出身、嘉議大夫、南京大理寺卿致仕、仁和夏時正撰文。

賜進士出身、嘉議大夫、南京工部右侍郎、邑人徐恪書丹。

賜進士出身、嘉議大夫、南京大理寺卿致仕、邑人章格篆額。

國家制令，天下取士，三年一大比而升之禮部，曰貢士；禮部比而進之天子之廷而策之，曰進士。乃為立石題名國子監，盛典也。常熟縣舊嘗閫士之得進士者，亦立石題名縣儒學，自洪武戊辰至天順丁丑，書之石已既滿。自癸未至今弘治丙辰，未有為之立石，闕焉未即書。慈溪楊侯子器來為縣，謂此盛美，不可使終闕也。乃用礱石，書其所未書而續之，虚其下方以待來者。書來請為記。

洪惟國家敷求哲人，以謨弼乎億萬斯年之丕基，立賢無方，而特重乎進士。以昔豪杰之士多由此出也。用是禮以行之，以禮為門。當廷試前期，禮部行該廷試事宜以進，天子御奉天殿，親賜策問，問以治天下之要道。禮部奏請内閣臣洎部臺通政大理翰苑，其長充讀卷官，供讀卷，尊君也，亦示之重也。明日御便殿，第高下。讀卷既，御筆親批第一二三三卷，皆賜進士及第。卷仍故封未之拆，慎進賢也。慎之者，重之也。又明日未朝，御謹身殿。讀卷官奏拆卷，中書舍人填名黄榜并御前。惟國家三大殿，謹身雖大臣不得輒一至，惟拆卷填黄榜必于此，乃始至，重可見矣。是日百官朝服侍班，錦衣衛設鹵簿，教坊司奏樂，天子乃皮弁出御奉天殿，朝百官。鴻臚寺官傳臚倡名，傳制而致辭曰：天開文運，賢俊登庸。百官慶賀，行五拜三叩頭禮。禮部尚書捧黄榜，鼓樂導引，至長安左門張挂。京府具傘盖儀，從京尹送狀元歸第。自是賜宴禮部，賜狀元朝服冠袍、銀帶靴，諸進士寶鈔。狀元率諸進士上表謝恩。上表謝恩，唯公侯伯謝錫爵有之，而狀元同焉。京師嚴群臣傘盖之禁，而獨畀之狀元，無非重之也。卒至敕工部立石題名，尤為异數之特，洋洋乎恩榮，優優乎儀章，重之至，禮之至也。仰見聖神將大有為，謂不如是無以來其進，以禮者之臣而與之以有為也。用是共惟帝臣于光天之下者，威風從雲會之機，乘河出岐鳴之會，咸愿出入是門，用圖報禮之重，奮庸熙載，責難為恭，用建萬世不刊長策，以奉聖天子于唐虞三代之上，猗歟盛矣。

夫記立石題名而乃上及恩榮禮遇之重，重遐不作，人本壽考之涵育，歌思皇多士，冀濟濟而以寧，亦將奬勸于今日，啓掖于將來也。啓掖奬勸，人力敢竊自私？立石題名，恩榮禮遇之重，造化其難名也。其諸進士宜知自重，以求所以保有恩榮于可久，以無忝于兹石哉。雖然，榮而知所自重，名與俱榮可也，否則名之失也，榮可久乎？雖然莫泐之易者石，可恃以久者心，題名于石，石之泐矣，久之恃乎？我心匪石，名題以心，亦孔之昭，其昭昭者，當無今昔之間，則名與榮，亦無今昔之間，有不與石俱泐，如知心可恃以久，則知以心于監，而今日之監在昔日，將來之監不在今日乎？《書》曰：無于水鑒，當于人鑒。是以君子慎終如始，勉求有以自重，仰答聖明禮遇之重之萬萬之一乎？《詩》云：庶幾夙夜，以永終譽。此之謂也。

楊侯子器榜進士，三為劇縣，而常熟有加。纔朞月也，宜若有所未遑兹，優游若整暇然，乃因急先當務，可尚也，是為記。

弘治十年歲在丁巳冬十二月吉日，賜同進士出身、直隸蘇州府常熟縣知縣楊子器，縣丞叢仁、劉緒、張瀚，主簿吴淮、董資，典史徐讓，儒學教諭徐朝翰，訓導董禎、周夔立石。

天順甲申彭教榜進士　沈瑄

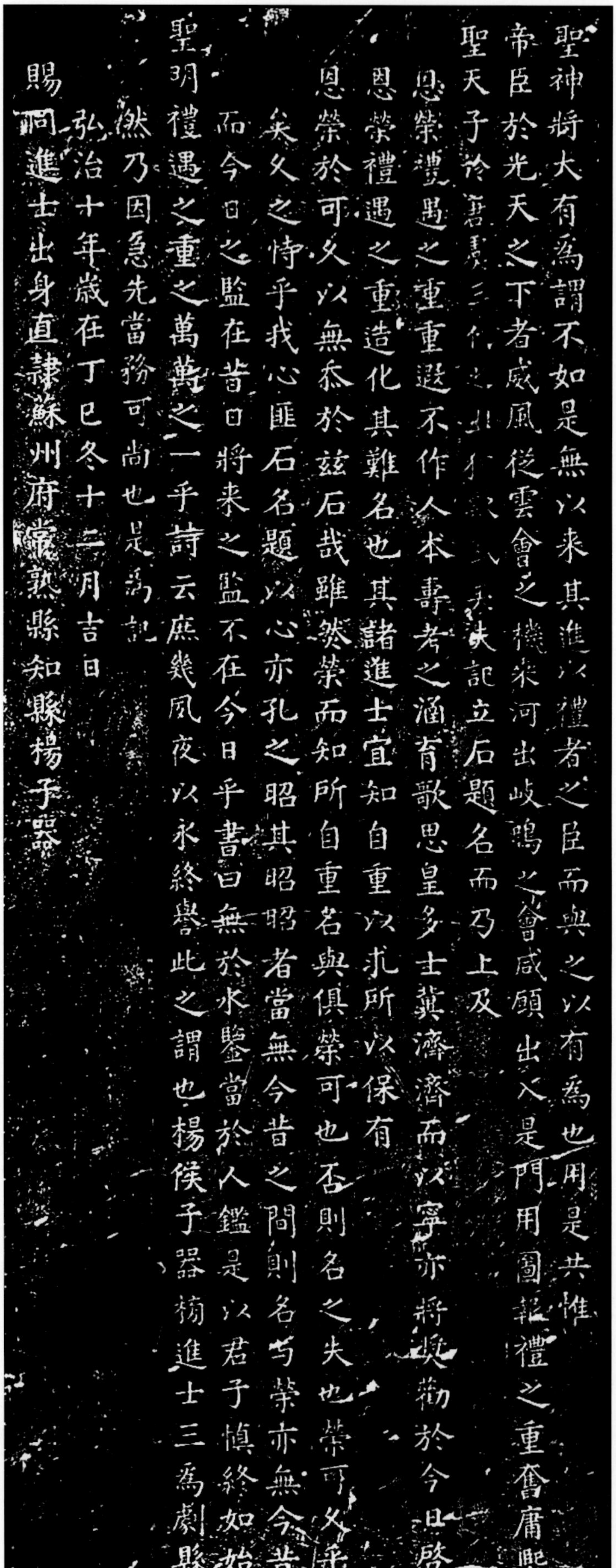
聖神將大有爲謂不如是無以来其進以禮者之臣而與之以有爲也用是共惟
帝臣於光天之下者咸風從雲會之機來河出岐鳴之會咸願出入是門用圖報禮之重眷庸興
聖天子於書[illegible]三代之[illegible]記立石題名而乃上及
恩榮禮遇之重選不作人本壽考之涵育歌思皇多士藹濟濟而以寧亦將興勸於今日啓
恩榮禮遇之重造化其難名也其諸進士宜知自重以求所以保有
恩榮於可久以無忝於兹石哉雖然榮而知所自重名與俱榮可也否則名之失也榮可久乎
矣久之恃乎我心匪石名題以心亦孔之昭其昭昭者當無今昔之間則名苟榮亦無今昔
而今日之監在昔日將来之監不在今日乎書曰無於水鑑當於人鑑是以君子慎終如始
聖明禮遇之重之萬萬之一乎詩云庶幾夙夜以永終譽此之謂也楊侯子器捐進士三爲劇縣
然乃因急先當務可尚也是爲記
弘治十年歲在丁巳冬十二月吉日
賜同進士出身直隸蘇州府常熟縣知縣楊子器

三十　進士題名記（局部）

成化丙戌羅倫榜進士　徐恪　李杰　沈海　陸潤
成化乙丑張昇榜進士　王鼎　瞿俊
成化壬辰吴寬榜進士　蕭奎　瞿明　褚祚　董彝
成化乙未謝遷榜進士　唐韶　錢承德　周木　秦蕃
成化辛丑王華榜進士　王宗錫　聞釗　葉巒　葉預　馮玘
成化甲辰李旻榜進士　郁容　蔡坤　朱希古
成化丁未費宏榜進士　蘇奎
弘治庚戌錢福榜進士　盧翊　周炯　朱稷　時中
弘治癸丑毛澄榜進士　吴一鵬　楊昇　褚圻　顧守元　鄒韶
弘治丙辰朱希周榜進士　蔣欽　陳言　郁勛
弘治己未倫文叙榜進士　錢仁夫　周滌　丁仁　吴棠
弘治壬戌康海榜進士　陳察

按：明弘治十年（1497），邑令楊子器重立題名碑，以續天順間題名記。夏時正為撰記，邑人徐恪書丹、章格篆額。夏時正（1412—1499），字季爵，慈溪人。明正統十年（1445）進士，仕至大理寺卿。有《留餘稿》等。碑原在邑學禮門西，為文天祥《孝字碑》碑陰，已佚。

三十一　鄉貢士題名記

三十一　夏時正《鄉貢士題名記》

年代：明弘治十年（1497）
碑文：

鄉貢士題名記

賜進士出身、嘉議大夫、南京大理寺卿致仕、仁和夏時正撰文。

賜進士出身、嘉議大夫、南京工部右侍郎、邑人徐恪書丹。

賜進士出身、嘉議大夫、南京大理寺卿致仕、邑人章格篆額。

惟昔堯舜禹商湯周武之有天下也，以神聖之德，得君師之位，以行其政教；又得皋夔稷契伊傅周召為之臣，相與輔相之，治底雍熙泰和之盛，其道載之《易》《書》《詩》《春秋》《禮》五經、《語》《學》《庸》《孟》四書，以開示治天下之大經大法于萬世。後世能用之則無不治，不用則亂，徵之已往可見已。洪惟太祖高皇帝聰明睿知，文武聖神，受天明命，為天下君，道繼二帝三王絶統，而克君師之重以自任，以治以教乎萬方，億兆亦既化成之。至于用人以輔治，則亦因周禮鄉三物教之制而教之，以是五經四書非是不之教，遂詔天下三年一大比而取之也，亦皆以是非是則不取，是以一時徯志敬應，亦皆以是，而敢有以他術奸之，列聖相承，恒持一道。百二十餘年來，一道德，同風俗，巍巍乎其有成功，焕乎其有文章，軼二帝而超三王，有以哉？

夫士而黄卷青燈，矻矻窮年，非徒口嚅耳學所志，心領神會，物之精粗表裏，心之全體大用，貫通無不到者，是之謂窮經，窮經將以致用也。天啓文闈，秋騰剡鶚，德昭天鑒，祥開日華，鏖白戰于詞鋒，吐天葩于墨沼。雖目眩于五色，喜頭點乎朱衣。虎榜高標，鰲頭雄擅，亦已登名天府。兹復書之貞石，榮矣哉！其遭逢也，鵬運九萬，青雲足底，此第一程。如有用忝，執此以往，其時也已。由是計偕，進揚天庭，行亮天工，仰依日月之光，榮又加焉。然惟天工人代，德懋懋官，官非職乎尸位；功懋懋賞，賞非禄乎素餐。諸君子學足以致其博，德足以潤其身，青紫俯芥拾，應不以一第以自慁。知縣楊侯又為立石題名，以垂不朽。言之無稽，焉能有無，惟是五經四書贊定删修，正與授受述作于一聖三賢，所謂托之空言，不如載之行事之深切著明者也。用以致其君，堯舜禹商湯周武其君；其民，堯舜禹湯武其民。不啻持券齒徵，諸所寄耳。

言子游游于聖人之門，得一語于亟丈間，惟善用之，猶致弦歌武城。五經四書，道本天地，著之人心，日星行天，爛滿方册。顧有籍之徼一階而即荃蹄忘，自絶于天，天絶之哉？《傳》曰：其人存則其政舉，其人亡則其政息。此之謂也。惟今内外臣屬疑丞輔弼藩維，以至法從諫垣郡邑，一皆自科甲升。非詩書有所不言，非禮樂有所不行。雖知聖帝惟天治底熙和，猶思日孜孜進盡忠而退補過，將以致治保邦于未危未亂，而夙夜之匪懈也。何業四書五經而善用之，本之皇上以身教之也。故下之從之草上之風，何業五經四書？盛遭逢有如今日，記鄉貢士題名，敢以是為鄉貢士諸君子賀。常熟縣舊闔縣士之得鄉貢者，立石題名于縣儒學。自洪武初科來，相沿立石，書已滿。其新石則自天順己卯至弘治乙酉。楊侯，費宏榜進士，名子器，慈溪人。是為記。

弘治十年歲在丁巳冬二月吉日。

賜同進士出身、直隸蘇州府常熟縣知縣楊子器，縣丞叢仁、劉緒、張瀚，主簿吴淮、董資，典史徐讓，儒學教諭徐朝翰，訓導董楨、周夔立石。

天順己卯科　李杰　王鼎　桑瑜　褚祚　錢璧　孟怡

天順壬午科　蕭奎　瞿俊　李栗　葉珍　凌玘　周紹榮　陳易　聞鑒　胡璋　蔡玖　唐韶沈瑄

成化己酉科　劉竑　桑悦　戴昌明　沈海　陸潤　徐綬　孫鼒　屈轁　許昕　郁容

成化戊子科　瞿明　雷翀　鈕天錫　高巽　蔣岳　繆鈍

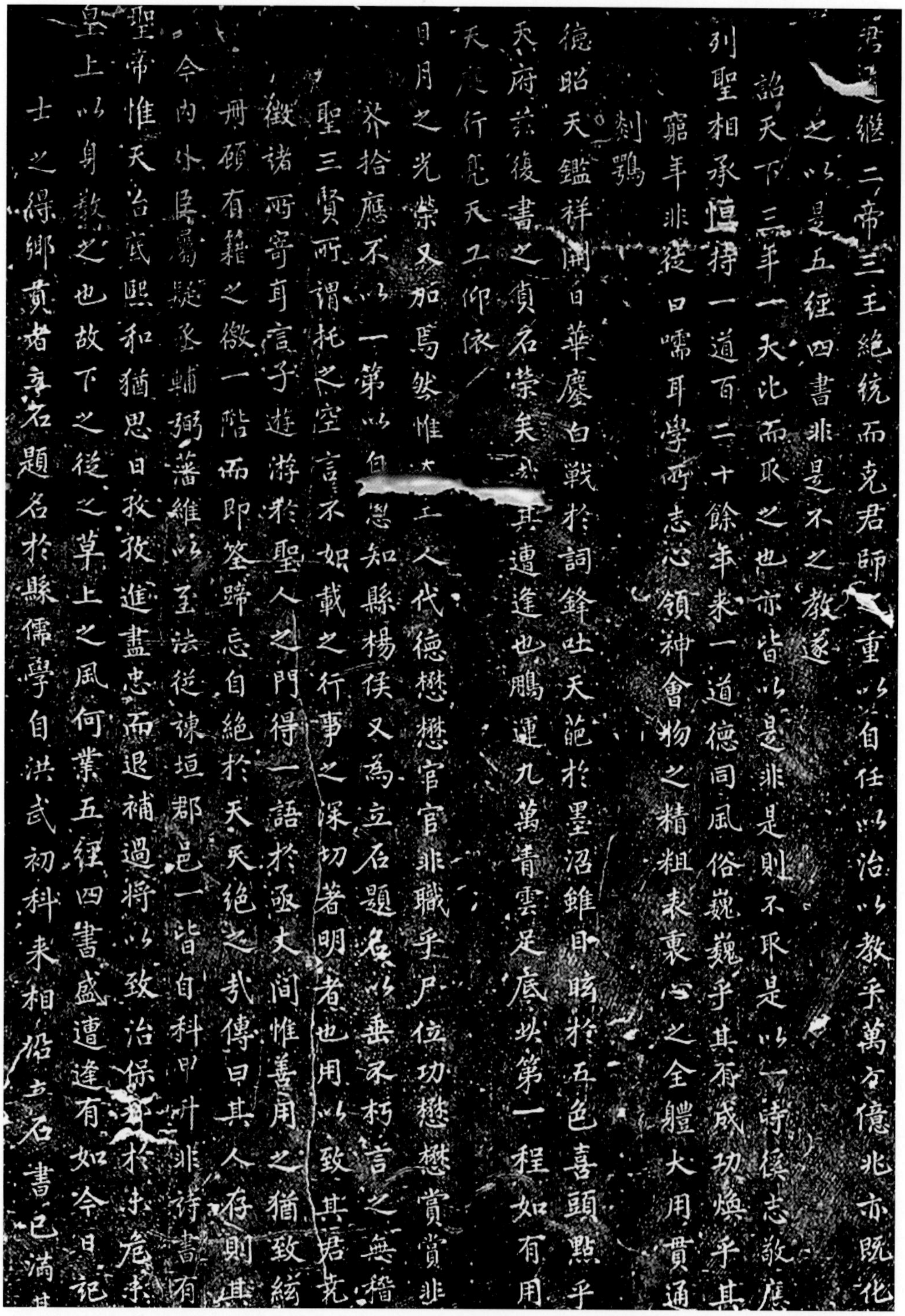
帝道繼二帝三王絕統而克君師重以自任以治以教乎萬方億兆亦既化
之以是五經四書非是不之教遂
詔天下三年一大比而取之也亦皆以是非是則不取是以一詩俟志敬庶
列聖相承恒持一道百二十餘年來一道德同風俗巍巍乎其有成功煥乎其
寤年非從口嚅耳學而志心領神會物之精粗表裏心之全體大用貫通
刻鶚
德昭天鑑祥開日華慶白戰於詞鋒吐天葩於墨沼雖目眩於五色喜頭點乎
天府芸後書之憤名榮矣其遭逢也鵬運九萬青雲足底此第一程如有用
天庭行乎天工仰依
日月之光榮又加焉然惟人代德懋懋官官非職乎尸位功懋懋賞賞非
芥拾應不以一第以自恐知縣楊侯又為立石題名以垂不朽言之無稽
聖三賢所謂托之空言不如載之行事之深切著明者也用以致其君堯
徵諸所寄肖言子遊游於聖人之門得一語於函丈間惟善用之猶致綏
冊頑有雜之微一階而即筌蹄忘自絕於天天絕之哉傳曰其人存則其
令內外臣屬疑丞輔弼藩維以至法從諫垣郡邑一皆自科甲升非詩書有
聖帝惟天合武熙和猶思日孜孜進盡忠而退補過將以致治保泰於未危
皇上以身教之也故下之從之草上之風何業五經四書盛遭逢有如今日記
士之得鄉貢者享名題名於縣儒學自洪武初科來相沿立石書已滿其

三十一　鄉貢士題名記（局部）

成化辛卯科　高鼎　吴源　郁坤　錢昆　周惠　錢承德　秦蕃　任順　張學　董彝　葉預　徐濂

成化甲午科　周木　朱稷　王宗錫　徐澤　葉巒　蔡宥　周楷　狄雲漢　顧岩　馮玘

成化丁酉科　褚垠　楊舫　周彬　聞釗　陶鷟　朱希古　陳景　陳□

成化庚子科　盧翊　沈鼎　曹文　蔣績

成化癸卯科　蘇奎　蔣鈍　楊昇　丘雲鶚　丁仁　趙鉄　蔡坤　李應夔　李士賢

成化丙午科　馬儒　吴一鵬　聞武　趙稷　陳震　須震　瞿剛　顧潤

弘治己酉科　錢仁夫　周滌　周烱　秦慶　胡恩　褚圻　時中周忠

弘治壬子科　鄒韶　顧達　顧梗　連憲　顧守元　陸隆恩　章洗　劉俶

弘治乙卯科　蔣欽　陳言　吴堂　陳播　吴寅　郁勛　王槐　桑翘　蔡禎

按：明弘治十年（1497），知縣楊子器立，夏時正為撰記，邑人徐恪書丹、章格篆額。夏時正，見前《題名記》。碑原在邑學禮門東，為文天祥《忠字碑》碑陰，已佚。

三十二　重建吴公家廟記

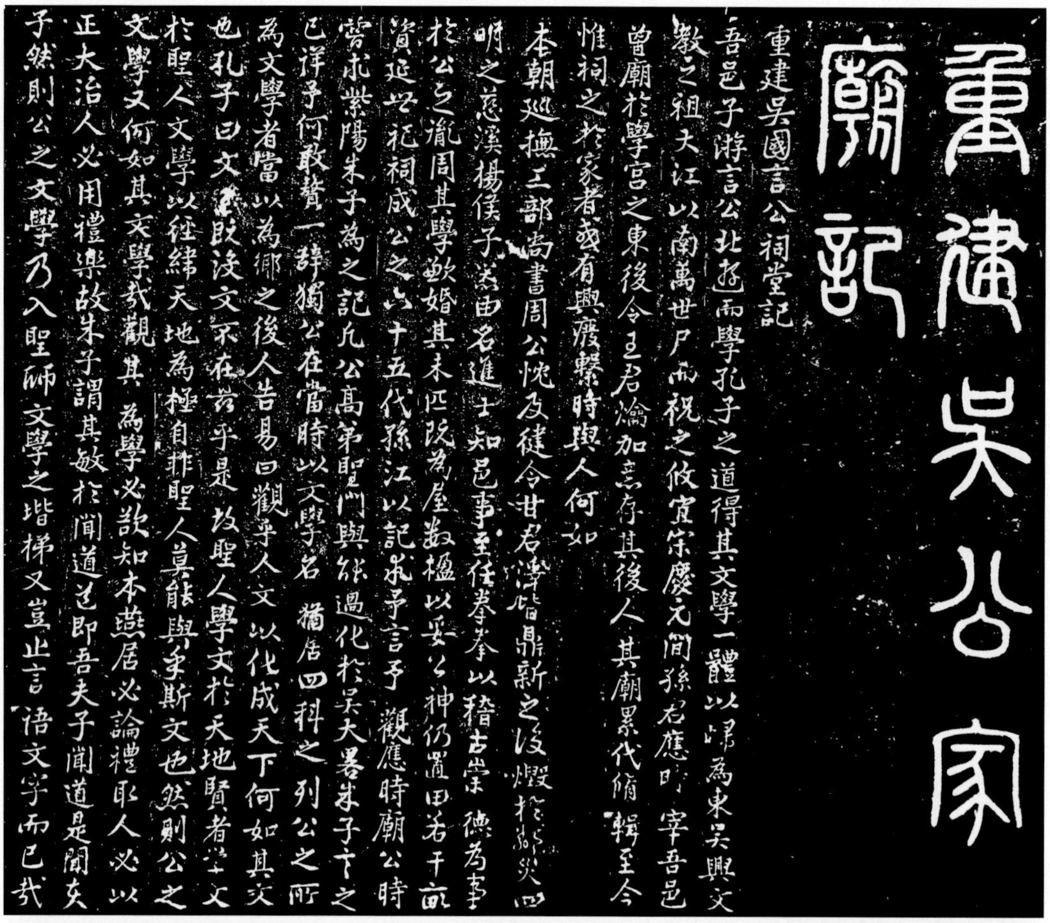
重建吳國言公祠堂記
吾邑子游言公北遊而學孔子之道得其文學一體以歸為東吳興文
教之祖大江以南萬世尸而祝之攸宜宋慶元間孫君應時宰吾邑
曾廟於學宮之東後令王君爚加意存其後人其廟累代脩輯至今
惟祠之於家者或有興廢繫時與人何如
本朝巡撫工部尚書周公忱及徒令甘君澤皆鼎新之後燬於兵燹四
明之慈溪楊侯子器由名進士知邑事至任眷眷以稽古崇德為事
於公之胤周其學歟婚其未匹改為屋數楹以妥公神仍置田若干畝
資延祀祠成公之六十五代孫江以記求予言予觀應時廟公時
嘗求紫陽朱子為之記凡公高第聖門與然過化於吳大畧朱子言之
已詳予何敢贅一辭獨公在當時以文學名獨居四科之列公之所
為文學者當以為鄉之後人告易曰觀乎人文以化成天下何如其文
也孔子曰文王既沒文不在茲乎是故聖人學文於天地賢者學文
於聖人文學以經緯天地為極自非聖人莫能與乎斯文也然則公之
文學又何如其文學哉觀其為學必欲知本燕居必論禮取人必以
正大治人必用禮樂故朱子謂其敏於聞道也即吾夫子聞道是聞矣
子然則公之文學乃入聖師文學之階梯又豈止言語文字而已哉

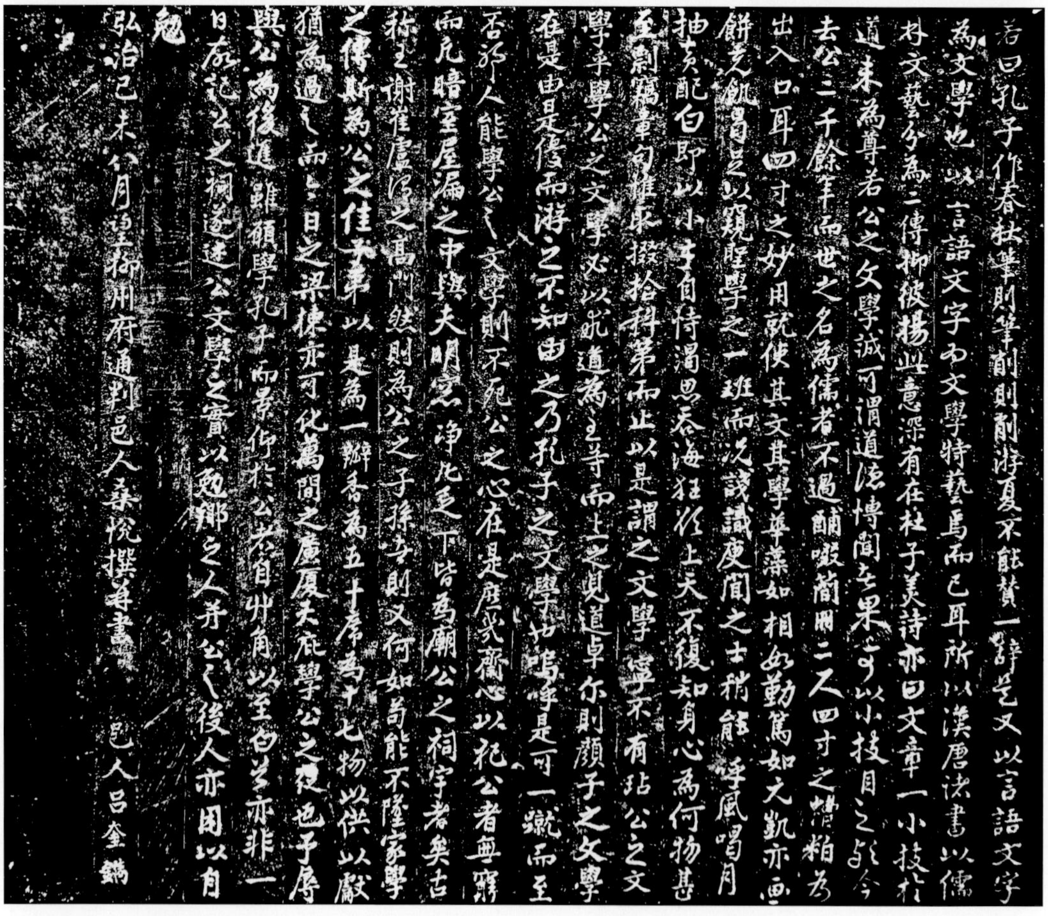
若曰孔子作春秋筆則筆削則削游夏不能贊一辭是又以言語文字
為文學也以言語文字而文學特藝焉而已耳所以漢唐諸書以儒
林文藝分為二傳抑彼揚此意深有在杜子美詩亦曰文章一小技於
道未為尊若公之文學誠可謂道德博聞者果可以小技目之哉今
去公二千餘年而世之名為儒者不過餔啜簡冊二尺四寸之糟粕為
出入口耳四寸之妙用就使其文其學華藻如相如勤篤如元凱亦畫
餅充飢曷足以窺聖學之一斑而況識度閒之士稍能嘲風唱月
抽黃配白即以小才自恃渴思吞海狂欲上天不復知身心為何物甚
至剽竊章句推求掇拾科第而止以是謂之文學寧不有玷公之文
學乎學公之文學必以求道為主等而上之見道卓爾則顏子之文學
在是由是優而游之不知由之乃孔子之文學也嗚呼是可一蹴而至
否哉人能學公之文學則不死公之心在是庶幾齋心以祀公者毋寧
而凡暗室屋漏之中與夫明窗淨几之下皆爲廟公之祠宇者矣古
稱王謝崔盧鄭之高門然則為公之子孫者則又何如苟能不隳家學
之傳斯為公之佳子弟以是為一瓣香為五十席為十七物以供以獻
猶為過之而上日之梁棟亦可化萬間之廣廈夫庶學公之道也予辱
與公為後進雖願學孔子而景仰於公者自丱角以至白首亦非一
日故記公之祠遂述公文學之實以勉鄉之人并公之後人亦因以自
勉
弘治己未八月望撫州府通判邑人桑悅撰并書　邑人呂奎鐫

三十二　重建吴公家廟記

年代：明弘治十二年（1499）

碑文：

重建吴國言公祠堂記

吾邑子游言公北游而學孔子之道，得其文學一體以歸，為東吴興文教之冝。大江以南，萬世尸而祝之，攸宜。宋慶元間，孫君應時宰吾邑，曾廟于學宫之東。後令王君爚加意存其後人，其廟累代修輯。至今惟祠之于家者或有興廢，繫時與人何如？本朝巡撫、工部尚書周公忱及健令甘君澤皆鼎新之，後毁于鄰灾。四明之慈溪楊侯子器由名進士知邑事，至任拳拳以稽古崇德為事，于公之胤周其學歉，婚其未匹，既為屋數楹以妥公神，仍置田若干畝，資延世祀。

祠成，公之六十五代孫江以記求予言。予觀應時廟公時，嘗求紫陽朱子為之記，凡公高弟聖門與能過化于吴大略，朱子言之已詳，予何敢贅一辭？獨公在當時以文學名，猶居四科之列，公之所為文學者，當以為鄉之後人告。《易》曰：觀乎人文，以化成天下。何如其文也？孔子曰：文王既没，文不在兹乎？是故聖人學文于天地，賢者學文于聖人，文學以經緯天地為極，自非聖人，莫能與乎斯文也。然則公之文學，又何如其文學哉？觀其為學，必欲知本。燕居必論禮，取人必以正大，治人必用禮樂，故朱子謂其敏于聞道。道即吾夫子，聞道是聞夫子。然則公之文學，乃入聖師文學之階梯，又豈止言語文字而已哉？若曰孔子作《春秋》，筆則筆，削則削，游夏不能贊一辭，是又以言語文字為文學也。以言語文學為文學，特藝焉而已耳，所以漢唐諸書以儒林、文藝分為二傳，抑彼揚此，意深有在。杜子美詩亦曰：文章一小技，于道未為尊。若公之文學，誠可謂道德博聞者，果可以小技目之歟？今去公二千餘年，而世之名為儒者，不過餔啜簡册，二尺四寸之糟粕，為出入口耳四寸之妙用，就使其文其學，華藻如相如，勤篤如元凱，亦畫餅充飢，曷足以窺聖學之一班？而况謏識庾聞之士，稍能呼風喝月，抽黄配白，即以小口自恃，渴思吞海，狂欲上天，不復知身心為何物，甚至剽竊章句，惟取掇拾科第而止，以是謂之文學，寧不有玷公之文學乎？學公之文學，必以求道為主，等而上之，見道卓爾，則顔子之文學在是。由是優而游之，不知由之，乃孔子之文學也。嗚呼，是可一蹴而至否邪，人能學公之文學則不死，公之心在是，庶幾齋心以祀公者無窮，而凡暗室屋漏之中，與夫明窗净几之下，皆為廟公之祠宇者矣。古稱王謝崔盧，謂之高門，然則為公之子孫者，則又何如？苟能不墜家學之傳，斯為公之佳子弟。以是為一瓣香，為五十席，為十七物，以供以獻，猶為過之，而今日之梁棟，亦可化萬間之廣厦，大庇學公之徒也。

予辱與公為後進，雖願學孔子而景仰于公者，自丱角以至白首，亦非一日。右記公之祠，遂述公文學之實，以勉鄉之人并公之後人，亦用以自勉。

弘治己未八月望，柳州府通判、邑人桑悦撰并書，邑人吕奎鐫。

按：明弘治間，言氏家廟毁于火，縣令楊子器重建。邑人桑悦撰記并書。桑悦（1447—1513），字民懌，邑人，明成化元年（1465）舉人，曾任柳州通判。有《思玄集》。原碑已不存，僅見拓片。

三十三　報功祠記

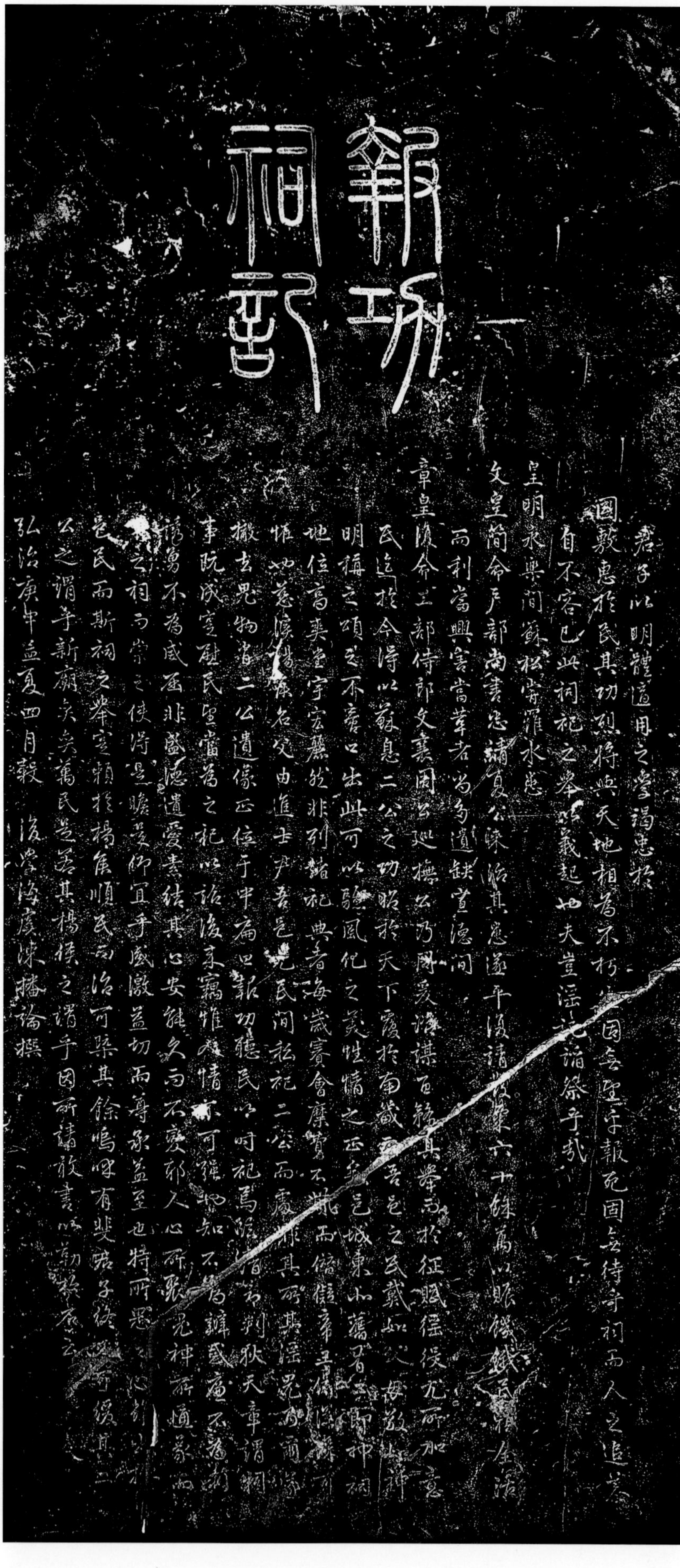

三十三　陳播《報功祠記》

年代：明弘治十三年（1500）
碑文：

君子以明體適用之學，竭忠于國，敷惠于民，其功烈將與天地相為不朽，生固無望乎報，死固無待乎祠。而人之追慕自不容已，此祠祀之舉以義起也，夫豈淫祀諂祭乎哉？

皇明永樂間，蘇、松嘗罹水患，文皇簡命户部尚書忠靖夏公來治，其患遂平。復请發粟六十餘萬以賑饑餓，民賴全活。而利當興、害當革者，尚多遺缺。宣德間，章皇復命工部侍郎文襄周公巡撫。公乃周爰諮謀，百務具舉，而于征賦傜役尤所加意，民迄于今得以蘇息。二公之功，昭于天下，覆于南畿，而吾邑之民戴如父母，敬如神明，稱之頌之，不啻口出，此可以驗風化之美、性情之正矣。

邑城東北舊有二郎神祠，地位高爽，堂宇宏麗，然非列諸祀典者。每歲賽會糜費不貲，而僭擬帝王儀從，深可怪也。慈溪楊侯名父，由進士尹吾邑，見民間私祀二公而處非其所，其淫鬼乃爾，遂撤去鬼物，肖二公遺像正位于中，扁曰“報功”，聽民以时祀焉。臨清節判狄天章謂：祠事既成，實慰民望，當為之記，以詔後來。竊惟人情不可强也。知不為辯惑，廉不為利誘，勇不為威屈，非盛德遺愛素結其心，安能久而不變耶？人心所聚，鬼神所通，象而口之，祠而崇之，使得是瞻是仰，宜乎感激益切而尊承益至也。特所思之心雖出于邑民，而斯祠之舉實賴于楊侯，順民而治，可概其餘。

嗚呼！有斐君子，終不可諼，其二公之謂乎？新廟奕奕，萬民是若，其楊侯之謂乎？因所請，敢書以勒于石云。

弘治庚申孟夏四月穀，後學海虞陳播論撰。

按：明弘治十三年（1500），邑令楊子器撤二郎神祠，改建報功祠，以祀夏原吉、周忱二名臣。邑人陳播為撰記。陳播（1459—1509），字中定，號静成，邑人。明弘治八年（1495）舉人，任慈溪教諭。碑原在邑學戟門，現存文廟碑廊。

直隸蘇州府常熟縣為公務事照得本縣儒學設有
文廟祭器書籍等物緣未查理以致日漸廢缺今各補辦完備發仰本學照數鐫刻石碑存照仰令庫役人等常川
看守如遇役滿遞交盤接管人役若有損壞仍令賠補今將見在器物書籍開列于後
計開
銅器
爵九十二付係大德十二年造重三百六十八觔　豆六十四付係至順二年造重二百[illegible]八觔
簠[illegible]十八付係大德十一年造內一付弘治十一年造重二百一十九觔
簋二十付係至正四年造內一付弘治十一年造重一百五十四觔
登二十九箇係大德十六年造重一百四十一觔　坫二十二箇係大德十一年造重五十七觔
象樽一箇係大德十一年造重一十二觔　犧樽一箇係至順辛未年造重一十觔
舊爵一百六十隻係至順辛未年造新爵三十六隻係弘治十一年造共重一百六十二觔
大香爐花瓶一付係大德十六年造重三十二觔　罍一箇重六觔二兩
盥洗盆二付係至順辛未年造小一付係大德十一年造共重四十七觔
酒樽四箇并杓二箇係大德十一年造重三十觔八兩　鐘一十二口係泰定二年造重九十二觔
大方香爐七箇重七十九觔八兩　小方香爐四箇重八觔　小圓香爐一十箇重八觔
錫器
舊大燭檠一對重八觔　新燭檠六十箇係弘治十一年造重一百零六觔
盥洗盆二付又一箇　新香爐花瓶一對係弘治十一年造重八觔
鐵器
大香爐一箇座二箇係天順四年造重一百二十觔　大花瓶一對座二箇係天順四年造重二百五十觔
小花瓶一對重八十五觔　燒帛鉼一箇　鍋九隻并蓋
瓷器
花盆二十四隻　青盆十隻　大青香爐二箇　瓦甑一口　中小青香爐三十箇
木器
長方燈二盞　小方燈十二盞　小血桶十箇　大牲桶九箇　大燭臺四箇　竹籩九十六箇
齋戒牌一箇　小燭臺一百箇　朱紅帛匣九箇　朱紅牲匣八箇　大方盤三箇　紅箱一隻并鎖[illegible]
中方盤六箇　漆[illegible]楪六十箇　朱紅條盤二十八箇　舊白方盤七十七箇　朱紅方盤四十六箇
朱紅毛血楪十箇弘治十一年造　冰桌一百二十四箇弘治十一年造　大秤一條　小秤二條
帳幔
正殿黃綾帳面一付　四配紅綾帳面二付　十哲紅綾帳面二付

三十四　文廟祭器書籍等明細碑

三十四　文廟祭器書籍等明細碑

年代：明弘治十五年（1502）

碑文：

直隸蘇州府常熟縣為公務事，照得本縣儒學設有文廟祭器書籍等物，緣未查理，以致日漸廢缺。今各補辦完備，發仰本學照數鐫刻石碑存照，仰令庫役人等常川看守。如遇役滿，逐一交盤接管人役。若有損壞，仍令陪補。今將見在器物書籍開列于後。

計開：

銅器

籩九十二付，係大德十一年造，重三百六十八觔；豆六十四付，係至順二年造，重一百零八觔；簠二十八付，係大德十一年造，内一付弘治十一年造，重二百一十九觔；簋二十付，係至正四年造，内一付弘治十一年造，重一百五十四觔；登二十九個，係大德十一年造，重一百四十一觔；坫二十二個，係大德十一年造，重五十七觔；象樽一個，係大德十一年造，重一十二觔；犧樽一個，係至順辛未年造，重一十觔；舊爵一百二十隻，係至順辛未年造；新爵三十六隻，係弘治十一年造，共重一百六十一觔；大香爐花瓶一付，係大德十一年造，重三十二觔；罍一個，重六觔二兩；盥洗盆二付，係至順辛未年造，小一付係大德十一年造，共重四十七觔；酒樽四個，并杓二個，係大德十一年造，重三十觔八兩；鐘一十二口，係泰定二年造，重九十二觔；大方香爐七個，重七十九觔八兩；小方香爐四個，重八觔；小圓香爐一十個，重八觔。

錫器

舊大燭筌一對，重八觔；新燭筌六十個，係弘治十一年造，重一百零六觔；盥洗盆二付又一個；新香爐花瓶一對，係弘治十一年造，重八觔。

鐵器

大香爐一個，座一個，係天順四年造，重一百二十觔；大花瓶一對，座二個，係天順四年造，重二百三十觔；小花瓶一對，重八十五觔；燒帛架一個；鍋九隻，并盖。

瓷器

花碗二十四隻；青碗十隻；大青香爐一個；瓦甑一口；中小青香爐三十個。

木器

長方燈二碗；小方燈十二碗；小血桶十個；大牲桶九個；大燭臺四個；竹籩九十六個；齋戒牌一個；小燭臺一百個；朱紅帛匣九個；朱紅牲匣八個；大方盤三個；紅箱一隻，并鎖一把；中方盤六個；漆割楪二十個；朱紅條盤二十八個；舊白方盤七十個；朱紅方盤四十六個；朱紅毛血楪十個，弘治十一年造；木豆一百二十四個，弘治十一年造；大秤一條；小秤二條。

帳幔

正殿，黄綾帳面一付；四配，紅綾帳面二付；十哲，紅綾帳面二付；子游祠，舊碎桃紅帳面一付，俱弘治十一年造。

頒降書籍

《四書大全》一部；《易經大全》一部；《書經大全》一部；《詩經大全》一部；《春秋大全》一部；《禮記大全》一部；《五倫書》一部；《性理大全》一部；《孝順事實》一本；《為善陰騭》一本；《逆臣録》一本。

續增書籍

《四書大全》一部；《易經大全》一部；《書經大全》一部；《詩經大全》一部；《春秋大全》一部；《禮記大全》一部；《性理大全》一部；《綱目總類》一部；《綱目》一部；《文

獻通考》一部；《少微鑒》一部；《大明一統制》一部；《宋元綱目》一部；《歷代臣鑒》全册；《管窺外編》一本；《前後漢書》三十八本；《龜山先生語録》一本；《歷代史譜》一册；《養蒙大訓》一本；《鶴山雅言》一本；《延平李先生遺書》一本；《文公家禮集略》一本；《張乖崖文行録》一本；《白虎通》二册；《朱文公行狀》一本；《宋丞相李忠定公行狀》一本；《伊洛淵源》二本；《唐鑒》三本；《圭齋文集》一部；《中吴紀聞集》一本；《刑統賦》一本；《洗冤録》一本；《嘉祐集》二本；《御史箴解集》一本；《當代名臣録》一本；《宋史闡幽》一本；《軍政條例》二本；《聯句録》一本；《教養全編》一本；《禦虜安邊策》一本；《深衣考辨》一本；《鄉約便覽》一本；《白沙詩集》一本；《南村輟耕録》一本；《山川紀异録》一册；《榮孝集》一本；《修辭衡鑒》一册；《玉笥集》一本；《忠節流芳》一□；《五色錦集》一本；《巡撫奏議》九本；《條例》十本；《教民文》一本；《了齋集》□□；《武舉萬言策》一本；《為政準則》一本；《道學傳》一本。

膳掌器皿

食鍋四隻；白花盤二十隻；小花楪二十隻；白碗二十隻；錫茶壺一把；錫湯瓶□□；茶鍾十二隻；茶架一付；水桶二隻；淘米桶一隻；吊桶一個；飯供二個；刀一把；斧一把；鍋盖四個；長臺二隻；長凳二條；□□□□□。

射圃器物

侯竿二根；穿二根；大屏風一扇；大鼓架一個；鼓一面；龍頭磬架二座；磬二口；長條臺一隻；香卓一隻；豐卓一隻；豐一座；觶匣一個；觶十二隻；洗盆一個；罍二個；錫酒鉒三把；大小鹿三座；矢籌一百二十根；旌旗一面；上等弓五張；樸頭箭三百根；中箭一百根；楅一座；三等弓三十五張；襴衫十二領；板巾十二頂；絲絛十二條；大布侯一面；小布侯一面；銅鈎一付；瑟二床；結線毬五串；笛二管；簫二管；絲弦五十條，共六十丈。

弘治十五年歲次壬戌仲夏吉日，賜進士出身、文林郎、知常熟縣事慈溪楊子器，賜進士出身、奉議大夫、同知松江府、署常熟縣事關西何宗理，縣丞胡瑞，主簿郝尚質、周必復，典史朱子實，教諭李隆，訓導董禎、周夔同立石。

按：明弘治十五年（1502），知縣楊子器、何宗理等立。首列邑令致儒學公文，後列邑學所有銅鐵木等器，并書籍、膳堂器皿及射圃器物。碑原在邑學禮門，已佚。

三十五　常熟縣學重建先聖廟記

常熟縣學重建先聖廟記

常熟縣學重建
先聖廟記
蘇州府常熟縣學舊有
先聖孔子廟，歲久頹靡，將壓且舊規庳隘，弗稱揭虔妥靈。縣令楊君子器始作新而充拓之，言於郡守曹君鳳，又言於巡撫巡按凡持憲節
以涖茲土者，皆可之，而提學侍御方君誌且署其公移曰：興學有司之首務，況廟□聖賢棲神之所，尤不可忽。遂具其圖之，乃伻會計鳩
美市材庀工，而委縣丞張翰董其事。悉撤其舊而新之。廟廡之側舊有倉，徙而之他，以其地充拓廟址，東西增四丈六尺，南北增一丈八
尺。築其址高一丈五尺，重建禮殿五間，東西兩廡各七間，戟門三間，左鄉賢祠、右名宦祠各一間，櫺星門如戟門之間，門左有隙地，爲杏
壇。其東子游廟，後觀德亭，前爲齋舍，左右各十八間。其西明倫堂右及儀門之右爲訓導宅，前後各一所。泮池之東爲禮器之庫，其西爲
廩食之倉，即前所徙置者。並於學之堂齋及諸廨宇，皆葺其舊而煥然一新。經始於弘治十三年春正月之望，至秋七月之望而落成焉。
凡其五材之用、百工之事，共費帑金九百六十餘兩，而足學之師生咨於方君，欲請文勒石，以示永久，遂以屬予。予未幾而子器去爲
考功主事，今方君又擢山東參議，因速予文。予文逋久矣，予非靳於言也，蓋難爲言爾。昔者子貢以夫子之道譬之宮墻，謂不得其門
而入，不見宗廟之美、百官之富。子貢親遊聖人之門墻而得見之，故能爲是言。今去聖既遠，學未見道，聖宮墻而不得入其門，雖欲擬
稱述之，固難爲言矣。顧於作廟一事，有可以爲學道者勉焉，不可不一言之。常熟縣學建置，始末自宋元以至
國朝數百年間，碑記林立，其言廟學之重建屢矣。今者作廟，因撤其舊梁而得見其題識，實端平三年二月壬子知常熟縣事王爚所建也。
以是觀之，則後之碑記凡言重建者，其可信乎？學未見道，得人言語文字以爲道盡在是者，亦未然哉。必若今之撤廟得梁以得其始，凡
之歲月，然後爲真知也。大學明德新民，始於格物致知；中庸獲上治民，悅親信友，必先明善誠身。蓋必真知之，然後能篤信之，允蹈之。斯
道在我，而凡天下之事可一以貫之矣。常熟之先賢有言游者，聞夫子學道愛人之言而篤信之，宰武城以禮樂爲教而允蹈之，其於聖
門列於文學之科，孟子稱其有聖人之一體，朱子稱其爲豪傑之才。鄉邑之士必有聞其風而興起者矣。今又得良有司作新廟學以振
厲之，將必有豪傑之士、學道之君子得聖人之一體者，出於其間，以爲天下
國家之用，以彌成斯世禮樂教化之功哉。是則予之所深望也。若夫以文學射策決科，隨世以就功名者，是邑固未嘗乏人，奚庸予諄諄哉。
賜進士及第通議大夫南京吏部右侍郎前翰林院侍講學士
國史副總裁兼脩
玉牒經筵官四明楊守阯撰
大明弘治十五年夏四月吉旦
賜進士出身奉議大夫同知松江府署常熟縣事關西何宗理
縣丞胡瑞　主簿郝尚質　周必復　典史朱子實
教諭李隆　訓導董禎　周夔
管工義官唐復　唐政立石
生員張鈿書　吳□□鐫

三十五　楊守阯《常熟縣學重建先聖廟記》

年代：明弘治十五年（1502）

碑文：

常熟縣學重建先聖廟記

蘇州府常熟縣學舊有先聖孔子廟，歲久頹靡將壓，且舊規庳隘，弗稱揭虔妥靈。縣令楊君子器，欲作新而充拓之，言于郡守曹君鳳，又言于巡撫、巡按。凡持憲節以莅兹土者，皆可之。而提學侍御方君志且署其公移曰："興學，有司之首務，况廟廡聖賢栖神之所，尤不可怠遑，其亟圖之！"乃俾會計帑羨，市材庀工，而委縣丞張翰董其事，悉撤其舊而新之。廟廡之側，舊有倉，徙而之他，以其地充拓廟址，東西增四丈六尺，南北增一丈八尺，築其址高一丈五尺，重建禮殿五間，東西兩廡各七間、戟門三間，左鄉賢祠、右名宦祠各一間，欞星門如戟門之間，門左有隙地為杏壇。其東子游廟，後觀德亭，前為齋舍，左右各十八間。其西明倫堂，右及儀門之右為訓導宅，前後各一所。泮池之東為禮器之庫，其西為廩食之倉，即前所徙置者。至于學之堂齋及諸廨宇，皆葺其舊而焕然一新。經始于弘治十三年春正月之望，至秋七月之望而落成焉。凡其五材之用、百工之事，共費帑羨白金九百六十餘兩而足。

學之師生咨于方君，欲請文勒石，以示永久，遂以屬予。未幾而子器去，為考功主事，今方君又擢山東參議，因速予文。嗟乎，文逋久矣。予非靳于言也，蓋難為言爾。昔者子貢以夫子之道，譬之宫墻，謂不得其門而入，不見宗廟之美、百官之富。子貢親游聖人之門墻而得見之，故能為是言。今去聖既遠，學未見道，望宫墻而不得入其門，雖欲議擬稱述之，固難為言矣。顧于作廟一事，有可以為學道者勉焉，不可不一言之。

常熟縣學建置始末，自宋元以至國朝，數百年間碑記林立，其言廟學之重建屢矣。今者作廟，因撤其舊梁而得見其題識，實端平三年二月壬子，知常熟縣事王爚所建也。以是觀之，則後之碑記凡言重建者，其可信乎？學未見道，得人言語文字，以為道盡在是者，亦未然哉。必若今之撤廟窺梁，以得其始建之歲月，然後為真知也。《大學》明德新民，始于格物致知。《中庸》獲上治民，悦親信友，必先明善誠身。盖必真知之，然後能篤信之，允蹈之，斯道在我，而凡天下之事可一以貫之矣。常熟之先賢有言游者，聞夫子學道愛人之言而篤信之，宰武城以禮樂為教而允蹈之，其在聖門列于文學之科，孟子稱其有聖人之一體，朱子稱其為豪杰之才，鄉邑之士必有聞其風而興起者矣。今又得良有司作新廟學以振厲之，將必有豪杰之士、學道之君子、得聖人之一體者，出于其間，以為天下國家之用，以弼成斯世禮樂教化之功哉。是則予之所深望也。若夫以文學射策、决科隨世以就功名者，是邑固未嘗乏人，奚庸予譊説哉？

賜進士及第、通議大夫、南京吏部右侍郎、前翰林院侍講學士、國史副總裁、兼修玉牒、經筵官、四明楊守阯撰。

大明弘治十五年夏四月吉旦，賜進士出身、奉議大夫、同知松江府、署常熟縣事、關西何宗理，縣丞胡瑞，主簿郝尚質、周必復，典史朱子實，教諭李隆，訓導董禎、周夔，管工義官唐復、唐政立石。生員張鈿書，里人吕山鐫。

按：明弘治十三年（1500），知縣楊子器重修廟學。十五年（1502），楊守阯為撰記，張鈿書丹。楊守阯（1436—1512），字惟立，鄞縣人。明成化十四年（1478）進士，仕至翰林侍讀學士、南京吏部右侍郎。有《碧川文選》四卷。碑原在邑學戟門内，現存文廟戟門。

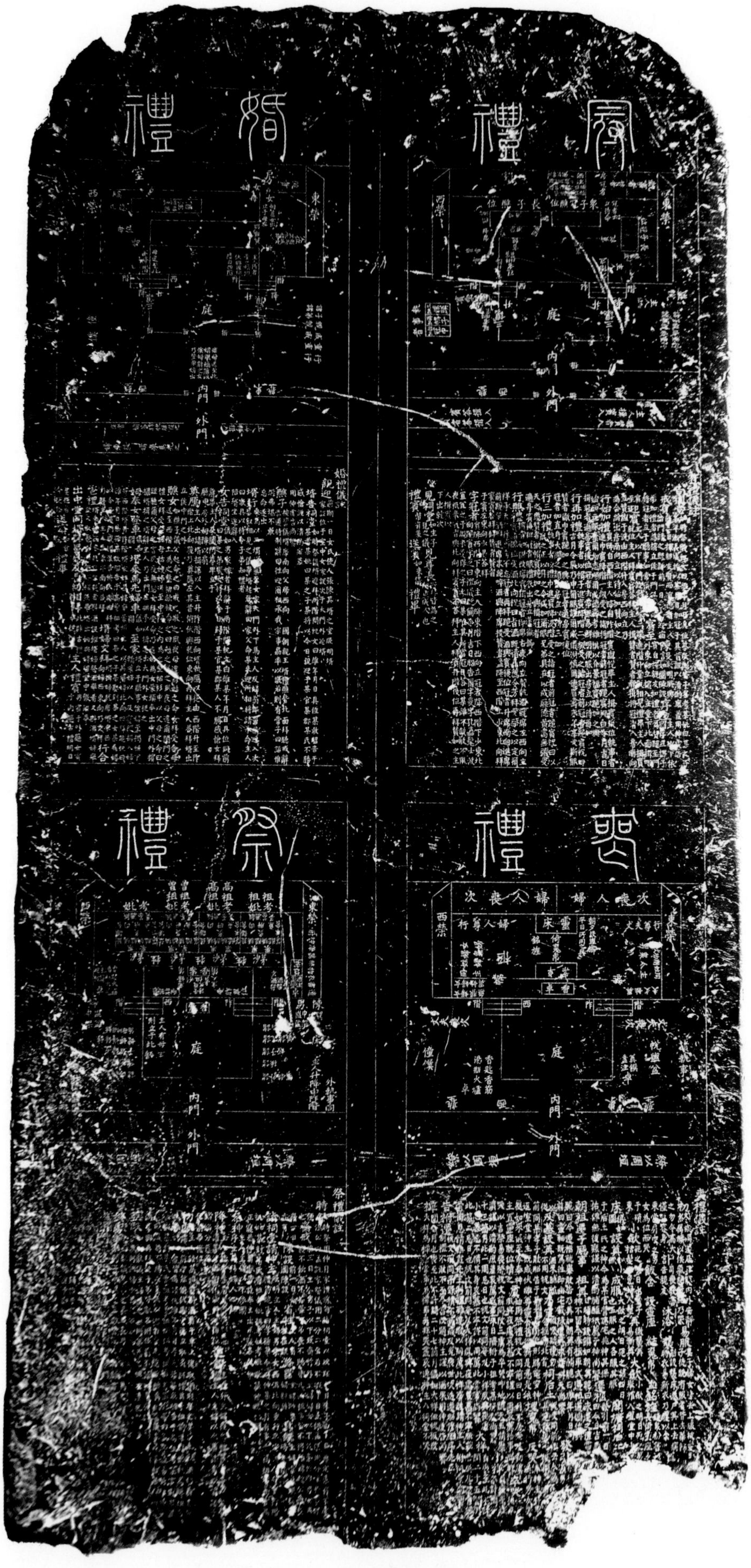

三十六　冠婚喪祭圖

三十六　冠婚喪祭圖

年代：明弘治間

碑文：

冠禮儀注

告祠堂

如時祭儀。祝文曰："維年月日，具位某，敢昭告于某考某妣曰：某之子某，年漸長成，將以某月日加冠于其首。謹以清酌庶羞，用伸虔告。"

戒賓

前三日，擇親友賢而有德者，主人詣門請之。既許。前一日，□□迎宿。

陳設

厥明夙興，如圖陳設。

序立

主人以下依圖序立，擇子弟知禮者為擯，立俟于門外，東向。將冠者立于廳事，如常儀□□。

賓至

賓自擇親友知禮者為贊，隨至門外，東向立。擯入，立堂下，北面揖唱賓至。

迎賓

主人以下出門迎賓，□人三讓，進階升堂，叙相見禮，畢。主人揖賓就位。主人拜賓，賓答拜。主人揖贊者，贊者報揖。將冠者入房，南向立。贊盥于洗，由西階升入房，西向立，乃為合紒。出房南向立，以待始加。贊如之。

行始加禮

賓降自西階，主人降自阼階。賓盥帨畢，主人揖，賓復位。執事者進巾，賓降階一級受之，詣將冠者前。冠者跪，賓祝曰:"令月吉日，始加元服。弃爾幼志，順爾成德。壽考維祺，以介景福。"賓跪，加之，興，揖。冠者適房，賓復位。冠者去常服，易鮮明便服，出房立，以待再加。

行再加禮

執事者以帽子進，賓降階二級受之，詣冠者前。冠者跪，賓祝曰："吉月令辰，乃申爾服。謹爾威儀，淑慎爾德。眉壽永年，享受斯服。"贊者徹巾，賓跪，加之，興，揖。冠者適房，賓復位。冠者加直身大禂之類，出房立，以待三加。

行三加禮

執事者以禮巾進，賓降没階受之，詣冠者前。冠者跪，賓祝曰：以歲之正，以月之令，咸加爾服。兄弟具在，以成厥德。黄耇無疆，受天之慶。贊者徹帽，賓跪，加之，興，揖。冠者適房，賓復位。冠者服禮衣，出房立，遂徹櫛。

行醮禮

擯者如圖改席，賓揖，冠者即席右東向立，贊執酒就席左，西向立。賓詣醮位受酒，北向祝曰："旨酒既清，嘉薦令芳。拜受祭之，以定爾祥。承天之休，壽考不忘。"冠者再拜，跪受酒，興。賓復位，冠者升席，南向，進席前，跪，祭酒，興。退席末，跪，啐酒，興。降席，授贊者盞，降至西階上，少東北向，拜賓。賓答拜。拜贊者，贊者于賓左東向少退，答拜。

字冠者

賓降西階下，東向；主人降東階下，西向。立冠者降西階下，少東北向，跪。賓字之曰："禮儀既備，令月吉日，昭告爾字。爰字孔嘉，髦士攸宜。宜之于嘏，永受保之。字之曰某，唯其所當。"

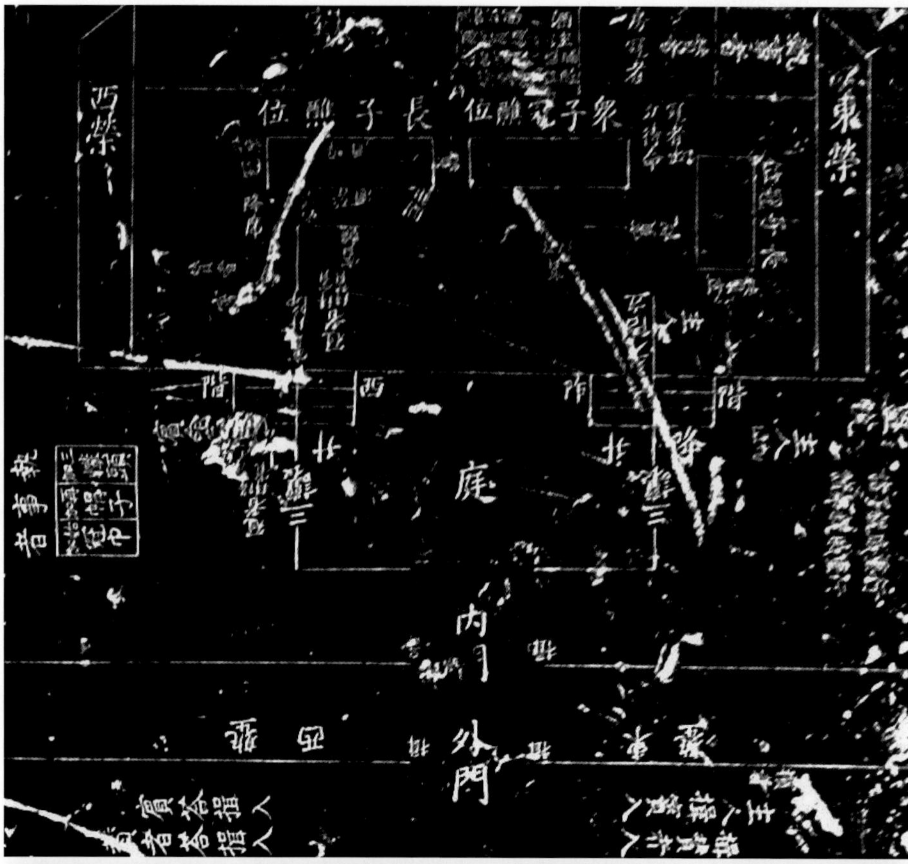

三十六　冠禮圖

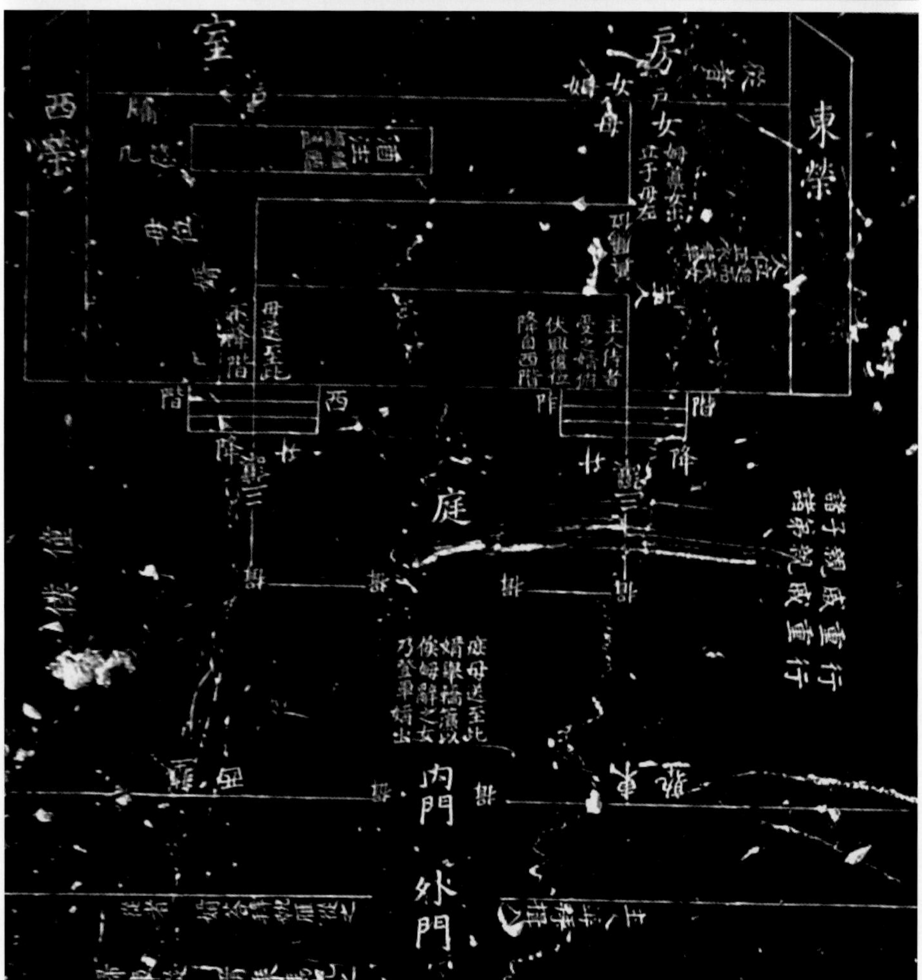

三十六　婚禮圖

冠日答曰："某雖不敏，敢不夙夜祗奉？"冠者興，北向，拜賓。賓不答拜。主人拜賓，升階復位，再拜。贊如之。主人揖，賓以下出就次。

見祠堂

如生子見之儀。

見尊長

所拜皆為之起，重成人也。

禮賓

幣有差。

送賓

如來儀。

禮畢。

婚禮儀注

親迎

前期一日，女氏使人張陳其婿之室。厥明，婿家設位于室中，女家設次于大門外，延婿。

婿告祠堂

如時祭儀。婿進拜兩階間，祝文曰：維年月日，具位某敢昭告于某考某妣曰：某之子某，將以今日親迎于某官某郡某氏，不勝感愴。謹以清酌庶羞，用伸虔告。尚饗。

醮子

按舊儀。婿席南向，父席西向。國朝親王婿禮醮皆北面拜，聽戒辭。當遵時。制辭曰：往迎爾相，承我宗事。勖率以敬，若則有常。子曰：諾。惟恐弗堪，不敢忘命。遂出。

婿行

乘馬，以二燭前導。至女家大門外，下馬。主人及婦翁郎舅肅迎。入次，略叙相見之儀，畢。婿起致辭曰：家父命某來迎所相將，請承命。主人曰：敬具以待。令子弟知禮者陪婿坐，遂辭入。

女告祠堂

儀如男家。嫁者拜辭于兩階間，祝文曰：維某年月日，具位同前。曰，某之第幾女將以今日歸于某官某郡某人，不勝感愴。女拜辭畢，主人及闔門尊卑立于廳東房外，姆障以扇。

奠雁

主人出請婿，揖讓以入。主升阼階，西向；婿執雁以從，由西階升至阼階上，北向跪，乃奠雁左。其首俯伏，興，就位，東向，再拜。主人答拜。婿出，立俟中門之外。

醮女

如醮子儀。父起，命之曰：戒之敬之，夙夜毋違舅姑之命。女拜受命。母送至西階上，為之整裙斂帔，命之曰：勉之敬之，夙夜毋違爾閨門之禮。女拜受命。諸母姑嫂姊送至中門之内，為之整裙衫，申以父母之命，曰：謹聽爾父母之言，夙夜無愆。女拜受命。乃退。姆為女蒙頭，奉出中門外。擯攝婿揖之。婿辭，主人乃出門左，拱手以揖，遂出大門外。女從之。

姆奉女登車

儀如圖。

婿乘馬先婦車

儀如圖。

至家

婿立于廳事，俟婦至，揭幭下轎，導婦以入，及寢門，揖，入。婦升西階，婿升阼階。婿家婢為婦舉蒙頭，主人以其婿婦北向，四拜，跪祝曰：維年月日，某孫某敢昭告于高曾祖考曰：

某之子某娶到某之女某為婚，以今日過門成婚。敢告。俯伏，興，四拜。乃拜主人。主人立東序，南向，答拜。

婿婦交拜

婿揖，婦就席。婿東西向，婦西東向，乃交拜。

行合巹禮

婿東婦西，各就席坐。從者斟酒設饌，婿婦祭酒舉肴；又斟酒，婿婦舉飲；又取巹合和酒，婿婦飲，畢。婿出，姆與婦留室中，徹饌，畢。

出中堂同婿拜舅姑及長幼相拜

此非古禮，今從俗。

主人禮賓

男賓于外廳，女賓于内廳。古禮明日享從者，今從俗。

送賓

如常儀。

禮畢

喪禮儀注

初終

疾病遷居正寢，内外安静，屬纊以俟氣絶。既絶，乃哭。

易服

妻子婦女皆去上服，被髮；男子徒跣，有服者皆去華飾。□□□□□之，勿令高大僅取容身。

訃

司喪發書告親友。

沐浴

襲

别設襲床，遷屍其上。去病時衣，易新衣，乃覆以衾。

奠

□□□□□□□□東當肩巾之，男女為位而哭。

飯含

設靈座

結魂帛

立銘旌

絳帛粉書，以□□□□長倚靈座之□□□□于殯東。

小斂

死之明日也。男子括髮□免，婦人髽。

奠

徹襲奠，易新奠。

大斂

小斂之明日，死之第□□□。□舉棺入置堂中，少□□□□。

床

儀如圖。

設奠

如小斂。

成服

大斂之明日，死之第四日也。五服之人各服其服。

開壙祠后土

□□□□某□□□于后土氏之神，今為某官營建宅兆，神其保佑，俾無後艱。謹以清酌脯醢，祇薦于神。尚饗。

遷柩

發引前一日，□□□曰，今日吉辰，□□□□。

朝祖遷于廳事

祖奠

日脯時設饌，如朝奠，跪曰：永遷之禮，靈神不留。今奉柩車，式遵祖道。俯伏，興。□□□□□□跪曰：今遷柩就輿，敢告乃奠。如朝奠，有脯，跪曰：維年月日，同前。曰：靈輀既駕，往即幽宅。載陳遣奠，永訣終天。尚饗。

發引

柩行□□□導男□□□以從。

及墓設奠

酒果脯醢，不用祝文。

乃窆

輟哭，臨視，勿令搖動北首。

祠后土

祝文同前，但云今為某窆兹幽宅，後同。

題□

前同。某孝子敢昭告于某孝子府君，形歸窀穸，神返室堂。神主既成，伏維尊靈，舍舊從新，是憑是依。

埋魂帛

反哭

奉神主升車，遂行。男女哭從，如來儀。至家，奉神主置靈座，就位櫝之。

虞

始用祭禮，祝文同前。曰：日月不居，奄及初虞。夙興夜處，哀慕不寧。謹以同哀薦祫事，尚饗。

卒哭

三虞後卒哭，以吉祭易喪祭，祝文前同。攺三虞為卒哭，叩地號天，五情糜潰。謹以清酌庶羞，哀薦成事。來日隮祔于祖考某府君，尚饗。

小祥

自喪至此，不計閏，一十三個月，此一周忌日也。祝文前同。奄及小祥，夙興夜處，小心畏忌。不惰其身，哀慕不寧。謹以同薦此常事，尚饗。

大祥

自喪至此，不計閏，二十五個月，此第二忌日也。祝文前同。奄及大祥，夙興夜處，哀慕不寧。服兹告終，几筵當徹。骨肉恩情無盡，先王制禮難違。敬以同薦此祥事，敢請神主入祔祠堂，尚饗。

告祔遷

祝文前同。某罪積不滅，歲及免喪。世次迭遷，昭穆繼序。先正制禮，不敢不至。今當改題神主，謹以酒果，用伸虔告，尚饗。

禫

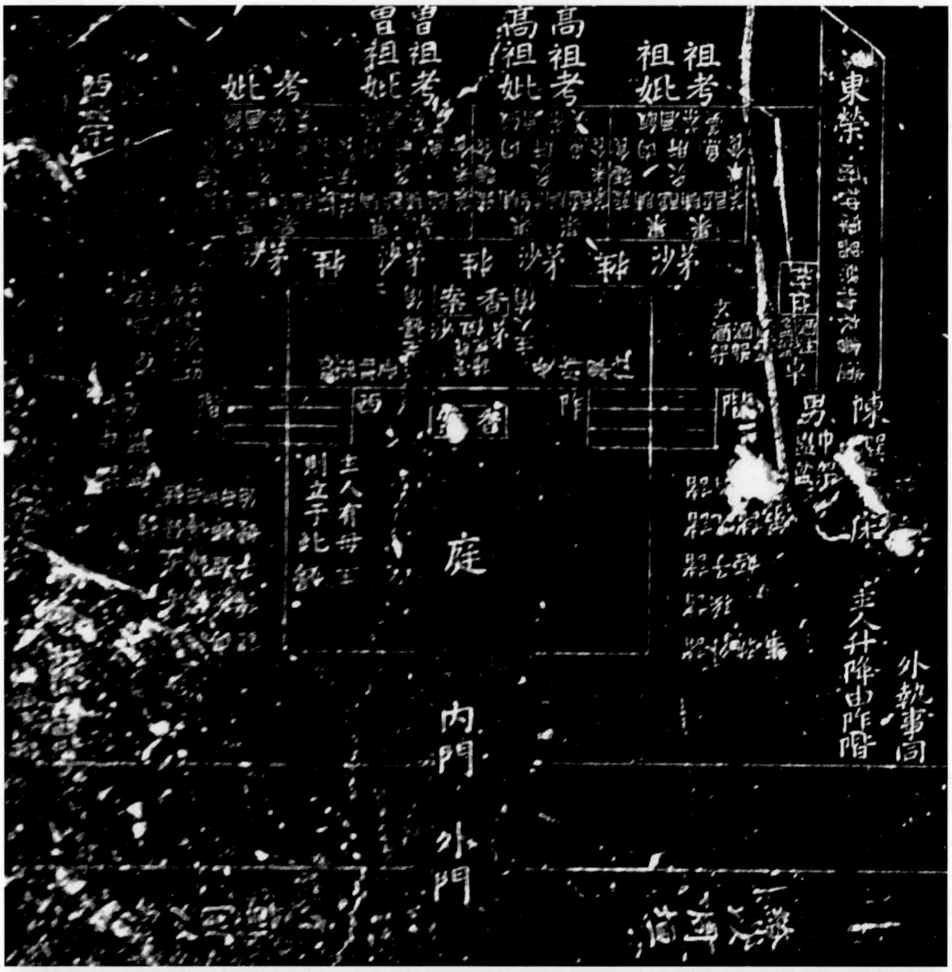

三十六　喪禮圖

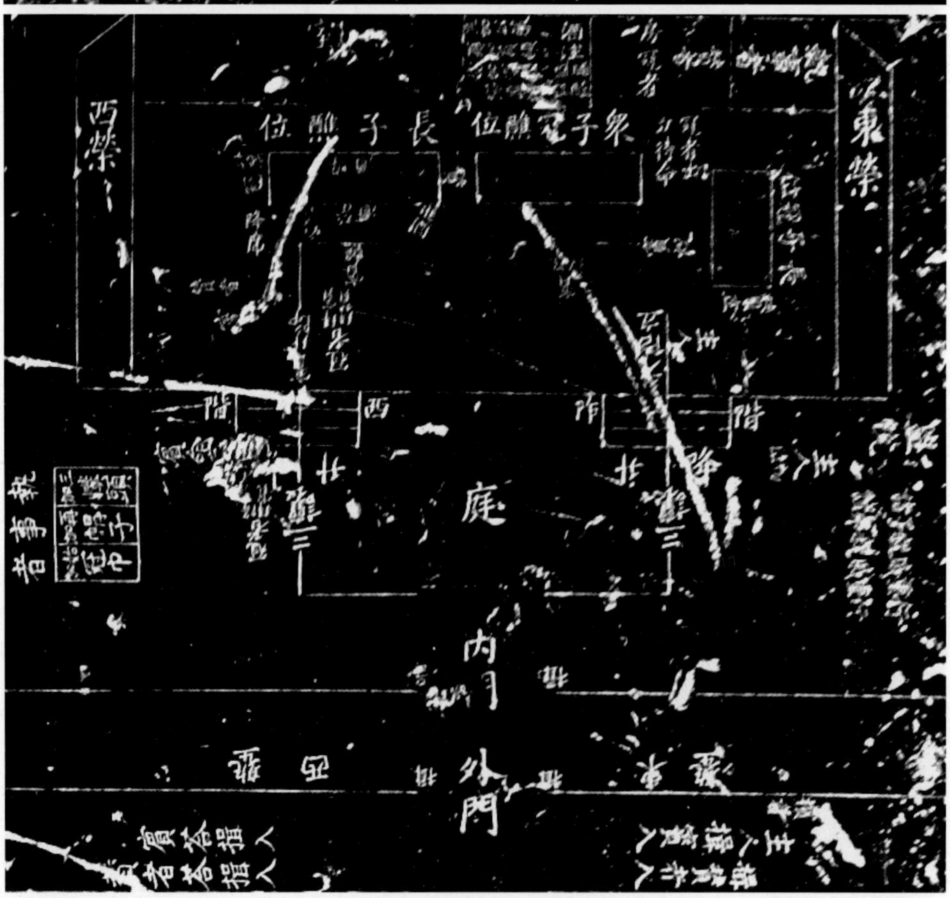

三十六　祭禮圖

間一月也。喪至此，不計閏，二十七個月。儀如大祥，但祝板改大祥為禫。某常事為禫事，再拜哭盡哀，送神主入祠堂，不哭。

祭禮儀注

時祭

時祭用仲月。《家禮》：前旬詣祠堂，以珓坯卜日。朱子曰：卜日無定，慮有不虔。温公曰：孟詵家祭儀用二分二至，若不暇卜，日止依孟儀用分至，于事亦便也。

齋戒

前三日，主人男子以下致齋于外，主婦婦女以下致齋于内。男女异寢，不飲酒，不茹葷，不吊喪，不聽樂，凡凶穢事皆不得預。韓魏公惟致齋一日亦可。

陳設

前一日，如圖陳設。

省牲

主人省牲莅殺。

滌器

主婦帥衆婦親滌。

具饌

主婦當身親監□，務令精潔。

詣祠堂請神主

厥明，主人主婦男東女西，俱北向，重行，立定。主人升自阼階，搢笏跪告曰：孝孫某今以仲某之月，有事于高祖考某官、高祖妣某封某氏，曾祖考妣、祖考妣、考妣，敢請神主出就正寢，恭伸奠獻。告訖，奉主出正寢，各就位。

參神

主人、主婦以下依圖序立，再拜，婦人四拜。

降神

主人詣香案前，焚香，跪，斟酒，灌茅沙上。俯伏，興，再拜，復位。

進饌

主人升，主婦從之。執事者□以盘奉饌，主人、主婦以次奠诸考妣前，诸子、諸婦分奠各祔位前。畢，復位。

初獻

主人詣高祖前，斟酒，奠于卓上。復取酒，跪，祭之茅沙上，以酒仍奠置，故獻□前亦然，俯伏，興，少退立。取炙肝楪奠于位前，退，詣曾祖考妣、祖考妣、考妣四龕皆遍。讀祝：維年月日，孝元孫某，敢昭告于高祖考某官府君、高祖妣某封某氏、曾祖考、曾祖妣、祖考、祖妣、考某、妣某，曰：氣序流易，時維仲某。追感歲時，不勝永慕。敬以潔牲柔毛，粢盛醴齊，祗薦歲事。以某親某人祔□。尚享。興，再拜。使子弟分獻各祔位前，不讀祝。畢，復位。

亞獻

如初獻儀，主婦為之，無則弟為之，但不讀祝。分獻則諸婦女為之，亦如初獻。

終獻

如亞獻儀，兄弟之長，或長男，或親賓為之，分獻則子弟為之。三獻皆主人自行，亦可。

飱□

□□□執注添酒□□□扱匙饭，□□□降復位。

闔門

啓門

飲福

闔門、啓門、飲福之禮，久已不存，但存其名。

受胙

門□□門飲福受胙之禮，久已不存，□存其名。

辭神

主人以下皆再拜。

納主

主人、主婦各奉□□□□□□□□□□□□□□□□笥飲□奉□祠□□□□□□□□□□□□□□□□□□□祭□□人歸胙于親友，遂設席□□□□□□于内。

弘治十三年歲次庚申仲夏吉日杨子器立。

按：碑現存文廟學宫禮門西，為《地理圖》碑陰。

三十七　地理圖并跋

三十七　地理圖并跋（局部）

三十七　地理圖并跋

年代：明正德元年（1506）
碑文：

三代大江南雖入職貢，未為中土。夫漢唐拓地雖遠，漢捐朱崖，蔑甌越，唐至中葉，失河北，遂不能復下。至有宋之弃燕雲，又不足言也。胡元入主中國，開闢以來之世界敗壞已極。我聖明起而逐之，不假九合之力，卒成不世之功，薄海内外俱入版圖。夫兩京畿之相望，十三省之環布，百五十二府、二百四十州、一千一百二十七縣之繫屬，四百九十三衛、二千八百五十四所交錯布列，為之保障。若宣慰司十二、宣撫司十一、招討安撫司十九、長官司百七十七，亦莫不革其野心，以聽省府約束。外若朝鮮、安南等國五十六、速温河等地五十八、奴兒干、烏思藏等都司所隸二百三十，亦皆恭奉朝貢。一統之盛，萬古僅見。孔子曰：管仲一匡天下，民到于今受其賜。微管仲，吾其被髮左衽矣。夫管仲僅挫受封之楚，孔子猶以為受賜，況净掃彌天之虜，其功高過于帝王，吾民受賜可勝既哉？敷時繹思，維徂求定，此輿地圖所以有補于政體也。間嘗參考大一統志及官制而布為是圖，比諸家詳略頗异，若京師、若省、若府州縣、若衛、若所、若衛所之并居府州縣者、若内外夷方之歸化與賓服者，各因其勢而异其形，遠近險易，一覽可睹。愿治者常目在焉，則于用人行政，諒能留意。慈溪楊子器跋。

吏部考功大夫楊先生名父嘗令吴之海虞，樹碑宣聖廟戟門，左圖天文，右圖地理，拓者甚衆，日就磨滅。予命工重鑱之石，用彰不朽。於戲！先生在簿書中而能抽閑于文墨如此，則其立朝行事，不假言矣。

大明正德元年孟春，賜進士、文林郎、常熟知縣柳州計宗道手書并隸額。

按：明正德元年（1506），邑令計宗道因前令楊子器所刻此圖日就磨滅，因手書重刻并隸額。計宗道（1461—1519），字惟中，馬平人。明弘治十二年（1499）進士，來令我邑。居三年，税足而事集。官至衡州知府。碑有磨泐處，據邑志補足。原在邑學禮門右，背刻《冠婚喪祭圖》。現存文廟學宫禮門。

三十八　天文圖并跋

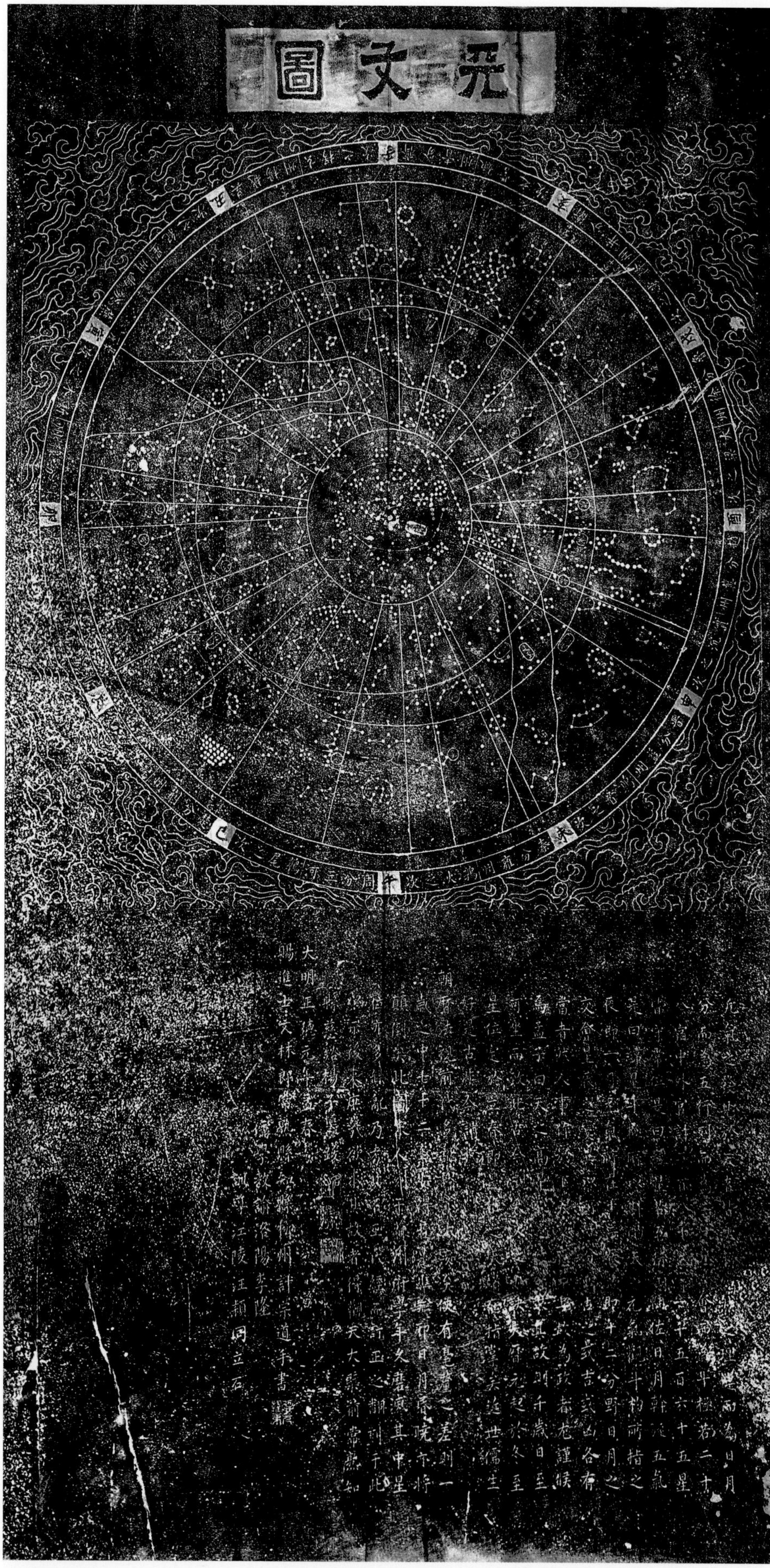

三十八　天文圖并跋

年代：明正德元年（1506）
碑文：

凡氣之發見于天者，皆太極自然之理，運而為日月，分而為五行，列而為二十八宿，會而為斗極。若二十八宿，中外官計二百八十三座，一千五百六十五星，皆守常位，是曰經星。若五行則輔佐日月，斡旋五氣，是曰緯星。斗極所以斟酌天之元氣，觀斗杓所指之辰，即一月元氣所在。十二辰次，即十二分野，日月之交會，星辰之變异，以所臨分野占之，或吉或凶，各有當者。然人事作于下，天象應于上，故為政者尤謹候焉。孟子曰：天之高，星辰之遠，苟求其故，則千歲日至，可坐而致。此古今觀天文之妙訣。夫曆元起于冬至，星位定于立春，即是推之，天道在指掌矣。近世儒生好是古非今，謂我朝歷法視前代多訛謬，亦太妄矣。使有毫厘之差，則一歲之中，七十二氣，安得若是準驗耶？日月昏曉，亦將顛倒矣。此圖宋人刻于蘇州府學，年久磨滅，其中星位亦多缺亂，乃考甘石《巫氏經》而訂正之，翻刻于此，以示後來，庶幾欲求其故者得觀夫大概。前常熟知縣慈溪楊子器跋。

大明正德元年孟春，賜進士、文林郎、常熟縣知縣柳州計宗道手書。

儒學教諭洛陽李隆、訓導江陵汪穎同立石。

按：此與《地理圖》同為邑令計宗道于明正德元年（1506）據前令楊子器所刻手書上石，原在邑學禮門左，現存常熟市碑刻博物館。

三十九　東湖書院記

三十九　錢仁夫《東湖書院記》

年代：明正德二年（1507）

碑文：

□□□邑城東下十五里許，有村曰東湖口。邑人以城界昆尚兩湖之間，故以東西别之，昆湖在東，此盖湖水出納之處，猶人之有口也，名其地曰東湖口焉。其居民三百餘家，率以耕漁為業，質實淳樸，無争鬥囂訟之風。地亦善矣。舊有三官堂，中設道家神像，有道流居之，傳亦久矣。弘治丁巳，前令尹慈磎楊公名父毀各鄉祠廟，予因勸其可改社學者量留之，留亦多矣，三官堂亦在留數。遂撤去其中像設土偶，易以夫子燕居小像，一聖四賢，宛若洙泗講道之日聚生徒，左右夾室，青衿數十，晨集暮歸，弦誦之聲，洋洋盈耳，庶幾三代鄉學之遺制。化民成俗在轉移間，賢哉令尹，功亦大矣。然猶恐其日就頹廢，仍命道士顧朝元與其徒戴天恩世守之。後令尹羅池計公惟中又慮歲久或為豪右之所侵奪，給帖與照，為深遠計。而朝元師徒奉二公之命惟謹，以舊居迫隘，一新而拓大之，間來請記。予家與湖口僅隔二里，今方致政閑居，當日來此與鄉人子弟誦法聖賢，講明理義，以善道淑其身，使處者毋罹于法，出者有補于時，何不可哉？然二令尹化民成俗之盛心，朝元師徒謹守拓大之真意，皆不可以不書，故為題其榜曰東湖書院而記所自云。

賜進士出身、奉議大夫、工部員外郎致仕、里人錢仁夫撰。

正德二年歲次丁卯十二月吉旦。

按：明正德二年（1507），邑人錢仁夫撰，記前令楊子器設社學、後令計宗道存院屋之績，道士顧朝元于時又重新院屋。錢仁夫（1446－1526），字士弘，邑人。明弘治十二年（1499）進士，歷官工部員外郎。碑原在罟里村湖口，已佚。

四十　常熟縣儒學義田記

四十　劉乾亨《常熟縣儒學義田記》

年代：明嘉靖元年（1522）
碑文：

常熟縣儒學義田記

性本諸天，學由夫人。惟本諸天也，故不以窮達而有所加損；惟由夫人也，故必有所資而後成。苟飢寒困窮迫于心，則雖以豪杰之才，亦不能盡其力以充其性。故先王之教人也，必先之以養。而孔子之論庶富也，乃以教之之術終焉。甚矣，教之有待于養也惟兹。

常熟入國朝，為畿輔之邑，號稱多士，文章德業，彬彬然與上國齒。然限于邑之制，其所養之士僅二十輩。其負戚戚之窮者，何可勝數？其為良有司者曰：某飢吾賑之粟，某寒吾解之衣，某婚與喪吾與之錢，俾娶且埋之。夫是之謂惠也，非政也。間嘗自謂曰：吾苟得田千畝，猶可以養百人。乃下令曰：有能出腴田與我共成養士之美者，吾且復其身期年。邑有太學生王君卞者，謁予曰："昔先人嘗為工部，以俸之羨買田一方，愿倡吾民以助公養士之用。第愧凉薄，非敢徼福于公也。"予喜甚，上于大府。太守永康徐公亦喜曰："是吾志也。賢如劉令，乃先我而為之；賢如王生，乃先民而為之。是皆可與也。其旌之以勸來者，使其不殄；其碑之以告來者，使其不迷。予惟命之若為詞以旌之，表之綵障。"其略曰：安得如君數十輩，大令寒士俱歡顔。復為文以識之，勒之貞珉。其略曰：厥價白金五鎰，厥田五十二畝五分，厥租去其舊十之二畝實八斗，得四十二石，厥賦畝五升，厥形二十丘，厥佃九户，厥號李重稱夜四字，厥地虞山之北麓，厥區第七都六圖也。若其詳則著于下方。夫是田也，不足以當二十之一，第相信之篤，倡率之義，為可書也。使後來者皆如生之為，則予之志其將有所酬也夫，邑之士其將有所賴也夫。

賜進士出身、文林郎、知常熟縣事、洛陽劉乾亨撰。

大明嘉靖元年正月初一日，縣丞趙經、周岐鳳、徐源，主簿俞浪，典史季希化，教諭劉文詔，訓導韓恂、薛笛同立石。

下附佃户姓氏、田數等，略。

按：明嘉靖元年（1522），太學生王卞捐養士田五十二畝，邑令劉乾亨為撰書立石。碑上截刻記，下截為佃户田數。劉乾亨，字汝嘉，洛陽人，明正德十四年（1519）年以進士來令我邑，後遷户部主事。碑原在邑學明倫堂東，現存常熟市碑刻博物館。

四十一　道統聖賢之贊

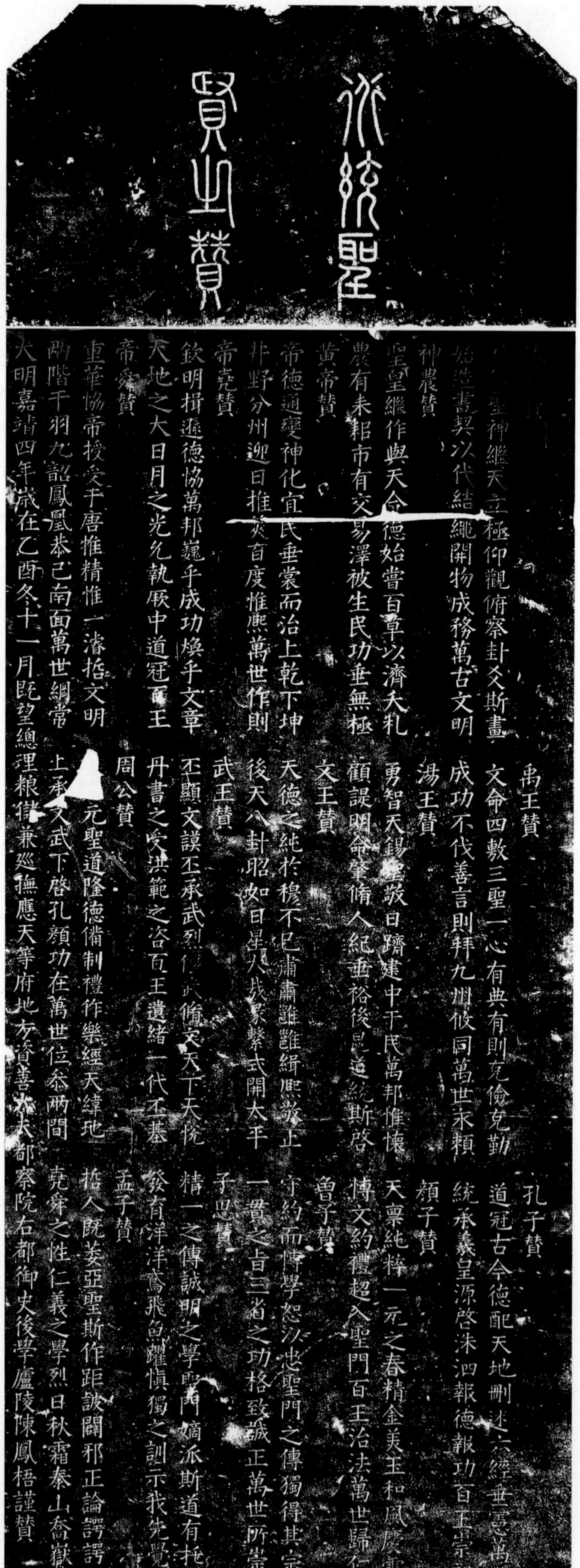

道統聖賢之贊

伏□□
□□聖神繼天立極仰觀俯察卦爻斯畫
始造書契以代結繩開物成務萬古文明

神農贊
聖皇繼作與天合德始嘗百草以濟夭札
農有耒耜市有交易澤被生民功垂無極

黃帝贊
帝德通變神化宜民垂裳而治上乾下坤
井野分州迎日推筴百度惟熙萬世作則

帝堯贊
欽明揖遜德協萬邦巍乎成功煥乎文章
天地之大日月之光允執厥中道冠百王

帝舜贊
重華協帝授受于唐惟精惟一濬哲文明
兩階干羽九韶鳳凰恭己南面萬世綱常

禹王贊
文命四敷三聖一心有典有則克儉克勤
成功不伐善言則拜九州攸同萬世永賴

湯王贊
勇智天錫聖敬日躋建中于民萬邦惟懷
顧諟明命肇脩人紀垂裕後昆道統斯啓

文王贊
天德之純於穆不已肅肅雝雝緝熙敬止
後天八卦昭如日星爻彖繫式開太平

武王贊
丕顯文謨丕承武烈偃武脩文天下大悅
丹書之受洪範之咨百王遺緒一代丕基

周公贊
元聖道隆德備制禮作樂經天緯地
上承文武下啓孔顏功在萬世位叅兩間

孔子贊
道冠古今德配天地刪述六經垂憲萬世
統承羲皇源啓洙泗報德報功百王崇祀

顏子贊
天稟純粹一元之春精金美玉和風慶雲
博文約禮超入聖門百王治法萬世歸仁

曾子贊
守約而博學恕以忠聖門之傳獨得其宗
一貫之旨三省之功格致誠正萬世所崇

子思贊
精一之傳誠明之學聖門嫡派斯道有托
發育洋洋鳶飛魚躍慎獨之訓示我先覺

孟子贊
哲人既萎亞聖斯作距詖闢邪正論諤諤
堯舜之性仁義之學烈日秋霜泰山喬嶽

大明嘉靖四年歲在乙酉冬十一月既望總理糧儲兼巡撫應天等府地方資善大夫都察院右都御史後學廬陵陳鳳梧謹贊

四十一　道統聖賢之贊

年代：明嘉靖四年（1525）
碑文：

伏羲贊：于維聖神，繼天立極。仰觀俯察，卦爻斯畫。始造書契，以代結繩。開物成務，萬古文明。

神農贊：聖皇繼作，與天令德。始嘗百草，以濟夭札。農有耒耜，市有交易。澤被生民，功垂無極。

黄帝贊：帝德通變，神化宜民。垂裳而治，上乾下坤。并野分州，迎日推筴。百度惟熙，萬世作則。

帝堯贊：欽明揖遜，德協萬邦。巍乎成功，煥乎文章。天地之大，日月之光。允執厥中，道冠百王。

帝舜贊：重華協帝，授受于唐。惟精惟一，浚哲文明。兩階干羽，九韶鳳凰。恭已南面，萬世綱常。

禹王贊：文命四敷，三聖一心。有典有則，克儉克勤。成功不伐，善言則拜。九州攸同，萬世永賴。

湯王贊：勇智天錫，聖敬日躋。建中于民，萬邦惟懷。顧諟明命，肇修人紀。垂裕後昆，道統斯啓。

文王贊：天德之純，于穆不已。肅肅雝雝，緝熙敬止。後天八卦，昭如日星。大哉彖繫，式開太平。

武王贊：丕顯文謨，丕承武烈。偃武修文，天下大悦。丹書之受，洪範之咨。百王遺緒，一代丕基。

周公贊：天生元聖，道隆德備。制禮作樂，經天緯地。上承文武，下啓孔顔。功在萬世，位參兩間。

孔子贊：道冠古今，德配天地。删述六經，垂憲萬世。統承羲皇，源啓洙泗。報德報功，百王崇祀。

顔子贊：天禀純粹，一元之春。精金美玉，和風慶雲。博文約禮，超入聖門。百王治法，萬世歸仁。

曾子贊：守約而博，學恕以忠。聖門之傳，獨得其宗。一貫之旨，三省之功。格致誠正，萬世所崇。

子思贊：精一之傳，誠明之學。聖門嫡派，斯道有托。發育洋洋，鳶飛魚躍。慎獨之訓，示我先覺。

孟子贊：聖人既萎，亞聖斯作。距詖闢邪，正論諤諤。堯舜之性，仁義之學。烈日秋霜，泰山喬岳。

大明嘉靖四年歲在乙酉冬十一月既望，總理糧儲、兼巡撫應天等府地方、資善大夫、都察院右都御史、後學廬陵陳鳳梧謹贊。

按：明嘉靖四年（1525），應天巡撫陳鳳梧撰。陳鳳梧，泰和人，明弘治間進士，歷官河南按察使、右副都御史、巡撫應天等十府。碑原在邑學戟門外，僅剩碑首，碑已佚。

四十二　重建昭明讀書臺亭記

四十二　陳察《重建昭明讀書臺亭記》

年代：明嘉靖十五年（1536）
碑文：

重建昭明讀書臺亭記

南沙偉望為虞山，山東南麓，有致道觀。觀後有臺，世傳為梁昭明太子讀書處。弘治間，浙東楊名父先生來令，構亭以表。未三紀，亭蕩然矣。君子惜之。金川鄒晋卿貳兹邑，會余謝職滁陽，赴潮海，道雲澤。鄒因晤余，入觀。循廡既折而東北登陟幾百步，松竹深中得遺址，巍然峻突，即之則平直天成，負層巒，面平湖，若文廟經閣，若邑治諸廨宇，若四民邸第，暨郊垌農圃，江海遠峰，氣象萬千，畢獻目睫，胸次一開。胥嘆曰："勝哉斯地，良稱書臺，亭宜復。"無何，余南邁。令尹黄川胡君文明協鄒是構，古迹以彰。第棟柱悉以木，制度卑隘，上雨旁風，顧瞻猶歉。中州柳川沈侯君叙繼令于兹，器度廓如，圖新庶務，尤急興賢敦化。又明年，政通人和，而崇文吊古，益歎靡倦。捐資鼎建，柱以貞石，廣隘崇卑，莊重有加，震凌無虞。邑士大夫暨耆民屬余記之。

余竊感夫昭明距今千有餘歲，撮爾一臺，獨久存，且來人表章，誠重讀書也。臺以人重，人以書顯，善乎其讀書也。或曰，君子欲自得，曷以臺為？亭抑末矣。噫，是或一道也。自得，信吾當務也，論世教不有樹表風聲之典乎？讀書如昭明，有足稱者。夫貴為儲嗣，富享方物，不期驕侈，乃克通誦五經，數行并下，過目皆憶，賦詩劇韻，屬思即成，斯亦難矣。比長，克省萬幾，内外奏有，謬誤巧妄，辨析可否。斷獄稱仁，寬和容衆，喜怒不形，固曰天質過庸，而讀書之力，其可誣哉？史稱性愛山水，不用絲竹，勸者慚止。意其為人，崇雅悦儒，志專文學，介居擇勝，清兼心迹者也。使天假年，繼統為政，梁祚之大以遐，盖未可量。然則斯臺擅久，信非偶然之故。斯亭之復，殆無愧乎樹表風聲云。登適者試思之，書一也，善讀者德性若是，達于用若是，臺至今重，吾可不務乎？盖凡因迹求心，希先以上達者，概可得于俯仰，問斯舉亦有相之道而豈徒哉？曰虞仲清權，德高千古。子游禮樂，道契聖心。二公遺芳孔邇，過祠則式，經墓則吁。不假外求，得師也已。雖然，學何常師，宅心砥行，吾從至讓，學道愛人，吾儀丹陽公。博文繕性敏政，吾兼資不遺乎昭明。食實采英，敦本該末，主善協一，歸成吾美，夫何不可？是則斯舉，固君子所不廢也。廢修而前哲表，章往而將來勸。回視直觀，美資燕游，而與世教邈無與焉者，有間也。抑楊公輩式開厥先，若今柳川實克繼志，以大厥成，規模弘遠矣。將來君子能同此心，尚嗣葺于永永哉。

嘉靖十五年歲次丙申仲冬月吉旦，賜進士第、大中大夫、南京光禄寺卿、改都察院左僉都御史、奉詔提督江湖閩廣軍務、兼撫地方、上疏自陳致仕、邑人虞山陳察原習撰。

賜進士、朝列大夫、國子祭酒、奉詔致仕、前翰林吉士、檢討、經筵講官、同修國史、兩京司業、琴溪陳寰篆額。

按：明嘉靖間，邑令沈弘彝重修昭明讀書台，陳察撰記，陳寰篆額。陳察（1471—1554），字原習，邑人。明弘治十五年（1502）年進士，仕至左僉都御史、提督江贛軍務。有《虞山集》。碑現在讀書臺亭内。

四十三　梁昭明太子讀書臺銘

梁昭明太子讀書之像

明常熟縣令宛丘

梁昭明太子讀書臺銘

虞山致道觀之東有臺屹然而峙者志稱梁昭明太子統讀書處也其上故有亭廢久矣往歲
邑大夫慈溪楊公嘗一新之未久輒壞嘉靖十二年宛丘沈公來綰縣章縣連有水旱公悉力
措其政無暇登眺滿三載將奏績北止乃周覽邑中古蹟登於臺客有以亭起廢告者公曰昭
明太子為梁賢儲副其所著書若文選一集有益於作者茲可使泯其迹乎乃斥俸餘作新亭
其材皆經[illegible]支剔榛翦理其磴級暇日往觀而落之他日屬邑人鄧韍撰臺銘者人鄒復出
昭明刻像今繪者摹之併刻於亭中或疑昭明儲君理無遠駕而史稱其性好山水常出遊
會鍾山[illegible]皆有其讀書臺而常熟當其時列在京輔山水稱佳觀有其擬治碑知其至
此不誣也夫古之有國者固亦有遊事而昭明獨以書往其好學足稱云今之臨民社者以簿
書徵斂擊斷為舉職於古事漫不置意公之臨邑海倭適薄潛以迄滅其所建設有也以是樂
也可以見其崇古懷賢之意顧慚膚俚莫稱嘉委不得讓謹具銘如右楊公名子器字名父公
名知[illegible]字君敘皆起進士銘曰
蒼山[illegible]陳東闢其首長松挽天下有隆阜黎老曰洛往牒有書厥始營者蕭梁之儲質美大圭
徒潛緗帙循海而東茲焉駐蹕羣王所度游燕所披載以白鹿覓兹祁祁于臺于堂延沖納爽
室月白如聞誦響帝子所誦我莫敢知意所好者世之瓌奇豈無儒工參侍琱席掇遺舉要
斷自乃臆文選之輯流功藝林垂憲淳古待於鈞深我觀梁德亦非克競魚肉殘宗儲也為戚
學以輔孝鶴禁宵樂乃闕其賢不弭莽鯨含章永福與代俱謝維爾遺臺不傾以亟治遊莫唾
牧登岡登護之榛剃為有昭朗架之欒櫨植以楹礎舊觀復今賢好古嗟爾媚學有書如山
遐採靜治儲也猶然洗心踐言翦雜募葉古學如是與臺炭業
嘉靖十五年十二月鄉貢進士常熟虞山人鄧韍文度撰

四十三　鄧韍《梁昭明太子讀書臺銘》

年代：明嘉靖十五年（1536）

碑文：

梁昭明太子蕭統之像

明常熟縣令宛丘

梁昭明太子讀書臺銘

虞山致道觀之東，有臺屹然而峙者，志稱梁昭明太子統讀書處也。其上故有亭，廢久矣。往歲邑大夫慈溪楊公嘗一新之，未久輒壞。嘉靖十二年，宛丘沈公來綰縣章，縣連有水旱，公悉力措其政，無暇登眺。滿三載，將奏績北上，乃周覽邑中古迹，登于臺。客有以亭起廢告者，公曰："昭明太子為梁賢儲副，其所著書，若《文選》一集，有益于作者，兹可使泯其迹乎？"乃斥俸餘作新亭，其材皆經久計，殳剔榛翳，理其磴級。暇日往觀，而落之他日，屬邑人鄧韍撰臺銘。耆人鄒復出昭明刻像，公令繪者摹之，并刻于亭中。

或疑昭明儲君，理無遠駕。而史稱其性好山水，常出游。今鍾山、當塗皆有其讀書臺，而常熟當其時列在京輔，山水稱佳，觀有其撰《招真治碑》。知其至此，不誣也。夫古之有國者，固亦有游事，而昭明獨以書往，其好學足稱云。今之臨民社者，以簿書、徵斂、擊斷為舉職，于古事漫不置意。公之臨邑，海倭適薄，潛以迹滅，其所建故有也。及是舉也，可以見其崇古懷賢之意。顧慚膚俚，莫稱嘉，委不得讓，謹具銘如右。楊公名子器，字名父；公名弘彝，字君叙；皆起進士。銘曰：

蒼山横陳，東闕其首。長松攙天，下有隆阜。黎老曰咨，往牒有書。厥始營者，蕭梁之儲。質美大圭，志潛緗帙。循海而東，兹焉駐蹕。群玉所庋，游燕所披。載以白鹿，霓旌祁祁。于臺于堂，延冲納爽。山空月白，如聞誦響。帝子所誦，我莫敢知。意所好者，世之瓌奇。豈無儒工，參侍琱席。掇遺舉要，斷自乃臆。文選之輯，流功藝林。垂憲淳古，待于鈎深。我觀梁德，亦非克競。魚肉殘宗，儲也為盛。學以輔孝，鶴禁宵槳。乃閟其賢，不弭奔鯨。含章永福，與代俱謝。維爾遺臺，不傾以亞。冶游莫唾，牧豎罔登。護之榛荆，為有昭明。架之欒櫨，植以楹礎。舊觀復還，令賢好古。嗟爾媚學，有書如山。遐探静治，儲也猶然。洗心踐言，翦剃蔓葉。古學如是，與臺岌嶪。

嘉靖十五年十二月，鄉貢進士、常熟山人鄧韍文度撰。

按：明嘉靖十五年（1536），鄧韍所撰。碑在讀書臺亭内，上截刻蕭統像，下截刻銘文。鄧韍，字文度，號梓堂，邑人。明正德十一年（1516）舉人，曾纂修邑志。年八十八卒。碑現存讀書臺亭内。

四十四　常熟縣儒學創建啓聖公祠記

四十四　陳察《常熟縣儒學創建啓聖公祠記》

年代：明嘉靖初
碑文：

常熟縣儒學創建啓聖公祠記

今上嗣大歷服，聖作物睹，一新萬幾，尤敦三重，博采輿見，爰正吾夫子像，謚尊稱先師。又廣德心，遍立專祠，祀啓聖公，而以孔鯉、顔、曾、孟子及宋程朱三大儒暨蔡季通之父配享。百官六服，丕承德式。

常熟，古吴名邑也。今兹幸逢是盛，淳安徐濙奉行建立，遷秩；平湖馮汝弼承厥乏，擬備祭器，未成而去官。澤洲孟顔繼至，曰："吾事也。"爰相厥成。邑博全政、周鐄、仇彝率諸生袁懋、聞樟、姚庠、曹臣等過從，屬察曰："兹維盛舉，子宜識諸。"察，陳人也，何足以知之？雖然，罔極之恩，厥感維均，敬述見聞而請正，可乎？

夫天縱吾夫子，獨禀全智，德配乾坤，道著六經，業暉辰象，誠能為生民立命，開太平于萬世，不啻黄帝堯舜禹湯之似。是其出也，盖窮天地、亘古今而一人者，静求其所由來者，大矣，遠矣。盖自混茫開闢，昆崙東下，介止岱宗少昊之墟，祥鍾駤降，玄王肇彝，教之修十三世，衍神聖之胄。至叔梁大夫，雅抱嚴重，武力絶倫，偉哉巨人。初生九女，暨育伯皮。已而相攸，天合顔氏，妙契德孚，禱應圩巔，瑞光麟紱，坤靈是竅，太和萃精，乃篤生吾夫子。是以尤極乎出類拔萃之盛，歷漢唐以來，凡有血氣者，莫不尊崇，廟食遍于九有，允稱瞻依。然而緣情達禮，自宜有以推致之。夫天經地義，終古常新，至德要道，立孝維重，善善及其親，詎容得已？顧二千載間，哲王代有，若封謚、若謁拜、若蔭襲、若釋奠釋菜、若給田復役，種種敬共，不竭益盛。至所以尊顯其親者，則向來猶簡也。嘗見孔林東南六十里，有尼山書院。其初設時代，今已莫考。宋大中祥符元年，始有齊大夫、魯夫人之封；慶曆癸未，始有叔梁大夫、顔夫人之廟；比元天歷之初，加封為啓聖王。彼固自謂曠典，百世不改也。然不過一時之見云爾，而未推極其至也，可不務乎？今夫莫浚匪泉，然必有源也；喬木極天，然必有本也。吾夫子如彼其尊崇也，而施諸厥父母者，僅僅如許也。揆之精義，安乎否也？乃今敦崇顯祀，亦罔弗遍，人情天理，于是為至，夫曷間然？然則是祠所繫，豈細故哉？

其在吾邑者，正位文廟後，鮮原嚮離，穆清枚實，為楹若干，為工若干，為費若干，主式于禮，神靈其依，籩豆有踐，登降有階，鐘鼓有論，燎炬有庭，時謹禋祀，厥成永觀。端賴聖明建極，適駿有為，崇禮教，取大壯，擴前代所未發如此。後有作者，何以加之？君子曰："是可以見聖王之盡倫盡制焉，可以見吾夫子之至孝焉，可以見報德報功之無盡焉，可以見降衷秉彝之攸同焉。百爾後覺，仰止于兹，不將有所感發興起也？"夫孟侯家學有素，善治日勤；全君輩模範諸生，胥兢厥職，將來并未可量云。

賜進士第、大中大夫、光禄寺卿、改都御史、奉詔提督江湖閩廣軍務、兼撫地方、三疏自陳致仕、邑人虞山陳察拜撰。董立耆民鄒可大，長洲劉商書刻。

按：明嘉靖初，知縣徐濙創設崇聖祠，邑人陳察撰記。碑原在邑學崇聖祠，現存文廟崇聖門。

四十五 漸齋先生王公傳

漸齋先生王公傳
沁州守王公諱綸字大經魏郡開州人也弘治三年舉進士拜常熟縣令吳之北鶩為常熟東入滄海西控大江縣負山而城編户
可得數萬其民之數倍之其税至五十四萬石令常燭以視事未明輙起縣户外已肩接踵躡摩祥以趨前政尚寬民怙之為縱弛
公始至謂治貴綱紀則事舉而民易使操人於法令之内馳人於繩墨之外皆非也乃悉比其人而納之於法矩玩肆有禁上下有
體以籍書民户聯之以什伍稽式之法於是民各循業謹法游惰謠舞皆散去境内皆聳蓋地大物夥財貨所出仕者指為善地
公即壞以征税因户以定役其意主之
國
首民利之緣税役以入於官者皆屏絕壬人不得為奸利而公布袍蔬食屏傳儉約家無儲蓄謝之人士述今尚之縣連水旱徭時
縣官坐廨宇受民所報而不覈公覈之毋徧歷田野雖而塗沿體采為上得其災為牘以告於上官比户部文至民税得免或不免
蓋於公於民無不得也俗善訟訟有匿情公始屬者正分理之徐而察之卒得其實取置訟置之法以警邑學自天順中脩其壞久
之日就傾圮士業無所公即學後艘圃隙地築室以居士又於堂之左右修其樓居以益之又脩禮殿門廡皆完固學之士益二百
五十額試之辯其才擇秀異者異其待其所賓禮者多取名第以去其講解明邃經義暢騁他文詞華實相副士以為式焉性資簡
重遇人以淳直而不實其欺然其中有涇渭不可欺天下之仕廣矣使仕者挾智數以相欺至為鉤致周流以迎以為才俗之變何
所極哉公居其美乃所以移後之俗歟常熟人也居林間於父老言而得公之治河北士多詞達而鮮偽公其遠者進於大抵於
仕之利鉅非所計行其所能尚暇刺人意向以求進予公魏漸齋以治績去山西州守其在州者如常熟善政多有缺所傳者常熟
之績也佃耨於外以疾請得致其仕卒年五十七子三人以進士累官于中外今
上用文學德義之臣以禮部左侍郎遷南京户部尚書轉南京禮部尚書
詔贈公如其官
論曰傳者傳諸遠也士有懿治特節可以傳諸遠者載之乎史司馬子長班孟堅之所書是也公為常熟時余弱冠嘗記郝拜張侯
旻大興人也負才任氣上官以為能以為人莫己若者以治水寓縣公聽其所為而待之無過禮然公循其政大興其弊而革遂乎
人心張竟心服公乃知善之足以屈人也庚戌所放進士三百五十人數其後有居鼎鉉以德業振義前徐光夫豈多有仕之不究
於用而有後祉吾以為有天道者是也門生鄧韍撰
嘉靖三十二年癸丑立石
前翰林院侍詔將仕佐郎兼修國史長洲文徵明書并篆額
嘉靖三十三年九月既望常熟縣知縣王鈇重立
沈龍 王舜耕 監察御史 陳交 興寧知縣 陳近 湖南副使 施雨 廣東僉事 繆宣 大和知縣
張文鳳 韶州知府 趙承謙 廣東參議 陸堂 河南參政 時夏 江山知縣 朱木 監察御史 陳諫 刑部員外
鄉宦 周光宙 嚴恪 時春 鷄澤知縣 李而進 南寧知府 顧玉柱 山東副使 歸謨 國子生 同立
夏玉麟 永平知府 楊儀 山東副使 錢籥 監察御史 范來賢 瞿景淳 翰林侍讀 吳鼒刻

四十五　鄧韍《漸齋先生王公傳》

年代：明嘉靖三十三年（1554）
碑文：

漸齋先生王公傳

沁州守王公，諱綸，字大經，魏郡開州人也。弘治三年舉進士，拜常熟縣令。吴之北鶩為常熟，東入滄海，西控大江，縣負山而城，編户可得數萬，其民之數倍之，其税至五十四萬石。令常燭以視事，未明輒起，縣户外已肩接踵躡，群噪以趨。前政尚寬，民怙之為縱弛。

公始至，謂治貴纲紀，则事舉而民易使，操人于法令之内，馳人于繩墨之外，皆非也。乃整比其人而納之于法矩，玩肆有禁，上下有體，以粉書民户，聯之以什伍警戒之法。于是，民各循業謹法，游惰謳舞皆散去，境内皆聳。盖地大物夥，財貨之所出，仕者指為善地。公即壤以征税，因户以定役，其意主足國宜民利之緣，税役以入于官者，皆屏絶，壬人不得為奸利。而公布袍蔬食，厨傳儉約，家無儲蓄。開之人士，逮今尚之。

縣連水旱，往時縣官坐廨宇，受民所報而不覈，公拏小舟遍歷田野，雖雨塗沾體不為止，得其灾，為牘以告于上官。比户部文至，民税得免，或不免，盖于公于民無不得也。俗善訟，訟有匿情，公始屬耆正分理之，徐而察之，卒得其實，取嚣訟置之法以警。邑學自天順中修其壞，久之日就傾圮，士業無所。公即學後射圃隙地，築室以居士，又于堂之左右修其樓居以益之，又修禮殿門廡，皆完固。學之士盈三百五十，類試之，辯其才，擇秀异者异其待。其所賓禮者多取名第以去。其講解明邃，經義暢瞻，他文詞華實相副，士以為式焉。性資簡重，遇人以淳直，而不虞其欺，然其中有涇渭不可欺。天下之仕廣矣，使仕者挾智數以相禦，至為鈎致，周流承迎，以為才俗之變，何所極哉？公居其美，乃所以形後之俗。

韍，常熟人也，居林間，于父老言而得公之治。河北士多闊達而鮮偽，公其卓然者，是故大抵于仕之利鈍，非所計，行其所能，尚暇刺人意向，以求進乎？公號漸齋，以治績遷山西州守。其在州，當如常熟，善政多有，韍所傳者，常熟之績也，徊翔于外，以疾請得致其仕。卒年五十七，子一人，以進士累官于中外，今上用文學德義之臣，以禮部左侍郎遷南京户部尚書，轉南京禮部尚書，誥贈公如其官。

論曰：傳者傳諸遠也，士有懿治特節，可以傳諸遠，皆載之乎史，司馬子長、班孟堅之所書是也。公為常熟時，余弱冠，嘗記郡倅张侯旻，大興人也，負才任氣，上官以為能，以為人莫己若，嘗以治水寓縣，公聽其所為而待之無過禮。然公修其政，大小具舉，而事適乎人心，張竟心服，公乃知善之足以屈人也。庚戌所放進士三百五十人數，其後有居鼎鉉，以德業振，發前休光，夫豈多有仕之不究于用而有後祉。吾以為有天道者是也。門生鄧韍撰。

嘉靖三十二年癸丑立石。

前翰林院待詔、將仕佐郎、兼修國史、長洲文徵明書并篆額。

嘉靖三十三年九月既望，常熟縣知縣王鈇重立。

鄉宦：沈范，鴻臚署丞；張文鳳，贛州知府；周光宙，京闈解元；夏玉麟，黎平知府；王舜耕，監察御史；趙承謙，廣東參議；嚴恪，敕封編修；楊儀，山東副使；陳交，興寧知縣；陸堂，河南參政；時春，鷄澤知縣；錢籍，監察御史；陳逅，河南副使；時夏，江山知縣；李而進，南雄知府；范来賢，山東副使；施雨，廣東僉事；朱木，監察御史；顧玉柱，山東副使；瞿景淳，翰林侍讀；繆宣，太和知縣；陳諫，刑部員外；歸謨，國子生　同立。

吴鼒刻。

按：明嘉靖三十二年（1553），合邑士民為弘治間邑令王綸立。邑人鄧韍撰傳，郡人文徵明書并篆額，時任邑令王鈇重立石。王綸，字大經，開州人，明弘治三年（1490）進士，曾令我邑，後仕至沁州知州。碑原在邑學大門内，現存文廟碑廊。

四十六　常熟縣重修廟學記

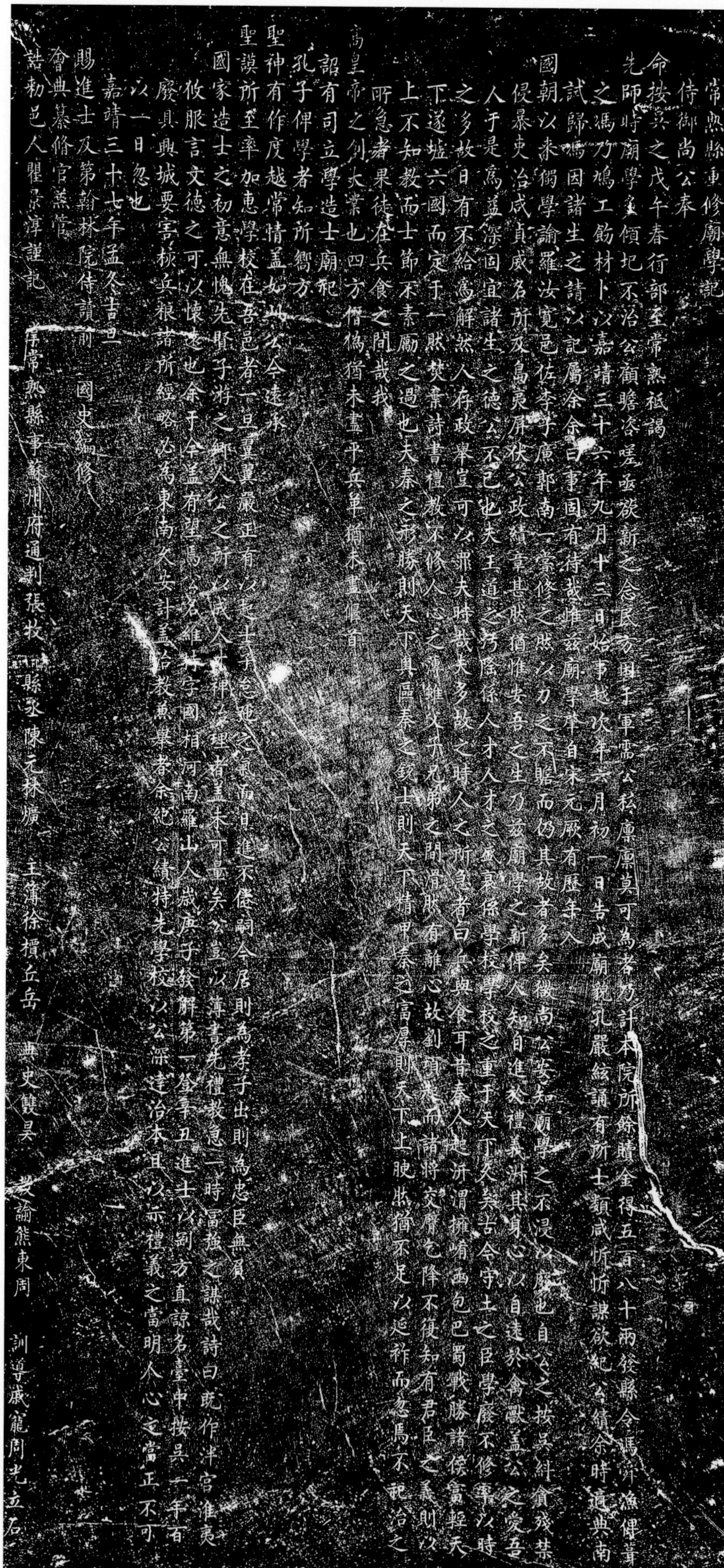

常熟縣重修廟學記
侍御尚公奉
命按吳之戊午春行部至常熟祗謁
先師時廟學久傾圮不治公顧瞻咨嗟亟欲新之念民方困于軍需公私匱廩莫可為者乃計本院所餘贖金得五百八十兩發縣令馮汝漁俾葺
之馮乃鳩工飭材卜以嘉靖三十六年九月十三日始事越次年六月初一日告成廟貌孔嚴絃誦有所士類咸忻忻謀欲紀公績余時適典南
試歸馮因諸生之請以記屬余余曰事固有待哉惟茲廟學肇自宋元厥有歷年入
國朝以來獨學諭羅汝寬邑佐李子廉郭南一嘗修之然以力之不贍而仍其故者多矣微尚公安知廟學之不浸以廢也自公之按吳糾貪殘禁
侵暴吏治咸貞威名所及島夷屏伏公政績章甚然猶惟安吾之生乃茲廟學之新俾人知自進於禮義淑其身心以自遠於禽獸蓋公之愛吾
人于是為益深固宜諸生之德公不已也夫王道之汚隆係人才人才之盛衰係學校學校之重于天下久矣古今守土之臣學廢不修率以時
之多故日有不給為解然人存政舉豈可以罪夫時哉夫多故之時人之所急者曰兵與食耳昔秦人起汧渭擁崤函包巴蜀戰勝諸侯富輕天
下遂墟六國而定于一然焚棄詩書禮教不修人心之離父子兄弟之間滑然有離心故劉項起而諸將交臂乞降不復知有君臣之義則以
上不知教而士節不素勵之過也夫秦之形勝則天下莫過秦之銳士則天下精甲秦之富厚則天下上腴然猶不足以延祚而忽焉不祀治之
所急者果徒在兵食之間哉我
高皇帝之創大業也四方僭偽猶未盡平兵革猶未盡偃首
詔有司立學造士廟祀
孔子俾學者知所嚮方
聖神有作度越常情蓋如此公今遠承
聖謨所至率加惠學校在吾邑者一豆籩嚴正有以起士子怠弛之氣而日進不倦嗣今居則為孝子出則為忠臣無負
國家造士之初意無愧先賢子游之鄉人公之所以成人才裨治理者蓋未可量矣公豈以簿書先禮教急一時富強之謀哉詩曰既作泮宮淮夷
攸服言文德之可以懷遠也余于今益有望焉公名維持字國相河南羅山人歲庚子發解第一登辛丑進士以剛方直諒名臺中按吳一年百
廢具興城要害核兵糧諸所經略必為東南久安計蓋合教兼舉者余紀公績特先學校以公深達治本且以示禮義之當明人心之當正不可
以一日忽也
嘉靖三十七年孟冬吉旦
賜進士及第翰林院侍讀前國史編修
會典纂脩官蕭管
誥勑邑人瞿景淳謹記　知常熟縣事蘇州府通判張救　縣丞陳元林廣　主簿徐標丘岳　典史雙昊　教諭熊東周　訓導戚龍周光立石

四十六　瞿景淳《常熟縣重修廟學記》

年代：明嘉靖三十七年（1558）
碑文：

常熟縣重修廟學記

侍御尚公奉命按吴之戊午春，行部至常熟，祗謁先師。時廟學多傾圮不治，公顧瞻咨嗟，亟欲新之，念民方困于軍需，公私廩廩，莫可為者。乃計本院所餘贖金，得五百八十兩，發縣令馮舜漁，俾葺之。馮乃鳩工飭材，卜以嘉靖三十六年九月十三日始事，越次年六月初一日告成。廟貌孔嚴，弦誦有所，士類咸忻忻，謀欲紀公績。余時適典南試歸，馮因諸生之請，以記屬余。余曰："事固有待哉，惟兹廟學肇自宋元，厥有歷年。入國朝以來，獨學諭羅汝寬、邑佐李子廉、郭南一嘗修之，然以力乏不贍，而仍其故者多矣。微尚公，安知廟學之不浸以廢也？"自公之按吴，糾貪殘，禁侵暴，吏治咸貞。威名所及，島夷屏伏。公政績章甚，然猶惟安吾之生，乃兹廟學之新，俾人知自進于禮義，淑其身心以自遠于禽獸。盖公之愛吾人，于是為益深，固宜諸生之德公不已也。

夫王道之污隆係人才，人才之盛衰係學校，學校之重于天下久矣。古今守土之臣，學廢不修，率以時之多故、日有不給為解，然人存政舉，豈可以罪夫時哉？夫多故之時，人之所急者曰兵與食耳。昔秦人起汧渭，擁崤函，包巴蜀，戰勝諸侯，富輕天下，遂墟六國而定于一。然焚弃詩書，禮教不修，人心之薄，雖父子兄弟之間，滑然有離心。故劉項起而諸將交臂乞降，不復知有君臣之義，則以上不知教，而士節不素勵之過也。夫秦之形勝則天下奥區，秦之鋭士則天下精甲，秦之富厚則天下上腴，然猶不足以延祚，而忽焉不祀。治之所急者，果徒在兵食之間哉？我高皇帝之創大業也，四方僭僞猶未盡平，兵革猶未盡偃，首詔有司立學造士，廟祀孔子，俾學者知所嚮。方聖神有作，度越常情，盖如此。公今遠承聖謨，所至率加惠學校，在吾邑者，一旦翼翼嚴正，有以起士子怠弛之氣，而日進不倦。嗣今居則為孝子，出則為忠臣，無負國家造士之初意，無愧先賢子游之鄉人，公之所以成人才、裨治理者，盖未可量矣。公豈以簿書先禮教，急一時富强之謀哉？《詩》曰："既作泮宫，淮夷攸服。"言文德之可以懷遠也。余于今盖有望焉。

公名維持，字國相，河南羅山人，歲庚子發解第一，登辛丑進士，以剛方直諒名臺中。按吴一年，百廢具興，城要害，核兵糧，諸所經略，必為東南久安計，盖治教兼舉者。余紀公績，特先學校，以公深達治本，且以示禮義之當明，人心之當正，不可以一日忽也。

嘉靖三十七年孟冬吉旦，賜進士及第、翰林院侍讀、前國史編修、會典纂修官、兼管誥敕、邑人瞿景淳謹記。

掌常熟縣事、蘇州府通判張牧，縣丞陳元、林壙，主簿徐櫃、丘岳，典史雙昊，教諭熊東周，訓導戚寵、周光立石。

按：明嘉靖三十六、三十七年間（1557－1558），巡按御史尚維持主持重修邑學。邑人瞿景淳撰記。瞿景淳（1507－1509），字師道，號昆湖，邑人，明嘉靖二十三年（1544）以榜眼及第，仕至禮部左侍郎，兼翰林學士。卒謚文懿。碑原在邑學戟門，現存文廟戟門。

四十七　重修常熟縣學記

重修常熟縣學記

天生下民而陟降之必治代亂是廡作為君師黃帝之興以出危克舜之誕於四函神禹之生以洪水湯武之起於殊羹孔子之出於亂成然數易也孔子代逆對季當其難焉夫以君臣俗道襄權移太阿倒授扎函德戎夷陵縣扑中鏊夫守戎矣哉孔子一倡夫谷而徒衍細谷夷紳而貴人北翼卻殷然準則而冠履魚亂奚俗唐之宇亂一會挾南北之峯大意出以教民用之者亡奉之欲止然書志作醫之伯也太牢王祀宋之理也敦崇道學元之祀之廢厪典育建太學彰明臥碑戒

聖祖明以革命之徹儆一是歲我
皇上明以建極也今觀營居序飾迤原傳士弟字帝引致外經於表章人有儒行家禮舆而名存骨長文浮質滿矣然而並於孫
皇明嘉靖三十七年歲在戊午夏六月之吉
賜進士第奉大夫廩西按察司僉事前南京禮部郎中邑人沈愿魁頓首謹撰
賜進士及第翰林院侍讀前國史會典纂修官萬甕詣勒邑人瞿景淳篆頌
賜進士第文林郎知常熟縣事蕭州馮舜漁　縣丞陳元
　　　　　　　　　　　　　　　　　　　　　　　周翔　林壙
　　　主簿徐　　曲史魏吳
　　　教諭熊東周　　訓道蕭永陵

職　　　　立石
郡人吳　　刻

四十七　沈應魁《重修常熟縣學記》

年代：明嘉靖三十七年（1558）
碑文：

重修常熟縣學記

天生下民，而陰騭之，以治代亂，是庸作為君師。黃帝之興以蚩尤，堯舜之誕以四凶，神禹之生以洪水，湯武之起以桀受，孔子之出以亂賊。然數聖遘時乘會，值其易也。孔子代逢叔季，當其難焉。夫以君卑臣僭，道喪權移，太阿倒授于凶德，戎夷陵轢于中華，天下岌岌矣。孔子一相于魯而正卯誅，一會夾谷而齊侯懼，雍容垂紳而費人北、萊夷却，毅然筆削而冠履辨、夷夏嚴。無君臨之位而猶賢堯舜，無命討之柄而篡逆悚息。儻生今世，登庸之寧俾奸雄之得志，南北之跋扈乎？聖承天意，出以救民，用之者昌，舍之者亡。秦之敝也，焚書弃儒；漢之伯也，太牢王祀。宋之理也，敦崇道學；元之汙也，蔑廢彝典。首建太學，彰明卧碑，我聖祖所以革命也；撤像正號，敬一是箴，我皇上所以建極也。今觀黌宮庠序，崇飭遐陬，博士弟子，布列中外。經有表章，人有儒行，家禮樂而户詩書，可謂盛矣！然而名存實喪，文浮質漓，討論遺根極之要，篇章課舉業之長。帖括誦習，雕蟲絺繪，射譽一時，叛聖彌遠。眩其小慧，而驟施于政，欲冀學道愛人，難矣。是以士罕表儀，民罔勸率，忽夷夏之大坊，闇匡攘之至計。德不勝妖，義詘于戰，非儒之不效于，天下漸靡使然爾。

海虞常熟，為吳之首邑，巫咸、子游之孕靈，而虞仲、仲雍之遺俗也。渢渢乎禮讓，文學逖自古哉！巍然素王，南面屹立，配以十哲，七十子列兩廡，而諸儒從焉。北有啓聖祠，以示追崇；東有言公祠，以表專設。廟棟翬飛，宫墻帶繞，而講堂西峙，義在明倫。二百年來，中經劉侍御廷瓚、楊縣令子器所葺，久而寖敝。比倭夷震驚，士冒矢石，救亡之不暇。烽煙僅戢，陋制何觀？乃御史大夫河南尚公維持，字國相，别號仰山，巡行下車，特先風教。謂廟貌不足以崇具瞻，膠庠不足以資游息，亟為移文縣治，覈帑羡餘，計得五百八十餘金。鳩工庀役，鳞集麇至，自正殿、二祠、廡宇、戟門、亭坊、經閣、賢宦諸祠，以及師生肄業會饌之堂，號房厢庫、墻垣石闌，靡不易朽以材，易陊以正，易故以新，易危以安，圮闕者增，漫漶者鮮，絢然霞輝，奕然岑聳。始于丁巳之冬，訖于戊午之夏，未半歲而厥工落成焉。是役也，于民亡擾，于官亡耗，裁冗費、蠲繁役、遏奸宄、議贖刑，不勞力而經始裕如，君子曰：善！今而後，徂庭倍肅，入室加敬；奠設有嚴，尸祝有閑。弦歌之音，取便拊擊；周折之儀，可以相觀矣。

尚公家邇鄒魯，學邃淵源，持節所至，激揚有體。將使軍旅之事，不得以先俎豆，為臣教之殉忠，為子教之殉孝，以文偃武，以義銷兵。潛回中夏之夷心，談笑折衝于荒服，奚啻入學受成，在泮獻馘而已焉。孔子曰，我戰則克，得其道也。大哉，憲臣之用心乎！風聲樹而軌物章，柔遠在邇，化之始也。凡我師傅，其益務自敬約，端厥模範；凡我同志，庶其濯摩遜業，升堂睹奧；以仰副上官作新之意，不負為巫咸、子游之鄉人。毋徒射策决科，媒衒青紫，以學舍為蘧廬，斯可矣！知縣事馮公舜漁，字澤甫，共命夙戒，敏慎相成，庶氓子來，幽明胥悦。非愷悌君子，將焉致之？茂哉丕績，皆不可以不書，是為記。

皇明嘉靖三十七年歲在戊午夏六月之吉，賜進士第、奉議大夫、廣西按察司僉事、前南京禮部郎中、邑人沈應魁頓首謹撰；賜進士及第、翰林院侍讀、前國史會典纂修官、兼管誥敕、邑人瞿景淳篆額；賜進士第、亞中大夫、河南布政使司參政、前禮部郎中、邑人陸堂書丹；賜進士第、文林郎、知常熟縣事、蒲州馮舜漁，縣丞陳元、周禎、林爌，主簿徐櫝，典史雙昊，教諭熊東周，訓導蕭永陵、戚寵立石；郡人吳鼒立石刻。

按：明嘉靖三十六、三十七年間（1557 — 1558），巡按御史尚維持重修邑學。邑人沈應魁重為撰記，邑人陸堂書。沈應魁，字仲文，邑人，明嘉靖二十九年（1550）進士，仕至廣西按察僉事，碑原在邑學戟門，現存文廟碑廊。

四十八　叙建院始末

四十八　王叔杲《叙建院始末》

年代：明嘉靖四十四年（1565）
碑文：

叙建院始末

余令常熟之三日，肅謁文廟。廟之右偏，有吴公子游祠附焉。余入而禮之，出而問贊者曰："是邑也，子游之鄉也。豈無所謂專祠、書院者乎？"咸對以未之有也。

夫句吴自泰伯端委以治，而尚仍文身之陋。惟子游北學中國，傳仲尼之道以歸，而大江以南，學者莫不得其精華，由是稱文獻之邦者，蓋三千年于兹，其功匪亞于仲尼者歟？而是邦為首善之地，諸鄉後進又其教誨之所先也，乃書院之制缺然未之有作，詎非士之耻而有司之過歟？于是謀及鄉大夫，謀及士庶，僉曰："惟令是命。"會巡院温公行部至縣，諸生有以狀白者。公毅然以崇賢舉廢是任，亟命余曰："是邑之缺典也，令其圖之。"余乃度地于虞山之麓，都院行臺之西，去吴公墓二百步而近，有隙地一方，從若干丈，横若干丈，厥土黄壤，廣衍爽塏，可八畝餘，于院為稱。余平價而易之。于是仞丈數，揣高低，書餱糧，慮材用，傭工役。南為門者一楹，曰文學里，以臨通衢；直北百武，東向為門者一楹，曰文學書院；由甬路折而西南為正門者三楹，曰南方精華；又北為池者一泓，石梁亘其上，石楯環其旁；又北為綽楔而四柱者一，曰洙泗淵源；又北則為學道堂，中三楹，夾室二楹，前為軒又三楹。堂之前左右為齋舍，東西向者各十有四楹。兩舍之前，又各為高垣以界之。堂之後，左右各為樓者三楹，樓左又為庖竈三楹，而祠之制略備矣。又以瞻依無所，則士心罔攝，于是為祠以妥先像者凡五楹，前為祠，門于堂之後，其外則繚以周垣，塵囂罔雜。經始于乙丑之二月，落成于是年之七月。木必丹雘，石必砥錯，厥材孔良，厥工孔精，直者如繩，折者如矩。閎偉壯麗，蓋邑之公宇民廬，悉罔有逾之者矣。然祠臨之于上，不可以莫之祭也，于是歲為釋菜者二；士群之于中，不可以莫之程也，于是月為考試者三。祭有品，試有饌，費安從出也，于是有常稔之田者六十畝，除其税收，其入以為共焉。夫院制備矣，祠義周矣，而掌之非其人，胡可久也？議以分教一人居于斯。而建廨之役，余以赴召不遑及，而僅具其費，以屬之董役者。總為金千六百有奇，出公帑者十之六，余捐俸而設處者十之四。是役也，主議者巡院温公；規畫調度，余則身之；董諸役罔懈，俾速于有成，則衛簿重鑒之勞也。

噫，余之令常熟僅十有六月，而于兹實殫心焉。今院宇整整然列，諸士子彬彬然集矣。聿以無辱監司之委，以無隳崇賢勸學素志，然豈余之勤哉？亦諸大夫士之樂贊，民之歡趨而相與以有成者也。余故紀其歲月與其規制，以諗于後之君子，尚相期冀于永久焉爾，乃若述聖謨、明正學以開示群賢，則有諸鉅公之文在，余烏乎能？

賜進士第、知常熟縣事、永嘉王叔杲撰。

郡人周天球書并篆。

嘉靖乙丑歲仲秋吉日。

按：明嘉靖四十三年（1564），邑令王叔杲將學道書院改建于虞山山麓，仍更名為文學書院。自撰文言建院始末，郡人周天球書。王叔杲，字暘谷，永嘉人，以進士任常熟縣令，為政清敏和易，不辭繁劇，邑治為之一新。碑原在邑學戟門，現存文廟碑廊，已殘。

常熟縣學三先生遺澤碑
一洲劉先生諱文詔字廷綸江西安福人
奉蘧呂先生諱尚古字　河南靈寶人
存吾汪先生諱元臣字懋德浙江錢塘人
國家建學造士辟猶山之竹資栝羽以宣功崑岫之珍待磨礱而成器也道風式微鐸響幾絕悠悠濆濆徒矜鐃羊故聚之鮮能知樂散之皆見
忽日往月來暑退寒襲夢想前賢儼若神對古人之言信有情哉常熟蘇文上邑古之虞鄉先賢巫咸泰伯吳公偃之墟也在今[illegible]
士之方軌而出者豈有外於庠校衿珮之人然天欲治則授英雄於群試之中時既異則成寬瑣於寸陰之下是以隨藍改質允藉儒宗邇[illegible]
名良資數首迎
先帝之龍興記大人之虎變四七餘年間其奮躍洞塗騰蹐風雲者降德馳譽先後光前寔由我三先生立行可模置言足範所以扶皇極而成人文
也三先生往矣縉紳學士相與講德劉先生性資恬靜貞夷粹温若其英辭吐於行記正義庠乎金夫所謂沉潛剛克者與呂先生器宇軒昂弘
朗開濟若其規苛幼之吏治懲虩辭之士習所謂高明柔克者與汪先生素心條暢推操堅貞時屈志申磨而匪磷所謂函而彌亮者與詩不云
乎鳶飛戾天魚躍於淵豈弟君子遐不作人三先生先後之轍跡不齊陶鈞之體致則一方其公堂日講私試月詩不專以文藝也蓋論枇守邪
[illegible]卬方開乎非習開群蒙而聖賢之音明寂衆聽則經傳之疑釋給膏油而繼晷齋舍聯弦誦之聲豐廩餼以觀順章縫獲薤鹽之樂追惟善誘
光儼往指學專明體訓道世務則有蘇湖之實焉卻餽遺惠貧窘則有關西之實焉煥黌宮崇賢祀則有泮水之實焉雅之菁菁者莪樂育才也
其箋曰當時人人君子菁育始扯潤澤如陵由今觀古不其然哉後三先生皆典州郡作民牧為理官譽表六條功最萬里彊民獺俗及志退情
此其政與教通也假令列京朝臺寺施設又豈止此哉穆叔有言太上有立德其次有立功此之謂不朽人雖云亡德實難泯是故僑終典謠塞
謝輟相剡經師人表可使湮沒而無聞哉悒悵餘徽昭揭景行告於縣大夫文軒連公公曰世彌積而功益崇身逾遠而思無斁吾於是觀其概
矣盍旌諸石以砥儒林之永懷備觀風之博采系之銘曰
惟三先生載道以鳴蒙來倚席夜雨分更環橋觀者春風滿庭惟三先生載道以行進善匡國屬之文衡靖亂庇民施於專城渤海齊滦岱嶽踦
宏去思借一士民同情軼而齊舉神鑒孔明摛耀在石載揚休聲
萬曆元年四月吉旦
賜進士第翰林院庶吉士海虞趙用賢頓首拜撰
賜進士第文林郎知常熟縣事永年連三元[illegible]
賜進士第文林郎知常熟縣事晋江留震臣立石　縣丞　姚謨　尹性　主簿　劉邦輔　桂一林　典史　章子紫
儒學教諭王然　訓導　錢祿　金懷文　馮汲　馬千里

四十九　常熟縣學三先生遺澤碑

四十九　趙用賢《常熟縣學三先生遺澤碑》

年代：明萬曆元年（1573）

碑文：

常熟縣學三先生遺澤碑

一洲劉先生諱文詔，字廷綸，江西安福人。

秦麓吕先生諱尚古，字□□，河南靈寶人。

存吾汪先生諱元臣，字懋德，浙江錢塘人。

國家建學造士，辟稽山之竹，資楛羽以宣功；昆岫之珍，待磨礱而成器也。道風式微，鐸響幾絶，悠悠潰潰，徒矜饘羊。故聚之鮮能知樂，散之罕見興思。日往月來，暑退寒襲，夢想前賢，儼若神對，古人之言，信有情哉！

常熟，蘇之上邑，古之虞鄉，先賢巫咸、泰伯、吴公偃之墟也。在今文獻，甲于天下，士之方軌而出者，豈有外于庠校衿珮之人？然天欲治則投英雄于群試之中，時既异則成嵬瑣于寸陰之下，是以隨藍改質，允藉儒宗，題竹書名，良資教首，溯先帝之龍興，記大人之虎變。四十餘年間，其奮躍淵塗、騰跨風雲者，降德馳譽，絶後光前，實由我三先生立行可模，置言足範，所以扶皇極而成人文也。三先生往矣，縉紳學士相與講德，劉先生性資恬静，貞夷粹温，若其英辭吐于竹記，正義斥乎金夫，所謂沉潛剛克者與？吕先生器宇軒昂，弘朗開濟，若其規苛切之吏治，懲骩髒之士習，所謂高明柔克者與？汪先生素心條暢，雅操堅貞，時屈志申磨而匪磷，所謂困而彌亮者與？《詩》不云乎，鳶飛戾天，魚躍于淵。豈弟君子，遐不作人。三先生先後之轍迹不齊，陶鈞之體致則一。方其公堂日講，私試月評，不專以文藝也。盖檢柅乎邪心，抑防閑乎非習。開群蒙而聖賢之旨明，寂衆聽則經傳之疑釋。給膏油而繼晷齋舍，聯弦誦之聲；豐廩餼以覩頤章縫，獲虀鹽之樂。追惟善誘，光儷往哲；學專明體，訓通世務；則有蘇湖之實焉。却饋遺，惠貧窘，則有關西之實焉。焕黌宫，崧賢祀，則有泮水之實焉。《雅》之菁菁者莪，樂育才也。其箋曰：當時人人君子，長育如址，潤澤如陵。由今觀古，不其然哉？

後三先生皆典州郡，作民牧，為理官。譽表六條，功最萬里；强民獷俗，反志遷情。此其政與教通也。假令列京朝臺寺，施設又豈止此哉？穆叔有言，太上有立德，其次有立功，此之謂不朽。人雖云亡，德實難泯，是故僑終興謡，蹇謝輟相。矧經師人表，可使湮没而無聞哉？怊悵餘徽，昭揭景行，告于縣大夫文軒連公。公曰："世彌積而功益崇，身逾遠而思無斁。吾于是觀其概矣，盍旌諸石以愜儒林之永懷，備觀風之博采？"系之銘曰：

惟三先生，載道以鳴。蒙來倚席，夜雨分更。環橋觀者，春風滿庭。惟三先生，載道以行。進善匡國，屬之文衡。靖亂庇民，施于專城。測海齊深，登岳均宏。去思借一，士民同情。軼而不舉，神監孔明。摛耀在石，載揚休聲。

萬曆元年四月吉旦，賜進士第、翰林院庶吉士、海虞趙用賢頓首拜撰；賜進士第、文林郎、知常熟縣事永年連三元，賜進士第、文林郎、知常熟縣事晋江留震臣立石；縣丞姚謨、尹性，主簿劉邦輔、桂一林，典史章子榮，儒學教諭王然、訓導錢禄、余懷文、馮汲、馬千里。

按：明正嘉間，吾邑科名極盛，邑人歸功于邑學教諭劉文詔、吕尚古、汪元臣等三先生之教澤，因于万历元年（1573）立此《遺澤碑》，邑人赵用賢撰，縣令江留震書。趙用賢（1535—1596），字汝師，號定宇，邑人，明隆慶五年（1571）進士，終吏部侍郎，卒謚文毅。碑原在邑學戟門外，現存文廟禮門。

五十　文學書院記

五十　嚴訥《文學書院記》

年代：明萬曆九年（1581）
碑文：

文學書院記

先賢言公，吴産也，尚矣，海虞邑治有子游巷、有文學里，而虞山則有冢。自宋邑令孫侯始表揚之，而祠于學之東偏，語具朱文公先生《記》中。明興，至侍御史鉛山胡公，有加禮焉，語具先宰輔楊邃翁《記》中。而書院專祠，則自永嘉王公始也。

嘉靖乙丑岁，公選地于虞麓之陽，延袤幾若干丈，而里有居人蘇憲者，上體公意，愿割基以成之。公于是庀材鳩工，飭制諏良，而役肇興焉。為門為沼，為坊為堂，為寢為樓，為周廬，凡為楹若干，中妥先賢像，以瞻禮之。題其堂曰學道，而書院則名之為文學。語具王公自為記中。

王公初為靖江有聲，余叨柄天曹，聞而才之，請調吾邑。書院既告成，公寓書京邸，請記于余。而余方大計天下群吏，未遑也。余既告還里，無何而公拜簡命，奉璽書備兵蘇松。行部至邑，首莅書院，謁先賢，已，乃選邑校髦彦，講肄其中。月給餼廩筆札費若干，而余亦捐田六十畝，校士張君繼詩亦六十畝，每歲各入租以助之。公于是又以記請。而先之以邑令晋江留侯，申之以郡倅新昌劉侯，不懈而益力也。

夫古之善為吏者，豈不以風教為先務哉？即子游之為武城，蓋亦嘗以禮樂教矣。公治先賢所産之邑，而首崇先賢，以風乎邑人，是與先賢同官，而亦與先賢同政。斯于吏道，實為得之。而視夫斤斤簿書者，不同年而語矣。夫武城小矣，且服先賢之化，而有弦歌之聲。公之化，即先賢之化，而吾邑方幸被之，將于文學益茂進焉，而弦歌云乎哉。雖然子游以文學稱，而其聞諸夫子者不過曰“君子學道則愛人，小人學道則易使”也。然則其所謂學者，學乎道也，而文亦文此而已。蓋孔子稱子游之行曰先成其德，及事而用。故動不妄是，故其辯喪之不可去踴，有子嘗服其精；其議出祖之無反，則曾子亦多其説。而子張之堂堂則病之，子夏之教門人本之則無則譏之。至其所甄識，號稱得人者，乃直不徑趨不室瀏之澹臺滅明焉爾。子游之所以為文學，斯略可睹矣。而今之所謂文學者，殆异于是。占踕一經，入出四寸，猥狥程度，僅射科目，而以為文者，非道也，其學也陋。搜抉縹緗，握珠抱玉，鏤繢章句，掞天凌雲，而以為文者，非道也，其學也誇。支離裂術，曼衍多岐，繆悠荒唐，猖狂恣睢，而以為文者，非道也，其學也僻。即使窺姚測姒，襲姬蹈孔，揚搉奥窔，論撰踔軼，此之為文，庶幾哉于道不畔不詭，而無所牴牾于聖門之訓矣。然或求之于心，而未必其有得也；反之于躬行而未得其允迪也。則亦所謂書肆説鈴云爾，而奚貴于學？甚者睥睨霄衢，假塗墳典，緣餙奸贋，以簧鼓而欺世，圭璧其外，碔砆其中，抑亦小人之傅，而道之賊也，又將焉用彼學為哉？

昔者子貢謂于石子曰：“子誦詩乎？”于石子曰：“吾暇乎哉？父母求吾孝，兄弟求吾弟，朋友求吾信，吾暇乎哉？”子貢曰：“請投吾詩而學于子。”夫受業于人而能使之投所業而學焉，善哉于石子之為詩也。今使學子游者，能如于石子，縱不得子游投詩，將必不為所譏病而得甄識如子羽矣，而况所詣不趨為子羽也。道之既學，而擴充其愛人之量，隨所肩任，恕施弘濟，將老安少懷，各得其所，而在家在邦，無所處而不當焉。勛猷炳蔚于當時，聲光照耀于無垠，斯學之為君子事者，可以謂之實學，而文亦天下之至文爾。公所為，先賢是崇而亹亹焉以學道為教者，固甚盛心，而豈徒望為今之所謂文學者哉？余是以繹而闡之，以為吾邑人勖。因遂記之，以申勖于來者。

賜進士出身、光禄大夫、太子太保、吏部尚書、武英殿大學士、知制誥、國史典志總裁官、邑後學嚴訥謹撰。

郡後學周天球謹書并篆。

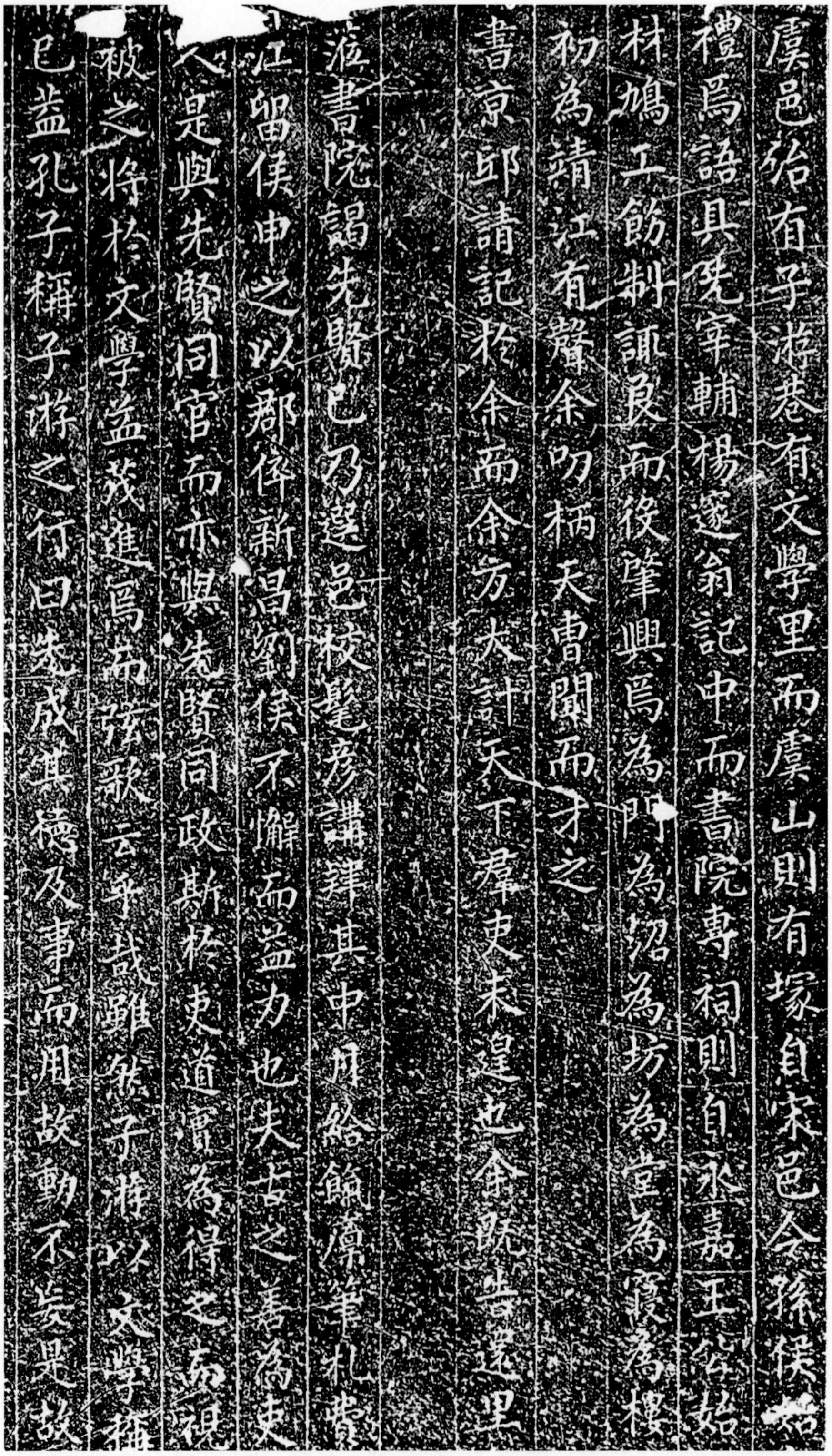

虞邑治有子游巷有文學里而虞山則有塚自宋邑令孫侯始
禮爲語具見宰輔楊遂翁記中而書院專祠則自永嘉王侯始
林鳩工飭料諏良而役肇興爲門爲沼爲坊爲堂爲寢爲樓
初爲靖江有聲余叨柄天曹聞而才之
書京邸請記於余而余方大計天下羣吏未遑也余既告還里
滋書院謁先賢已乃選邑校髦彥講肄其中月給餼廩筆札費
江留侯申之以鄰侔新昌劉侯不懈而益力也夫古之善爲吏
人是與先賢同官而亦與先賢同政斯於吏道實爲得之而視
被之將於文學益茂進焉而弦歌云乎哉雖然子游以文學稱
邑蓋孔子稱子游之行曰遂成其德及事而用故動不失是故

五十　文學書院記（局部）

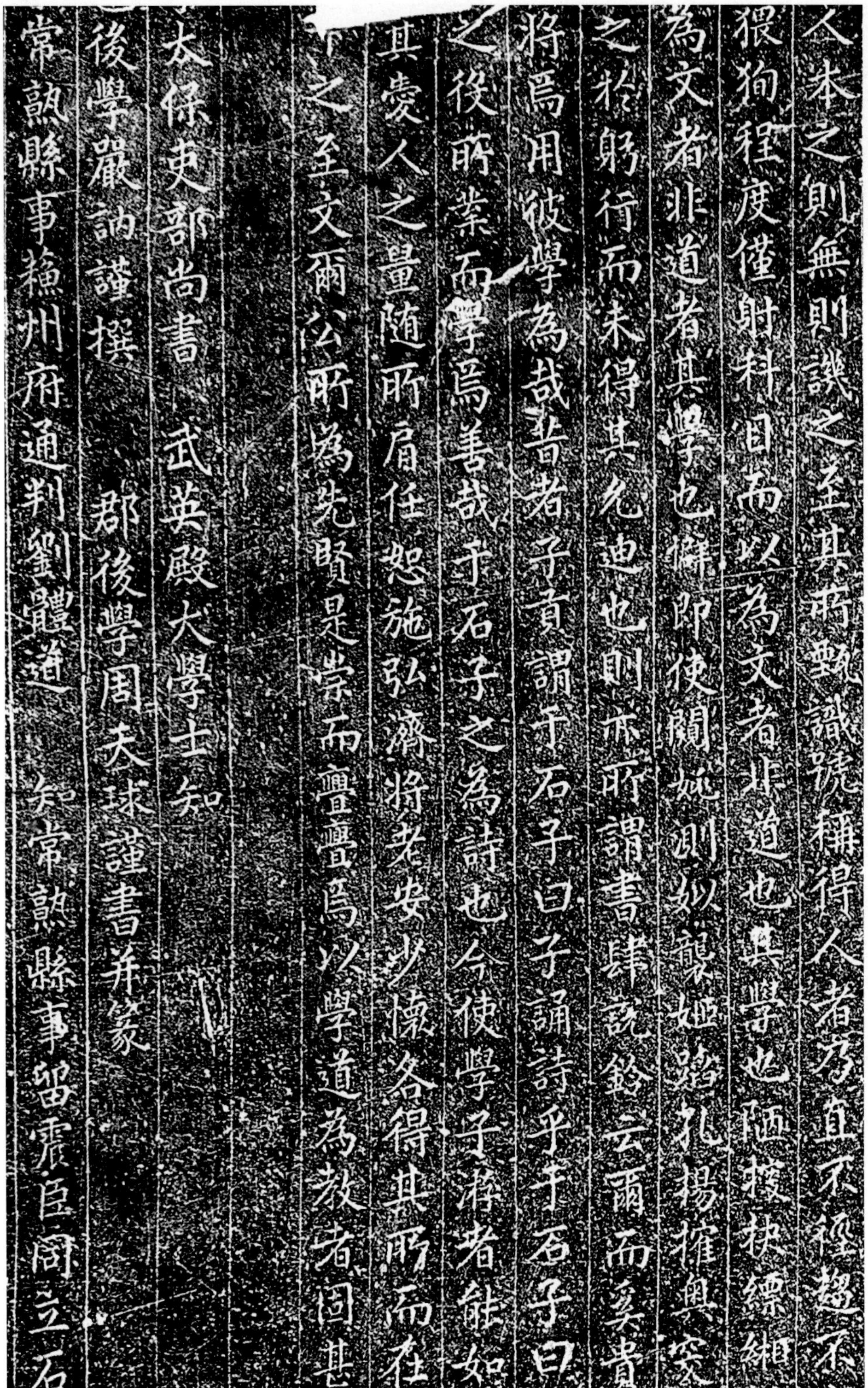
人本之則無則譏之至其所甄識號稱得人者乃直不經趨不
猥狗程度僅射科目而以為文者非道也其學也陋襲抉縹緗
為文者非道者其學也厲即使觸類測以襲媸駘孔揚摧奥突
之於躬行而未得其允迪也則亦所謂書肆説鈴云爾而奚貴
將焉用彼學為哉昔者子貢謂子石子曰子誦詩乎子石子曰
之役所業而學焉善哉子石子之為詩也今使學子游者能如
其愛人之量隨所肩任恕施弘濟將老安少懷各得其所而在
之至文爾公所為先賢是崇而亹亹焉以學道為教者固甚
太保吏部尚書　武英殿大學士知
後學嚴訥謹撰　郡後學周天球謹書并篆
常熟縣事蘇州府通判劉體道　知常熟縣事留震臣同立石

五十　文學書院記（局部）

萬曆丙子歲孟春吉旦，掌常熟縣事、蘇州府通判劉體道，知常熟縣事留震臣同立石。

按：明嘉靖末，邑令王叔杲更建文學書院，邑人嚴訥為撰記，郡人周天球書，後邑令留震臣立石。嚴訥（1511—1584），邑人，明字敏卿，嘉靖二十年（1541）進士，仕至武英殿大學士。卒謚文靖。有《嚴文靖公集》二十卷。碑原在邑學言子祠，已佚。

五十一　重建常熟縣儒學西舍碑記

五十一　許成器《重建常熟縣儒學西舍碑記》

年代：明萬曆二十五年（1597）

碑文：

重建常熟縣儒學西舍碑記

署學諭事、舉人、宛陵許成器撰文。

中書舍人、邑人嚴澂書丹并篆額

海虞有學舊矣，盖自子游北禀學于洙泗，遂得精華而稱速肖，蔚為南戒，以南聖學開先。其在于今，表首善而藪人文，制科之盛林林并起代興，未易僂指計。雖其淵源者遠乎，要以上直斗分，雲漢為章，負虞山若扆，挾兩湖若日月，二瀆百川，導灝溔真氣而委之大海，若襟帶實天紀地絡之所終始，靈秀异矣。縣宇推轂海虞，學不啻鄒魯，有繇然哉。嘗考邑乘，先正薦紳起家者率溯所自始，時而修創，不煩公府，流風迄今尚存。頃者學之西舍不戒于鬱悠，縣大夫何公以聞之諸臺。諸臺具報如一指，其亟議更始毋緩。何公奉將惟謹，顧歲比侵，閭閻膏脂已竭，覈之帑籍堇堇耳，計惟不腆之俸可蠲。公循且廉，薦紳先生之里居者，聞而聚族以謀。學，吾海虞學也，范希文何人哉，吾海虞先正嘗踵其休烈矣。今日之事，是在吾儕，奈何壓縣大夫慮？遞義助有差，會太仆徐公歸自白下，蒿目焉，愿身為植，首以百金，鳩工捃材，諸所部署，若營其居室，工必當程，無惰窳，材必中物，無贋敗。盖自丁卯筮事，迄丁未落成，僅僅逾月，秩秩翼翼，學宫倏若增而壯也。觀者駭為神功。于是諸生之賢勞者因寅友孫君、葛君抵不佞，以碑屬焉。

不佞竊惟西舍所以署名約禮之旨，進二三子而諗之曰：先聖有言，以約失之者鮮矣，舍禮奚約哉？古者立學必釋奠于先聖先師，勿亦緣尸祝而摽儀的。先聖猶之鼻祖，大宗亘古。今孔子尚矣，鄉黨一篇，以身教萬世。子游非海虞之先師耶？其受先聖之傳，惟禮為兢兢，實與顔曾稱南北宗，彼其一裘之裼襲猶然致嚴。當時高第如曾子亦遜。夫夫嫻于禮，燕居之問，禮也者領惡而全好者，與根極于精微，斯與克己復禮豈异耶？則子游所謂本、所謂學道，固自得于禮者深矣。晚近鮮言禮，徒見子游以文學著，猥操習慮，鬥精筭技于羔雁之末，用相矜詡。垂髫之秀，搦管吐一二卮語，舉趾輒高，愿□前薪，斯逾節躐等禮坊所由闌出也。二三子之尸祝先師，非一日矣，豈其不望以為趨，而隨俗唇趾？有志者必不其然。然亦安知賢智者不卑疵當年摘僻矜綴之沾沾，跳而為倘宕，以自托于超頓弊，且使人倀倀乎其何之？譬今之築舍，藉令上下僭次，大小紊宜，其能成秩秩翼翼□觀乎？故孔子之告子游，歷數無禮，至于宫室失其度，禮何可斯須去也，且以顔子具體，聖人循循然約之以禮，非禮勿視，聽言動天下，歸仁焉動容周旋中禮盛德之至也。諸生脊毋粗視禮，當是而行，動則不妄，一切奉禮為幽室之燭，由之上可以契心齋之密藏，次可以紹弦歌之嫡派，即不然者，亦不失為行不徑、私不謁之澹臺，毋寧使人謂第以羔雁之文，徼制科之盛，足張海虞之靈秀而已。此則鄉先生之所擬注于二三子也，不佞越雞耳惡，能覆鵠卵，惟是禮不忘其本，有二三子之國故在，聊為之擯昭其斯為歸，而求之有餘師。

何公名節，廣漢人，乙未進士；徐公名昌祚，以王父大司空公任太僕寺丞；諸臺為少司馬中丞巴趙公以督撫、侍御南昌陳公以督學、仁和秦公以代巡、郡貳守富順朱公以視郡事、南昌李公以視邑事，咸敷文貞教，嘉惠作新。寅友司訓孫君名以會，平樂人；葛君名思賢，丹陽人，實與擘畫；邑丞鄭君名一鳴，西安人，以巡工；尉陳公名岳，會稽人，以祓救。諸生之賢勞者，孫林、李喬新、蔡儒、張浩、徐耀祥、趙用貞，而陳用益、陳允元尤效拮据。若諸鄉先生氏名，敬勒碑左，个有光禄署正徐公名振德，曩曾捐百金修宫宇，不宜泯其義，法當附書。

萬曆二十五年歲次丁酉孟冬穀旦立。

五十一　重建常熟縣儒學西舍碑記（局部）

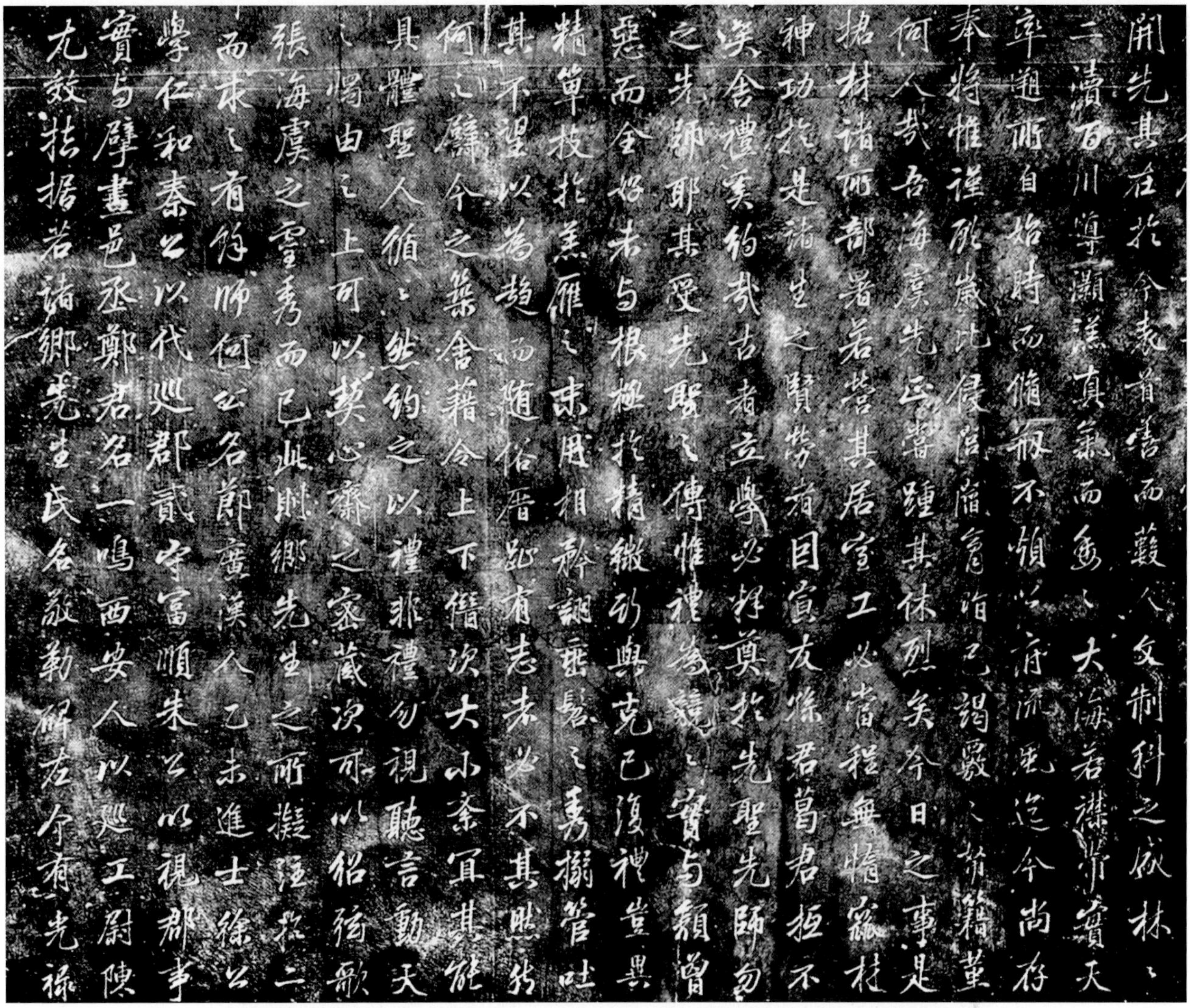

五十一　重建常熟縣儒學西舍碑記（局部）

邑人吕據德鎸。

按：明萬曆二十一年（1593），邑人徐育德輸地助金，拓邑學屏墻。教諭許成器撰記。許成器，字道甫，寧國人，明萬曆二十三年（1595）以舉人來任教諭。秩滿，升翰林院孔目。碑舊在邑學明倫堂左，已佚。

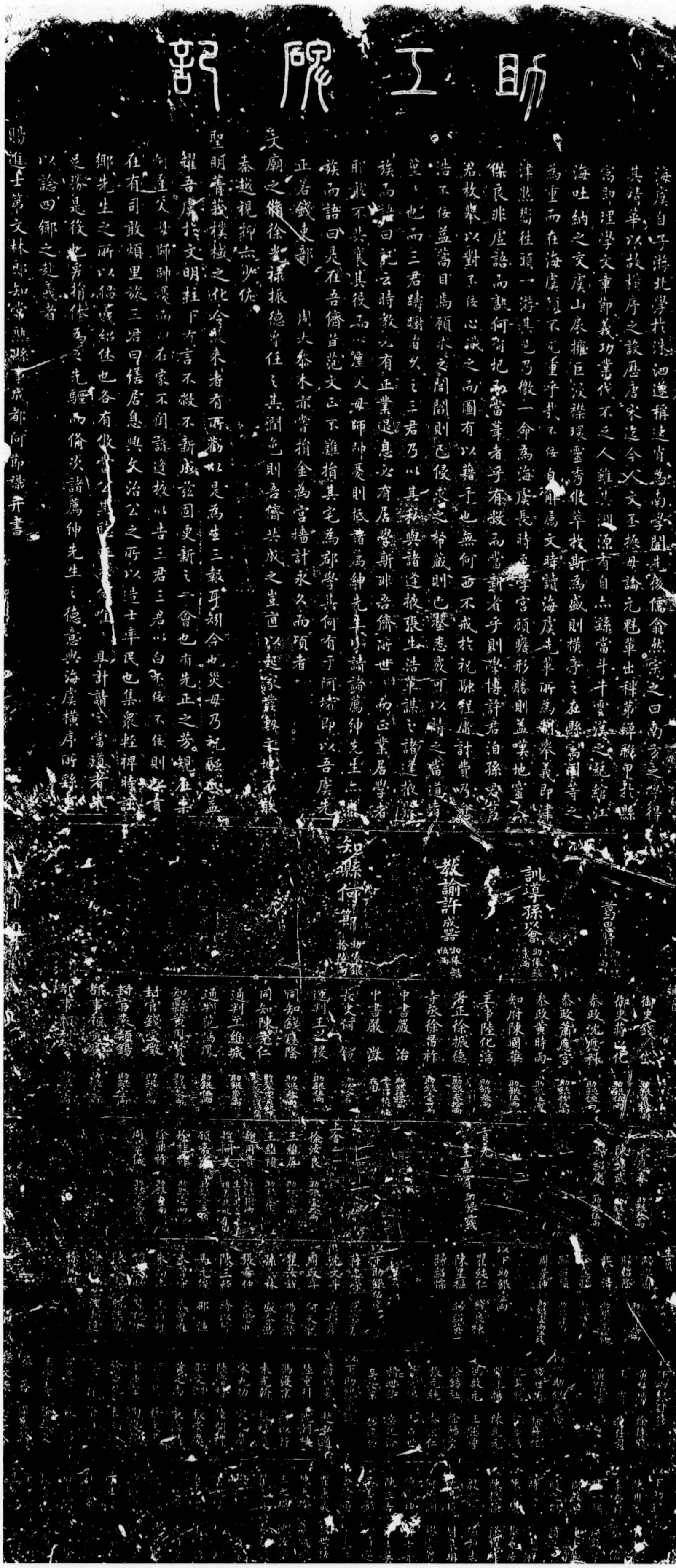

五十二　助工碑記

五十二　何節《助工碑記》

年代：明萬曆間
碑文：

海虞自子游北學于洙泗，遂稱速肖，為南學開先。後儒翕然宗之，曰南方之學，得其精華。以故橫序之設，歷唐宋迄今，人文丕振，毋論元魁輩出，科第蟬聯，甲于縣宇。即理學文章、節義功業，代不乏人。雖其淵源有自，亦繇當斗牛雲漢之紀，綰江海吐納之交。虞山扆擁，巨浸襟環，靈秀攸萃，于斯為盛，則橫序之在縣宇固等之為重，而在海虞顧不尤重乎哉？

不佞自解屬文，時讀海虞先輩所為制舉義，即津津然嚮往，愿一游其邑。乃徼一命，為海虞長，時至學宫，顧瞻形勝，則益嘆地靈人杰，良非虛語。而孰何有圮而當葺者乎？有敝而當新者乎？則學博許君洎孫君、葛君枚舉以對。不佞心識之，而圖有以藉手也。無何，西不戒于祝融，程庸計費乃愈浩，不佞益蒿目焉。顧求之閭閻則已侵，求之帑藏則已罄，悉覈可以請之當道者堇堇也。而三君躊躇者久之。三君乃以其私與諸逢掖張生浩輩謀之，諸逢掖聚族而語曰："記云，時教必有正業，退息必有居學，斯非吾儕所世世而正業居學者耶？敢不共襄其役，而以廑父母師帥憂。"則抵諸薦紳先生以請，諸薦紳先生亦聚族而語曰："是在吾儕。昔范文正不難捐其宅為郡學，其何有于阿堵？即以吾虞先正，若錢吏部衡、周大参木，亦嘗捐金為宫墻計永久。而頃者文廟之修，徐光禄振德專任之，其潤色則吾儕共成之，豈直以起家發軔之地，不敢秦越視？抑亦少佐聖明菁莪樸棫之化，令後來者有所勸，以是為生三報耳。矧今也灾，毋乃祝融氏益耀吾虞于文明。柱下有言，不敝不新，成兹固更新之一會也。有先正之芳規在，奈何廑父母師帥憂，而曰在家不聞。"諸逢掖以告三君，三君以白不佞。不佞則以責在有司，敢煩里旅？三君曰："繕居息，興文治，公之所以造士率民也。集衆輕，裨時詘，鄉先生之所以倡義紹休也。各有攸當，公其聽之。"不佞唯唯，且計請之當道者，未足勝是役也。爰捐俸為之先驅，而備次諸薦紳先生之德意與海虞橫序所繇重，以諗四鄉之赴義者。

賜進士第、文林郎、知常熟縣事、成都何節識并書。

下附捐資姓氏，略。

按：明萬曆間，邑令何節撰并書，略述教諭許成器等倡義重建邑學西號舍，後附捐資姓氏。何節，字雁里，漢川人，進士，明萬曆二十三年（1595）來令我邑，尋丁内艱去。碑原在邑學明倫堂右，已佚。

五十三　曾子像贊

五十三　曾子像贊

年代：明萬曆三十年（1602）

碑文：

曾子，名參，字子輿，周南武城人，年七十一歲。

有物號明德，由來獨無侶。無端椎魯人，如毛輶克舉。

明弟子耿橘百拜贊，嚴澂沐手書，嚴澤立石于友曾精舍。

按：明萬曆三十二年（1604），耿橘以進士來令我邑。首復子游書院，刻《虞山書院志》。此《曾子像贊》，即其手撰，邑人嚴澂書，嚴澤立。碑原在明倫堂後，已佚。

五十四　小孔子像贊

小孔子名伋字子思孔子之孫年六十二歲
惟天一大事隱微而介守仲
尼老祖道不出乎與先生只
戰懼
明弟子耿橘百拜贊
嚴澂沐手書
嚴澤立石於
友思精舍

五十四　小孔子像贊

年代：明萬曆三十年（1602）

碑文：

小孔子，名伋，字子思，孔子之孫，年六十二歲。

性天一大事，隱微兩個字。仲尼老祖道不出，子輿先生只戰懼。

明弟子耿橘百拜贊，嚴瀲沐手書，嚴澤立石于友思精舍。

按：此贊為邑令耿橘撰，嚴瀲書，嚴澤立。耿橘，字藍陽，以進士來令我邑，講求水利文學，作《常熟水利全書》《虞山書院志》。催科簡約，風俗為之振起。碑原在明倫堂後，已佚。

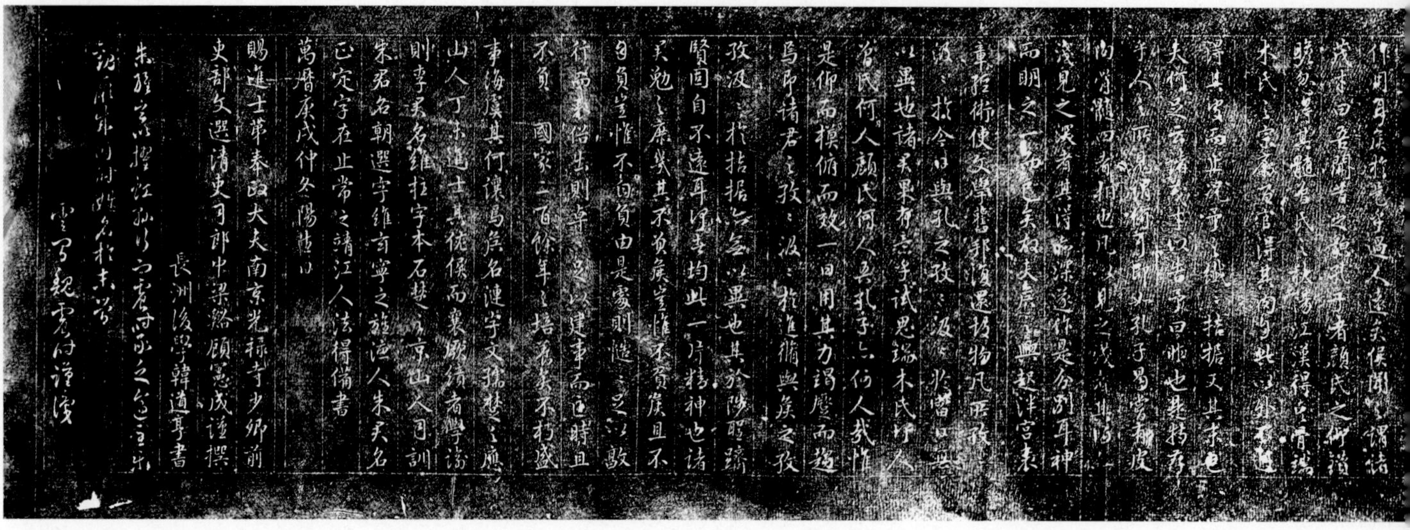

五十五　顧憲成《重修常熟縣學尊經閣并厘復祀典創置學田記》

年代：明萬曆三十八年（1610）

碑文：

重修常熟縣學尊經閣并厘復祀典創置學田記

國家之設學，從來遠矣，本之先師孔子之所以教天下萬世于無窮。而天下萬世所以佩服先師孔子于無窮者，胥于是乎在是。故其涣然而為謨訓之昭垂，能使人相與誦習焉，而不敢背者，非僅僅在文字間也；其肅然而為俎豆之薦享，能使人相與奔走焉，而不敢翫者，非僅僅在儀物間也；其翩然而為縫掖之森列，能使人相與敬且愛焉，而不能已已者，非僅僅在體貌間也；凡皆宇宙間一片精神之為也。是故感即應，觸即通，其發脉在聖人，而未嘗不貫徹于吾人；其發緘在俄頃，而未嘗不旁皇周浹于千百世之上下也，在柄世道者聯合而總攝之耳。

琴川楊侯之為令也，持己以廉，牧民以慈，接士以誠，繩暴以法，善政縷縷，聲冠東南，真不愧古之循良矣。一日詣學，目擊蕪莽之狀，慨然太息。退而捐俸金，散鍰金，鳩工掄材，舊之飭而新之圖。為之修尊經閣，欽聖製也；為之厘祀典，妥神靈也；為之置學田，優士養也；為之搜群籍，崇文教也；為之設義師，廣陶育也。宫墻之間，禮備樂和，爛焉生色。其德意甚茂，而其所規畫甚具而有則。虞人士相率聚而誦焉，于是茂才繆生肇祖、朱生曾省、嚴生栴等圖勒之石以旌侯功，因謁予東林，屬予為記。

予惟世之為令者，上之清管庫、勤聽斷、規規簿書期會之間以見能，如是而已耳；下之盛厨傳、都筐篚，務稱貴人意，以博一時之譽，如是而已耳。其于民之疾痛疴癢，猶然不暇問，而又何有于教化之事哉？乃侯夙夜孜孜汲汲，顧不在彼而在此，曹所甚委，侯獨為任也；曹所甚緩，侯獨為急也；曹所甚簡，侯獨為隆也。是必其卓越之識有以超出流俗之表，又必其一片精神周流灌注，有以通聖人吾人而為一體，通千百世之上下而為一息，始有此作用耳。侯于是

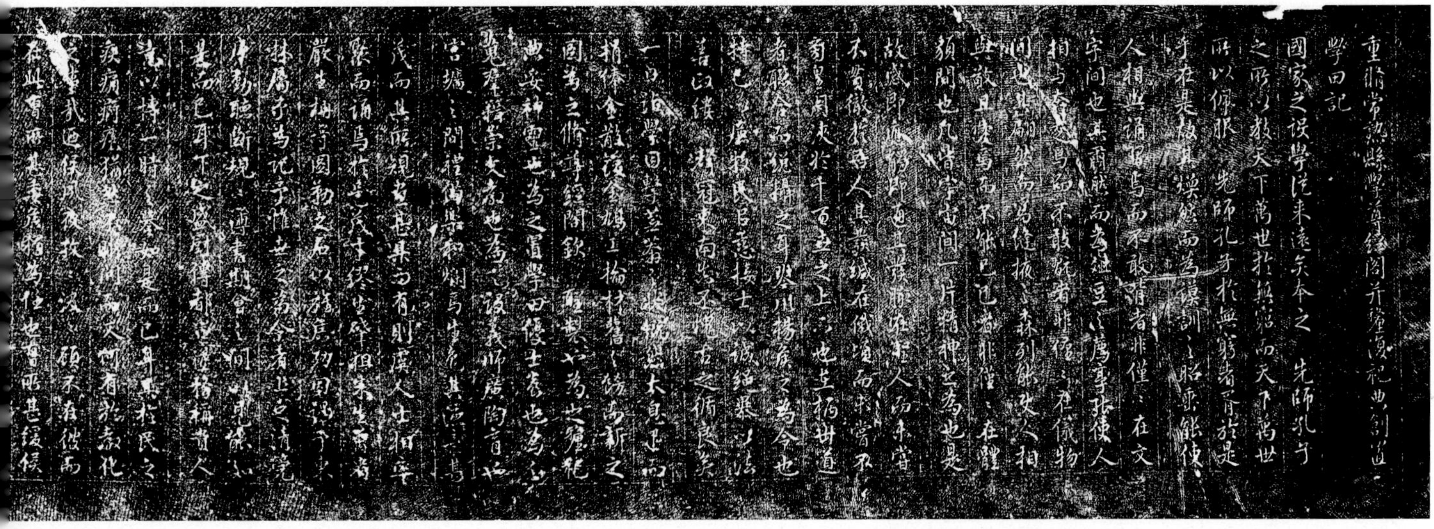

五十五　重修常熟縣學尊經閣并厘復祀典創置學田記

乎過人遠矣。侯聞之，謂諸茂才曰："吾聞昔之貌孔子者，顏氏之仰鑽瞻忽得其髓，曾氏之秋陽江漢得其骨，端木氏之宗廟百官得其肉。自此以外，不過得其皮而止，况我之纖纖拮据，又其末也，夫何足云？"諸茂才以告，予曰："非也，是特存乎人之所見謂何耳，即如孔子，曷嘗有皮肉骨髓四者相也？凡以見之淺者，其得亦淺；見之深者，其得亦深，遂作是分别耳，神而明之一而已矣。故夫侯之興起泮宫，表章經術，使文學舊邦復還故物，凡所孜孜汲汲于今日，與孔之孜孜汲汲于當日，無以异也。諸君果有意乎？試思端木氏何人，曾氏何人，顏氏何人，吾孔子亦何人哉？惟是仰而模，俯而效，一日用其力，竭蹶而趨焉，即諸君之孜孜汲汲于進修，與侯之孜孜汲汲于拮据，亦無以异也。其于陟聖躋賢，故自不遠耳。何者？均此一片精神也。諸君勉之，庶幾其不負侯。豈惟不負侯，且不自負。豈惟不自負，由是處則慥慥，足以敦行而表俗；出則卓卓，足以建事而匡時，且不負國家二百餘年之培養矣。不朽盛事，海虞其何讓焉？"

侯名漣，字文孺，楚之應山人，丁未進士。其佐侯而襄厥績者，學諭則李君名維柱，字本石，楚之京山人；司訓朱君，名朝選，字維玄，寧之旌德人；朱君，名正定，字在止，常之靖江人。法得備書。

萬曆庚戌仲冬陽至日，賜進士第、奉政大夫、南京光禄寺少卿、前吏部文選清吏司郎中、梁溪顧憲成謹撰。

長洲後學韓道亨書。

朱維玄以擢虹縣行，而震時承乏適至，樂觀厥成，因附姓名于末耑。

雲間魏震時謹識。

按：明萬曆三十七年（1609），知縣楊漣重修儒學尊經閣，厘復祀典，并創置學田。顧憲成撰記，韓道亨書。顧憲成，字叔時，無錫人，明萬曆八年（1580）進士，為東林黨創始人之一。有《顧端文遺書》等。碑原在邑學明倫堂，已佚。

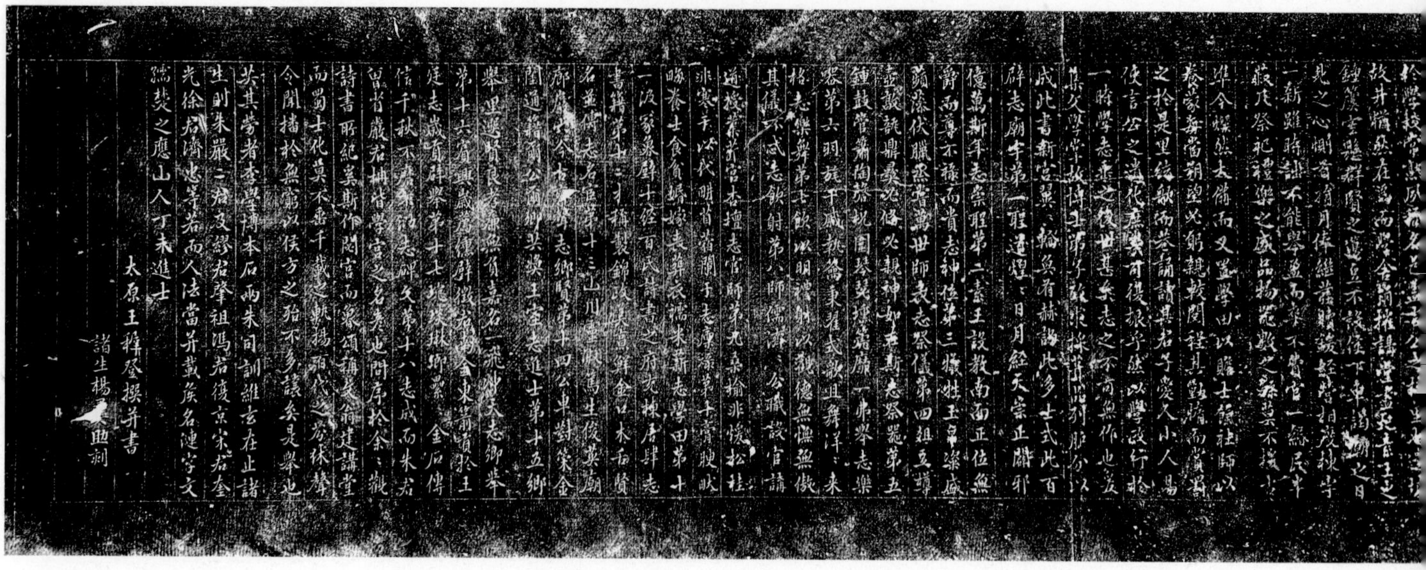

五十六　李維楨《常熟縣儒學志序》及王穉登《常熟縣學政志序》

年代：明萬曆三十八年（1610）

碑文：

常熟縣儒學志序　京山李維楨撰

海虞博士弟子員集楊明府修學事，為志八卷，離其凡為十八，曰殿宇、曰崇聖、曰神位、曰祭儀、曰祭器、曰樂器、曰樂舞、曰飲射、曰官師、曰廪禄、曰學田、曰書籍、曰名宦、曰鄉賢、曰進士、曰鄉舉、曰歲貢、曰碑文，其義則小序悉之矣。予既卒業而深歎夫學校之化，不可數幾于世也。學政至周始詳而亦與周俱衰。漢文帝始有詩博士，景帝因之，武帝五經置博士及弟子員，皆太學在京師，而郡國立學校官，自蜀文翁始。平帝時，立學官，郡國曰學，邑侯國曰校，校學置經師一人；鄉曰庠，聚曰序，序庠置孝經師一人。郡國又有文學掾，固已達之天下矣。然史傳所載，何武、李忠、寇恂、衛颯、任延、秦彭、鮑德、魯丕之屬，皆刺史郡守，相以興學著名，而邑令長可考見者，僅宋均調辰陽長，為立學校。兩漢四百年，邑令長稱循吏不少，上之人功令具在，而教學闊疏若此，豈以地褊小，割雞焉用牛刀耶？先刑法而後教化，政日趨簡，俗日趨偷也。漢最近古，何望于叔季之代？國家承平久，玩愒滋，邑令日迫餍事，救過不給，奚暇言學？如海虞，即兩漢且希遘，士千載而一遘公，上為一，下為二，宜何操焉？亦請以漢事喻，經術以經世務，窮經致用，以意逆志，是為得之，其有書煩而無要，詞雜而無指，歸專門聚訟，枝葉蕃蔓，一經説至百萬餘言，解頤折角，諸名號起而競心生，斥驪駒狗，曲以肆詈，占橋下擄屐以免難，造讖緯妖妄，血書端門以希世，非學也。學培養士節，貧賤不移，富貴不淫，以教子一經，較黄金滿籯，以明經取青紫，如拾芥。大會諸生，陳車馬印綬曰：今日所蒙稽古之力，而或自愧農家子，豈意為學之利甚者，俯眉承睫，徼進明時，鴻都一學之士，封侯賜爵，而士君子耻与為列，非學也。如賈三倍，君子是識，比于婦寺，士群萃而處父子長幼，所言孝弟仁義，不見异物而遷槐市百行為隧，諸生朔望會且市，各持其郡所出貨物及經傳記樂器，相與買賣，雍容揖讓，論義槐下。是士為市也，論義揖讓，奚貴焉非學也？不在其位，不謀其政。

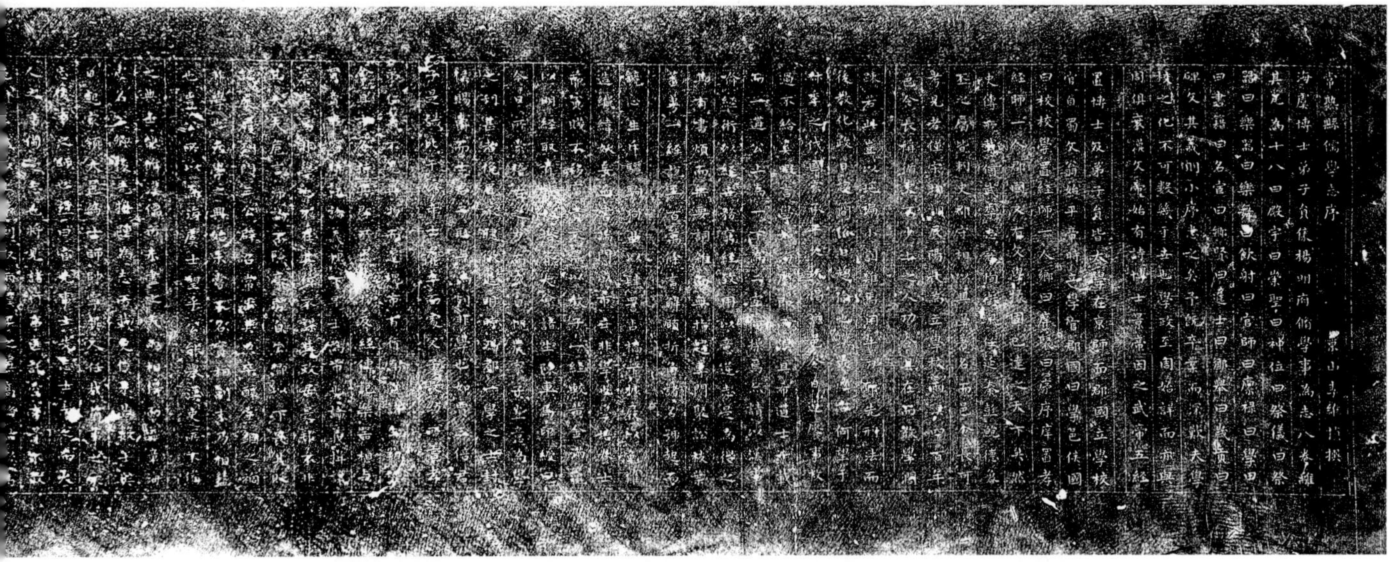

五十六　常熟縣儒學志序

居是邦不非其大夫，危言深論，不隱豪强。自公卿以下，畏其貶議，屣履到門，三公辟召，常出其口，卒釀黨錮之禍，非學也。夫學之興始，未嘗不名實相副，末乃相盭也，豈公所以為海虞士望乎？公能舉漢吏所不備之典，士能修漢儒所未盡之美，兩相傳而益章。海虞名公卿後先接踵，為志所載，更僕未易數。士异日起家領大邑，為士師帥，寧异人任哉？前事之不忘，後事之所師也。禮曰：官先事，士先志。士志定而大人之事備。是志也，將見諸行事，匪托空言。予不敢遠引三代以上，第刺取兩漢，卑之無高論，姑以為志執左契云。

邑諸生嚴柟謹書，柏起宗助刻。

常熟縣學政志序

楊侯之治常熟也，俗化風淳，百廢具舉，尤加意于學校。常熟夙稱名邑，蓋言公之梓里也，遺墟故井，猶然在焉。而學舍崩摧，講堂盡圮，素王之鐘簴空懸，群賢之籩豆不設。侯下車謁廟之日，見之心惻，首捐月俸，繼發贖鍰，經營相度，棟宇一新。雖時詘不能舉盈，而卒不費官一緡、民半菽。凡祭祀禮樂之盛，品物器數之繁，莫不援古準今，燦然大備。而又置學田以贍士，餼社師以養蒙。每當朔望，必躬親較閲，程其勤惰而賞罰之。于是里弦歌而巷誦讀，其君子愛人、小人易使，言公之遺化，庶幾可復振乎？然以學政行于一時，學志垂之後世，甚矣志之不可無作也。爰集文學掌故，博士弟子考求採葺，品列臚分，以成此書。

新宫翼翼，輪奐有赫，誨此多士，式此百辟。志廟宇第一。聖道煌煌，日月經天，崇正闢邪，億萬斯年。志崇聖第二。素王設教，南面正位，無爵而尊，不禄而貴。志神位第三。犧牲玉帛，粢盛蘋藻，伏臘烝嘗，萬世師表。志祭儀第四。俎豆樽壺，敦瓿鼎彝，必備必親，神如在斯。志祭器第五。鐘鼓管簫，陶磬柷圉，琴瑟壎篪，靡一弗舉。志樂器第六。羽旄干戚，執籥秉翟，式歌且舞，洋洋來格。志樂舞第七。飲以明禮，射以觀德。無憮無傲，其儀不忒。志飲射第八。師儒濟濟，分職設官，講道授業，芹宫杏壇。志官師第九。桑榆非煖，松桂非寒，于以代耕，苜蓿闌干。志廩禄第十。膏腴畎畝，養士食貧，婚嫁喪葬，衣襦米薪。志學田第十一。汲冢魯壁，十經百氏，詩書之府，充棟居肆。志書籍第十二。才稱製錦，政美烹鮮，金口木舌，賢名并傳。志名宦第十三。山川靈淑，篤生俊英，廟廊岩穴，今古齊聲。志鄉賢第十四。公車對策，

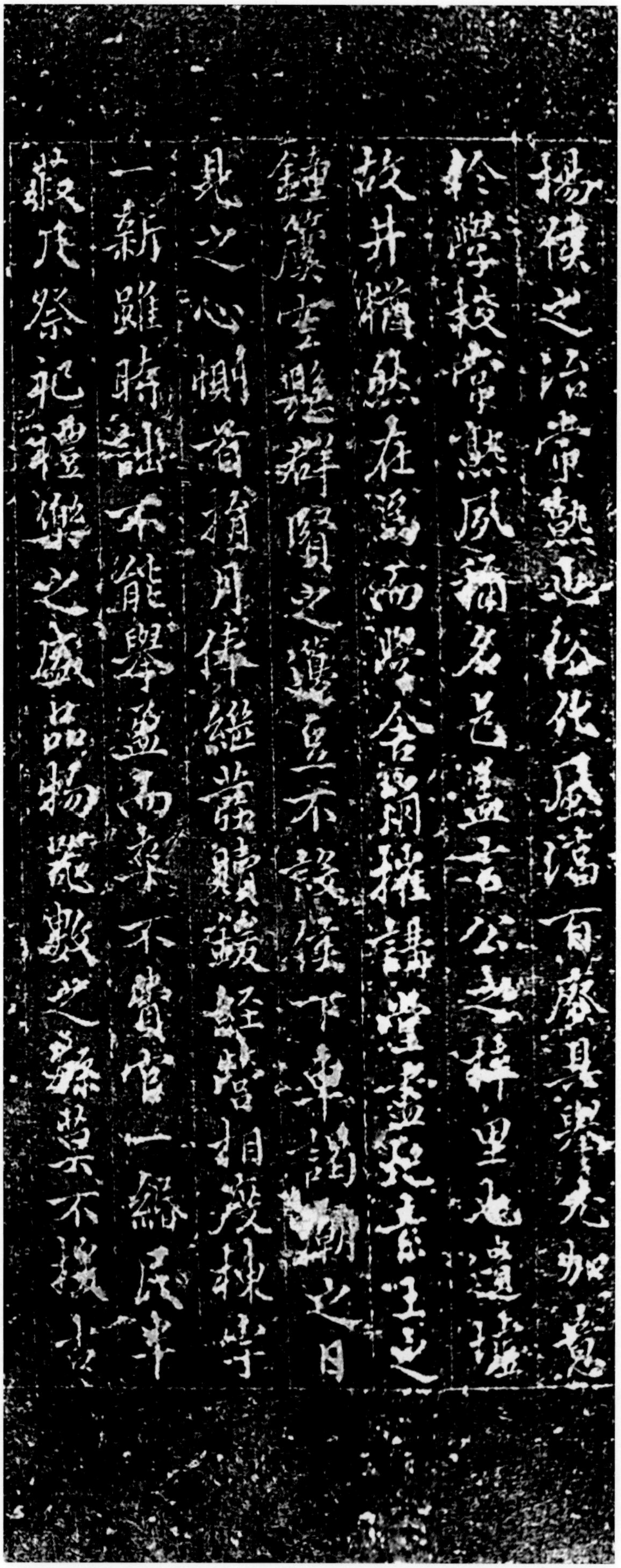

揚使之治常熟也，俗化風移，百廢具舉，尤加意於學校。常熟夙稱名邑，蓋言公之梓里也，遺墟故井猶然在焉，而學舍講堂蓋[illegible]者王之鐘簴喜懸，群賢之籩豆不設，徒下車謁廟之日見之心惻，首捐月俸繼葺贖，經略相度，棟宇一新，雖時詘不能舉盈，而率不費官一絲民半菽。凡祭祀禮樂之盛，品物器數之繁，莫不拔去

五十六　常熟縣學政志序（局部）

金閨通籍，爾公爾卿，共奬王室。志進士第十五。鄉舉里選，賢良孝廉，無負嘉名，一飛沖天。志鄉舉第十六。賓興歲薦，纁璧徵君，南金東箭，貢于王廷。志歲貢辟舉第十七。琬琰琳瑯，纍纍金石，傳信千秋，不磨不泐。志碑文第十八。

志成，而朱君曾省、嚴君栴皆學宫之名彦也，問序于余。余覿詩書所紀，奚斯作閟宫而魯頌稱，文翁建講堂而蜀士化，莫不垂千載之軌，揚百代之芬，休聲令聞，播于無窮。以侯方之，殆不多讓矣。是舉也，共其勞者，李學博本石、兩朱司訓維玄、在止，諸生則朱嚴二君及繆君肇祖、馮君復京、宋君奎光、徐君濟忠等若而人，法當并載。侯名漣，字文孺，楚之應山人，丁未進士。

太原王穉登撰并書。

諸生楊彝助刻。

按：明萬曆三十八年（1610），邑令楊漣修《常熟縣儒學志》，京山李維楨、蘇州王穉登等作序，并刻上石。李維楨（1547 — 1626），字本寧，京山人，明隆慶二年（1568）進士，仕至南京禮部尚書，有《大泌山房集》。王穉登（1535 — 1612），字伯谷，蘇州人，少負才名，長益駿發，有《吴社編》《吴郡丹青志》等。碑原在邑學明倫堂，已佚。

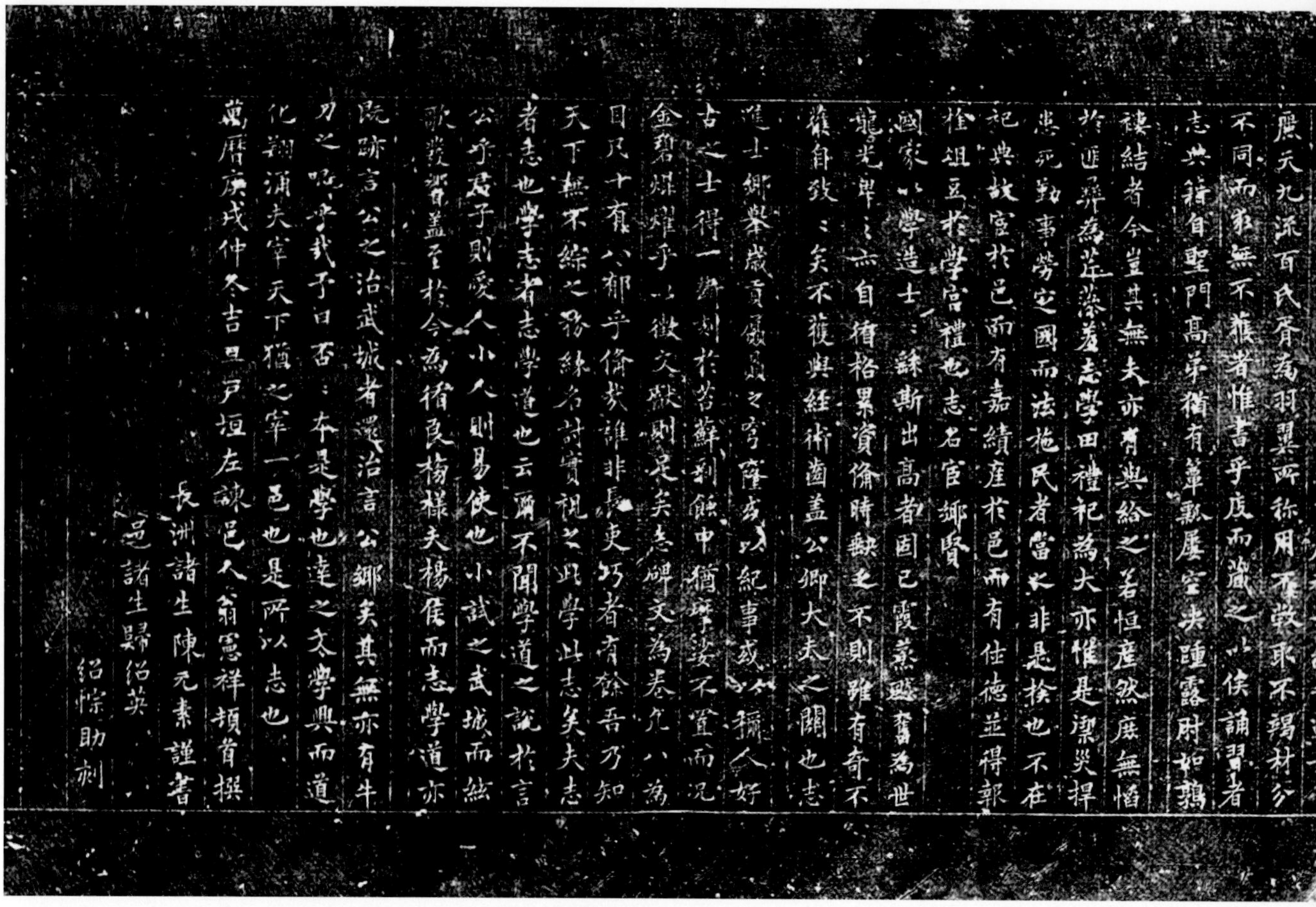

五十七　翁憲祥、錢謙益《常熟縣學志序》

年代：翁序　明萬曆三十八年（1610）

碑文：

常熟縣學志序

今天下無郡邑無學矣，其在吾邑，屬言公文學里，則學較綦重。嗟夫，學之名重而實不應也，緊惟長吏困于簿書，彼且樽俎之屑越，矧有罍代瓶耻者乎？盖自今楚應山楊侯來令邑，神無滯用，百廢具舉，尤雅意文學云。會侯之鄉京山李君洎寧國朱君、靖江朱君為弟子師，皆端肅著模範，益相與廣厲學宫而一新之。諸如飭祀典、備雅奏、設義師、置學田、彙群籍，月校諸生，藝文灼然有實勛，不虛名學矣。侯又顧而喟曰："以不穀辱在邑，幸學有興也。异日者典制滮漫，詢之掌故，莫有對者，何以圖永？"則命諸生某某輩搜輯焉，而裁定為志。既成，屬予言序之。予卒業而善其論次也。

夫子之墻數仞，既作泮宫，有廟奕奕，先師所繇栖也。中國授室，群萃州處，言必孝敬，有閑燕矣。志廟宇。御宇不一姓，由夫子之道則理，否則棼，故歷代崇焉，懿鑠哉世廟之革王號而稱師，尊之至也。志崇聖。廟門砇而入，對越駿奔，皇皇乎夫子在上，而諸弟子在左右，班相次也，以暨兩廡杏壇，一會儼然未散。志神位。釋奠釋菜之儀，從來逖矣，春秋匪懈，享祀不忒，籩豆之事，則有司存。不曰先簿正而不以四方之物供乎？志祭儀祭器。殷人尚聲。夫

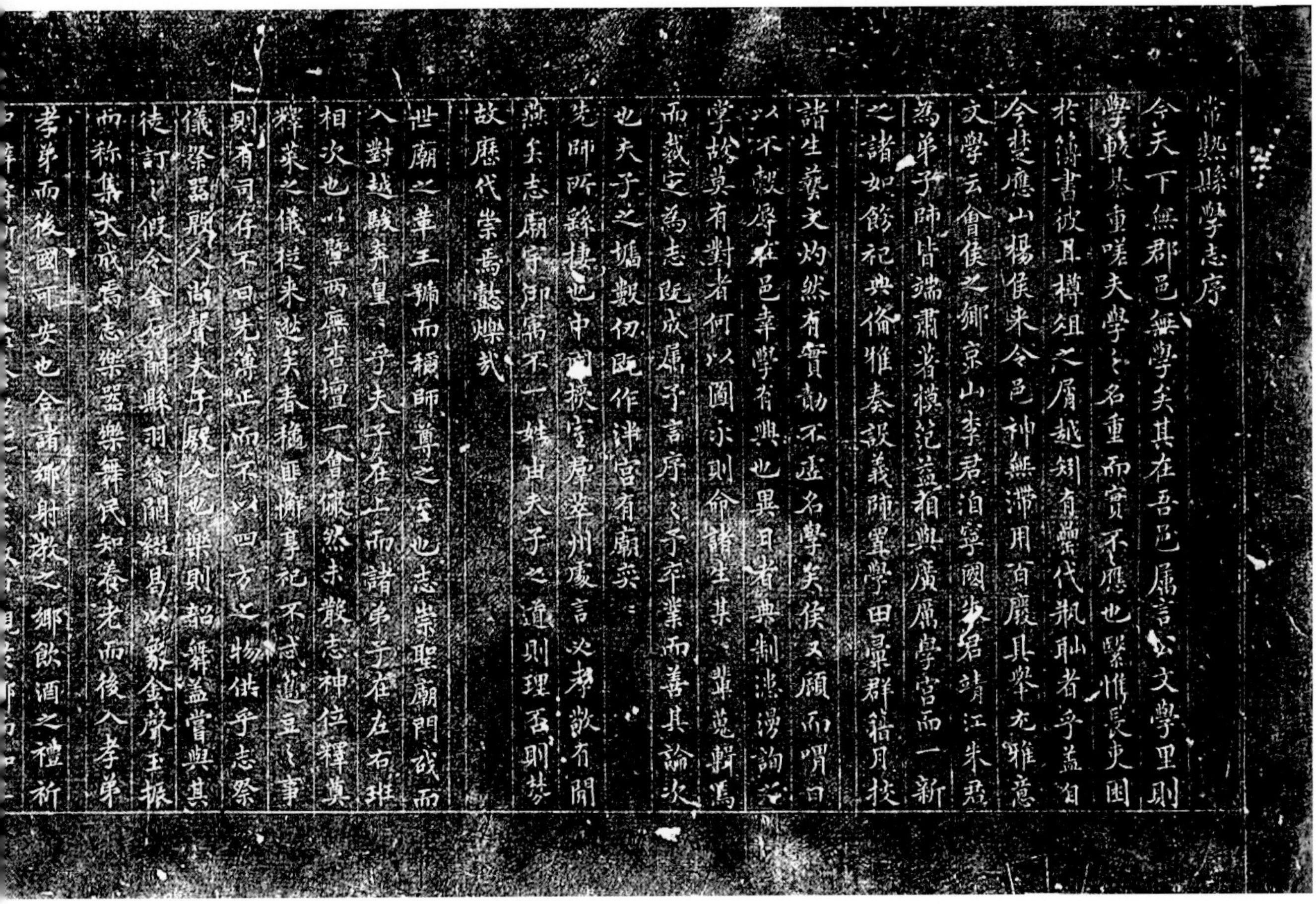

五十七　翁憲祥《常熟縣學志序》

子殷人也，樂則韶舞，盖嘗與其徒訂之。假令金石闕縣，羽籥闕綴，曷以象金聲玉振而稱集大成焉？志樂器樂舞。民知養老而後入孝弟，孝弟而後國可安也。合諸鄉射，教之鄉飲酒之禮，祈中辭爵，斯衆著于養老之義矣。故曰觀于鄉而知王道之易易也。志飲射。二三博士實師帥諸弟子，所任非第民牧比。師有俸，弟子之高等者有膳，不必養以萬鍾，斯其典固已渥矣。志官師廪禄。六經之道，如日麗天，九流百氏，胥為羽翼。所稱用不敝、取不竭，材分不同而求無不獲者，惟書乎？庋而藏之，以俟誦習者。志典籍。自聖門高弟，猶有簞瓢屢空，决踵露肘，如鶉褸結者，今豈其無？夫亦有與給之若恒産，然庶無慆于匪彝，為芹藻羞。志學田。禮：祀為大，亦惟是。禦灾捍患，死勤事、勞定國，而法施民者當之。非是揆也，不在祀典。故宦于邑而有嘉績，産于邑而有仕德，并得報旌，俎豆于學宮，禮也。志名宦鄉賢。國家以學造士，士繇斯出。高者固已霞蒸飈奮，為世龍光。卑之亦自循格累資，備時缺乏。不則雖有奇不獲自致，致矣不獲與經術齒，盖公卿大夫之關也。志進士鄉舉歲貢。贔屓之穹窿，或以紀事，或以稱人。好古之士，得一斷刻于苔蘚剥蝕中，猶摩挲不置，而况金碧焜耀乎？以徵文獻，則足矣。志碑文。為卷凡八，為目凡十有八，郁乎備哉，誰非長吏，巧者有餘。吾乃知天下無不綜之務，緣名討實，視之此學此志矣。夫志者，志也；學志者，志學道也云爾。不聞學道之説于言公乎？君子則愛人，小人則易使也。小試之武城而弦歌發響，盖至于今，為循良榜樣。夫楊侯而志學道，亦既迹言公之治武城者，還治言公鄉矣，其無亦有牛刀之嘅乎哉？予曰：否否，本是學也達之，文學興而道化翔涌。夫宰天下，猶之宰一邑也。是所以志也。

萬曆庚戌仲冬吉旦，户垣左諫、邑人翁憲祥頓首撰，長洲諸生陳元素謹書，邑諸生歸紹英、

五十七　常熟縣學志序（局部）

紹悰助刻。

常熟縣學志序

永陽楊侯之令吾虞也，朝于學宫，周視而歎曰："嘻，國家之建學宫也，為崇德報功也，且以養士也。廟貌圮矣，春秋享祀有簿正祭器者乎？登歌之不備而瓦釜雷鳴，不幾為優之舞于幕下乎？諸博士弟子其猶有擇菜而食厄于陳蔡之間者乎？是守土者之責也，漣何敢讓焉？"于是散鍰以僦工。考禮以備物，立廪以周食，逾年而克有成。諸生嚴子柟等乃論次學志而屬余叙。叙曰：

在昔仲尼之門，考以四科畫疆分組，斤斤不少假借。世之君子何苞舉之廣也？内美則錯以顏閔，修能則重以求路，高其舉趾，修辯悦以自命。一旦大官大邑，操刀使割，曰吾不為俗吏，吾以民社為蘧廬，以錢穀斷獄為游刃，褒衣緩帶，稱説鄒魯，而飲羊秣馬之俗，且顧紀而洙泗。噫，何苞舉之廣也？玉卮雖美，無當于用。畫家之肖貌，無不憎狗馬而好鬼魅者也。曷足怪乎？楊侯初下車，朝國人而告之曰："吾不能不為俗吏。惟是竭股肱之力，與父老子弟帶星出入，興利剔蠹而已。如其禮樂，以俟君子。"期年有成，乃始廣厲學宫，修舉廢墜，然而侯固常稱曰："是守土者之責也，漣何敢讓焉？"周視而歎，修然有以自下也。廟貌肅，祭器正，登歌九奏，而優施之舞革。向之擇菜而食厄于陳蔡之間者，朝弦莫歌，齗齗如也。侯固以是為守土者之責，愀焉恤焉，無滋官謗云耳。侯豈不能高其舉趾，與今之君子方軌并騖哉？意念深矣。

余嘗言天下道德功名，無不型于質，敗于飾。顏閔不借口于子我，求路不取潤于游夏，惟其有之，是以不相借而相為用。人亦有言，文學飾吏治，飾之為言，斷菑之文綉也，朽株之青黄也。飾之所薦，質之所不傳也。滔滔者天下皆是也，其孰能不波揚？侯耑精吏治，而苞舉文學型于質也，善器者不尊玉卮，能畫者不憎狗馬，侯之不以文學飾者，其所以苞舉文學者乎？

吾邑故巫咸子游之鄉，文學其天性，侯之政成，諸博士弟子員束修自勵，耻以飾進者，駸駸有聞矣。侯之質先之也，語有之繼子得食肥而不澤，藉令侯不以誠心鼓吹，而沾沾如世之君子，即褒衣緩帶，稱説鄒魯，聚聾而鼓之，諸弟子亦相飾相靡，採春華而忘秋實，何勸之與有？予懼讀學志者不白侯所以風勵之至意，而徒為文學飾吏治之説，寶玉卮而圖鬼魅也，為志其所以若此。

賜進士及第、翰林院國史編修、邑人錢謙益撰。

邑郡庠生沈春澤書。

按：此二篇為邑人翁憲祥、錢謙益所撰《常熟縣學志序》。翁序完整，錢序遭鑱削。清乾隆時錢氏書籍遭禁毁，此序也于當時所毁。今據明刻《常熟縣儒學志》補入。翁憲祥（1554—1617），字兆隆，萬曆二十年（1592）進士，仕至太常寺少卿。碑原在邑學明倫堂，已佚。

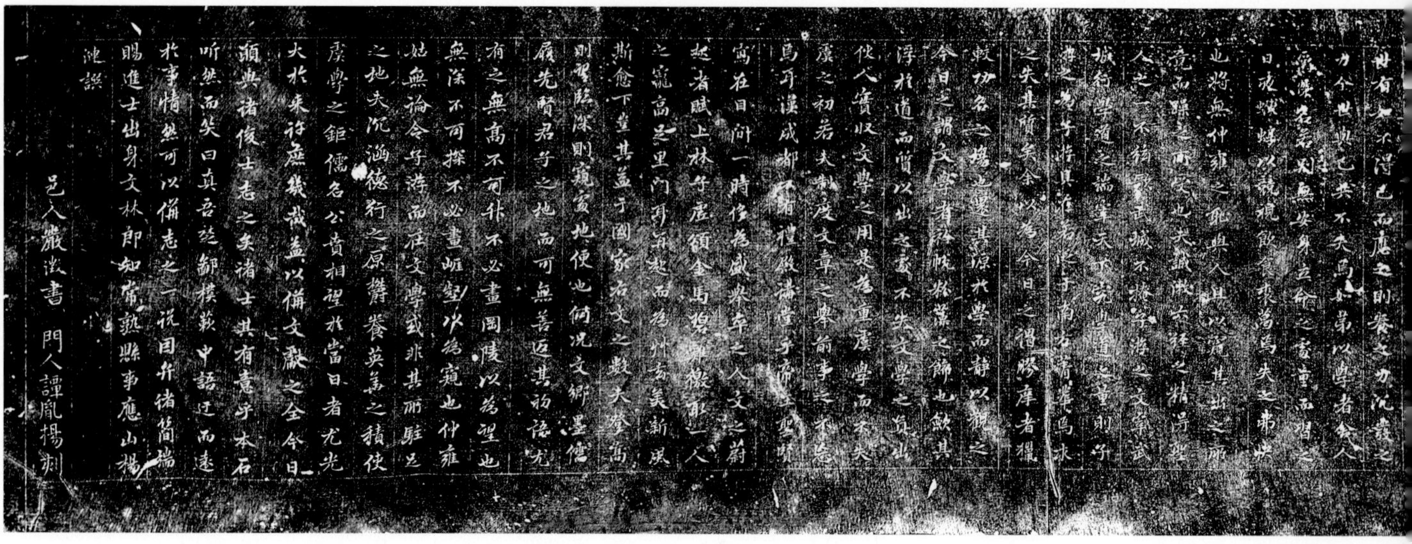

五十八　楊漣《修海虞學志序》

年代：明萬曆三十八年（1610）

碑文：

修海虞學志序

海虞，故文學里也，余不佞則楚鄙樸蔌中人，謁選得承乏兹土，時詑余弁纓。而觀俎豆之場，無益其不相肖。既受事，入其澤宫，周視殿廡堂閣，詢其創置顛末，若多所圮缺云。大者如天子肆俊士于膠庠，即以先師禮祀孔子，令歲時什菜什奠，以不忘所自。乃亦多具文以承者。余慨然有愛羊之思，而未有以當也。會雲杜本石李先生以振鐸至。本石，博雅君子也，既精于典故，尤率履不越以視先諸士，乃相與共兩朱先生討訓故實，而輕重舉之。諸凡什奠之數如禮，升奏之節如制，尊經閣如名，月課士如事，覈正養士之田如籍，庶工粗有次第。夫亦既觀俎豆之場，無辭于不知禮，聊同三先生與諸俊士修行故事已耳。諸弟子員繆生肇祖、嚴生栴等若以是可備虞學文獻之未足，相與私志之，更搜賢踪宦迹，及藝文之散失與複在斷碑荒碣者，綱挈而紀分之，比事拾遺，得若干卷。志成，群請刻其策，以觀來者。楊子曰：志，史之流也。聖人之于文，所重惟史。其説禮也，輒嗟文獻之不足，而恚杞宋之莫徵。事非文弗垂也，虞聲名文物之盛甚矣，夫志烏可已也？要以徵往昭來，余微有感于虞之初焉。

虞當商周間，不猶然荒服榛莽之區乎？仲雍入而虞之名尊，子游出而宇内尊虞者，儆然與鄒魯埒。夫仲雍屣去侯封，文身斷髮，祈與俗俱渾耳，如今時之所驅逐之以為榮、騖之以為高者，仲雍無有也。子游北學于中國，是時冠劍簪纓之倫，與飾名競采者何可勝原，而率不能與沾沾愛人易使之武城宰争晦流，則虞之開今日聲名文物之盛，與今日養聲名文物之盛于益光者，所重可知也。明天子右文，以科目進士而陶成之于澤宫，士之于進取，如車之輗、舟之楫，脱

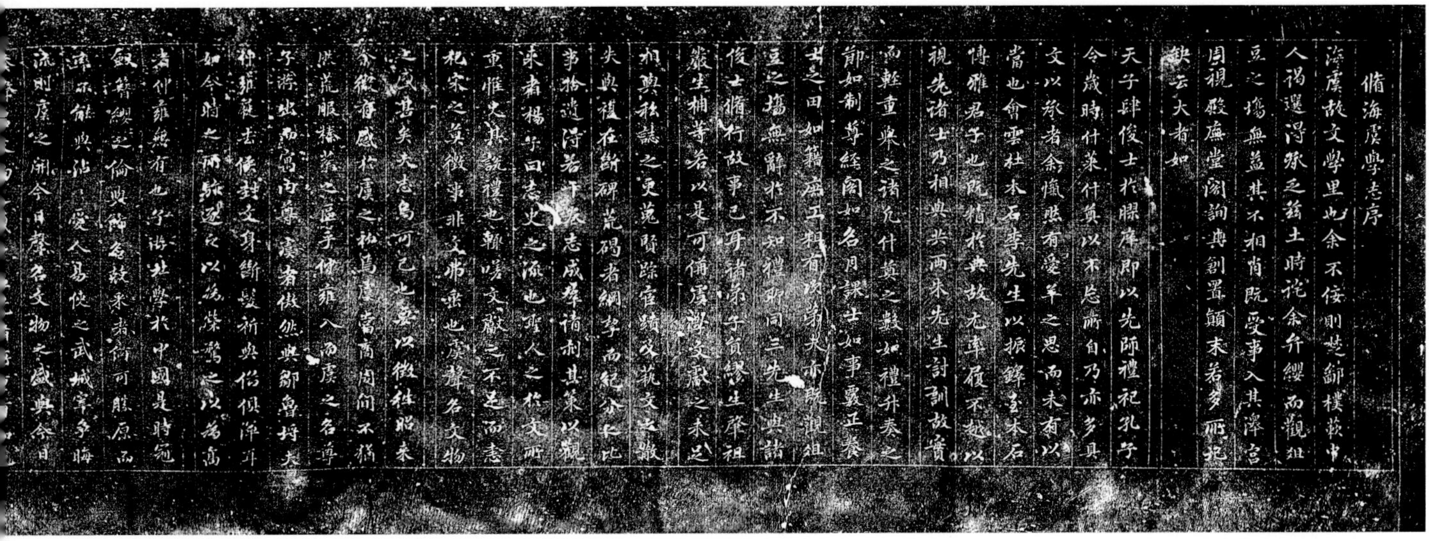

五十八　修海虞學志序

是無以託于行，豈其必文斷隱放。要以大人經世有如不得已而應之，則養之力沉，發之力全，世與己共不失焉。如第以學者舍人爵榮名，若別無安身立命之處，童而習之，日夜蝀蜳以競，視飲食裘葛焉失之弗快也？將無仲雍之耻與人，且以窺其出之所，竟而躁之所受也。夫誠漱六經之精，得聖人之一，不弦歌武城，不掩子游之文宰武城，行學道之端宰天下。究學道之量，則子游之為子游具在。若泛于南方菁華焉，求之失其質矣。

余以為今日之謂膠庠者，獵較功名之場也，還其源于學而静以觀之。今日之謂文學者，衿帨粉藻之飾也，斂其浮于道而質以出之。處不失文學之真，出使人實收文學之用，是為重虞學而不失虞之初。若夫制度文章之舉，前事之不忘焉耳。漢成都不有禮殿講堂乎？帝王聖賢寫在目間，一時侈為盛舉。卒之人文之蔚起者，賦上林子虛，頌金馬碧雞，徼取一人之寵，高足里門耳。再起而為草玄美新，風斯愈下，豈其益于國家右文之數？夫登高則望，臨深則窺，處地便也，何況文鄉墨儒，履先賢君子之地，而可無善返其初？語尤有之，無高不可升，不必畫岡陵以為望也；無深不可探，不必畫崖壑以為窺也。仲雍姑無論，令子游而在，文學或非其所駐足之地。夫沉涵德行之原，鬱養英華之積，使虞學之鉅儒名公，貣相望于當日者，尤光大于來許，庶幾哉，益以備文獻之全。今日愿與諸俊士志之矣，諸士其有意乎？本石听然而笑曰："真吾楚鄙樸蔌中語，迂而遠于事情，然可以備志之一説。"因弁諸簡端。

賜進士出身、文林郎、知常熟縣事、應山楊漣撰。

邑人嚴澂書，門人譚胤揚刻。

按：此楊漣所撰《修海虞學志序》，備説《學志》撰述源流，作于明萬曆三十八年（1610）。嚴澂書。楊漣（1571—1625），字文孺，應山人。明萬曆三十五年（1607）進士，初任常熟令，舉廉吏第一。仕至左副都御史，因劾魏忠賢，入詔獄死難。謚忠烈。有《楊文忠公集》。碑原在邑學明倫堂，已佚。

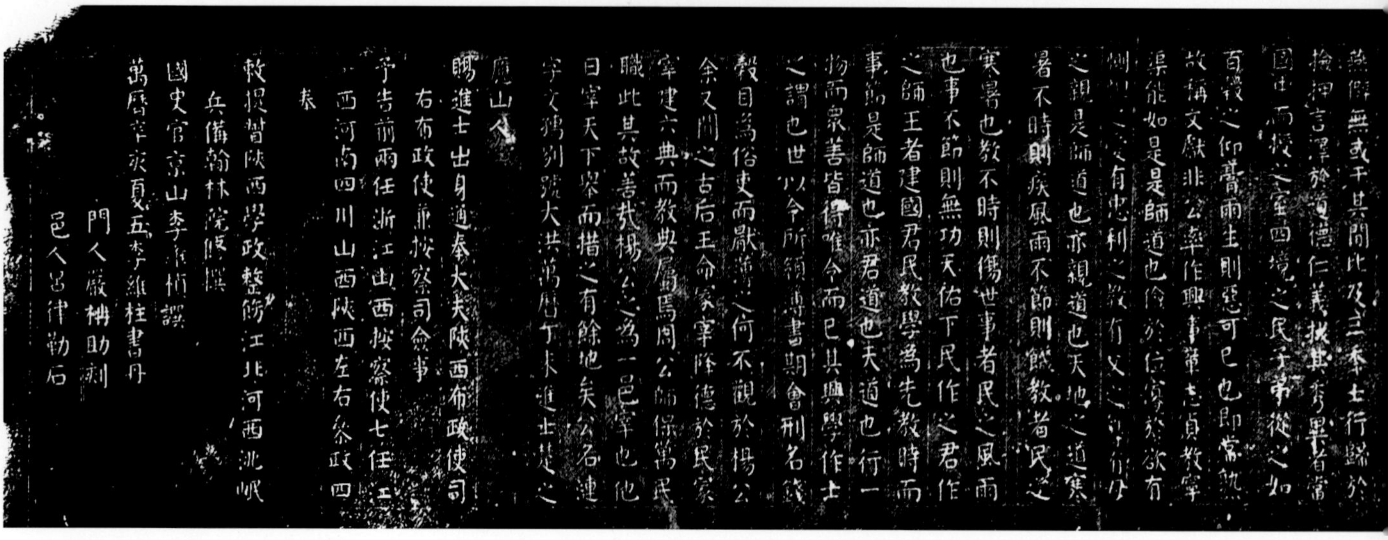

蒸將無忒干其間此及三季士行歸於
撿押言澤於道德仁義秋其秀異者當
國也而授之室四境之民子弟從之如
百穀之仰膏雨生則惡可已也即常熟
故稱文獻非公孰作興事第志貞教宰
渠能如是是師道也修於位復於欲有
側此之交有忠利之教有文之學有分
之觀是師道也亦親道也天地之道寒
暑不時則疾風雨不節則饑教者民之
寒暑也教不時則傷世事者民之風雨
也事不節則無功天佑下民作之君作
之師王者建國君民教學為先教時而
事節是師道也亦君道也天道也行一
物而衆善皆得唯令而已其興學作士
之謂也世以令所領專書期會刑名錢
穀目為俗吏而獻等之何不觀於楊公
余又聞之古后王命冢宰降德於民冢
宰建六典而教典屬焉周公師保萬民
職此其故善哉楊公之為一邑宰也他
日宰天下舉而措之有餘地矣公名漣
字文孺別號大洪萬曆丁未進士楚之
應山人
賜進士出身通奉大夫陝西布政使司
右布政使兼按察司僉事
予告前兩任浙江山西按察使七任江
西河南四川山西陝西左右參政四
奉
敕提督陝西學政整飭江北河西洮岷
兵備翰林院修撰
國史官京山李維楨譔
萬曆辛亥夏五李維柱書丹
門人嚴栴助刻
邑人呂律勒石

五十九　李維楨《常熟縣重修儒學尊經閣并厘復祀典創置學田記》

年代：明萬曆三十九年（1611）

碑文：

常熟縣重修儒學尊經閣并厘復祀典創置學田記

楊公尹吴之常熟，節用愛人，章善癉惡，其清如玉壺冰，其直如朱絲繩。而于興學作士，尤孳孳焉。學有尊經閣、聚奎樓及諸黌舍，圮剥已甚，為繕新之。春秋饗祀，豚肩不掩豆，喟然歎曰："此大事也，豈有愛焉。"亟復其舊。廟祭樂舞，載在國典，有其舉之，莫可廢也。簡邑中子肄習為常，士饔飧不給，昏葬不舉，既助以月奉，求可繼也。置田累千畝，以時察貧者，賦有差。又為義學，四民子弟群處其中。初受書者，能屬文者，禮士十二人，分曹而為之師。禮樂文物，蔚然備舉。邑縉紳先生与諸茂才繆生肇祖、朱生曾省、嚴生栴等，以余辱為公鄉人，余叔弟具員博士，從公後，見禮知政，聞樂知德，屬書而載之麗牲之石，用示後法。諸茂才業已集為志，詳哉其言之矣。余言其略。

古者無一地不設學，無一民不向學。二十五家為閭，閭同巷，巷有門，門有塾，上老坐右塾，庶老坐左塾，餘子皆入學，出入察其長幼揖遜之序。州長正月之吉、黨正四時孟月之吉，讀法飲射而教之。夫一閭一州一黨且然，而况百里之邑乎？天子分百里之地以為邑，而授之令。民命無萬數，懸其手，是民之天也，是邑之君也。諸侯天子命之教，然後為學。小學在公宫南之左，太學在郊。今制自京師達之天下郡邑蠻夷道，莫不建學校，立官師，聚生徒，布功令。天子實命之矣。令與民最親，朝夕在目，呼吸相應，如赤子依依于父母之側。士者，民之秀也。名儒碩輔，莫不自邑學起家。北面師事者何人，學不修，教不行，天子所望于臣，民所望于父母，

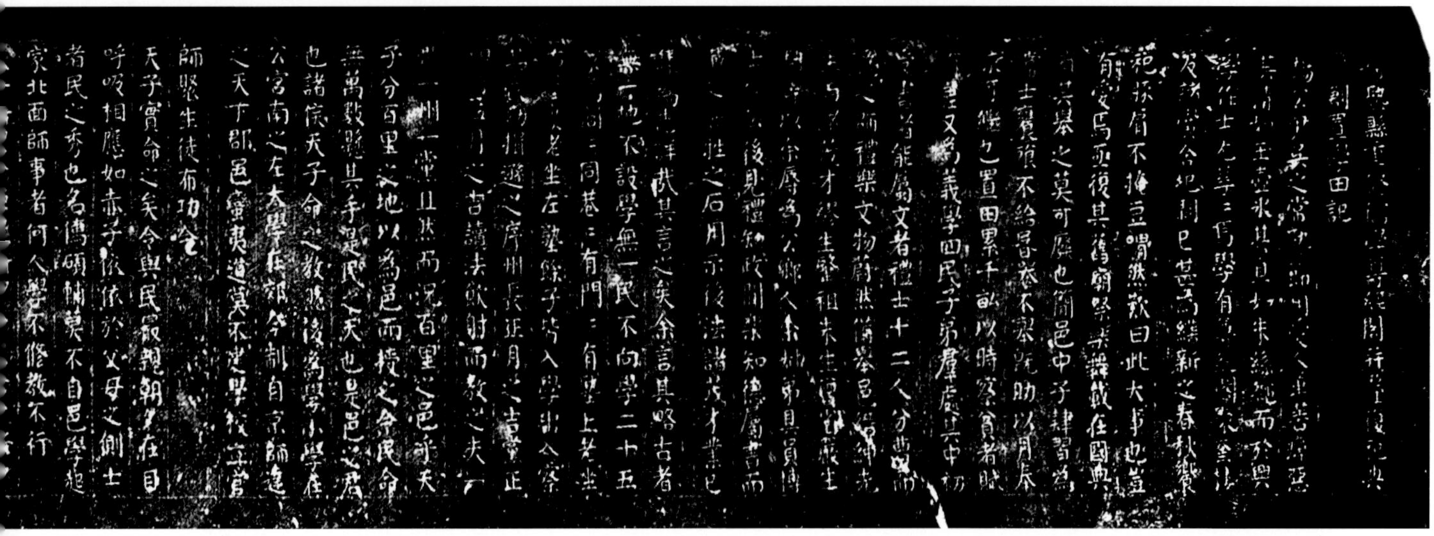

五十九　常熟縣重修儒學尊經閣并釐復祀典創置學田記

士所望于師之謂何？

楊公于常熟士，食而愛之，富而穀之，載色載笑，小大樂從，時教必有正業，退息必有居學，日省月試，燕朋燕僻，無或干其間。比及三年，士行歸于撿押，言擇于道德仁義。拔其秀异者，當國中而授之室。四境之民，子弟從之，如百穀之仰膏雨，生則惡可已也。即常熟故稱文獻，非公率作興事，章志貞教，寧渠能如是？是師道也，儉于位，寡于欲，有惻怛之愛，有忠利之教，有父之尊，有母之親。是師道也，亦親道也。天地之道，寒暑不時則疾，風雨不節則饑。教者，民之寒暑也，教不時則傷世；事者，民之風雨也，事不節則無功。天佑下民，作之君，作之師，王者建國，君民教學為先，教時而事節。是師道也，亦君道也。夫道也，行一物而衆善，皆得唯令而已。其興學作士之謂也。世以令所領簿書期會、刑名錢穀，目為俗吏而厭薄之，何不觀于楊公？余又聞之，古后王命冢宰降德于民，冢宰建六典而教典屬焉；周公師保萬民，職此其故。善哉，楊公之為一邑宰也。他日宰天下，舉而措之，有餘地矣。公名漣，字文孺，別號大洪，萬曆丁未進士，楚之應山人。

賜進士出身，通奉大夫，陝西布政使司右布政使，兼按察司僉事予告，前兩任浙江、山西按察使，七任江西、河南、四川、山西、陝西左右參政，四奉敕提督陝西學政，整飭江北河西洮岷兵備，翰林院修撰，國史官，京山李維楨撰。

萬曆辛亥夏五，李維柱書丹，門人嚴柟助刻，邑人吕律勒石。

按：此與前顧憲成所撰記同為邑令楊漣所作，稱其“于興學作士，尤孳孳焉”，邑中子弟，多受其惠，碑記所載，只其一也。李維楨撰，李維柱書。碑原在邑學明倫堂，已佚。

六十　李維柱《學志後序》《學志發端》

年代：明萬曆三十九年（1611）

碑文：

　　學志後序

　　《禮》曰：學然後知不足，教然後知困。柱不佞，所不足多矣，久困偺計。維是海虞，東南名邑，鄉大夫之賢者、士之仁者比肩接武，又得明察之官、忠信之長、慈惠之師，如今楊公為之司牧，德星真氣，光燭鄰國，不佞色喜，捧檄而至。公治邑且期月，聲稱籍甚。進而侍公，非曰："能之愿學焉，而不足如故也。無可為受教地，何以教人？"退而延見諸士。諸士不鄙夷，教之，而困如故也。甫三月，上公車去，不見收，逾歲復來，則公興學教士，綢繆禮樂，繁縟文章，明行以宣翼之，恭敬以監臨之，勤勉以勸之，務慎惇篤以固之，士瞿然顧化，斐然成章，而録公後先學政為志，俾不佞志其末簡。不佞學与教兩無當，徼公之賜，拱手蒙成，又何所置詞？

　　昔者孟子謂待文王而興為凡民，惟豪杰無待而興，又以百世之下，聞伯夷、柳下惠之風，

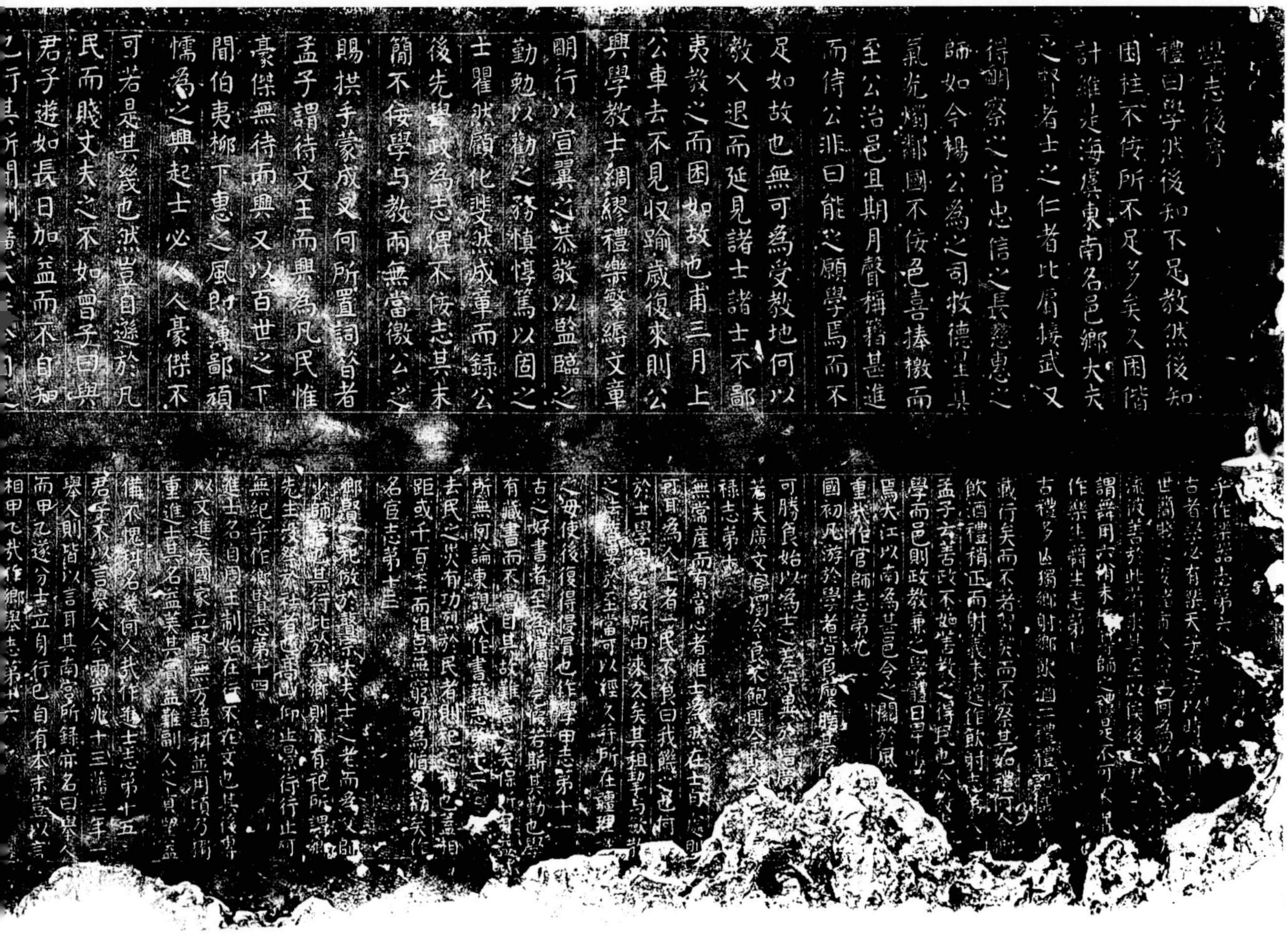

六十　學志後序、學志發端

即薄鄙頑懦為之興起，士必人人豪杰，不可若是其幾也，然豈自遜于凡民而賤丈夫之不如？曾子曰，與君子游，如長日加益而不自知也，行其所聞則廣大矣。今日之士從公游者也，是以有斯志，他日之士聞公者也，亦有斯志在。不佞困不足是懼，何時而已？奉公之教以為教，奉公之學以為學。敬與諸士約，凡公所為，德成人造，小子可法。今而傳後者，無第志諸方策，其相與志諸心以相長也。《易》曰：出入以度，外内知懼。無有師保，如臨父母。《禮》曰：安其學而親其師，樂其友而信其道。是以雖離師傅而不反也。此物此志也，諸士勖哉。《書》曰：惟斆學半，念始終典于學。此物此志也。不佞請事斯語矣。

京山李維柱撰并書。

門人時廷瑶、時雍、時熙助刻。

學志發端　李維柱著

漢文翁立學作石室，遇灾，高朕新之為禮殿，祀先聖周公，畫三皇五帝、七十二子及三代君臣象于壁。歷代以次增益，至宋嘉祐、紹興，摹為七卷，誠重之也。夫墻高數仞，得其門而入，見宗廟之美，百官之富，未施敬于民，而民敬將在斯矣。作《殿宇志》第一。

祀孔子者，自漢以來，代有尊禮。世宗以師易王，以主易像，千古卓識哉。聖人復起，莫能違矣。作《崇聖志》第二。

從祀諸賢，惟四配無閑，然十哲、兩廡，迄今紛紛。已著為令，未可妄置喙也。作《神位志》第三。

禮有五經，莫重于祭。其數可陳，其義難知也。載在令典，奉以周旋，罔敢失墜。述者之明，存乎其人。作《祭儀志》第四。

孔子曰：俎豆之事，則當聞之矣。曾子曰：籩豆之事，則有司存。此兩者，皆有深指焉，不可不察也。作《祭器志》第五。

魯兩生言禮樂百年而後興國家四閲甲子。以其時考之，則可矣。朱子論樂之理，載在禮樂記，惜無器數可施。今器既備矣，樂其可興乎？作《樂器志》第六。

古者學必有樂，天子之子，以時學羽籥焉。而世簡賤之，委諸市人伶工，何為者哉？今用羽流，彼善于此。若求其至，以俟後之君子。説者謂舞用六佾，未極尊師之禮，是不可不講也。作《樂生舞生志》第七。

古禮多亡，獨鄉射、鄉飲酒二禮，《禮記》《儀禮》具載行矣，而不著習矣，而不察其如禮何。今鄉飲酒稍正，而射義未遑。作《飲射志》第八。

孟子云，善政不如善教之得民也。今教專于學，而邑則政教兼之，學體日卑，唯邑注耳目焉。大江以南為甚，邑令之關于風化，豈不□重哉？作《官師志》第九。

國初凡游于學者，皆食廩膳。其後士日衆，不可勝食，始以為士之差等，异于增廣、附學矣。若夫廣文官獨冷食不飽，匪今斯今也。作《廩禄志》第十。

無常産而有常心者，惟士為然。在士自處則可耳，為人上者一民不食，曰我飢之也，何况于士？學田之設，所由來久矣。其租挈與斂散之法，皆要于至當，可以經久，并所在疆理識之，毋使後復得侵冒也。作《學田志》第十一。

古之好書者，至為傭賃乞假，若斯其勤也。學有藏書而不寓目，其故難言之矣。保所有益所無，何論東觀哉？作《書籍志》第十二。

去民之灾，有功烈于民者，則祀之，禮也。蓋相距或千百年，而俎豆無窮，可為循吏勸矣。作《名宦志》第十三。

鄉賢之祀，仿于瞽宗。大夫士之老而為父師、少師者也，其行比于一鄉，則亦有祀。所謂鄉先生没，祭于社者也。高山仰止，景行行止，可無紀乎？作《鄉賢志》第十四。

進士名自周王制始，在行不在文也。其後專以文進矣。國家立賢無方，諸科并用，頃乃獨重進士，其名益美，其實益難副，人之責望益備，不愧科名幾何人哉？作《進士志》第十五。

君子不以言舉人，今兩京兆、十三藩三年一舉人，則皆以言耳。其南宫所録，亦名曰舉人，而甲乙遂分。士立身行己，自有本末，豈以言相甲乙哉？作《鄉舉志》第十六。

董仲舒云，使列侯郡守二千石各擇其吏臣之賢者，歲貢各二人。歲貢名由此起，是即鄉舉里選遺意。今有間矣，賢者固自超，皆學所養士也。作《歲貢志》第十七。

語曰，存則人，亡則書。碑文亦書之屬也，學事始末賴以考鏡。作《碑文志》第十八。

門人吴振珩、紹珩助刻。

助刻碑文姓名：繆肇祖、朱曾省、嚴柟、譚胤揚、時廷瑶、瞿純仁、邵濂、張一□、徐懋奎、馮復京、袁德良、宋奎光、袁光翰、徐濟忠、郭際南、蔣國□、陳振孫、丁旭、許士柔、尤之泗、沈昌時、何允泓、張應遴、何珩枝、何虬枝、蕭可傳、蕭可倫、蕭可纘、王輔臣、王哲臣、王運□、蔣以載、蔣以仁、蔣國珮、歸士璉、歸士瑶、歸紹悰、歸紹英、歸士璋、翁毓奇、張紹慶、錢寧時、錢翼明、盛文琳、譚文炳、譚光縉、李喬楨、王應期、陳必謙、陳必謹、周本吴、王之□、周景仲、蔣國琬、何廷榜、包萬象、顧雲鵾、顧懋勛、顧鼎輔、顧良弼、顧象泰、施玉汝、黄國□、何士□、金率祖、徐錫鼎、時宏□、浦□□、朱尚忠、錢良棟、宗九皋、□□□、徐化鯉、沈載錫、□錫□、□□□、章一仁、張兆震、范恬、□□□、楊彝、柏起宗、蔣範、蔣國佐、顧臨亨、顧謙亨、趙天成、周學詩、趙應明、邵汾、沈□□、李師渝、龔立本、龔正本、沈□□、□□□、顧應璠、連士英、錢□□、□□□、王應明、王應登、吴□□、吴紹珩、朱探、孟文英、唐□□。

國子生：譚國材、徐汝讓、張元統、徐名儒、蔣以修、顧嘉賓、王維祺、王維□、蔣國玞、蔣國瑾。

萬曆辛亥秋八月二十六日，京山李維柱識，靖江朱正定、雲間魏震時同立。

按：《學志後序》《學志發端》，李維柱撰，朱正定、魏震時立。此與前《學田記》兩篇、《學志序》五篇及《助刻姓氏》共十篇，統稱《海虞學志碑》，共刻一石。李維柱，字本石，京山人，舉人，明萬曆三十七年（1609）起任常熟教諭。碑原在邑學明倫堂，已佚。

六十一　詳准議置學田碑

六十一　席遵路《詳准議置學田碑》

年代：明萬曆四十一年（1613）
碑文：

直隸蘇州府常熟縣為議置學田，以興人文事：奉府帖該蒙欽差總理糧儲、提督軍務、兼巡撫應天等府地方、都察院右僉都御史徐　憲牌内開，該本院會同巡按直隸監察御史房　照得蘇松常鎮四郡乃海内人文首善之地，惟是文體士風，漸覺不古。此其故皆緣教官怠于會課，貧士窘于治生，皐比恒撤，燈膏罔繼，而欲望其進德修業，以隆文運，難矣。查得先該兩院會委蘇州府許同知，管收滸墅鈔關料銀。本官遵諭，裁糜潔己，解足正供之外，餘銀陸千壹百捌拾壹兩捌錢捌分貳厘，内除助給該府已故史推官夫資陸拾兩外，實存銀陸千壹百貳拾壹兩捌錢捌分貳厘，見貯蘇州府庫。合將此項置買學田，賑貧供課，永為贍士之惠。雖未必大裨斯文，然于兩院樽節冗費之心，樂育英才之念，或可兩無負乎？合就會行為此除，行松常鎮三府遵照外牌，仰本府官吏照牌事理，并行所屬，即將前項銀兩悉依派定數目，給發各屬。督令正官擇委的當耆役，照依時價，置買學田。務要正官逐丘踏勘段址明白，另立一户，收入本學計算，每年取租若干，除納税糧外，餘租若干，以供諸生會課供應，并備周助貧儒不足之需。凡遇支給，須要預詳兩院批允方動，不許别項混支，及被師吏乾没，以致諸生不沾實惠。先將買過價值、田丘數目、賣主、佃户姓名，細造文册三本，申送兩院印發，一存該府州縣，一付儒學，一存本院，各備查考，俱無違悞等因。奉此，擬合就行為此帖，仰本縣官吏照帖備奉憲牌内事理，遵照單發銀數，先具印信領狀，赴府領銀貳百伍拾兩下縣。該縣擇委的當耆役，照依時價，置買學田，逐丘踏勘，務買常稔之田，毋容奸役將瘠田擡價搪塞。查勘明白，另立一户，收入本學計算，每年取租若干，除納税糧外，餘租若干，以供該學諸生會課等項供應，并備周恤貧儒。凡遇支給，須要預詳兩院批允方動，不許别項混支，及被師吏乾没。先將買過田畝肆址、價值、數目、賣主、佃户備造文册，申送等因，備帖到縣遵行。委管糧縣丞童時明督同公正顧焕、王用等，踩踏揀買得生員吴振珩、吴紹珩坐落四十四都拱字號上鄉腴田壹百陸畝，當經發銀貳百伍拾兩足色足數，當堂兑明，面交領訖。除將原契附送，乞賜准批附卷。其丘段四址并租糧科則、佃户姓名，另册申報外，職因查得叁拾柒年蒙巡按直隸監察御史鄧　訪拿故宦徐昌祚招侵歷年未完錢糧，為數不資，職為法難窮追，姑議自二十五年至三十五年，計十年，量追未完銀共貳千兩，已經如數追完貯庫。續于三十八、九等年，奉文解過二十九年折銀伍百柒拾肆兩捌錢貳分玖厘陸毫，三十年伍百捌拾兩陸錢貳分貳毫，三十一年壹百伍拾玖兩捌錢壹分壹厘肆毫，三十二年壹百肆拾捌兩叁錢伍分陸厘貳毫，三十三年陸拾貳兩肆錢伍分肆厘伍絲捌忽，共解過壹千伍百貳拾陸兩柒分壹厘肆毫伍絲捌忽，係委官劉名世解府，轉解批迴在卷，止存二十六年銀壹百陸拾肆兩柒錢玖分叁厘柒毫、二十八年銀叁百玖兩壹錢叁分肆厘捌毫，二項共銀肆百柒拾叁兩玖錢貳分捌厘伍毫，俱係年久停蠲，無文取解，向貯縣庫。吏書徒費交盤，久之難保不為别項挪撮，化為烏有。以有用之銀明弃于無用之地，或暗蝕于無名之蠹，可惜也，亦可慮也。合無請明批示，一并發買義田入學，附本院新買學田之末，一體丈刊丘段、租糧、佃户于册末，為贍學恒産。盖追蠹宦久啖之夙逋，供通學不給之饘粥，非止拖賴錢糧者將來少知懲戒，抑令侵牟窺伺者日後可無染指。而本院愛養貧士之澤，將與虞山琴水俱長矣。緣係請明動支錢糧事理，擬合請詳為此。今將前由合行具申，伏乞照詳施行。

萬曆四十年十二月十九日，申蒙欽差巡撫都御史徐　批，以懲蠹之夙逋，充贍士之學田，理法兩得，准如議行。速為買完，一并勘確，照原行勒石垂久。繳。

萬曆歲次癸丑季春吉旦，本府掌縣事、同知席遵路立石。常熟縣知縣楊漣，縣丞童時明、王志宗，主簿劉名世、屠本治，典史黄上元，署教諭事舉人李維柱，訓導朱正定、魏震時。

直隸蘇州府常熟縣為議置學田，以興人文事：抄奉欽差總理糧儲、提督軍務、兼巡撫應天等府地方、都察院右僉都御史徐　批，據本縣請詳，故宦徐昌祚二十六等年還官銀兩并置學田緣由。奉批，以懲蠹之夙逋，充贍士之學田，理法兩得，准如議行，速為買完，一并勘確，照原行勒石垂久。繳。奉此遵將庫貯徐昌祚名下二十六年分還官銀壹百陸拾肆兩柒錢玖分貳厘柒毫、二十八年分還官銀叁百玖兩壹錢叁分肆厘捌毫，二項共銀肆百柒拾叁兩玖錢貳分捌厘伍毫，于内監生趙隆美愿領銀貳百叁拾柒兩零，生員何允泓愿領銀貳百叁拾陸兩零，俱經當堂秤兑明白給發，置買常稔腴田。去後續據生員吴振珩、吴紹珩呈稱，蒙案發出撫院項下庫銀貳百伍拾兩，買田給學公用。珩等恐别買田地瓜瘦不堪，已將自己户下坐落四十四都顧師娘圩拱字號叁斗貳升糧田壹百陸畝開報外，今又將振珩、紹珩自己户下坐落尊字號叁斗貳升糧田壹拾玖畝，凑足壹百貳拾伍畝，經照給價之數。伏乞准着公正丈量明由，總入書册等情。據此，又據監生趙隆美、生員何允泓連名呈詞，為酌義學田事宜，以垂永久事。呈稱美等近蒙師臺發出公帑銀肆百柒拾餘兩，增置本縣學田，託美等置買。誠一時作養之盛心，虞邑士子百世沾濡之厚惠也。美等書生，不習農畝，不語會計，但以特成委託議處久遠，義不敢不陳膚見。切惟田有水陸之殊，糧有輕重之别，價有貴賤不等，利有多寡不一。在業户人自為謀，尚多荒歉，况學田既為公物，誰力經營？且管租之人又非買田之主，則責成既可推諉，而慢不經心，將腴産變為汙萊。無論累田主後日，而將來貧士何藉？大抵水區之田租額重，而糧亦重，畝租壹石，除辦正額已米叁斗貳升，及加增加編、兵役丁田等項，約輸糧肆斗外，可餘米陸斗，而價約每畝叁兩，兼之九年有三年之潦，熟則全租可獲，没則粒税無賴。此水田之不可為常，而美等所不敢身任者也。高區之田，租額輕而糧亦輕，畝可獲租捌斗，除辦正額已米貳斗叁升，或壹斗玖升，及加增加編、兵役丁田等項，通計輸糧約及叁斗外，可餘米伍斗，而價每畝貳兩，且熟不逾正額，荒不至全賠，較數歲以為常歲，可每畝包米肆斗。此高田之不比水區，而美等之所身任者也。敢此酌議，置買後開高區田畝，及美等各自助田定額，除辦糧外通常歲徵租米每畝肆斗，付與管學租公正查收。縱有荒歉，愿自依額完辦，既無推諉廢弛之虞，亦免築岸造閘之費。而憲臺為國養賢之澤，亦可垂之永永無窮矣。等情，内開趙隆美原領銀貳百叁拾柒兩，共買田壹百壹拾柒畝肆分陸厘陸毫，坐落三十八都曲微功叁號壹斗玖升糧，則每歲除辦糧外，净租肆拾陸石玖斗捌升陸合外，自助微字號壹斗玖升田貳拾畝壹分捌厘肆毫，坐落叁拾捌都，每歲除辦糧外，净租捌石柒升肆合。貳項共田壹百叁拾柒畝陸分伍厘，每歲除辦糧外，净租伍拾伍石零陸升。生員何允泓原領銀貳百叁拾陸兩，共買田壹百壹拾陆畝壹分玖厘玖毫，坐落叁拾捌都伍柒等圖漠沙何叁字號，壹斗玖升糧，則每歲除辦糧外，净租肆拾陸石肆斗捌升外，又自助叁拾捌都捌玖圖禪字號壹斗玖升田貳拾畝，每歲除辦糧外，净租捌石。貳項共田壹百叁拾陸畝壹分玖厘玖毫，每歲除辦糧外，净租伍拾肆石肆斗捌升。備開丘頭細數，具里到縣。據此，隨經通計，兩生領銀置買及自義助，共壹斗玖升田貳百柒拾叁畝捌分肆厘玖毫，并前生員吴振珩、吴紹珩原領銀置買叁斗貳升田壹百貳拾伍畝，通共學田叁百玖拾捌畝捌分肆厘玖毫。案經行委公正，顧焕逐一沿丘履畝丈勘四至明白，另造丘形白册申報外，今該本縣知縣楊　看得，田之所以有常入者，在有主人經理，而佃之所以常依命于田者，亦在有主人照料。若田一屬于官，但于佃人計畝徵租已耳，而無經理。且官租定，屬之吏書，又但于田中逐佃科索已耳，而無照料。故公田久必多荒，而租入常至不繼，况歲不無豐歉，而貧士之尤苦者，更在灾年。監生趙隆美、生員何允泓所議，可謂贍士長慮遠計，而又肯不論豐荒，除糧包租，是力田無常年，貧士有常稔，真好義而留心學校者。今查兩生田每畝原租捌斗，除限米本折等項外，得餘米伍斗。今□荒歉包租肆斗，豐年之減壹斗，寧足當歉年之賠肆斗？且助田念畝，亦并包租，故每年肆斗始可為常。吴生振珩之田，原腴于高區，田價不貳兩止也，原租壹石，今議包租伍斗。職又照得貧士數口之家，當其艱苦窘急，多得壹升米，即濟得壹升之用，則學田多那得壹升米，即濟得壹生之苦。吴下田糧最苦漕兑正贈外，有加贈，此止餉貪軍之壑耳，合無將學田南北二兑，議作折色每石伍錢，其應完兑米，自通縣牽帶，即照得由牽帶之數，減其折色，是不過一轉移間，每石可餘贈米壹斗。前包租之内，每畝可加米伍升，約壹千壹百，學田可餘米伍拾石。如遇灾年，將本田折色入末限追徵。盖灾年田既無收，米必涌貴，業主包租殊苦，不得不于折色議緩量，示體恤也。緣係動支官銀，置買學田數，因并酌議永利事理，擬合請詳為此。今將前由合行具申，伏乞照詳施行。

萬曆四十年閏十一月十二日，申蒙欽差巡撫都御史徐　批，學田置矣，而區畫井井，纖悉不遺。該縣真理邑如家也，俱如議行。繳。

計開：

生員吴振珩、吴紹珩原領都院項下官銀貳百伍拾兩，置買四十四都顧師娘圩拱字號叁斗貳升糧田壹百陸畝，又二十七都尊字號叁斗貳升糧田壹拾玖畝零，二項共田壹百貳拾伍畝零，計該租米壹百貳拾伍石肆升壹合。

監生趙隆美原領官銀貳百叁拾柒兩零，置買三十八都一二等圖曲微功等字號壹斗玖升糧田壹百壹拾柒畝肆分陸厘陸毫，每年除辦倉米折銀及加贈加編、兵役丁田外，净包租米肆拾陸石玖斗捌升陸合。自助本都微字號壹斗玖升糧田貳拾畝壹分捌厘肆毫，每年除辦倉米折銀及加贈加編、兵役丁田外，净包租米捌石柒升肆合。

生員何允泓原領官銀貳百叁拾陸兩零，置買三十八都五、七、十三等圖沙漢何三字號壹斗玖升糧田壹百壹拾陸畝壹分玖厘玖毫，每年除辦倉米折銀及加贈加編、兵役丁田外，净包租米肆拾陸石肆斗捌升。自助本都八九圖禪字號壹斗玖升糧田貳拾畝，每年除辦倉米折銀及加贈加編、兵役丁田外，净包租米捌石。

按：明萬曆四十一年（1613），以同知銜署常熟縣事席遵路立，詳述蘇州府利用羡餘銀購置學田事，常熟因遵照辦理，購得學田三百餘畝，後附購田銀兩及畝數。碑原在邑學尊經閣儀門，已佚。

六十二　常熟縣儒學新建養賢倉記

六十二　詹向善《常熟縣儒學新建養賢倉記》

年代：明萬曆四十二年（1614）

碑文：

常熟縣儒學新建養賢倉記

歲癸丑，余叨一第，符綰海虞，私心竊自喜。海虞，子游文學之故里也，其墨井遺迹，依然在焉。幸承乏于兹土，安知武城弦歌之響，不可再振于海虞乎？始至謁先師廟，講學行禮，見諸生肅肅乎其飭也，雝雝乎其貌也。其闡聖賢之微旨，有味乎其言之也。信子游學道之化，迄今猶在人心矣。暨十有二月朔，從詣學，有連生士英者，跪而請曰："本學舊無學田，窮約之士半菽不飽，前令楊公加惠後學，規制學田，而撫臺徐公又捐俸而益之，價以□號者，上田以百計者，□俾寒士得永藉焉。又慮積貯他所，□無乾没之弊，欲相學宫餘地而建之倉，為入覲迫，竊有志未遑預行之。屬司訓□□朱師詫以必成吾志。于是朱師集諸生而商之，英思蕭觀察曾助修學銀三十兩，耿□公曾留造院倉銀十八兩。借此二者，倘亦托始之□乎？隨請命于署縣事大府席公。公即捐俸十八兩，委尉董其役，擇啓聖宫之旁，聚奎樓之南，建倉八楹，額曰養賢。鴻庀方集而白師適捧檄至，嘆多方規書，相與以有成，積日以百計，積貲亦以百計。由六月肇基，迄九月告竣。規模初備，而碑記尚闕然也。明公色笑藻宫，匪怒伊教，肯賜如椽之筆，以□□□乎？"余聞而唯曰："微田則士所資？微倉則粟奚所貯？朱公體楊公之意而營建□前，白公又繼朱公之意而贊成于後，其有功于後學豈淺鮮哉？子輿氏云，無恒産而有恒心者，惟士為能。士即謀道不□食乎？而倉以養賢名，則一念作興之意，居然可□矣。倉廪實而知禮節，衣食足而知榮辱，□庶猶然，况士□然為四民之首哉？今虞之庠，禮讓成風，而他日釋褐登朝，必且清白自勵，為時名卿碩輔，必自此始。不然則良有司、賢師傅至意，諸生奚忍負之也？余牛刀初試，方以學道愛人為己責，而□□虞庠有此盛舉，不覺莞爾，喜為之記。是役也，□田者為巡撫徐公民式、邑令楊公漣；建倉者，為署印同知席公遵路、教諭白公紹光、訓導朱公正定；繼至而完倉之所未備者，訓導朱公家棟、邊公凱颺；董役者，縣尉俞君□元；經營者，連生士英、□生□顔、何生天寵。例得鐫石，永垂不朽。"

萬曆四十二年歲次甲寅，賜進士第、文林郎、知常熟縣事、常山詹向善撰，生員連士英書。

按：明萬曆四十二年（1614），常熟新建縣學養賢倉成，時任知縣詹向善撰記，邑人連士英書。詹向善，字定陽，長山人，以進士來令吾邑，明萬曆四十三年（1615）去任。碑原在邑學文星閣，已佚。

六十三　本石李先生遺澤碑

六十三　翁憲祥《本石李先生遺澤碑》

年代：明萬曆末

碑文：

本石李先生遺澤碑

夫澤有久近，乘乎其思；思有淺深，動乎所風。風之遠則思之長，思之長而其澤垂之無疆矣。本石李先生之教吾虞也，凡五載，而以國學遷其行也。虞士親者思之，疏者思之，懷者思之，畏者思之，遐邇貧乏孤弱，不言同然，遂相与伐石而紀之。嘻，余以是知先生所風而其澤永也。

吾虞自癸卯值士變，虞士代郡邑諸士受首變名，乃至放流困頓，士氣一詘。其後郡邑諸長吏聞風，至則莫不指吴士為驁，于吴士又莫不指虞士為最驁，卒或過意排抑，而士習亦靡。先生之秉鐸于此，值大洪楊侯為宰。楊侯化民成俗，慨然以興學作人為己任，而先生左提右挈，務在振發士氣，隆體貌，嚴繩檢。先是，胥徒負販咸得狎士無顧忌，先生行朞年，而秩有定分焉。時舉其好學敦行者，而罰其悍慓不率者，乃□人旦夕改步，又未嘗不□為入室弟子也。以是一□士□其服而有其容，有其容而有其辭，有其辭而有其德，有其德而有其行。里黨之間，强不犯弱，衆不暴寡，士氣大振。春秋祭享則糾通邑士先期齋戒而集，堂室户陛，各司其序，拜坐起立，不亂于行。庶幾入廟思敬，人人起江漢秋陽之仰。而朔望則預列鄉里為定期，至期皷征，濟濟在下，因為月課時會，以定其殿最，而升諸郡邑。其士入品題者，每一借齒輒見奇主司，飛鶱絶迹者若而人。士于時標舉興會，相觀而善，而士習亦大振。先生所以永思于多士者，其在斯乎，其在斯乎？雖然，更有進焉，郡邑之崇祀先師，以報本敬道也。今郡邑之祭，下舞登歌，久夷草莽，俎奇豆耦，半入塵塗。本之不敦，何以立教？維楊侯鋭意更始，先生為之旁稽董成，動其本，樂其象，然後治其飾。鐘鼓羽籥，齊齊煌煌，其諸陸産之醢，水草之菹，昆蟲之□，必豐必潔，以將明信。斯非先生敬道以立教者乎？邑故有社學，集里巷童蒙不幪脡脯者，以廣業而成教也。时廢弗舉，故里巷童蒙少不知教，長而悍罔。楊侯既廣延塾師，先生乃寬其既廩，條其課籍，鳩子弟日事訓詁，而時躬省伺，以稽勤怠。四境誦讀聲遥相聞，斯非先生廣業以成教乎？士攻鉛槧，列衿紳，輒拙于謀生，夫凍餒流離之不免，而安得責之禮義？楊侯乃出其俸餘、贖鍰，置學田若干畝，而先生又倡為義佐，更拓田若干畝，歲租入籍而藏之公廩。凡喪葬嫁娶以急告，量恤有差，寒素由是得仰給而并肆力于學，斯非先生厚儲以待教者乎？先生以此風多士，多士安得不思，思而安得不彰其澤以傳諸不朽也？

余維宋自胡安國以教授興學作人于湖，而一時湖士遂為天下重師道莫与京焉。有如先生所以教吾虞士者，庶幾安國之遺也哉？余不能為先生溢美，第據先生之實，勒之如左。先生名維柱，本石其字，楚之京山人。

其立石者：諸生徐耀祥、郭際南、顧炳、袁德良、尤之泗、許士柔、丁旭、周本吴、王顯忠，法得附書。

賜進士第、中順大夫、太常寺少卿、前吏科都給事中翁憲祥頓首撰。

賜進士出身、禮部觀政、除授寶坻縣知縣、門人陳必謙頓首書。

吕律刻。

門生：孫林、丁應辰、金率祖、連士英、袁光翰、宋奎光、徐耀祥、歸紹隆、王之軾、許僑、瞿純仁、馮復京、郭際南、繆肇祖、沈昌時、張應遴、張體元、徐懋奎、黄仕玄、陳允迪、劉象明、王應期、朱曾省、陳振孫、黄儀玄、周兆鳳、蕭可傳、陳辰樞、周景仲、浦義升、翁源德、錢賡、蕭可倫、單良佐、陳宿樞、翁毓華、趙啓獻、王兆瑚、王運昌、陳必謹、周盛時、袁德良、尤之泗、翁毓奇、錢翼明、嚴栐、陳治策、盛文琳、周本吴、顧炳、錢謙貞、王宇隆、郁文星、譚文炳、

六十三 本石李先生遺澤碑（局部）

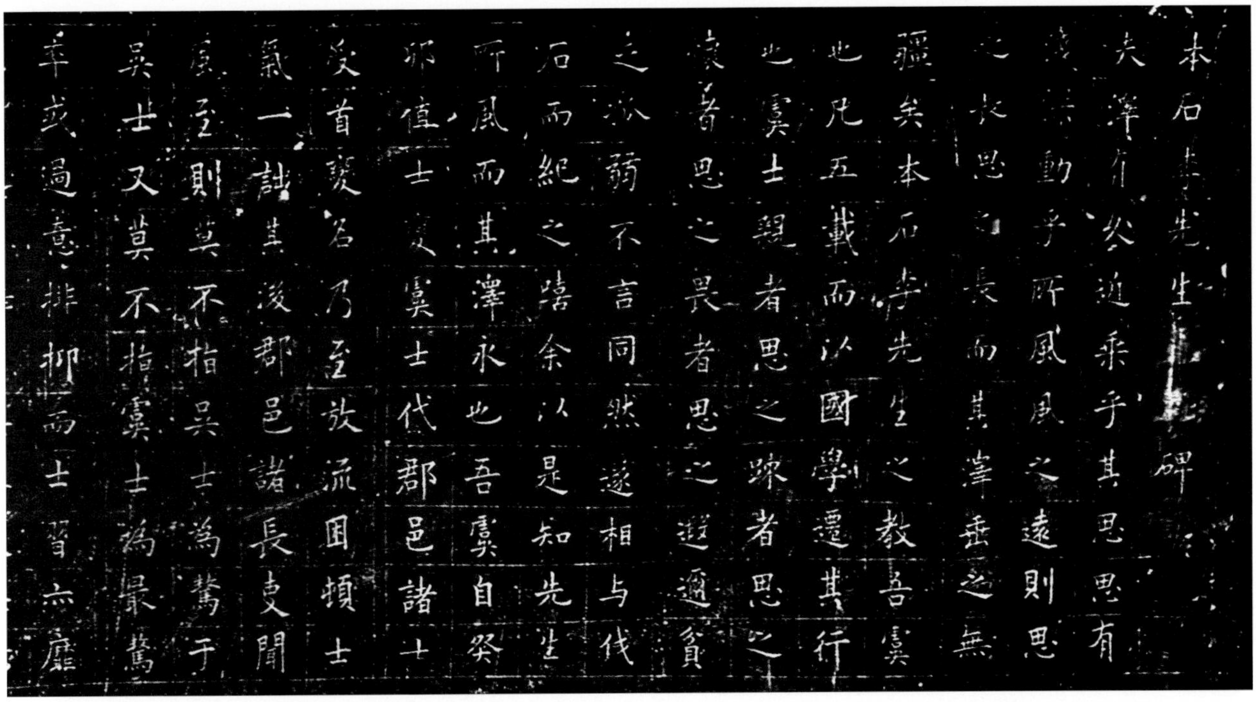

六十三　本石李先生遺澤碑（局部）

徐濟忠、嚴槐、徐泰、張兆奎、嚴栻、嚴機、何允泓、郁調元、沈蕃錫、李師沆、王顯忠、丁孺端、沈昌會、吴文熙、徐文彦、丁旭、譚胤揚、許士柔、馮爾遇、宋文、孫朝讓、章一仁、徐雲逵、朱應梅、鄧宗臣、伍象坤、陳止善、黄五臣、陸之瑛、時象泰、吴鳴奇、錢億、張允弼、沈昌期、金起隆、陸景龍、蔣節、張國彝、張固鼎、龔正本、朱鵬舉、何芾、周學詩、沈爾嘉、丁國昇、鞠永祥、程恩光、錢裔昌、唐廷薦、徐錫綬、錢寧時、吴振珩、吴紹珩、徐以清。

按：明萬曆四十三年（1615），邑人翁憲祥撰，陳必謙書，略述教諭李維柱之知人善教，以志去思。李維柱，字本石，京山人，明萬曆三十七年（1609）以舉人來任邑學教諭，厘正學田，創設學志，多有惠政。碑原在邑學戟門内，現存常熟市碑刻博物館。

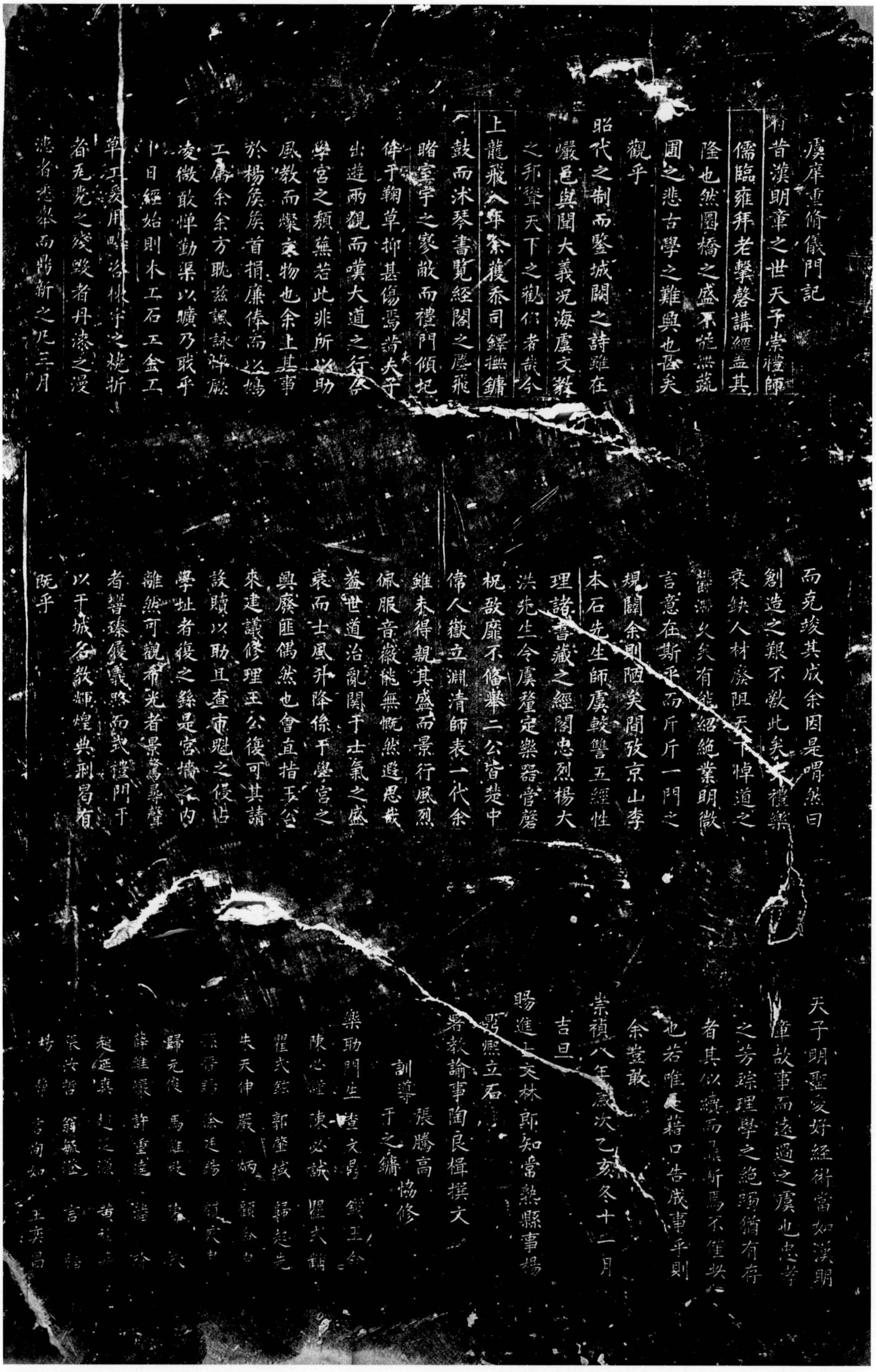

虞庠重修儀門記
昔漢明章之世天子崇禮師
儒臨雍拜老擊磬講經蓋其
隆也然圜橋之盛不能無疏
圜之悲古學之難與也甚矣
觀乎
昭代之制而鑒城闕之詩雖在
巖邑與聞大義況海虞文數
之邦聳天下之觀仰者哉今
上龍飛八年余獲忝司鐸撫鏞
鼓而沐琴書覽經閣之歷飛
睹室宇之寥敞而禮門傾圮
倖于鞠草抑甚傷焉昔夫子
出遊兩觀而嘆大道之行今
學宮之頹蕪若此非所以助
風教而燦文物也余上其事
於楊侯侯首捐廉俸而以鳩
工屬余余方耽茲諷詠倬廠
□日經始則木工石工金工
革工爰用畢洛棟宇之撓折
者危覺之殘毀者丹漆之漫
漶者悉舉而鼎新之凡三月
而克竣其成余因是喟然曰
創造之艱不數此矣禮樂
衰缺人材蕪阻天下悼道之
鬱滯久矣有能紹絕業明微
言意在斯乎而斤斤一門之
規闢余則陋矣聞攻京山李
本石先生師虞較讐五經性
理諸書藏之經閣忠烈楊大
洪先生令虞釐定樂器管磬
柷敔靡不備舉二公皆楚中
偉人嶽立淵清師表一代余
雖未得親其盛而景行風烈
佩服音徽能無慨然遐思哉
蓋世道治亂關于士氣之盛
衰而士風升降係于學宮之
興廢匪偶然也會直指王公
來建議修理王公復可其請
設贖以助且查市魁之侵占
學址者復之繇是宮墻之內
離然可觀希光者景驚尋聲
者嚮臻覆議路而式禮門于
以干城名教輝煌典刑曷有
既乎
天子明聖愛好經術當如漢明
章故事而遠過之虞也忠孝
之芳躋理學之絕躅猶有存
者其似續而張斯焉不僅妝
也若唯是藉口告成事乎則
余豈敢
崇禎八年歲次乙亥冬十二月
吉旦
賜進士文林郎知常熟縣事楊
鼎熙立石
署教諭事陶良楫撰文
訓導　張騰高
于之鏞　協修
樂助門生　陸文□　錢王命
陳必謙　陳必誠　瞿式耜
瞿式鉉　郭瑩域　歸起先
朱天伸　嚴　炳　顧□□
孫晉錫　徐廷錫　顧天□
歸元俊　馬維政　□□
薛維藩　許重遠　潘□
趙延禎　趙廷璇　黃□□
張汝哲　翁毓瑩　言□
楊□　言尚如　王奕昌

六十四　陶良楫《虞庠重修儀門記》

年代：明崇禎八年（1635）
碑文：

虞庠重修儀門記

昔漢明章之世，天子崇禮師儒，臨雍拜老，擊磬講經，蓋其隆也。然圜橋之盛，不能無蔬圃之悲，古學之難興也甚矣。觀乎昭代之制，而鑒城闕之詩，雖在岩邑，與聞大義，況海虞文教之邦，聳天下之觀仰者哉？今上龍飛八年，余獲忝司鐸，撫鏞鼓而沐琴書，覽經閣之塵飛，睹室宇之寥敝，而禮門傾圮，侔于鞠草，抑甚傷焉。昔夫子出游兩觀而嘆大道之行，今學宫之頹蕪若此，非所以助風教而燦文物也。余上其事于楊侯。侯首捐廉俸，而以鳩工屬余。余方耽兹諷咏，悼厥淩微，敢憚勤渠以曠乃職乎？卜日經始，則木工、石工、金工、草工爰用疇咨，棟宇之撓折者、瓦甍之殘毁者、丹漆之漫漶者，悉舉而鼎新之。凡三月而克竣其成。余因是喟然曰："創造之艱，不啻此矣。夫禮樂衰缺，人材廢阻，天下悼道之鬱滯久矣。有能紹絕業、明微言，意在斯乎，而斤斤一門之規闢，余則陋矣。"間考京山李本石先生師虞較，讎五經性理諸書，藏之經閣；忠烈楊大洪先生令虞，厘定樂器，管磬柷敔，靡不備舉。二公皆楚中偉人，嶽立淵清，師表一代。余雖未得親其盛，而景行風烈，佩服音徽，能無慨然遐思哉？蓋世道治亂，關于士氣之盛衰，而士風升降，係于學宫之興廢，匪偶然也。會直指王公來，建議修理，王公復可其請，設贖以助，且查市魁之侵占學址者復之。繇是宫墻之内，離然可觀，希光者景騖，尋聲者響臻，履義路而式禮門，于以干城名教，輝煌典刑，曷有既乎？天子明聖，愛好經術，當如漢明章故事而遠過之。虞也，忠孝之芳蹤，理學之絕躅，猶有存者，其似續而鼎新焉，不僅此也。若唯是藉口告成事乎，則余豈敢？

崇禎八年歲次乙亥冬十一月吉旦，賜進士、文林郎、知常熟縣事楊鼎熙立石，署教諭事陶良楫撰文，訓導張騰高、于之鏞協修。樂助門生：查文鼎、錢王命、陳必謹、陳必誠、瞿式耜、瞿式鉉、郭肇域、歸起先、朱天伸、嚴炳、顧命申、孫晋錫、徐廷錫、顧天申、歸元俊、馬維敬、陳式、薛維岩、許重達、潘玠、趙延爽、趙延源、黄祈薪、張汝哲、翁毓澄、言福、楊静、言恂如、王奕昌。

按：明崇禎八年（1635），知縣楊鼎熙、教諭陶良楫修邑學儀門。陶良楫撰記。碑原在邑學儀門西，已佚。

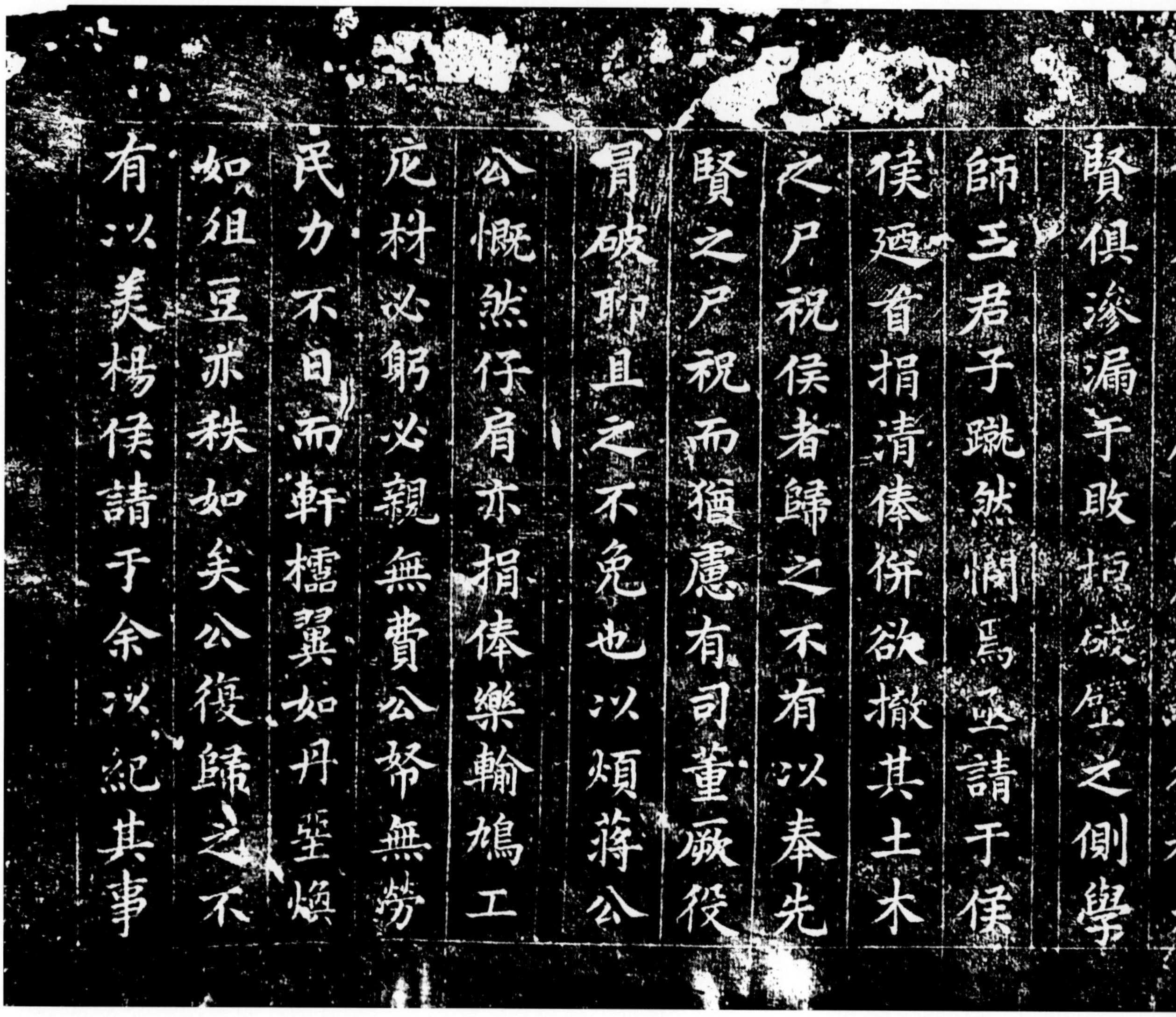

六十五　重造常熟縣儒學東廡碑記

年代：明崇禎間

碑文：

重造常熟縣儒學東廡碑記

國朝仿漢建武、永平間遺意，課吏科條，首以興學勸農并重，則夫庀飭黌宫，崇飾廟貌，亦曰報稱長吏之職，非第儒者所宜自盡其心也。而吏道皆簿書錢穀之紛糺，事涉學較，且以為迂冷而不切，任其摧頹，以至于盡。抑或有留心焉者，而遷除之迫其期，經營之藭其費，謀之而不暇，為之而不竟其功者多矣。

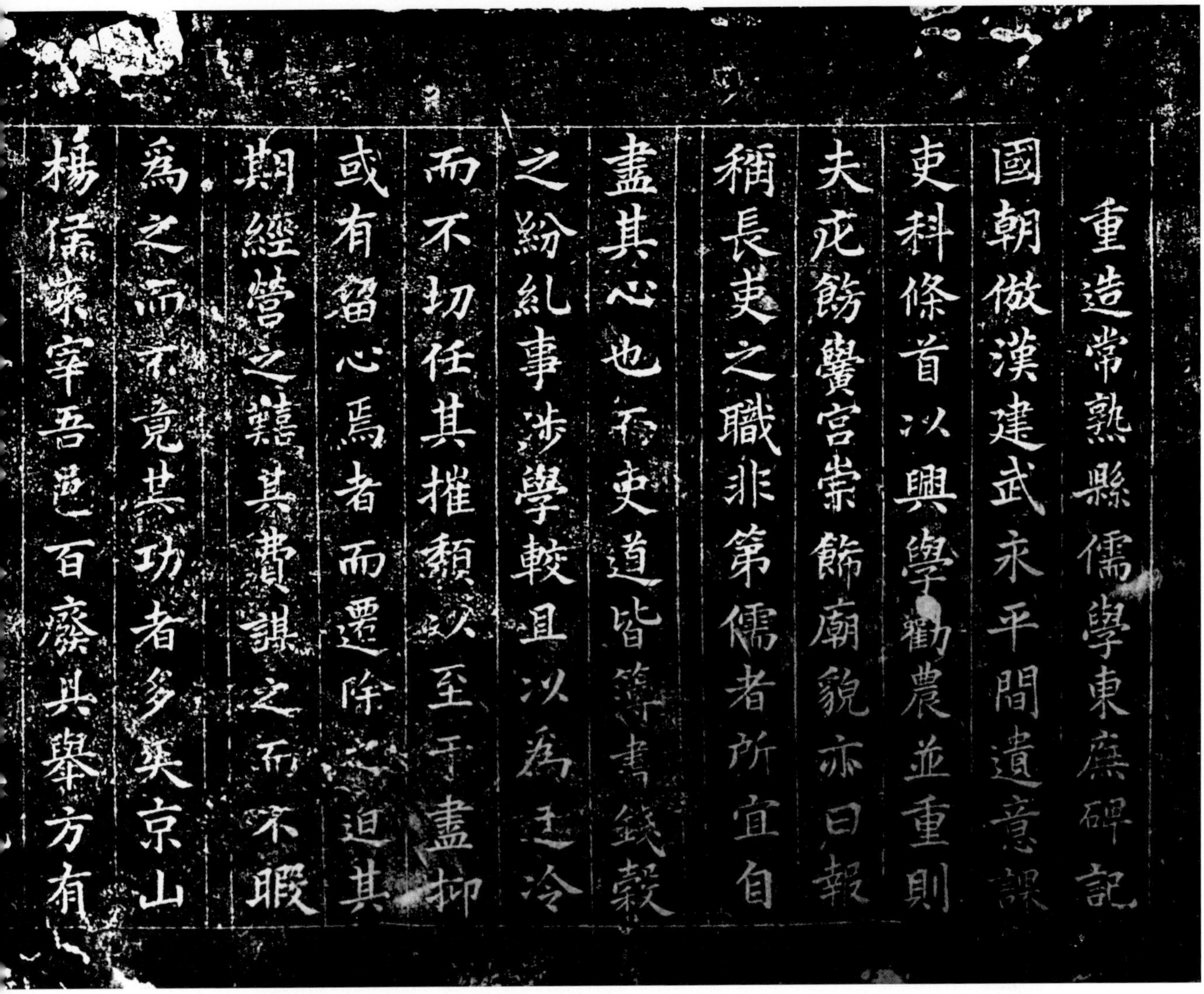

重造常熟縣儒學東廡碑記
國朝倣漢建武永平間遺意課
吏科條首以興學勸農並重則
夫庀飭黌宮崇飾廟貌亦曰報
稱長吏之職非第儒者所宜自
盡其心也而吏道皆簿書錢穀
之紛紜事涉學較且以爲迂冷
而不切任其摧頹以至于盡抑
或有留心焉者而遷除之迫其
期經營之囏其費謀之而不暇
爲之而不竟其功者多矣京山
楊侯來宰吾邑百廢具舉方有

六十五　重造常熟縣儒學東廡碑記

京山楊侯來宰吾邑，百廢其舉，方有事乎大修厥廟，而東廡尤圮甚。會歲多烈風，瓦震棟撓，從祀先賢俱滲漏于敗垣破壁之側。學師三君子蹴然憫焉，亟請于侯。侯乃首捐清俸，并欲撤其土木之尸祝侯者，歸之不有以奉先賢之尸祝，而猶慮有司董厥役，冒破聊且不免也，以煩蔣公。公慨然仔肩，亦捐俸樂輸，鳩工庀材，必躬必親，無費公帑，無勞民力，不日而軒櫺翼如，丹堊煥如，俎豆亦秩如矣。公復歸之不有以美楊侯，請于余以紀其事。

六十六　重建儒學啓聖公祠記及重建啓聖祠疏

六十六　張懋忠《重修儒學啓聖公祠記》及駱士憤《重建啓聖祠疏》

年代：清順治十年（1653）
碑文：

重修儒學啟聖公祠記

皇帝御極之十年，文教覃敷，余奉命督漕江以南，莅止虞山，齋宿釋奠，先聖肅然，顧瞻周遭，殿之東啓聖公啓聖祠宇在焉。摩娑碑版，則明嘉靖初知縣事淳安徐湲奉朝典特建，邑人都御史陳公察為之記。百餘年來，人飲洪河之宿海，士知梁木之本根，道化蔚隆，有由然已。低迴久之，稔此祠之梁楹蠹朽，柱礎圮傾，駸駸有茂草之懼。廣文駱君告余曰："修之宜亟，行之維艱，奈何？"余自念輓漕之檄遄飛，冰蘗之操素定，然以窮于辔，詘于貲，諉此事為不暇，其何以激揚風教？乃捐俸以為都人士之嚆矢。廣文受命而退，謀于縣大夫暨薦紳之賢者，進子弟于堂，經之營之，庀材鳩工，刻期峻事。越明年，余北旋，拜祠下，則輪奐崇隆，榱桷峻整，巋然改觀。請余記其事。

余惟祀典之有禘郊宗祖也，為聖帝明王崇德報功，必推本于帝王之所自出。吾夫子邁百王，師萬世，後人推尊聖父，與天無極，使地義天經永永炳若日月，不必援引二龍繞室、五老降庭之瑞，謂與始祖玄鳥之祥，同受命于天，其為尼山之禘郊宗祖也大矣。近世本實先撥，金谷平泉，争營池館，神宫梵宇，競效輝煌，而學宫榛莽，不為動念。其寄一氈者，又視若傳舍。今天子崇儒術，敦孝治，遠軼曩代。廣文有孝有德，經曰：始于事親，終于事君。异日不以傳舍視天下事，又于此舉卜之。縣大夫郭君名保之，吴橋選貢，有吏治。廣文駱君名士憤，丙戌舉人，籍古蓼。賢紳則吏部王君夢鼎、進士邵君燈，其最也，例得書。

欽差分管漕務、督理蘇松常鎮糧儲、巡視漕河、江南按察司副使、兼布政使司右參政張懋忠敬撰。

重建啓聖祠疏

嘗稽學宫，有聖廟，即有啓聖祠以為之祔，所以崇孝也。士憤濫竽虞庠，前後四載，見兩廡之圮者葺之，明倫堂之窪者高之，捐俸經營，未資群力，庶幾學宫不至鞠為茂草。而獨于啓聖祠，闕焉未舉。今年春祭，入其門則無門焉，邊鏤雖存，丹楹零落，不能司啓閉也。履其階則無階焉，滿目荒苔，唐甓傾欹，不能拾級登也。拜其堂則無堂焉，榱桷煙頹，窗櫺殘斷，不能蔽風雨也。因肅然歛容，泫然流涕，曰："憤罪矣，憤罪矣！小人有母，迎養寒曹，尚知扶持抑搔。母食不飽，憤不敢飽；母寢不安，憤不敢安。今啓聖神主日卧苔蘚中，而謂我大聖人孝同天地，其靈得旦夕妥于高甍杰榭間乎？若置啓聖公不議，而僅修堂廡，是猶務末遺本也。"憤抱此志，邑邑不能舒。適當縣大父母講明鄉約，首重孝弟，而紳袍諸先生相與有感，力搜忠孝遺迹。憤因與諸先生謀，謂修復之舉，莫急于啓聖祠者。諸先生亦肅然歛容，泫然流涕，曰："某等出入膠序，寤寐詩書，不能體大聖人之心，竭蹶斯役，謂先生之罪□爾哉？"共議于秋祭前鳩工董事，俾堂構一新。頗有屨及窒皇、劍及寢門之志，然計是役之費，不下二百餘金，獨力難成，聚沙可就，命憤為疏，普告同人，幸各自勉，或率若屬庀材力，或率若屬捐金錢，或率若屬勸工役，期朝設版而夕告成，大聖人之心，其少慰乎？非然，為不能體大聖人之孝以為孝，而曲吾孝事吾父母，其誰信之？凡我同志，夫亦可以應如響矣。

順治癸巳孟夏，皋城駱士憤熏沐拜書于虞庠公署。

下附捐資姓氏，略。

按：清順治十年（1653），知縣郭保之、教諭駱士憤重修啓聖公祠。張懋忠撰記。後附駱士憤《重建啓聖祠疏》及捐資姓氏。張懋忠，鑲白旗人，清順治八年（1651）由永平知府遷任東南蘇松常鎮糧儲道。碑原在邑學崇聖祠，已佚。

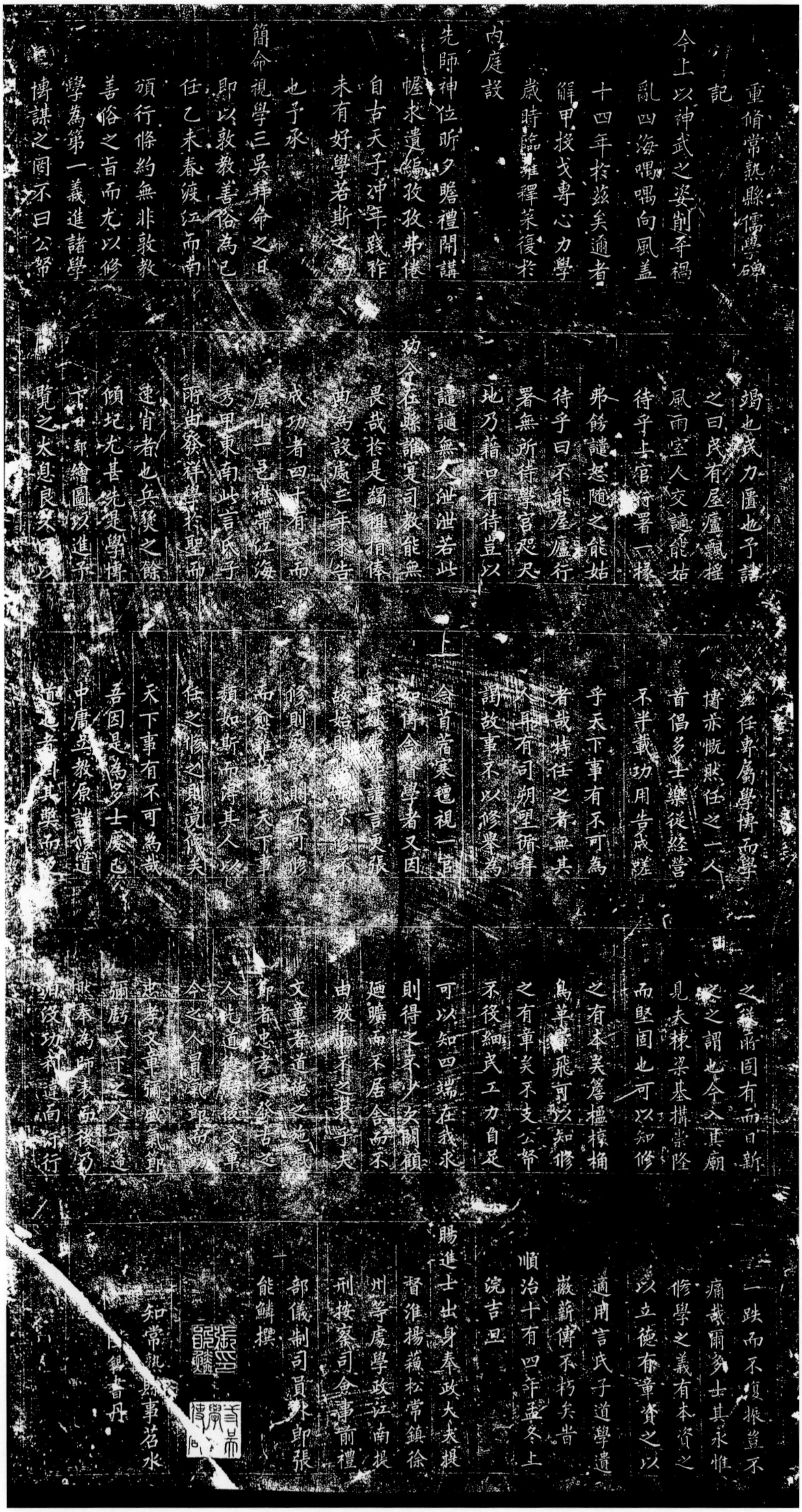

六十七　重修常熟縣儒學碑記

六十七　張能鱗《重修常熟縣儒學碑記》

年代：清順治十四年（1657）
碑文：

重修常熟縣儒學碑記

今上以神武之姿，削平禍亂，四海喁喁向風，盖十四年于兹矣。邇者解甲投戈，專心力學，歲時臨雍釋菜；復于内庭設先師神位，昕夕瞻禮；開講幄，求遺編，孜孜弗倦。自古天子冲年踐祚，未有好學若斯之篤也。

予承簡命，視學三吴。拜命之日，即以敦教善俗為己任。乙未春，渡江而南，頒行條約，無非敦教善俗之旨，而尤以修學為第一義。進諸學博謀之，罔不曰："公帑竭也，民力匱也。"予詰之曰："民有屋廬，飄摇風雨，室人交讁，能姑待乎？上官行署，一椽弗飭，譴怒隨之，能姑待乎？"曰："不能。"屋廬行署無所待，學宫咫尺地，乃藉口有待，豈以譴讁無人泄泄若此？功令在縣，誰實司教，能無畏哉？于是蠲租捐俸，曲為設處。三年來，告成功者，四十有六。而虞山一邑，襟帶江海，秀甲東南，此言氏子所由發祥，學于聖而速肖者也。兵燹之餘，傾圮尤甚。先是，學博卞日郅繪圖以進。予覽之，太息良久，因以兹任專屬學博。而學博亦慨然任之。一人首倡，多士樂從，經營不半載，功用告成。嗟乎！天下事有不可為者哉？特任之者無其人耳。有司朔望循拜謁，故事不以修舉為念，苜蓿寒氈，視一官如傳舍，督學者又因時絀費鉅，諱言更張。故始則恡而不修，不修則廢，廢則不可修，而愈難于修，天下事類如斯。而得其人以任之、修之，則竟修矣，天下事有不可為者哉！吾因是為多士慶已。《中庸》立教，原諸修道。道也者，因其弊而返之，從所固有而日新之之謂也。今入其廟，見夫棟梁基構，崇隆而堅固也，可以知修之有本矣；檐楹榱桷，鳥革翬飛，可以知修之有章矣；不支公帑，不役細民，工力自足，可以知四端在我，求則得之，不少欠闕。顧乃曠而不居，舍而不由，放而不之求乎？夫文章者，道德之施；氣節者，忠孝之發。古之人先道德而後文章，今之人冒氣節而飭忠孝，文章彌盛，氣節彌虧，天下之人方蓬然奉為師表，而後乃汩沒功利，違面汙行，一跌而不復振，豈不痛哉？爾多士其永惟修學之義，有本資之以立德，有章資之以適用，言氏子道學遺徽，薪傳不朽矣。

時順治十有四年孟冬上浣吉旦，賜進士出身、奉政大夫、提督淮揚蘇松常鎮徐州等處學政、江南提刑按察司僉事、前禮部儀制司員外郎張能鱗撰。

知常熟縣事苕水陸錫書丹。

按：清順治十二年（1655），提學僉事張能鱗重修邑學，并自撰記，知縣事陸錫書丹。張能鱗，字西山，順天人，清順治四年（1647）進士。仕至四川按察使副使。碑原在邑學明倫堂，已佚。

六十八　重修常熟縣儒學尊經閣記

重修常熟縣儒學尊
經閣記
聖人教人必以六經
經者載道之器道無
不在故學者往往得
其性之所近要其指
歸期於相通而已仲
尼之門子夏善於易
顓孫善於禮漆雕善
於書左丘明善於春
秋子貢子夏可與言
詩而子所雅言詩書
執禮其自謂學易可
無大過而志在春秋
夫聖人之于經其盡
心也如是自漢以還
諸儒守專門之學黨
同伐異旅梏萬端其
後始定為大經兼經
之據以取士由明迄
今專用一經然視學
官所藏六經具在且
旁及於子史百家言
蓋取士不必求備教

人則欲無通此先王
分絃誦書禮而四時
董之成均之遺意也
末世競功名務章句
以希弋獲視一經外
若殊方語言之不相
通息廢講誦放棄詩
書所由來矣虞學有
尊經閣始於明正統
時教諭趙永言建議
署縣事陳燈成之其
後再修於萬曆間去
今六十餘年棟橈梁
折幾成榛莽簡冊之
僅存者盡在風啮雨
蠹中覽者增歎余以
採風校士每過其地
思捐俸葺之會右籓
佟公諱彭年大參盧
公諱紘安公諱世鼎
李公諱來泰前督學
孫公諱胤驥督學梁
公諱儒郡守吳公諱
道煌曹公諱鼎督捕

鄭公諱炳督糧吳公
諱江備司李龔公諱
在升邑令李君璞于
君宗堯咸樂為佽助
於是鳩材聚工經始
于丙午秋董其役者
為學博沈君汝蘭協
勷盡瘁閱歲告成余
復徘徊瞻顧而歎曰
句吳之俗斷髮文身
不與風教吾孔子教
興東魯而子游氏崛
起南國虞雖小邑得
為東南風氣之首者
以有子游氏之儒也
子游氏以學道愛人
教其君子小人而絃
歌之聲遍閭巷至孟
軻氏驅邪說闢異端
闡先聖之道而要本
之於經正則庶民興
然則所謂道者豈有
外乎君臣父子夫婦
昆弟朋友相接之間

而所謂經者非即親
義序別之燦然可紀
者歟我
世祖章皇帝命儒臣纂修
詔天下郡縣得以孝經
試士
皇上繼之嚴前科帖括使
士子崇尚實學其他
斥邪崇正甚力宜天
下之靡然嚮風乃余
所見郡縣珠宫紺宇
以藏其所謂梵書唄
字琅函寶笈者如故
至吾堯帝禹湯文武
周公孔子之書雖學
士大夫猶有不知尊
禮之者何其重彼而
輕此也良由玩其文
不察其義習其言不
體諸身雖日取聖人
之書而尊禮之無益
也何況乎蔑視聖經
褻侮甚至散棄滅裂
也哉嗚呼道之不行

自經學之不明始余
承乏茲土官以備防
為事非有教化之責
於躬幸承
天子仁聖德威遐暢海波
不揚以與二三子講
道問業於此詩不云
乎至于海邦莫不率
從又曰矯矯虎臣在
泮獻馘余之此舉也
亦猶行古之道也夫
因記之以詔來者
康熙柒年歲次戊申仲
夏上浣穀旦
奉政大夫江南蘇州
府海防同知前內弘
文院掌典籍事
誥勅撰文秘書國史兩院
中書舍人加一級僉
稽魯超撰
常熟縣儒學教諭居
鄞沈汝蘭立石
河南晚學程岧
謹書

六十八　魯超《重修常熟縣儒學尊經閣記》

年代：清康熙七年（1668）
碑文：

重修常熟縣儒學尊經閣記

聖人教人，必以六經。經者，載道之器。道無不在，故學者往往得其性之所近，要其指歸，期于相通而已。仲尼之門，子弓善于《易》，顓孫善于《禮》，漆雕善于《書》，左丘明善于《春秋》，子貢、子夏可與言《詩》，而子所雅言，《詩》《書》、執禮，其自謂學《易》可無大過，而志在《春秋》。夫聖人之于經，其盡心也如是。自漢以還，諸儒守專門之學，黨同伐异，舐牾萬端，其後始定為大經、兼經之法以取士。由明迄今，專用一經，然視學宫所藏六經具在，且旁及于子史百家言，蓋取士不必求備，教人則欲兼通，此先王分弦誦書禮，而四時董之成均之遺意也。末世竞功名、務章句，以希弋獲，視一經外，若殊方語言之不相通，怠廢講誦，放弃詩書，所由來矣。

虞學有尊經閣，始于明正統，時教諭趙永言建議，署縣事陳澄成之。其後再修于明萬曆間，去今六十餘年，棟橈梁折，幾成榛莽。簡册之僅存者，盡在風噛雨蠹中。覽者增歎。余以採風校士，每過其地，思捐俸葺之。會右籓佟公諱彭年、大参盧公諱紘、安公諱世鼎、李公諱來泰、前督學孫公諱胤驥、督學梁公諱儒、郡守吴公諱道煌、曹公諱鼎、督捕鄭公諱爀、督糧吴公諱江偉、司李龔公諱在升、邑令李君璞、于君宗堯咸樂為佽助。于是鳩材聚工，經始于丙午秋。董其役者，為學博沈君汝蘭，協躅盡瘁，閱歲告成。

余復徘徊瞻顧而歎曰："勾吴之俗，斵髮文身，不與風教。吾孔子教興東魯，而子游氏崛起南國。虞雖小邑，得為東南風氣之首者，以有子游氏之儒也。子游氏以學道愛人教其君子小人，而弦歌之聲遍閭巷。至孟軻氏驅邪説，闢异端，閑先聖之道，而要本之于經正則庶民興。然則所謂道者，豈有外于君臣父子夫婦兄弟朋友相接之間？而所謂經者，非即親義序别之燦然可紀者歟？我世祖章皇帝命儒臣纂修，詔天下郡縣得以《孝經》試士。皇上繼之，罷前朝帖括，使士子崇尚實學，其他斥邪崇正甚力，宜天下之靡然嚮風。乃余所見郡縣，珠宫紺宇，以藏其所謂梵書唄字、琅函寶笈者如故。至吾堯舜禹湯文武周公孔子之書，雖學士大夫猶有不知尊禮之者，何其重彼而輕此也？良由玩其文，不察其義；習其言，不體諸身。雖日取聖人之書而尊禮之，無益也，何况乎蔑視聖經賢傳，甚至散弃滅裂也哉？嗚呼，道之不行，自經學之不明始。"

余承乏兹土，官以備防為事，非有教化之責。于躬幸承天子仁聖，德威遐暢，海波不揚，以與二三子講道問業于此，《詩》不云乎："至于海邦，莫不率從。"又曰："矯矯虎臣，在泮獻馘。"余之此舉也，亦猶行古之道也夫？因記之，以詔來者。

康熙柒年歲次戊申仲夏上浣穀旦，奉政大夫、江南蘇州府海防同知、前内弘文院掌典籍事、誥敕撰文、秘書國史兩院中書舍人、加一級、會稽魯超撰。

常熟縣儒學教諭居鄞沈汝蘭立石。

河南晚學程嵋謹書。

按：清康熙五年（1666），海防同知魯超重修尊經閣。七年（1668），超自撰記，程嵋書，沈汝蘭立。魯超，字文遠，會稽人，由拔貢仕至廣西安遠知府。碑原在邑學尊經閣，現存文廟尊經閣。

六十九　至聖先師孔子贊并序

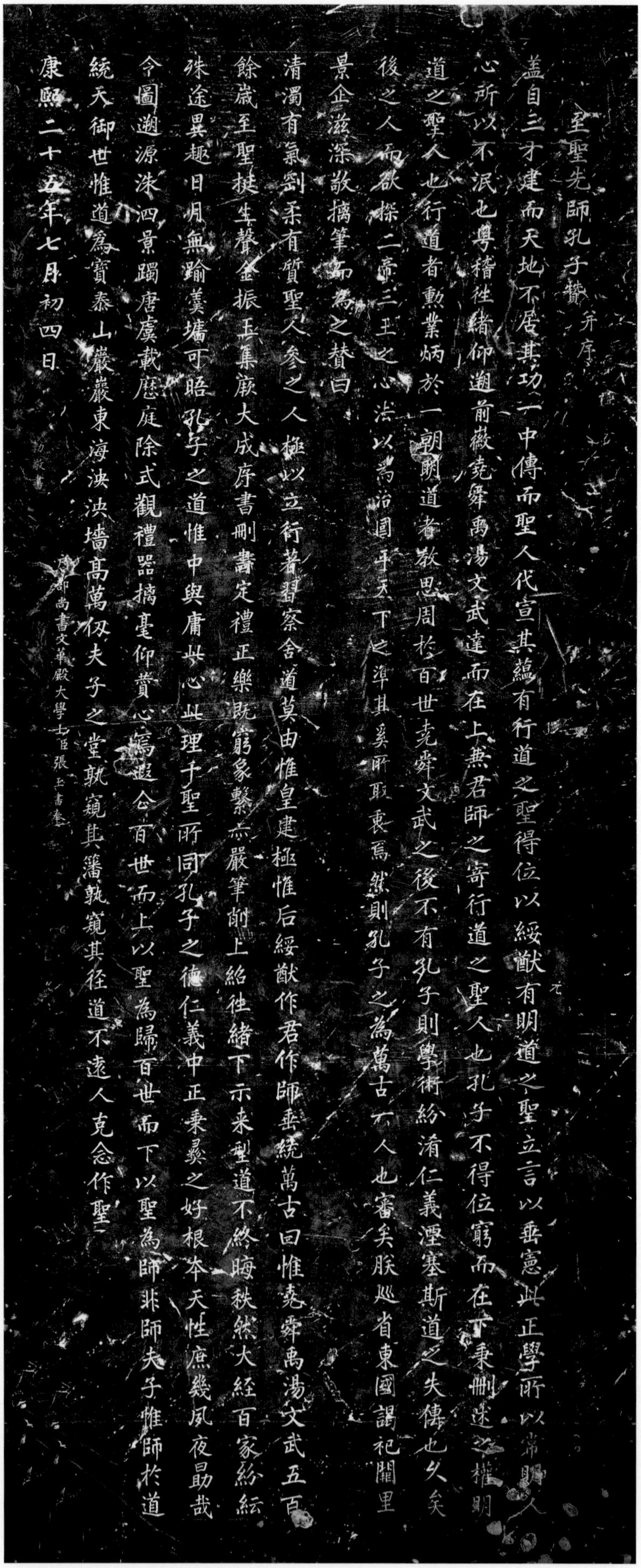

至聖先師孔子贊并序

蓋自三才建而天地不居其功，一中傳而聖人代宣其蘊。有行道之聖，得位以綏猷；有明道之聖，立言以垂憲。此正學所以常明，人心所以不泯也。粤稽往緒，仰遡前徽，堯舜禹湯文武達而在上，兼君師之寄，行道之聖人也；孔子不得位，窮而在下，秉刪述之權，明道之聖人也。行道者勲業炳於一朝，明道者教思周於百世。堯舜文武之後，不有孔子，則學術紛淆，仁義湮塞，斯道之失傳也久矣。後之人而欲探二帝三王之心法，以為治國平天下之準，其奚所取衷焉？然則孔子之為萬古一人也審矣。朕巡省東國，謁祀闕里，景企滋深，敬摛筆而為之贊曰：

清濁有氣，剛柔有質。聖人參之，人極以立。行著習察，舍道莫由。惟皇建極，惟后綏猷。作君作師，垂統萬古。曰惟堯舜，禹湯文武。五百餘歲，至聖挺生。聲金振玉，集厥大成。序書刪書，定禮正樂。既窮象繫，亦嚴筆削。上紹往緒，下示來型。道不終晦，秩然大經。百家紛紜，殊途異趣。日月無踰，羹墻可晤。孔子之道，惟中與庸。此心此理，千聖所同。孔子之德，仁義中正。秉彝之好，根本天性。庶幾夙夜，勗哉令圖。遡源洙泗，景躅唐虞。載歷庭除，式觀禮器。摛毫仰贊，心焉遐企。百世而上，以聖為歸；百世而下，以聖為師。非師夫子，惟師於道。統天御世，惟道為寶。泰山巖巖，東海泱泱。墻高萬仞，夫子之堂。孰窺其藩，孰窺其徑。道不遠人，克念作聖。

康熙二十五年七月初四日

禮部尚書文華殿大學士臣張玉書奉敕敬書

六十九　至聖先師孔子贊并序

年代：清康熙二十五年（1686）
碑文：

至聖先師孔子贊并序

盖自三才建而天地不居其功，一中傳而聖人代宣其藴。有行道之聖，得位以綏猷；有明道之聖，立言以垂憲。此正學所以常明，人心所以不泯也。粤稽往緒，仰溯前徽，堯舜禹湯文武達而在上，兼君師之寄，行道之聖人也。孔子不得位，窮而在下，秉删述之權，明道之聖人也。行道者，勛業炳于一朝；明道者，教思周于百世。堯舜文武之後，不有孔子則學術紛淆，仁義湮塞，斯道之失傳也久矣。後之人而欲探二帝三王之心法，以為治國平天下之準，其奚所取衷焉？然則孔子之為萬古一人也審矣。朕巡省東國，謁祀闕里，景企滋深，敬摛筆而為之贊曰：

清濁有氣，剛柔有質。聖人參之，人極以立。行著習察，舍道莫由。惟皇建極，惟后綏猷。作君作師，垂統萬古。曰惟堯舜，禹湯文武。五百餘歲，至聖挺生。聲金振玉，集厥大成。序書删詩，定禮正樂。既窮彖繫，亦嚴筆削。上紹往緒，下示來型。道不終晦，秩然大經。百家紛紜，殊途异趣。日月無逾，羹墻可晤。孔子之道，惟中與庸。此心此理，千聖所同。孔子之德，仁義中正。秉彝之好，根本天性。庶幾夙夜，勖哉令圖。溯源洙泗，景躅唐虞。載歷庭除，式觀禮器。摛毫仰贊，心焉遐企。百世而上，以聖為歸。百世而下，以聖為師。非師夫子，惟師于道。統天御世，惟道為寶。泰山岩岩，東海泱泱。墻高萬仞，夫子之堂。孰窺其藩，孰窺其径。道不遠人，克念作聖。

康熙二十五年七月初四日，户部尚書、文華殿大學士、臣張玉書奉敕敬書。

按：清康熙二十五年（1686），康熙御制，張玉書書。碑原在邑學戟門内，已佚。

七十　四配贊

顏子贊

聖道早聞天資獨粹約禮博文不遷不貳一善服膺萬德來萃能化而齊其樂一致禮樂四代
治法兼備用行舍藏王佐之器

曾子贊

洙泗之傳魯以得之一貫曰唯聖學在茲明德新民止善爲期格致誠正均平以推至德要道
百行所基纂承統緒修明訓辭

子思子贊

於穆天命道之大原靜養動察庸德庸言以育萬物以贊乾坤九經三重大法是存篤恭愼獨
成德之門卷之藏密擴之無垠

孟子贊

哲人既萎楊墨昌熾子輿闢之曰仁曰義性善獨闡知言養氣道稱堯舜學屏功利煌煌七篇
並垂六藝孔學攸傳禹功作配

康熙二十八年閏三月十六日

戶部尚書文華殿大學士臣張玉書奉
敕敬書

七十　四配贊

年代：清康熙二十八年（1689）
碑文：

顏子贊：聖道早聞，天資獨粹。約禮博文，不遷不貳。一善服膺，萬德來萃。能化而齊，其樂一致。禮樂四代，治法兼備。用行舍藏，王佐之器。

曾子贊：洙泗之傳，魯以得之。一貫曰唯，聖學在兹。明德新民，止善為期。格致誠正，均平以推。至德要通，百行所基。纂承統緒，修明訓辭。

子思子贊：于穆天命，道之大原。静養動察，庸德庸言。以育萬物，以贊乾坤。九經三重，大法是存。篤恭慎獨，成德之門。卷之藏密，擴之無垠。

孟子贊：哲人既萎，楊墨昌熾。子輿闢之，曰仁曰義。性善獨闡，知言養氣。道稱堯舜，學屏功利。煌煌七篇，并垂六藝。孔學攸傳，禹功作配。

康熙二十八年閏三月十六日，户部尚書、文華殿大學士、臣張玉書奉敕敬書。

按：清康熙二十八年（1689），康熙御制，張玉書書。碑原在邑學戟門内，現存文廟學宫禮門。

七十一　重修文學書院言子祠碑記

七十一　馬逸姿《重修文學書院言子祠碑記》

年代：清康熙四十六年（1707）

碑文：

太史公《仲尼弟子列傳》載聞見于書傳者三十五人，子游為吴人。《家語》作魯人，唐司馬貞《索隱》云，子游仕魯為武城宰耳。今吴郡有言偃冢，作吴人為是。冢在常熟縣，歷代封樹不廢。子游為常熟人，信而可徵者也。吴魯相去二千里，子游少孔子四十五歲，其年之少，游之遠，仕之早，七十子中所罕。常熟帶山為城，所謂虞山，冢在城内山巔，登而眺，城内外萬瓦鱗次，一目可盡。其祠有三，一在學宫之内，曰耑祠；一在縣治之東偏，曰家廟；一在虞山之麓，曰書院。舊制設守祠生三人奉祭祀，免其徭役。自唐宋至今，無所增損。康熙乙酉，玉輅南巡，召見其七十三代孫德堅，御書“文開吴會”四大字為祠額。予奉命分守，駐節常熟，所居官署與書院僅隔一垣，訝其頹圮已甚，其七十一代孫繼光進曰：“書院興廢不常，前此不復記。憶有明萬曆丙午，邑令耿君諱橘實鼎新焉。後此無繼者，子姓式微，鄉黨寡助，雖崩壓無告也。”予聞而慨焉。聖門高弟皆魯衛間人，子游生于斷髮文身之鄉，而能北學中國，得聖一體。迄今林墓巋然，後裔本支井井，實與顔曾氏匹休。予幸際聖天子重道崇儒之世，宦游適在先賢之里，可坐視廟貌之不修乎？乃為捐俸，督工葺治，稍復舊觀焉。抑有异焉者，萬曆丙午至康熙丙戌，屈指恰及百年，予與耿君皆秦人也，先後從事，不謀而合者，若有數存焉。可見仰止先賢之心，無古今一也。因書其告成之歲月，而銘以示後，其辭曰：

夫子之道，日月同光。子游文學，雲漢為章。明德遠矣，百世流芳。遺迹可尋，猶在其鄉。虞山蒼蒼，琴水茫茫。君子之澤，山高水長。瞻仰儀型，攝齊升堂。衣冠儼然，哲人不亡。告爾子孫，肅奉烝嘗。俎豆修潔，黍稷馨香。一念敬肆，實分聖狂。可不或哉，神聽聰明。音容非邈，□□□□。億萬斯年，恪守無忘。

江南布政使司、督理蘇松常鎮糧儲道、從視漕河、分□蘇□□□方□□□□□今特陞江南江寧蘇松常鎮淮陽七府徐州一州等處提刑按察使司按察使、加四級馬逸姿撰。

康熙四十六年歲次丁亥季冬。

按：清康熙四十六年（1707），糧儲道馬逸姿重修言子書院，并自撰記。馬逸姿，字雋伯，武功人，由監生入仕，仕至安徽布政使。此碑不在邑學内，因與邑學有關，姑存之。碑殘，現存常熟市碑刻博物館。兹據邑志補入。

七十二　釐正祀典碑記

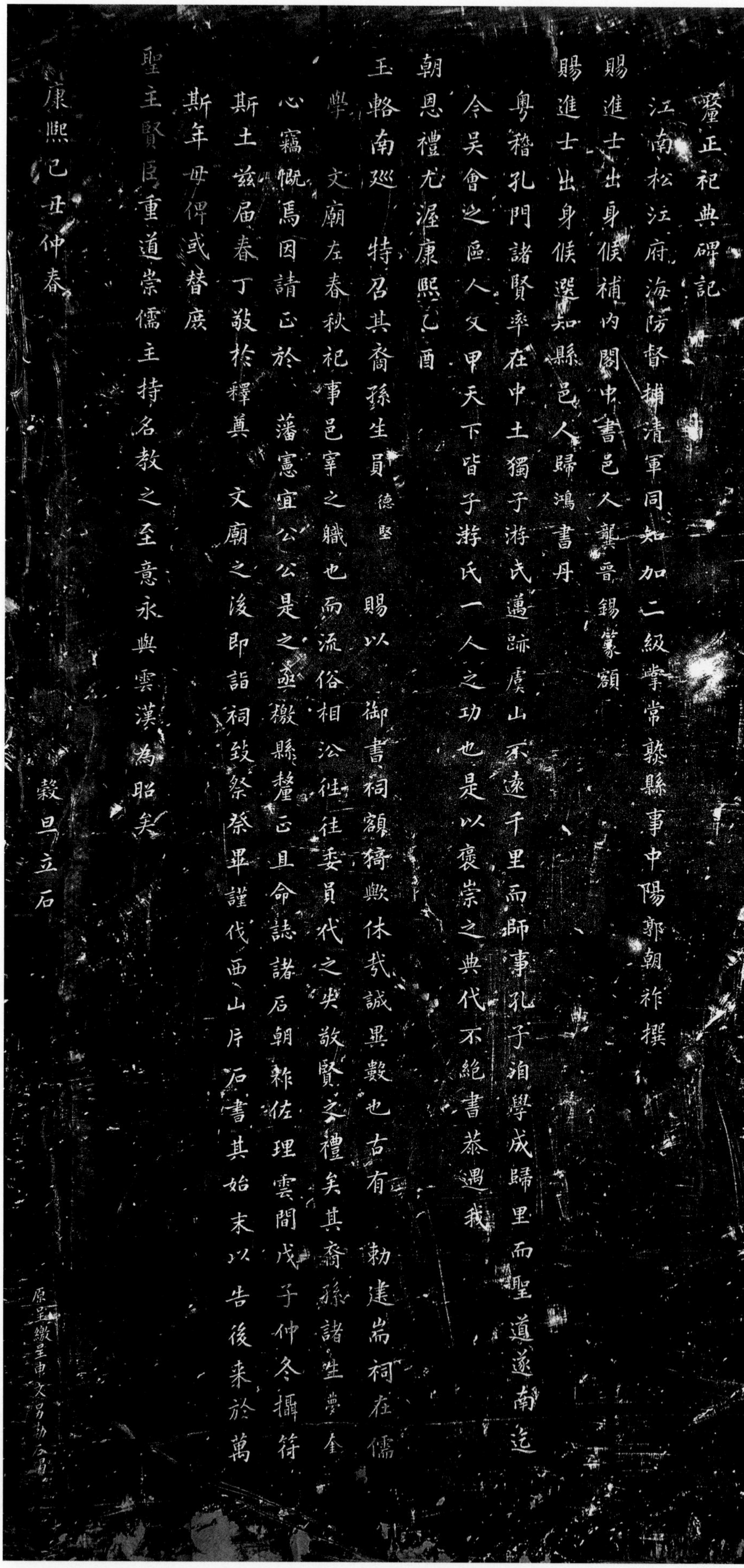

釐正祀典碑記
江南松江府海防督捕清軍同知加二級掌常熟縣事中陽郭朝祚撰
賜進士出身候補內閣中書邑人龔晉錫篆額
賜進士出身候選知縣邑人歸鴻書丹
粵稽孔門諸賢率在中土獨子游氏邁跡虞山不遠千里而師事孔子洎學成歸里而聖道遂南迄
今吳會之區人文甲天下皆子游氏一人之功也是以褒崇之典代不絕書恭遇我
朝恩禮尤渥康熙乙酉
王輅南巡特召其裔孫生員德堅賜以御書祠額猗歟休哉誠異數也古有勅建耑祠在儒
學文廟左春秋祀事邑宰之職也而流俗相沿往往委員代之失敬賢之禮矣其裔孫諸生夢奎
心竊慨焉因請正於藩憲宜公公是之亟檄縣釐正且命誌諸石朝祚佐理雲間戊子仲冬攝符
斯土茲届春丁敬於釋奠文廟之後即詣祠致祭祭畢謹伐西山片石書其始末以告後來於萬
斯年毋俾或替庶
聖主賢臣重道崇儒主持名教之至意永與雲漢為昭矣
康熙己丑仲春　穀旦立石
原呈繳呈申文另勒石首

七十二　郭朝祚《厘正祀典碑記》

年代：清康熙四十八年（1709）
碑文：

厘正祀典碑記

江南松江府海防督捕、清軍同知加二級掌常熟縣事、中陽郭朝祚撰

賜進士出身、候補内閣中書、邑人龔晋錫篆額

賜進士出身、候選知縣、邑人歸鴻書丹

粤稽孔門諸賢，率在中土，獨子游氏邁迹虞山，不遠千里，而師事孔子。洎學成歸里，而聖道遂南。迄今吴會之區，人文甲天下，皆子游氏一人之功也。是以褒崇之典，代不絶書。恭遇我朝，恩禮尤渥。康熙乙酉，玉輅南巡，特召其裔孫生員德堅，賜以御書祠額。猗歟休哉，誠异數也。古有敕建耑祠，在儒學文廟左。春秋祀事，邑宰之職也。而流俗相沿，往往委員代之，失敬賢之禮矣。其裔孫諸生夢奎心竊慨焉，因請正于藩憲宜公。公是之，亟檄縣厘正，且命志諸石。朝祚佐理雲間，戊子仲冬，攝符斯土。兹届春丁敬于釋奠文廟之後，即詣祠致祭。祭畢，謹伐西山片石，書其始末，以告後來于萬斯年，毋俾或替，庶聖主賢臣重道崇儒、主持名教之至意，永與雲漢為昭矣。

康熙己丑仲春穀旦立石。

原呈、繳呈申文，另勒石碣。

按：清康熙四十八年（1709），郭朝祚撰記，邑人龔晋錫篆額，歸鴻書丹。郭朝祚，字恬庵，鑲紅旗人，監生，總督郭世隆子。碑原在言子祠，已佚。

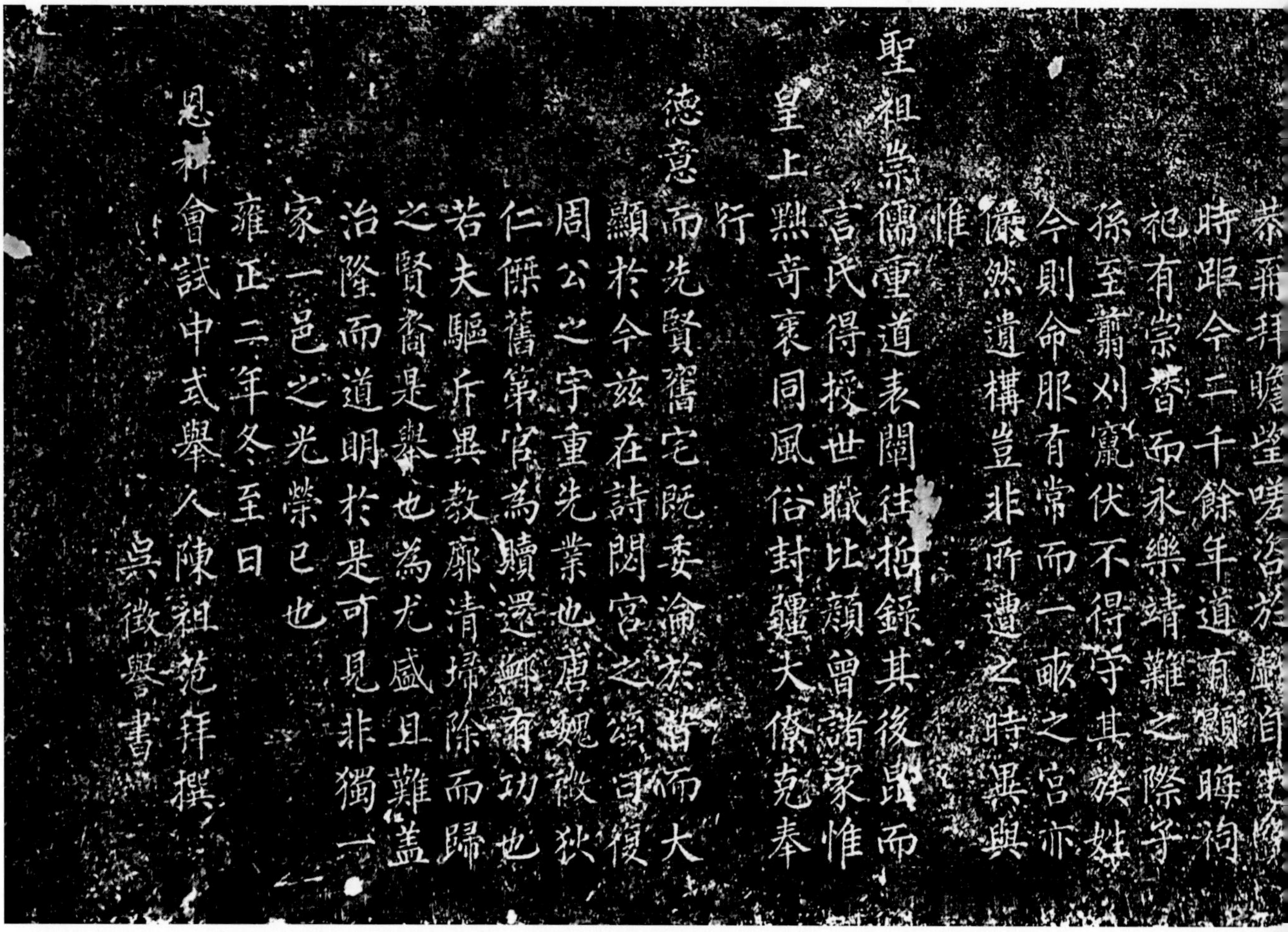
恭再拜瞻望嗟咨於戲自
時距今二千餘年道有顯晦祠
祀有崇替而永樂靖難之際子
孫至翦刈竄伏不得守其族姓
今則命服有常而一畝之宮亦
儼然遺構豈非所遭之時異與
惟
聖祖崇儒重道表闡往哲錄其後昆而
言氏得授世職比顏曾諸家惟
皇上熙奇袤同風俗封疆大僚克奉
行
德意而先賢舊宅既委淪於昔而大
顯於今茲在詩閟宮之頌曰復
周公之宇重先業也唐魏微狄
仁傑舊第官為贖還樂有功也
若夫驅斥異教廓清埽除而歸
之賢裔是舉也為尤盛且難蓋
治隆而道明於是可見非獨一
家一邑之光榮已也
雍正二年冬至日
恩科會試中式舉人陳祖范拜撰
吳微學書

七十三　陳祖范《復先賢言子宅記》

年代：清雍正二年（1724）

碑文：

復先賢言子宅記

先賢言子，産于吾虞，有宅在縣治北其巷，曰言子巷，橋曰文學橋，宅有言公井，亦曰聖井去縣治百九十步，圖志可覆驗也。馮復京《常熟先賢事略》云吴文恪公盖子游苗裔，世居邑城之子游巷。其先坐事亡匿，故改姓。楊儀《明良記》載，明太宗時，言氏有任諫垣者，以忤旨簿録其家，子女皆謫戍。盖言氏繇此幾中絶，而宅亦弃之他族。其後西洋人入而踞之，為天主教堂。皇上御極之二年，命天下郡縣資遣西洋人赴京及編管澳門，天主堂悉改為公所。于時方伯鄂公爾泰方秉孔氏之道，蕃宣七郡，以振興風教為己任，廉知此地本先賢故居，而言氏裔孫博士德堅列圖志、具顛末以請復其宅也，而奉俎豆。公為牘上督撫，悉如所請。博士乃洒埽蠲吉，奉先賢木主于中，以克復告。邑令長以下暨薦紳諸生來會，皆肅恭再拜，瞻望嗟咨。於戲，

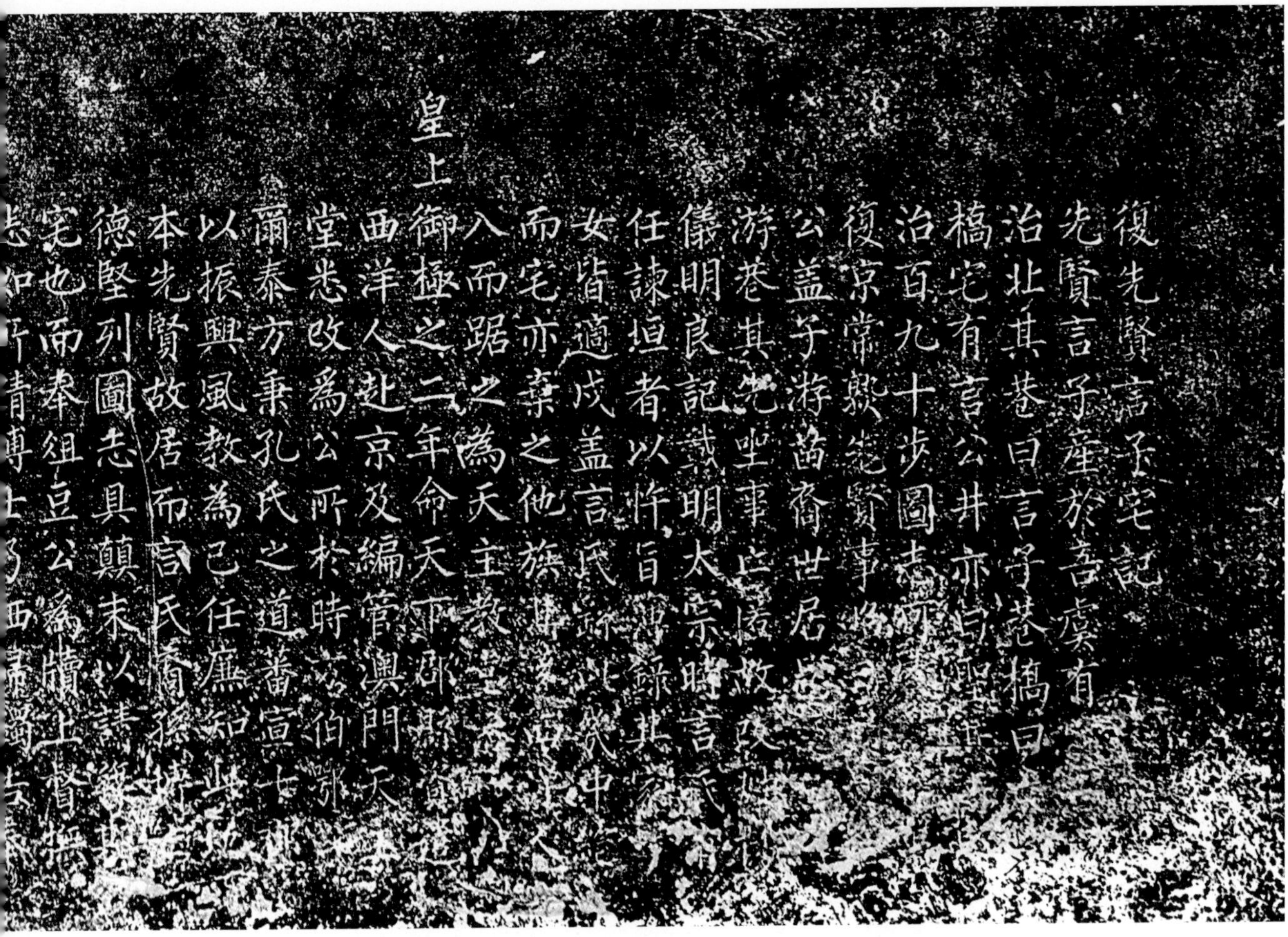
復先賢言子宅記
先賢言子產於吾虞有
治北其巷曰言子巷橋曰
橋宅有言公井亦
治百九十步圖志
復京常熟從先賢事
公蓋子游苗裔世居
游巷其先坐事
儀明良記載明太宗時言氏
任諫垣者以忤旨籍錄其
女皆適戍蓋言氏
而宅亦棄之他族
入而踞之為天主教
皇
上御極之二年命天下郡
西洋人赴京及編管澳門天
堂悉改為公所於時
爾泰方秉孔氏之道蕃宣
以振興風教為己任廉知
本先賢故居而言氏裔孫
德堅列圖志具顛末以請
宅也而奉俎豆公

七十三　復先賢言子宅記

自先賢時距今二千餘年，道有顯晦，祠祀有崇替。而永樂靖難之際，子孫至翦刈竄伏，不得守其族姓。今則命服有常，而一畝之宫亦儼然遺構，豈非所遭之時异與？惟聖祖崇儒重道，表闡往哲，録其後昆，而言氏得授世職，比顏曾諸家。惟皇上黜奇邪，同風俗，封疆大僚克奉行德意，而先賢舊宅既委淪于昔，而大顯于今，玆在《詩》閟宫之頌曰，復周公之宇，重先業也。唐魏徵、狄仁杰舊第，官為贖還，恤有功也。若夫驅斥异教，廓清埽除而歸之賢裔，是舉也為尤盛且難。盖治隆而道明，于是可見，非獨一家一邑之光榮已也。

雍正二年冬至日，恩科會試中式舉人陳祖范拜撰，吴徵譽書。

按：清雍正二年（1724），言德堅恢復言子故宅，供奉言子木主。邑人陳祖范撰記，吴徵譽書。陳祖范（1676—1754），字亦韓，邑人，清雍正元年（1723）進士，國子監司業。有《司業集》。碑在言子舊宅，因與邑學有關，姑録之。

七十四　御製平定青海告成太學碑

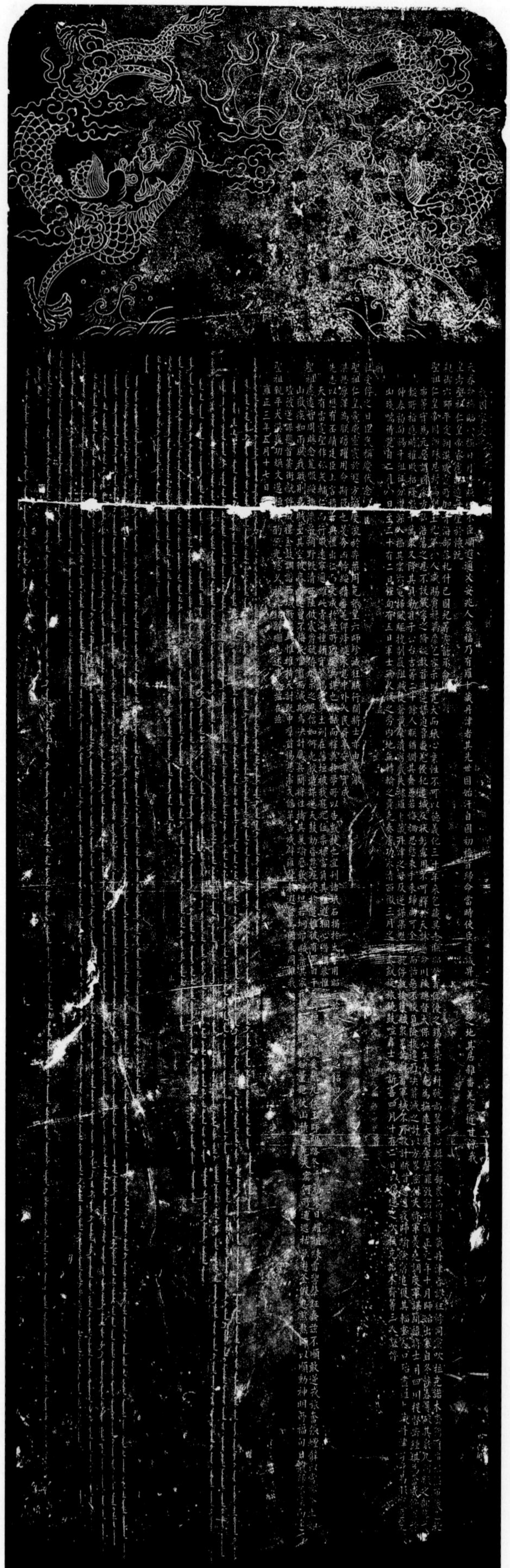

七十四　御製平定青海告成太學碑

年代：清雍正三年（1725）
碑文：

我國家受天眷命，撫臨八極，日月所照，罔不臣順。遐邇乂安，兆人蒙福。乃有羅卜藏丹津者，其先世固始汗，自國初稽首歸命，當時使臣建議畀以駐牧之地，其居雜番羌，密近甘涼。我皇考聖祖仁皇帝睿慮深遠，每廑于懷。既親御六師，平定朔漠。威靈所加，青海部落札什巴圖兒等，震讋承命。

聖祖仁皇帝因沛殊恩，封為親王，兄弟八人，咸賜爵禄，羈縻包容，示以寬大。而狼心梟性，不可以德義化。三十年來，包藏异志。朕紹登寶位，優之錫賚，榮其封號，尚冀革心，輯寧部衆。而羅卜藏丹津昏謬狂悖，同黨吹拉克諾木齊、阿爾布坦温布、藏巴札布等，實為元惡，謂國家方弘浩蕩之恩，不設嚴密之備，誕敢首造逆謀，迫脅番羌，侵犯邊城。反狀彰露，用不可釋于天誅。遂命川陝總督太保公年羹堯為撫遠大將軍，聲罪致討，以雍正元年十月師始出塞，自冬涉春，屢破其衆。凡同叛之部落，戈鋋所指，應時摧敗，招降數十萬衆。又降其貝勒、貝子、公台吉等二十餘人。朕猶憫其蠢愚，若悔禍思愆，束手來歸，尚可全宥。而怙惡不悛，負險抗違，乃决翦滅之計，以方略密付大將軍羹堯，調度軍謀，簡稽將士，用四川提督岳鍾琪為奮威將軍，于仲春初旬，禡牙徂征，分道深入，擣其窟穴。電掃風驅，搜剔岩阻。賊徒蒼黄糜潰，窮蹙失據，羅卜藏丹津之母及逆謀渠魁，悉就俘執，擒獲賊衆累萬，牲畜軍械不可數計。賊首逃遁。我師逾險窮追，獲其輜重人口殆盡。羅卜藏丹津孑身易服，竄匿荒山，殘喘待斃。自二月八日至二十有二日，僅旬有五日，軍士無久役之勞，内地無轉輸之費，克奏膚功，永清西徼。三月之朔，奏凱旋旅，鐃鼓喧轟，士衆訢喜。四月十有二日，以倡逆之吹拉克諾木齊等三人獻俘廟社。

受俘之日，臣民稱慶。伏念聖祖仁皇帝威靈震于遐方，福慶流于奕葉，用克張皇六師，殄滅狂賊。行間將士亦由感激湛恩厚澤，為朕踴躍用命。斯役也，芟夷凶悖，綏靖番羌，俾烽燧永息，中外人民胥享安阜，實成先志，以懋有丕績。廷臣上言，稽古典禮，出征而受成于學，所以定兵謀也。獻馘而釋奠于學，所以告凱捷也。宜刊諸珉石，揭于太學，用昭示于無極，遂為之銘曰：

天有雷霆，聖作弧矢。輔仁而行，威遠寧邇。維此青海，種類實繁。錫之茅土，列在藩垣。被我寵光，位崇禄富。負其阻遐，禍心潛構。恭惟聖祖，慮遠智周。睠念荒服，綏撫懷柔。朔野既清，西陲攸震。爵號洊加，示之恩信。如何凶狡，造謀逆天。鼓動昏憝，寇侵于邊。惟彼有罪，自干天罰。桓桓虎貔，爰張九伐。王師即路，冬雪初零。日耀組練，雷響鼛鉦。蠢兹不順，敢逆戎旅。奮張螳臂，以當齊斧。止如山岳，疾如雨風。我戰則克，賊壘其空。彼昏終迷，曾不悔戾。當翦而滅，斯焉决計。厲兵簡將，往擣其巢。逾歷嵚嶇，坦若坰郊。賊弃其家，我縶而獲。牛馬谷量，器仗山積。蹇兔失窟，何所逋逃？枯魚游釜，假息煎熬。師以順動，神明所福。旬日凱歸，不疾而速。殪彼逆謀，懸首藁街。獻俘成禮，金鼓調諧。西域所瞻，此惟雄特。天討既申，群酋惕息。櫜戈偃革，告成辟雍。聲教遐暨，萬國來同。惟我聖祖，親平大漠。巍功焕文，邁桓軼酌。流光悠久，視此銘辭。繼志述事，念兹在兹。

雍正三年五月十七日。

按：清雍正三年（1725），雍正帝以青海平定，遂親制碑文，勒石太學。天下文廟，盡皆摹刻樹立。我邑亦立，原在邑學戟門内，現存文廟碑廊。

七十五　詳陳置備學宮禮器立案文

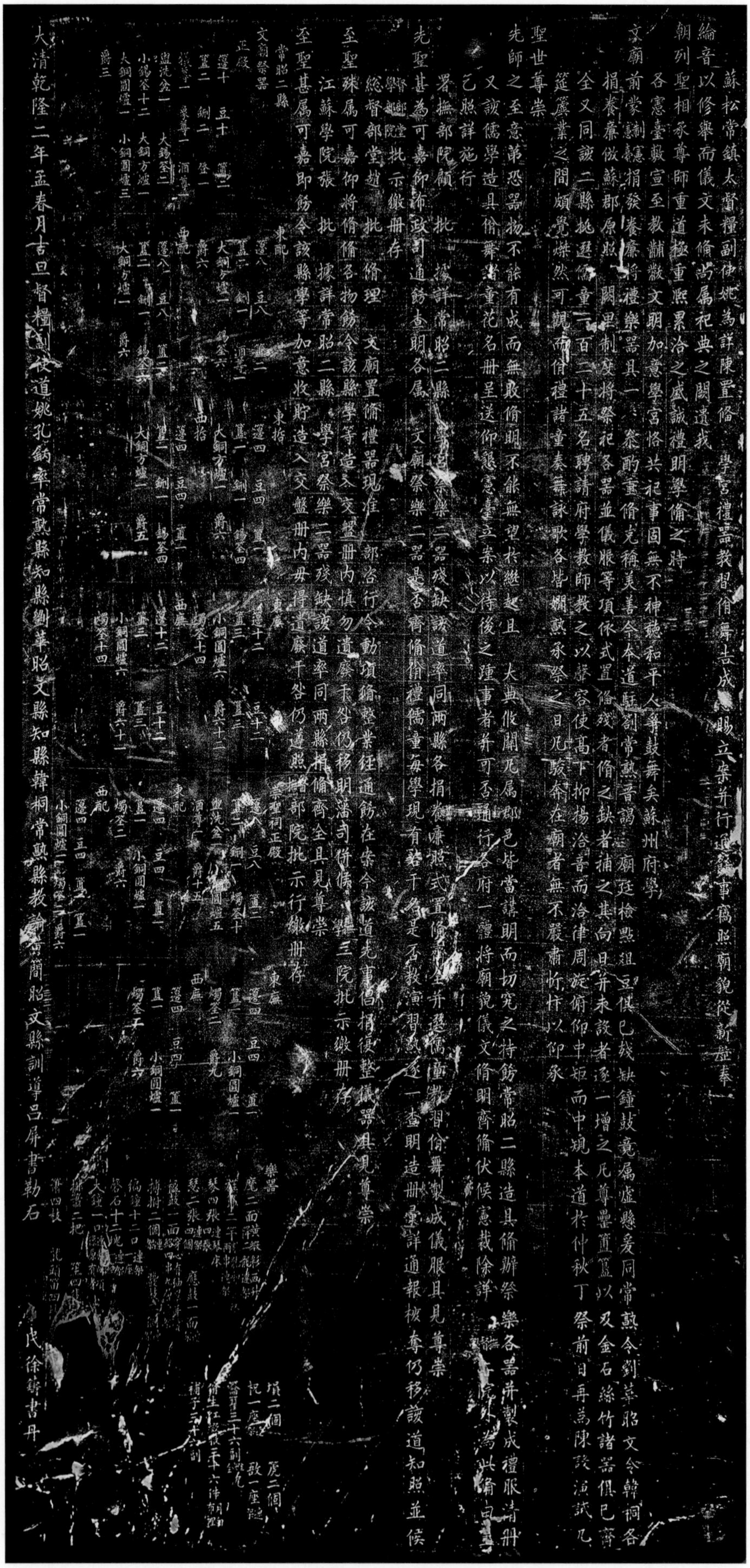

七十五　詳陳置備學宫禮器立案文

年代：清乾隆二年（1737）
碑文：

蘇松常鎮太督糧副使姚，為詳陳置備學宫禮器、教習佾舞告成，憲賜立案，并行通飭事：竊照廟貌從新，歷奉綸音以修舉，而儀文未備，尚屬祀典之闕遺。我朝列聖相承，尊師重道，極重熙累洽之盛，誠禮明學備之時。各憲臺敷宣至教，黼黻文明，加意學宫，恪共祀事，固無不神聽和平，人争鼓舞矣。蘇州府學文廟前蒙制憲、憲臺捐發養廉，將禮樂器具一一參酌重修，克稱美善。今本道駐札常熟，晋謁廟廷檢點俎豆俱已殘缺，鐘鼓竟屬虚懸。爰同常熟令劉華、昭文令韓桐各捐養廉，仿蘇郡原照闕里制度，將祭祀各器并儀服等項依式置備，殘者修之，缺者補之，其向日并未設者，逐一增之。凡尊罍簠簋以及金石絲竹諸器，俱已齊全。又同該二縣挑選儒童一百二十五名，聘請府學教師，教之以聲容，使高下抑揚，洽音而洽律；周旋俯仰，中矩而中規。本道于仲秋丁祭前日，再為陳設演試。几筵簴業之間，頗覺燦然可觀。而佾禮諸童奏舞咏歌，各皆嫻熟。承祭之日，凡駿奔在廟者，無不嚴肅忻忭，以仰承聖世尊崇先師之至意。第恐器物不能有成而無敗，修明不能無望于繼起，且大典攸關，凡屬郡邑皆當講明而切究之。特飭常昭二縣造具備辦祭樂各器，并製成禮服清册，又該儒學造具佾舞諸童花名册呈送。仰懇憲臺立案，以待後之踵事者。并可否通行各府，一體將廟貌儀文修明齊備。伏候憲裁。除詳撫、督學二院外，為此備由，呈乞照詳施行。

署撫部院顧　批：據詳，常昭二縣學宫祭樂二器殘缺，該道率同兩縣，各捐養廉，照式置備齊全，并選儒童教習佾舞，製成儀服，具見尊崇先聖，甚為可嘉。仰布政司通飭查明，各屬文廟祭樂二器是否齊備，佾禮儒童每學現有若干名，是否教演習熟，逐一查明，造册彙詳，通報核奪。仍移該道知照，并候督部堂、學部院批示。繳册存。

總督部堂趙　批：修理文廟置備禮器，現准　部咨行。令動項修整，業經通飭在案。今該道先事倡捐，復整儀器，具見尊崇至聖，殊屬可嘉。仰將修備各物，飭令該縣學等造入交盤册内，慎勿遺廢干咎，仍移明藩司，并候撫、學二院批示。繳册存。

江蘇學政張　批：據詳，常昭二縣學宫祭樂二器殘缺，該道率同兩縣，捐備齊全，具見尊崇至聖，甚屬可嘉。即飭令該縣學等加意收貯，造入交盤册内，毋得遺廢干咎。仍遵照督、撫部院批示行。繳册存。

常昭二縣文廟祭器：

正殿：籩十、豆十、簠二、簋二、鉶二、登一、犧尊一、象尊一、酒尊一、盥洗盆一、大錫筌一、小錫筌十二、大銅方爐一、大銅圓爐一、小銅圓爐三、爵三。

東配：籩八、豆八、簠二、簋二、鉶一、酒尊一、大銅方爐一、錫筌六、爵六。

西配：籩八、豆八、簠二、簋二、鉶一、錫筌六、大銅方爐一、爵六。

東哲：籩四、豆四、簠一、簋一、鉶一、錫筌四、大銅方爐一、爵六。

西哲：籩四、豆四、簠一、簋一、鉶一、錫筌四、大銅方爐一、爵五。

東廡：籩十二、豆十二、簠三、簋三、小銅圓爐六、爵六十二、燭筌十四。

西廡：籩十二、豆十二、簠三、簋三、小銅圓爐六、爵六十一、燭筌十四。

崇聖祠正殿：籩八、豆八、簠二、簋二、鉶一、燭筌十、盥洗盆一、小銅圓爐五、酒尊一、爵十五。

東配：籩四、豆四、簠一、簋一、小銅圓爐一、燭筌二、爵六。

西配：籩四、豆四、簠一、簋一、小銅圓爐一、燭筌二、爵六。

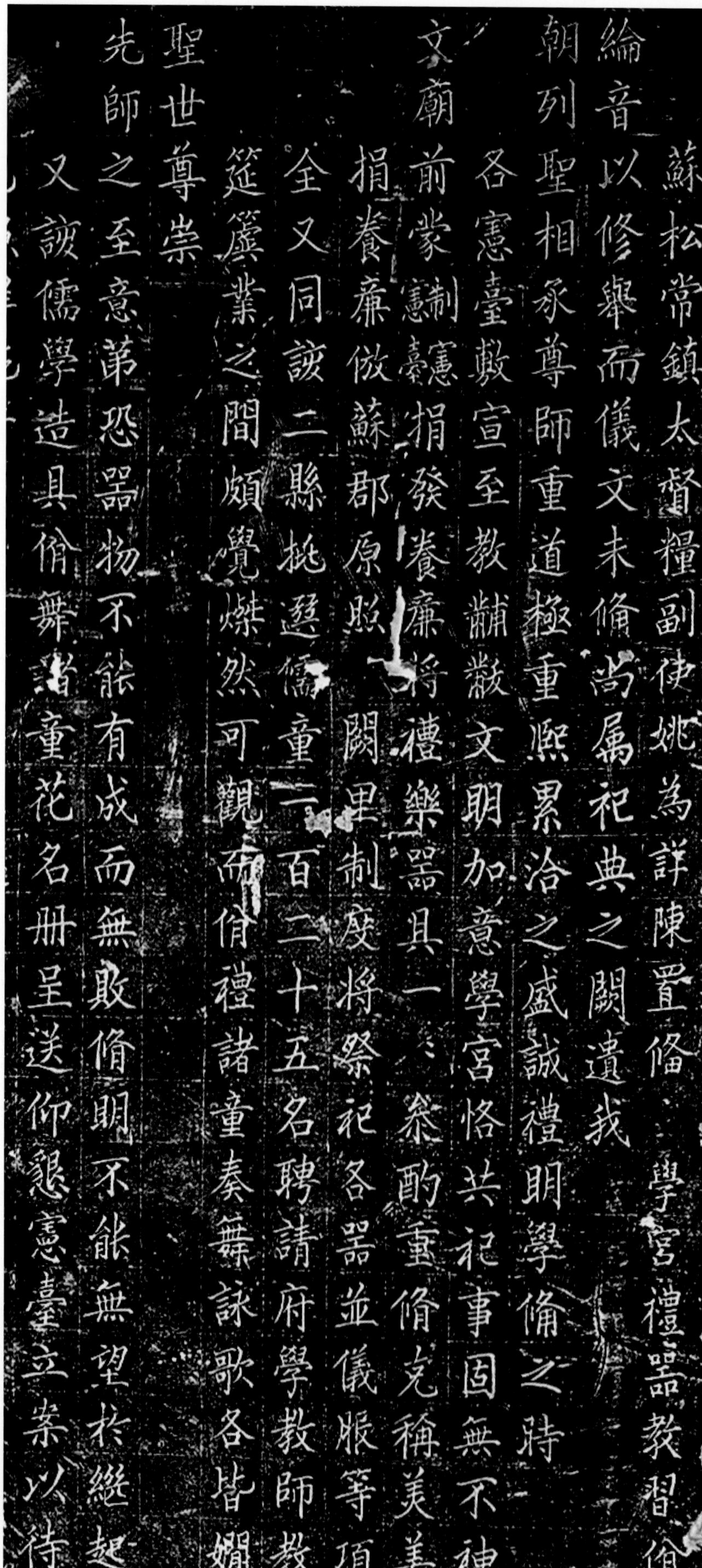
蘇松常鎮太督糧副使姚　為詳陳置備　學宮禮器教習佾
綸音以修舉而儀文未備尚屬祀典之闕遺我
朝列聖相承尊師重道極重熙累洽之盛誠禮明學備之時
各憲臺敷宣至教黼黻文明加意學宮恪共祀事固無不神
文廟前蒙憲諭制憲臺捐發養廉將禮樂器具一一叅酌重備克稱美善
捐養廉倣蘇郡原照闕里制度將祭祀各器並儀服等項
全又同諭二縣挑選儒童一百二十五名聘請府學教師教
筵簴業之間頗覺燦然可觀而佾禮諸童奏舞詠歌各皆嫻
聖世尊崇
先師之至意第恐器物不能有成而無敢脩明不能無望於繼起
又諭儒學造具佾舞諸童花名冊呈送仰懇憲臺立案以待

七十五　詳陳置備學宮禮器立案文（局部）

東廡：籩四、豆四、簠一、簋一、小銅圓爐一、燭筌二、爵九。

西廡：籩四、豆四、簠一、簋一、小銅圓爐一、燭筌二、爵六。

樂器：麾二面，黄緞彩畫，升降二龍，連架、旌節二竿，雕龍銜鬚絡兩串，連架、琴四張，連琴床四張、瑟二張，連架四個、應鼓一面，連架、楹鼓一面，穿心有紬罩并鬚絡四串，九層，連架、搏拊二個，連架、鼗鼓二個，連架、編鐘十二口，連架一座、磬石十二塊，連架一座、大鐘一口，連架，此項係原有者。排簫二把、笙四隻、簫四枝、龍頭笛四枝、塤二個、篪二個、柷一座，連架、敔一座，連架、籥翟三十六副，雉尾全、佾生紅緞服二十六件，月白布裡、補子三十六副。

大清乾隆二年孟春月吉旦，督糧副使道姚孔鈵率常熟縣知縣劉華、昭文縣知縣韓桐、常熟縣教諭黄簡、昭文縣訓導吕屏書勒石。

民徐鑄書丹。

按：清乾隆二年（1737），督糧道姚孔鈵修復邑學禮器，并詳督撫立案勒石。後附督撫二部批復及祭器件數。碑原在邑學戟門内，現存文廟碑廊。

七十六　常昭兩邑賑饑記

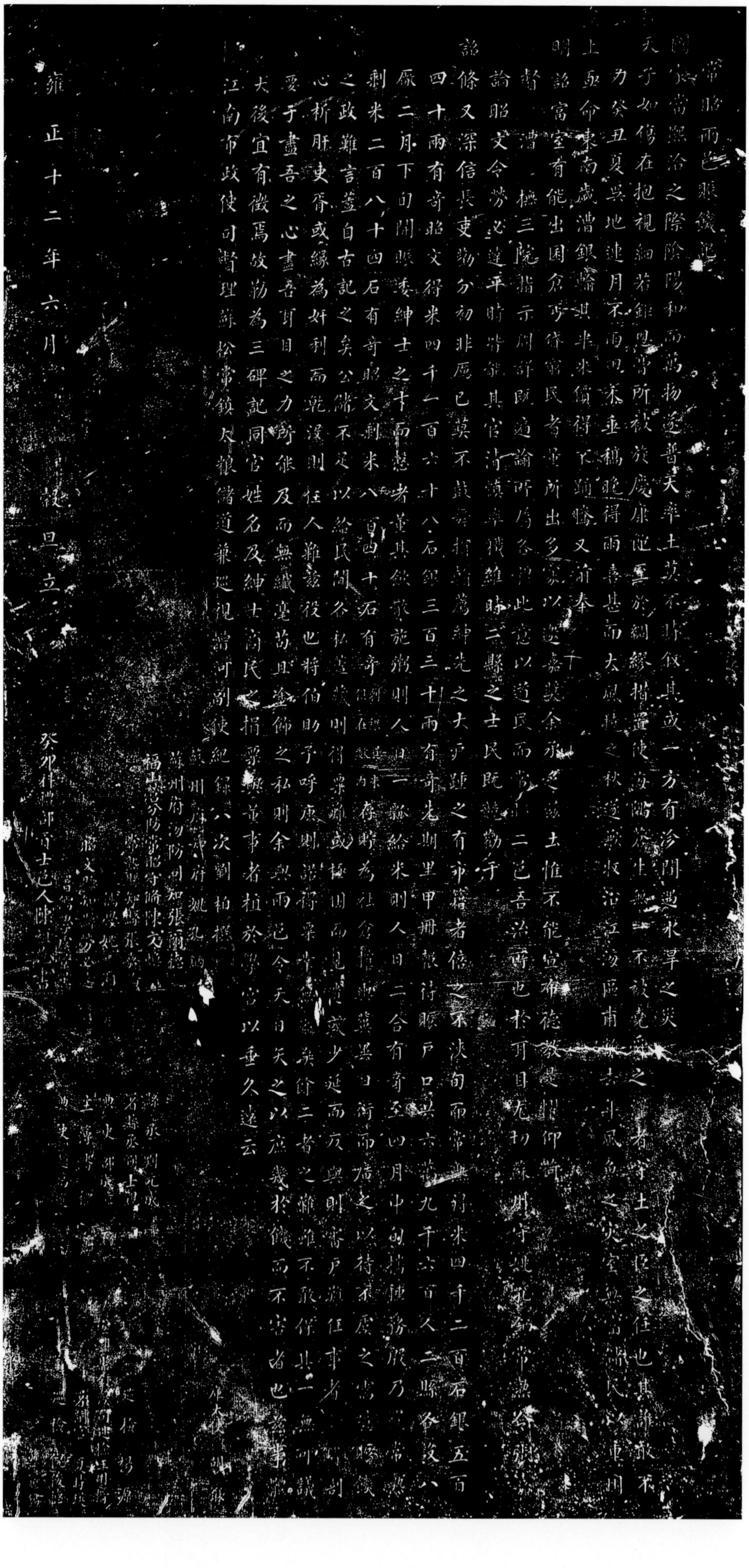

七十六　劉柏《常昭兩邑賑饑記》

年代：清雍正十二年（1734）
碑文：

常昭兩邑賑饑記

國家當熙洽之際，陰陽和而萬物遂，普天率土，莫不時叙。其或一方有沴，間遇水旱之灾，聖天子如傷在抱，視細若鉅，恩膏所被，旋慶康飽。至于綢繆措置，使海隅蒼生，無一不被堯舜之澤者，守土之臣之任也。其誰敢不力？

癸丑夏，吴地連月不雨，田禾垂槁；晚得雨，喜甚，而大風撓之，秋遂歉收。沿江海區甫離去年風魚之灾，室無宿儲，民以重困。皇上亟命東南歲漕銀輸其半，米價得不踴騰。又前奉明詔，富室有能出囷倉丐貸窮民者，量所出多寡，以邀嘉獎。余承乏兹土，惟不能宣布德教是懼，仰荷督、漕、撫三院指示周詳，既遍諭所屬，各體此意以道民，而常昭二邑，吾治所也，于耳目尤切。蘇州守姚孔鈵、常熟令張嘉論、昭文令勞必達，平時皆能其官，清慎率職。維時二縣之士民既競勸于詔條，又深信長吏勸分，初非厲己，莫不鼓舞捐輸。薦紳先之，大户踵之，有市籍者倍之。不浹旬而常熟得米四千二百石、銀五百四十兩有奇；昭文得米四千一百六十八石、銀三百三十兩有奇。先期里甲册報待賑户口，共六萬九千六百人。二縣各設八廠，二月下旬開賑，委紳士之才而悫者董其斂散，施粥則人日一瓢，給米則人日二合有奇。至四月中旬，播種務殷，乃罷。常熟剩米二百八十四石有奇，昭文剩米八百四十石有奇，剩銀買米俱在數内。存貯為社倉權輿，冀异日衍而廣之，以待不虞之需。

噫，賑饑之政難言，蓋自古記之矣。公儲不足以給，民間各私蓋藏，則得粟難；或極困而見遺，或少延而反與，則審户難；任事者詎得剖心析肝，吏胥或緣為奸利而乾没，則任人難。兹役也，將伯助予，呼庚則諾，得粟幸無難矣。餘二者之難，雖不敢保其一無可議，要于盡吾之心、盡吾耳目之力所能及，而無纖毫苟且塗飾之私，則余與兩邑令天日矢之，以庶幾于饑而不害者也。兹事體大，後宜有徵焉，故勒為三碑，記同官姓名及紳士商民之捐粟與董事者，植于學宫，以垂久遠云。

江南布政使司督理蘇松常鎮太糧儲道、兼巡視漕河副使、紀録八次劉柏撰。

蘇州府知府姚孔鈵，蘇州府海防同知張爾德，福山營分防常昭守備陳文焕，常熟縣知縣張嘉論，儒學姚湘，昭文縣知縣勞必達，署儒學虞景星，縣丞劉元成，署縣丞劉士觀，典史邵成章，主簿潘標，典史趙萬選，巡檢湯源，宜興縣鍾溪司巡檢王用楷，署閘官夏時瑛，巡檢倪俊德。

雍正十二年六月穀旦立，癸卯科禮部貢士邑人陳祖范書。

孫□煌鎸。

按：清雍正十一年（1733），常昭兩邑秋糧歉收，官府勸民輸糧賑饑。事畢，督糧道劉柏撰記立石，植于學宫。陳祖范書。碑原在邑學儀門外，已佚。

七十七　正修堂碑記

七十七　陳祖范《正修堂碑記》

年代：清乾隆元年（1736）

碑文：

支塘鎮正修堂，肇自康熙丙子、丁丑年間，中供□□文昌吕祖像，為里人奉道教者薰修習静之所。既而邑令陶公澴編為巽字又士號鄉約所，月告屬民而讀邦法。一鄉之人，皆奔趨焉，不特薰修習静者之游處矣。既而邑令黎公龍若即其地設立社學，延師以教。則又為閭塾黨庠，秀民之能為士者肄業焉，不特鄉人之奔趨讀法而已矣。時學博沈君業顔其堂曰正修，豈不以是堂也，始之所以建而供像于其中者，蓋流于道家之説。雖勤于修矣，未全于正也。為鄉約所，則全于正矣，顧其教通乎秀頑士庶，所謂"民可使由不可使知"，尚未純于修之事也。進而為社學，夫乃可以名正修焉。

學記曰，古之教者，時教必有正業，退息必有居。學又曰，藏焉修焉，息焉游焉。藏，入學時也。入學之時，則修其正業；退息之時，則游于藝。所謂正業者，其文春秋禮樂，冬夏詩書；其目格物致知，誠意正心，以修其身；其課朝而受業，晝而講貫，夕而習復，夜而記過，無憾而後即安也。修而非正，雖有精專之詣，猶航斷港之不至于海，熟荑稗之不足以養生也。正而不修，或躐等而進，或半途而廢，欲斯道之實有諸已，烏可得哉？雖然，為科舉時文之學，以期發聞于時，言乎正，不可謂不正也，言乎修，彼揣摩而砥礪者，不可謂不勤也。然而正修之道，此其末也。兹堂之建，由道家之説改為鄉約所，又為社學，既屢進而益上，則凡修之不出于正與？正而不勤于修與？正修勿第沿其末流，而當返循其本，其亦有進而益上者也。藏修于斯者勖之哉。

本堂諸友公置田畝實數：

一置冬字號二斗三升糧田壹拾伍畝正，一置柰字號二斗三升糧田壹拾壹畝伍分正，一置成字號二斗三升糧基地貳畝伍分正。已上俱東二場四十一都西半圖，辦糧花户立正修堂。

乾隆元年歲在丙辰三月望前二日，里人陳祖范撰，本堂張又載書。

按：清康熙間，邑令黎龍若在支塘設立社學，名曰正修。乾隆元年（1736），陳祖范撰記，張又載書。碑原在支塘正修書院，因關邑學，姑録之。現存常熟市支塘鎮張青蓮小學内。

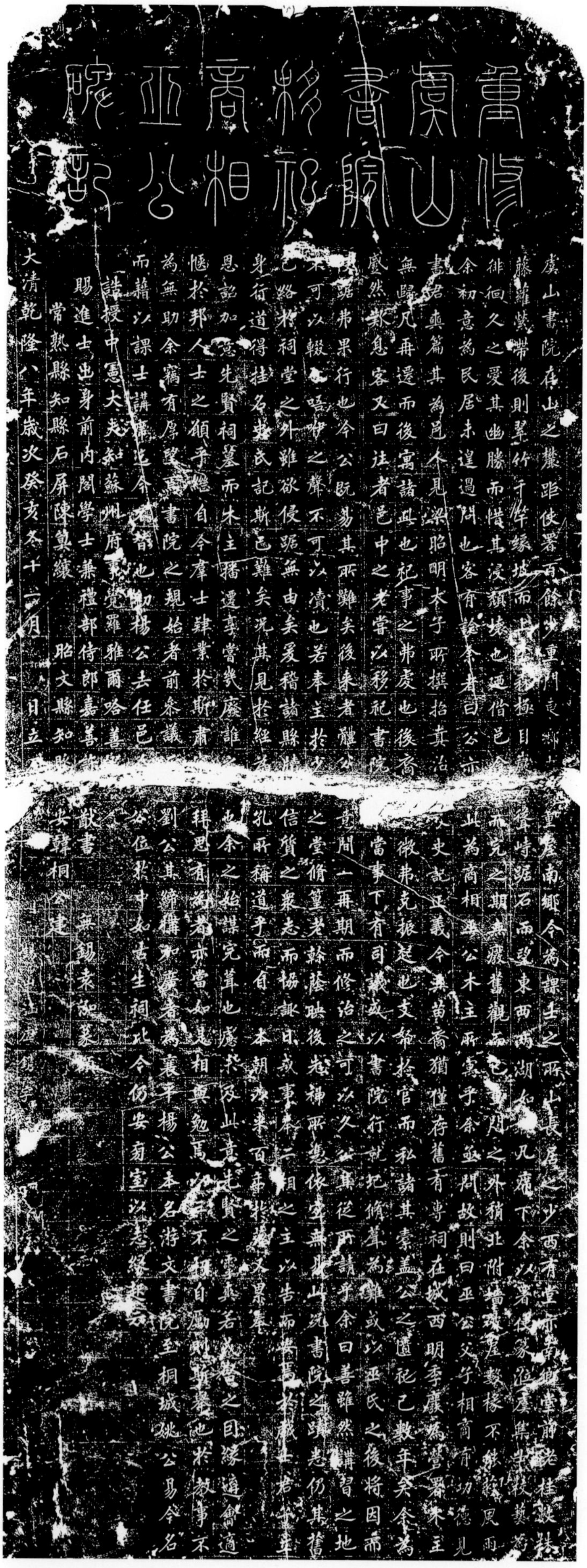

七十八　重修虞山書院移祀商相巫公碑記

七十八　雅爾哈善《重修虞山書院移祀商相巫公碑記》

年代：清乾隆八年（1743）
碑文：

虞山書院在山之麓，距使署百餘步，重門東鄉，内為重屋南鄉，今為課士之所，山長居之。少西有堂，亦南鄉，堂前老桂數株，藤蘿縈帶，後則翠竹千竿。緣坡而上，陰森極目，岩石聳峙。踞石而望，東西两湖如在几席下。余以署使篆莅虞，集士校藝，為徘徊久之。愛其幽勝，而惜其浸頹壞也，乃偕邑令葺而完之，期無廢舊觀而已。

重門之外，稍北附墻，破屋數椽，不能蔽風雨。余初意為民居，未遑過問也。客有諗余者，曰："公亦知此為商相巫公木主所寓乎？"余亟問故，則曰："巫公父子相商有功德，見《書·君奭篇》；其為邑人，見梁昭明太子所撰《招真治碑》及《史記正義》。今其苗裔猶僅存，舊有專祠在城西，明季廢為營署，木主無歸，凡再遷而後寓諸此也。祀事之弗虔也，後裔之式微弗克振起也，支帑于官而私諸其橐，盖巫公之匱祀已數年矣。"余為蹙然歎息。客又曰："往者邑中之老嘗以移祀書院言于當事，下有司議，或以書院行就圮，修葺為難，或以巫氏之後將因而侵踞，弗果行也。今公既易其所難矣，後來者體公德意，間一再期而修治之可以久，公其從所請乎？"余曰："善！雖然，講習之地不可以輟也，唔咿之聲不可以瀆也。若奉主于少西之堂，修篁老幹，蔭映後先，神所憑依，宜無易此。况書院之迹悉仍其舊，包絡于祠堂之外，雖欲侵踞，無由矣。"爰稽諸縣牒而信，質之衆志而協，諏日戒事，奉二相之主以告而安焉。

於戲！士君子立身行道，得挂名于史氏記，斯已難矣！况其見于經，為周孔所稱道乎？而自本朝以來百年于兹，又累奉恩詔，加意先賢祠墓，而木主播遷，享嘗幾廢，誰之咎也？余之始謀完葺也，慮未及此，意先賢之靈爽若或啓之，因緣遘會，適愜于邦人士之愿乎？繼自今群士肄業于斯，肅容瞻拜，思有為者，亦當如是。相與勉焉，以三不朽自勵，則斯舉也，于教事不為無助。余竊有厚望焉。

書院之規始者，前參議三原劉公；其締構加廣者，為襄平楊公。本名游文書院，至桐城姚公，易今名，而藉以課士，講席迄今不替也。初，楊公去任，邑人□公位于中，如古生祠。比今仍安旁室，以志緣起云。

誥授中憲大夫、知蘇州府事覺羅雅爾哈善撰。

賜進士出身、前内閣學士、兼禮部侍郎、嘉善許正猷書。

無錫袁泓篆額。

常熟縣知縣石屏陳莫纕、昭文知縣武安韓桐公建。

大清乾隆八年歲次癸亥冬十一月　日立石，錫山涵虚鎸字。

按：清乾隆八年（1743），蘇州知府雅爾哈善重修游文書院，并移祀巫公于内。自撰記，許正猷書。雅爾哈善，字蔚文，正紅旗人。仕至兵部尚書，總理新疆屯田事務。乾隆二十三年（1758），因討霍集占失機論斬。碑原在讀書臺，已佚。因關邑學，姑録之。

七十九　御製平定金川告成太學碑文

御製平定金川告成太學碑文
天畀我皇清握乾符俯坤軸函括萬邦悉主悉臣
五后纘承創守佑啓亦惟是二三藎臣布德宣力予曰有先後予曰有禦侮用造我丕丕基罔有蘖芽罔不煦嫗長養游於大當粤有金川莎羅奔者居西鄙桃關
以外界綽斯甲小金川之間向曾從征得受符檄與諸土司齒頋恃其險遠夜郎自大搆釁鄰番各土司申訴封疆吏吏曰蕞之不圖豈其視為甌脫乃請兵
籌餉期掃其穴而司其事者或怯縮以老師或縹狡以蓄志軍無適從事用弗集予心憫然念遠徼之不寧或致增防置戍重勞吾民大學士忠勇公傅恒義
同休戚毅然請肩斯任乃命以經略印益厚集諸路軍芻粟相繼閶闔不驚卜吉於戊辰十一月之三日
禡牙以指所征朕親御武帳賜經略酒以行天氣和袒陽氣宣復都人士聽睹聳躍罔不忭喜謂露布之旦暮至也乃歷燕晉驅秦隴越劍關絕川江凌桃關之
巇經天射之峻又日討軍實而教訓拊循之均其渴飲飢食同其曉行夜眠至於審黄機務親草奏章則又經略獨勤其勞而諸武臣有所不知有弗能共者
恩威既明士用益勵度番落如戶庭過部伍於衽席奸酋授首軍聲大振復以巨礟擊其碉堅碉以摧將佚諸軍之集擣其中堅而酋首駭瞿駾喙稽首請降
經略臣以彼罪重惡極窮而乞生久或渝且備焉慮不允所請朕惟
天地之德在好生彼蟻潰而鼠駭者毋寧赦而宥之且求降而盡殲之不可謂武剏不足以汚我斧也於是經略宣朕明旨登壇受降已巳二月之望日金川平定
捷音至京是役也深入數千里奏凱未七旬而振旅之師多有返自中途未究其用者昔之成功巳蜀如建武之定公孫江陵之降李勢皆在版圖之內無足
比數廷臣舉
皇祖朔漠
皇考青海成例請勒碑成均以示來許夫秉丹誠而運籌決勝永靖荒徼者經略大學士之力也商可否於帷幄衝石矢於行陣者參贊大臣及諸將士力也朕何
有焉惟是體
乾元之德凜佳兵之戒保大定功安民和衆庶幾可以垂則乎乃系之以詞曰
維
天生人類聚羣分凡茲林林孰非我民有羈而縻有誨而譸豈伊畀視遠近殊倫守在四夷稽古名言無已用之寓義於仁蠢彼金夷恃其險阻蠶食鄰張謂寃
我拒不靖不庭侵茲隣聚駭奔吽吸以干大咎匪棘匪紓玁狁之故我張我伐玁狁之故我師既集賊亦相持匪敢相持擢誅自支兩易寒暑救功稍稽
益以狂怒臂當車罪臣既誅以徇我師朕咨於恒汝往視之朕咨於恒惟汝同德惟我庶士亦久於役將茲旗兵羽林神策其勇熊羆其心金石何敵不摧
何攻弗克濟以汝忠奏捷頃刻恒拜稽首臣敢弗蔑既禡既宜師出於京師出於京時惟一陽未逾五旬乃壁其疆前茬獵獵有節煌煌羣番迎鶩謂自天
降惟彼攸恃曰良爾吉以偵以諜如鬼如蜮其恃爰誅其類股慄紀律是明戎兵是詰鑄礟攻碉其守以失惟是讙誅潛弗敢出其潛弗出乃旦夕延將
齊我軍拔其中堅大纛大騁期目之前彼乃窮蹙乞降怵虔惟命是從六事永遵除道築壇肉袒羊牽赳赳鍾琪乃度之盟率抵賊巢開誠以諭攜其二酋
軍門親赴悔罪歸誠車塵馬足順斯撫之貽我王度昔也雷霆今也雨露七縱諸葛單騎汾陽曰我相臣於前有光晉爵錫服黼黻龍章速歸黄閣左右
襄休養生息惠鮮蜀邦我武既揚無疆惟慶
乾隆十四年歲在己巳夏四月吉日

七十九　御製平定金川告成太學碑文

年代：清乾隆十四年（1749）
碑文：

御製平定金川告成太學碑文

天畀我皇清，握乾符，俯坤軸，函括萬邦，悉主悉臣，五后纘承，創守佑啓，亦惟是二三藎臣布德宣力。予曰有先後，予曰有禦侮，用造我丕丕基，罔有蘖芽，罔不煦嫗，長養游于大。當粤有金川莎羅奔者，居西蜀桃關以外，界綽斯甲、小金川之間。向曾從征，得受符檄，與諸土司齒顧恃其險遠，夜郎自大，構釁鄰番。各土司申訴封疆吏，吏曰:“蔓之不圖，豈其視為甌脱？”乃請兵籌餉，期掃其穴。而司其事者，或怯縮以老師，或獷狡以蓄志，軍無適從，事用弗集。予心憫然，念遠徼之不寧，或致增防置戍，重勞吾民。大學士忠勇公傅恒義同休戚，毅然請肩斯任。乃命以經略印益厚，集諸路軍，芻粟相繼，閭閻不驚。卜吉于戊辰十一月之三日，禡牙以指所征。朕親御武帳，賜經略酒以行。天氣和昶，陽氣宣復，都人士聽睹聳躍，罔不忭喜，謂露布之旦暮至也。乃歷燕晋，驅秦隴，越劍閣，絶川江，凌桃關之巘，經天射之峻，又日討軍實而教訓拊循之，均其渴飲飢食，同其曉行夜眠。至于密贊機務，親草奏章，則又經略獨勤其勞，而諸武臣有所不知，有弗能共者。恩威既明，士用益勵，度番落如户庭，過部伍于衽席。奸酋授首，軍聲大振。復以巨炮擊其碉，堅碉以摧。將俟諸軍之集，搗其中堅，而番酋騤瞿駾喙，稽首請降。經略臣以彼罪重惡極，窮而乞生，久或渝且僨焉，慮不允所請。朕惟天地之德在好生，彼蟻潰而鼠駭者，毋寧赦而宥之，且求降而盡殲之不可，謂武矧不足以污我斧也。于是經略宣朕明旨，登壇受降。

己巳二月之望日，金川平定，捷音至京。是役也，深入數千里，奏凱未七旬，而振旅之師多有返自中途，未究其用者。昔之成功巴蜀，如建武之定公孫、江陵之降李勢，皆在版圖之内，無足比數。廷臣舉皇祖朔漠、皇考青海成例，請勒碑成均，以示來許。夫秉丹誠而運籌決勝，永靖荒徼者，經略大學士之力也。商可否于帷幄，衝石矢于行陣者，參贊大臣及諸將士力也。朕何有焉？惟是體乾元之德，凛佳兵之戒，保大定功，安民和衆，庶幾可以垂則乎？乃系之以詞曰：

維天生人，類聚群分。凡兹林林，孰非我民？有羈而縻，有誨而諄。豈伊异視，遠近殊倫。守在四夷，稽古名言。無已用之，寓義于仁。蠢彼金夷，恃其險阻。蠶食豨張，謂莫我拒。不靖不庭，侵兹鄰聚。駭奔叫呶，以干大咎。匪棘匪紓，玁狁之故。我張我伐，玁狁之故。我師既集，賊亦相持。匪敢相持，懼誅自支。兩易寒暑，枚功稍稽。賊益以狂，怒臂當車。罪臣既誅，以徇我師。朕咨于恒，汝往視之。朕咨于恒，惟汝同德。惟我庶士，亦久于役。將兹旗兵，羽林神策。其勇熊羆，其心金石。何敵不摧，何攻弗克。濟以汝忠，奏捷頃刻。恒拜稽首，臣敢弗蔓。既禡既宜，師出于京。師出于京，時惟一陽。未逾五旬，乃壓其疆。前旌獵獵，有節煌煌。群番迎驚，謂自天降。惟彼攸恃，曰良爾吉。以偵以諜，如鬼如蜮。其恃爰誅，其類股慄。紀律是明，戎兵是詰。鑄炮攻碉，其守以失。惟是懼誅，潛弗敢出。其潛弗出，乃旦夕延。將齊我軍，披其中堅。大糇大膞，期目之前。彼乃窮蹙，乞降悚虔。惟命是從，六事永遵。除道築壇，肉袒羊牽。赳赳鍾琪，乃度之愬。聿抵賊巢，開誠以諭。携其二酋，軍門親赴。悔罪歸誠，車塵馬足。順斯撫之，昭我王度。昔也雷霆，今也雨露。七縱諸葛，單騎汾陽。曰我相臣，于前有光。晋爵錫服，黼黻龍章。速歸黄閣，左右贊襄。休養生息，惠鮮蜀邦。我武既揚，無疆惟慶。

乾隆十四年歲在己巳夏四月吉日。

按：清乾隆十四年（1749），乾隆帝因平定金川，御制碑文，告成于太學。我邑此碑原在邑學戟門内，現存文廟碑廊。

維
乾隆十六年歲次辛未己巳朔越二十一日己丑
皇帝遣經筵講官刑部左侍郎錢陳羣致祭於
先賢言子之神曰惟
先賢言子靈萃勾吳道承東魯贊成麟筆首聖門文學
之科小試牛刀布下邑弦歌之化周旋裼襲群推習禮
之宗品藻端方允副得人之問殿庭俎豆班十哲以同
尊祠廟枌榆閱千秋而在望朕省方時邁覽古興懷問
俗武城信學道之遺風是尚敷文南國溯人才之教澤
所漸用遣專官虔申告奠苾芬在列尚冀格歆

八十　御祭言子文

年代：清乾隆十六年（1751）

碑文：

維乾隆十六年歲次辛未己巳朔越二十一日己丑，皇帝遣經筵講官、刑部左侍郎錢陳群致祭于先賢言子之神曰：

惟先賢言子，靈萃勾吴，道承東魯。贊成麟筆，首聖門文學之科；小試牛刀，布下邑弦歌之化。周旋裼襲，群推習禮之宗；品藻端方，允副得人之問。殿庭俎豆，班十哲以同尊；祠廟枌榆，閲千秋而在望。朕省方時邁，覽古興懷。問俗武城，信學道之遺風足尚；敷文南國，溯人才之教澤所漸。用遣專官，虔申告奠。苾芬在列，尚冀格歆。

按：清乾隆十六年（1751），刑部左侍郎錢陳群奉旨至常熟，致祭于言子墓前。碑在言子墓前，因關邑學，姑録之。原位于言子墓御碑亭内，現存文廟碑廊。

八十一　重修尊經閣記

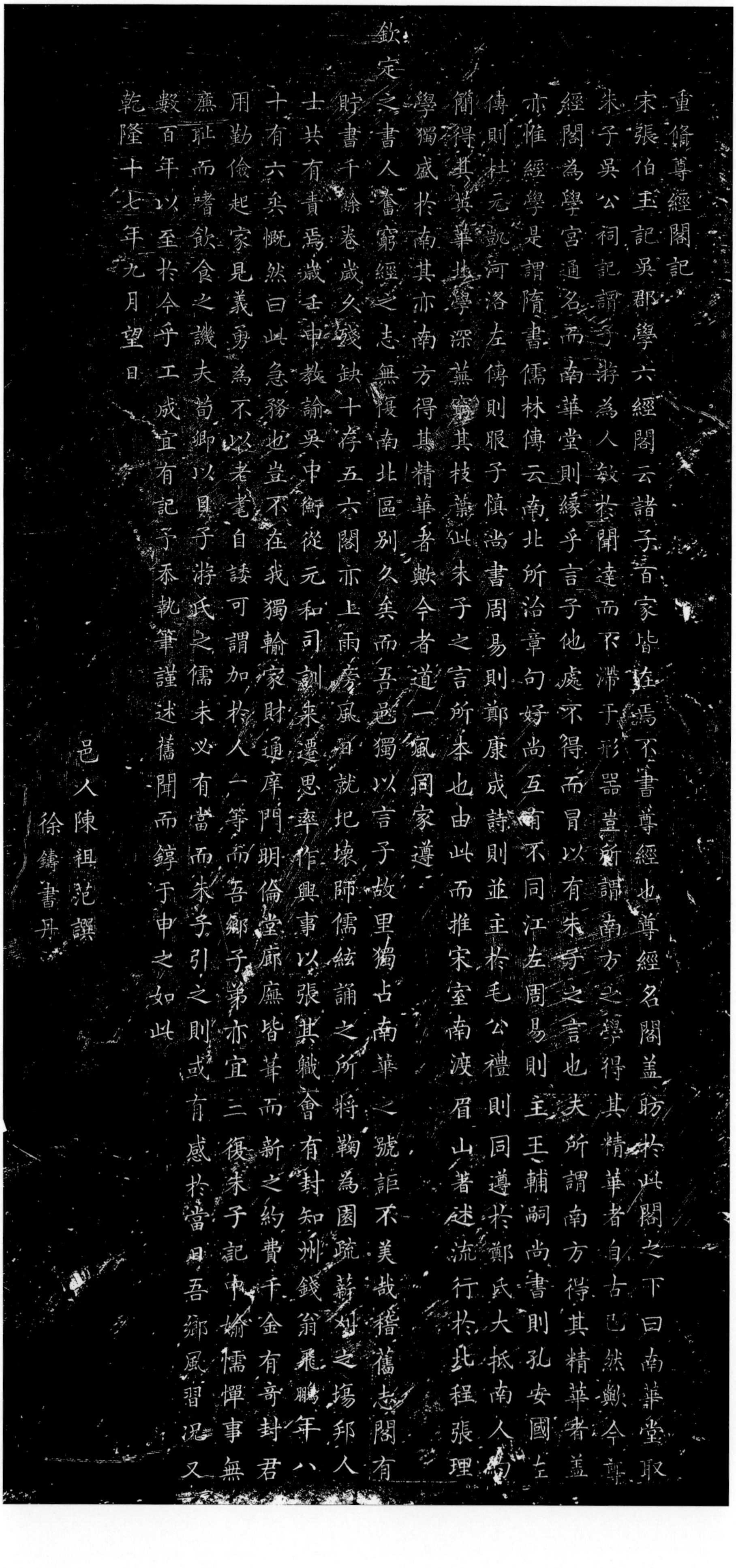

重修尊經閣記

宋張伯玉記吳郡學六經閣云諸子各家皆在焉不書尊經也尊經名閣蓋昉於此閣之下曰南華堂取朱子吳公祠記謂子游為人敏於聞達而不滯於形器豈所謂南方之學得其精華者自古已然歟今尊經閣為學宮通名而南華堂則緣乎言子他處不得而冒以有朱子之言也夫所謂南方得其精華者蓋亦惟經學是謂隋書儒林傳云南北所治章句好尚互有不同江左周易則王輔嗣尚書則孔安國左傳則杜元凱河洛左傳則服子慎尚書周易則鄭康成詩則並主於毛公禮則同遵於鄭氏大抵南人約簡得其英華北學深蕪窮其枝葉此朱子之言所本也由此而推宋室南渡眉山著述流行於北程張理學獨盛於南其亦南方得其精華者歟今者道一風同家遵

欽定之書人奮窮經之志無復南北區別久矣而吾邑獨以言子故里獨占南華之號詎不美哉稽舊志閣有貯書千餘卷歲久殘缺十存五六閣亦上雨旁風而就圮壞師儒絃誦之所將鞠為園蔬薪刈之場邦人士共有責焉歲壬申教諭吳中衡從元和司訓來遷思率作興事以張其職會有封知州錢翁飛鵬年八十有六矣慨然曰此急務也豈不在我獨輸家財通庠門明倫堂廊廡皆葺而新之約費千金有奇封君用勤儉起家見義勇為不以耄耋自諉可謂加於人一等而吾鄉子弟亦宜三復朱子記中媮儒憚事無廉恥而嗜飲食之譏夫荀卿以賤子游氏之儒未必有當而朱子引之則或有感於當日吾鄉風習況又數百年以至於今乎工成宜有記予忝執筆謹述舊聞而鐔于申之如此

乾隆十七年九月望日

邑人陳祖范譔

徐鑄書丹

八十一　陳祖范《重修尊經閣記》

年代：清乾隆十七年（1752）
碑文：

重修尊經閣記

宋張伯玉記吴郡學六經閣云："諸子百家皆在焉，不書尊經也。"尊經名閣，蓋昉于此。閣之下曰南華堂，取朱子《吴公祠記》，謂子游為人，"敏于聞達，而不滯于形器，豈所謂南方之學得其精華者，自古已然歟？"今尊經閣為學宫通名，而南華堂則緣乎言子，他處不得而冒，以有朱子之言也。夫所謂南方得其精華者，蓋亦惟經學是謂。《隋書·儒林傳》云："南北所治章句，好尚互有不同。江左《周易》則主王輔嗣，《尚書》則孔安國，《左傳》則杜元凱；河洛《左傳》則服子慎，《尚書》《周易》則鄭康成，《詩》則并主于毛公，《禮》則同遵于鄭氏。大抵南人約簡，得其英華；北學深蕪，窮其枝葉。"此朱子之言所本也。由此而推，宋室南渡，眉山著述，流行于北，程張理學，獨盛于南，其亦南方得其精華者歟？今者道一風同，家遵欽定之書，人奮窮經之志，無復南北區别久矣。而吾邑獨以言子故里，獨占南華之號，詎不美哉？

稽舊志，閣有貯書千餘卷，歲久殘缺，十存五六。閣亦上雨旁風，日就圮壞。師儒弦誦之所，將鞠為園蔬薪刈之場，邦人士共有責焉。歲壬申，教諭吴中衡從元和司訓來遷，思率作興事，以張其職。會有封知州錢翁飛鵬，年八十有六矣，慨然曰："此急務也，豈不在我？"獨輸家財，通庠門、明倫堂、廊廡，皆葺而新之，約費千金有奇。封君用勤儉起家，見義勇為，不以老耄自諉，可謂加于人一等。而吾鄉子弟亦宜三復朱子《記》中"偷懦憚事，無廉耻而嗜飲食"之譏。夫荀卿以目子游氏之儒，未必有當，而朱子引之，則或有感于當日吾鄉風習，况又數百年以至于今乎？工成宜有記，予忝執筆，謹述舊聞而錞于申之如此。

乾隆十七年九月望日，邑人陳祖范撰，徐鑄書丹。

按：清乾隆十七年（1752），邑人錢飛鵬出資重修尊經閣，陳祖范撰記，徐鑄書。碑原在邑學明倫堂，現存常熟市碑刻博物館。

八十二　御製平定準噶爾告成太學碑文

八十二　御製平定准噶爾告成太學碑文

年代：清乾隆二十年（1755）

碑文：

御製平定准噶爾告成太學碑文

遼矣山戎，薰粥旃裘。毳幕之人，界以龍沙，畜其驒奚。雖無恒業，厥有分部。蓋自元黄剖判，萬物芸生，東夷西夷，各依其地。謬舉淳維，未為理據，皇古莫紀。其見之書史者，自周宣太原之伐，秦政亘海之築，莫不畏其侵軼猾夏是虞。自時厥後，一二奮發之君，慨然思挫其鋒而納之宥。然事不中機，材不副用，加以地遠無定處，故嘗勞衆費材，十損一得。搢紳之儒守和親，介胄之士言征伐。征伐則民力竭，和親則國威喪。于是有"守在四夷，羈縻不絶，地不可耕，民不可臣"之言興矣。然此以論漢唐宋明之中夏，而非謂我皇清之中夏也。皇清荷天之龍興東海，撫華區。有元之裔，久屬版章。歲朝貢從，征狩執役。惟謹準噶爾厄魯特者，本有元之臣僕，叛出據西海，終明世為邊患。至噶爾丹而稍强，吞噬鄰蕃，闌入北塞。我皇祖三臨朔漠，用大破其師，元惡伏冥誅，脅從遠遁迹，毋俾遺種于我喀爾喀。厥姪策妄阿拉布坦，收其遺孽，僅保伊犁。故嘗索俘取地，無敢不共逮。夫部落滋聚，乃以計襲哈密，入西藏，準夷之勢于是而復張。

兩朝命将問罪，雖屢獲捷，而庚戌之役，逆子噶爾丹策楞能，用其父舊人，乘我師怠，掠畜于巴里坤，擣營于和卜多，于是而準夷之勢大張。然地既險遠，主客异焉，此勞往而無利，彼亦如之。故額爾德尼招之敗，彼亦以彼貪利而深入也。皇考謂我武既揚，不可以玩。既允其請和，以息我衆。予小子敬奉先志，無越思焉。

既而噶爾丹策楞死，子榮妄多爾濟那木扎爾暴殘，喇嘛達爾濟篡奪之。達瓦齊又篡奪喇嘛達爾濟，而酗酒虐下尤甚焉。癸酉冬，都爾伯特台吉策楞等，率數萬人來歸。越明年秋，輝特台吉阿睦爾撒納、和碩特台吉班珠爾又率數萬人來歸。朕謂來者不可以不撫，而撫之莫若因其地其俗而善循之，且毋令滋方來之患于我喀爾喀也。于是議進兩路之師，問彼罪魁，安我新附。凡運餉籌馱，長行利戰之事，悉備議之始熟。經于庚戌之艱者，咸懼蹈轍，惟大學士忠勇公傅恒見與朕同，而新附諸台吉則求之甚力。朕謂犁庭掃穴，即不敢必，然喀爾喀之地，必不可以久居。若而人毋寧用其鋒，而觀厥成，即不如志，亦非所悔也。故凡禡旗命將之典，概未舉行，亦云偏師，嘗試為之耳。塞上用兵必以秋，而阿睦爾撒納、瑪木特請以春月，欲乘彼馬未肥，則不能遁。朕謂其言良，當遂從之。北路以二月丙辰，西路以二月己巳，各啓行。哈密瀚海，向無雨，今春乃大雨，咸以為時雨之。師入賊境，凡所過之鄂拓克，携羊酒糗糒，迎恐後。五月乙亥，至伊犁，亦如之。達瓦齊于格登山麓結營以待，兵近萬。我兩将軍議以兵取則傷彼必衆，彼衆皆我衆，多傷非所以體上慈也。丁亥，遣阿玉錫等二十五人夜斫營覘賊向。賊兵大潰，相蹂躪死者不可勝數，來降者七千餘，我二十五人無一人受傷者。達瓦齊以百餘騎竄。六月庚戌，回人阿奇穆、霍集、斯伯克執達瓦齊來獻軍門。準噶爾平。

是役也，定議不過二人，籌事不過一年，兵行不過五月，無亡矢遺鏃之費，大勛以集，遐壤以定，豈人力哉？天也！然天垂佑而授之事機，設不奉行之，以致坐失者，多矣。可與樂成，不可與謀始，亦謂蚩蚩之衆云爾，豈其卿大夫之謂？既克集事，則又曰："苟知其易，将勸為之。"夫明于事後者，必将昧于幾先，朕用是寒心。且準噶爾一小部落耳，一二有能為之長，而其樹也固焉；一二暴失德之長，而其亡也忽焉。朕用是知懼。武成而勒碑文廟，例也，禮臣以為請，故據實事書之，其辭曰：

茫茫伊犁，大幹之西。匪今伊昔，化外羈縻。條支之東，大宛以南。隨畜獵獸，蟻聚狼貪。

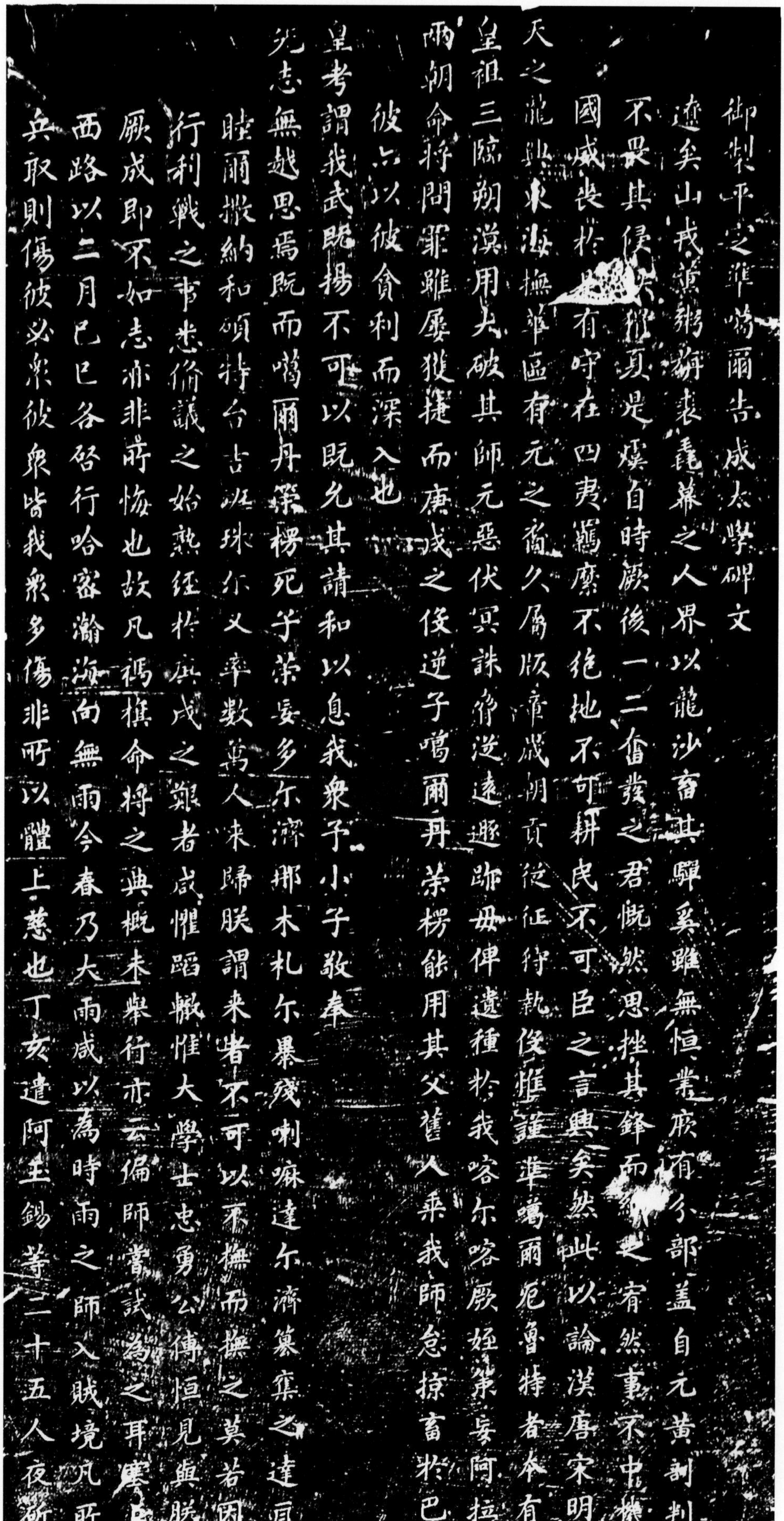

御製平定準噶爾告成太學碑文
遐矣山戎獯鬻獫狁裹蠢蕞之人畀以龍沙畜其驒奚雖無恒業庶有分部蓋自元黃剖判
不畏其侵猶夏是虞自時厥後一二奮發之君慨然思挫其鋒而綏之宥然事不中機
國威喪於是有守在四夷羈縻不絕地不可耕民不可臣之言興矣然此以論漢唐宋明
天之龍興東海撫華區有元之裔久屬版章歲朝貢從征狩執役惟謹準噶爾厄魯特者本有
皇祖三臨朔漠用大破其師元惡伏冥誅脅從遠遯跡毋俾遺種於我喀爾喀厥姪策妄阿拉
兩朝命將問罪雖屢獲捷而庚戌之役逆子噶爾丹策楞能用其父舊人乘我師怠掠畜於巴
彼亦以彼貪利而深入也
皇考謂我武既揚不可以既允其請和以息我衆予小子敬奉
先志無越思焉既而噶爾丹策楞死子策妄多爾濟那木札爾暴殘喇嘛達爾濟篡弃之達瓦
睦爾撒納和碩特台吉班珠爾又率數萬人來歸朕謂來者不可以不撫而撫之莫若因
行利戰之中忠偹議之始熟經於庚戌之艱者咸惟蹈轍惟大學士忠勇公傅恒見與朕
厥成即不如志亦非所悔也故凡禡祺命將之典概未舉行亦云偏師嘗試為之耳慶上
西路以二月己巳各啓行哈密瀚海向無雨今春乃大雨咸以為時雨之師入賊境凡所
兵取則傷彼必衆彼衆皆我衆多傷非所以體上慈也丁亥遣阿玉錫等二十五人夜斫

八十二　御製平定準噶爾告成太學碑文（局部）

乃世其惡，乃恃其遠。或激我攻，而乘我緩。其計在斯，其長可窮。止戈靖邊，化日薰風。不侵不距，不來其那。款關求市，亦不禁訶。始慕希珍，終居奇貨。吏喜無事，遷就斯惬。漸不可長，我豈懼其？豈如宋明，和市之為？既知其然，飭我邊吏。弗縱弗嚴，示之節制。不仁之守，再世斯斬。篡奪相仍，飄忽荏苒。夙沙革面，煎鞏披忱。集泮飛鴞，食黮懷音。錫之爵位，榮以華裾。膝前面請，愿效前驅。兵分兩路，雪甲霜鋒。先導中堅，如黿錯攻。益以後勁，蒙古舊屬。八旗子弟，其心允篤。二月卜吉，牙旗飄飆。我騎斯騰，無待折膠。泉涌于磧，蕪茁于路。我衆歡躍，謂有天助。匪啻我衆，新附亦云。黄髮未睹，水草富春。烏魯木齊，波羅塔拉。台吉宰桑，紛紛款納。牽其肥羊，及馬湩酒。獻其屠耆，合掌雙手。予有前諭，所禁侵陵。以茶交易，大愉衆情。衆情既愉，來者日繼。蠢達瓦齊，擁兵自衛。依山據淖，惟旦夕延。有近萬人，其心十千。勇不目逃，掄二十五。曰阿玉錫，率往賊所。銜枚夜襲，直入其郛。揮矛拍馬，大聲疾呼。彼人既離，我志斯合。突將無前，縱横鞚轄。案角鹿埵，隴種東籠。自相狼藉，孰敢攖鋒？狐竄鼠逃，將往异域。回部遮之，凶渠斯得。露布既至，告廟受俘。凡此蕆功，荷天之衢。在古周宣，二年乙亥。淮夷是平，常武詩載。越我皇祖，征噶爾丹。命将禡旗，亦乙亥年。既符歲德，允協師貞。兵不血刃，漠無王庭。昔時準夷，弗恭弗諶。今隨師行，為師候尉。昔時準夷，日戰夜征。今也偃卧，知樂人生。曰匪準夷，曰我臣僕。自今伊始，安爾游牧。爾牧爾耕，爾長孫子。曰無向非，豈有今是？兩朝志竟，億載基成。側席不遑，保泰持盈。

乾隆二十年歲次乙亥夏五月之吉。

按：清乾隆二十年（1756），乾隆帝因平定准噶爾，御制碑文，告成于太學。我邑此碑原在邑學戟門内，現存常熟市碑刻博物館。

八十三　御祭言子文

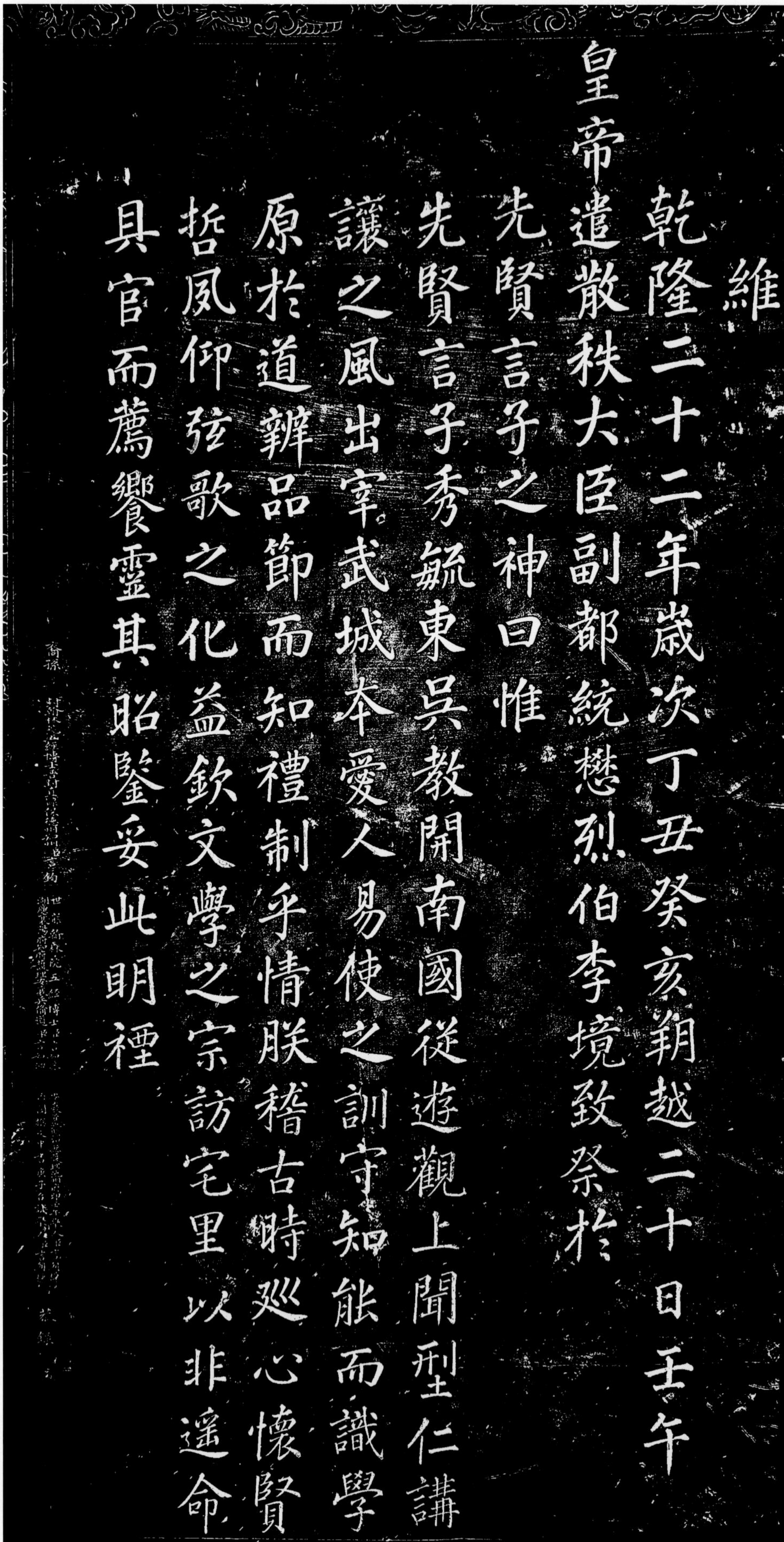

維
乾隆二十二年歲次丁丑癸亥朔越二十日壬午
皇帝遣散秩大臣副都統懋烈伯李境致祭於
先賢言子之神曰惟
先賢言子秀毓東吳教開南國從遊觀上聞型仁講
讓之風出宰武城本愛人易使之訓守知能而識學
原於道辨品節而知禮制乎情朕稽古時巡心懷賢
哲夙仰弦歌之化益欽文學之宗訪宅里以非遥命
具官而薦饗靈其昭鑒妥此明禋

八十三　御祭言子文

年代：清乾隆二十二年（1757）
碑文：

維乾隆二十二年歲次丁丑癸亥朔越二十日壬午，皇帝遣散秩大臣、副都統、懋烈伯李境致祭于先賢言子之神曰：

惟先賢言子，秀毓東吴，教開南國。從游觀上，聞型仁講讓之風；出宰武城，本愛人易使之訓。守知能而識學原于道，辨品節而知禮制乎情。朕稽古時巡，心懷賢哲。夙仰弦歌之化，益欽文學之宗；訪宅里以非遥，命具官而薦饗。靈其昭鑒，妥此明禋。

裔孫封翰林院五經博士、晋封直隸保德州知州臣言鈞，世襲翰林院五經博士臣言如洙、湖廣襄陽府知府、護理安襄兵備道臣言如泗，安徽貴池縣知縣、護理池州府印、壬午舉人臣言朝楫，内閣撰文中書、庚子召試舉人臣言朝標恭録。

按：清乾隆二十二年（1757），副都統李鏡奉旨至常熟，致祭于言子墓前。言鈞等言氏後裔立石。碑在言子墓御碑亭内。因關邑學，姑録之。

八十四　御製平定回部告成太學碑文

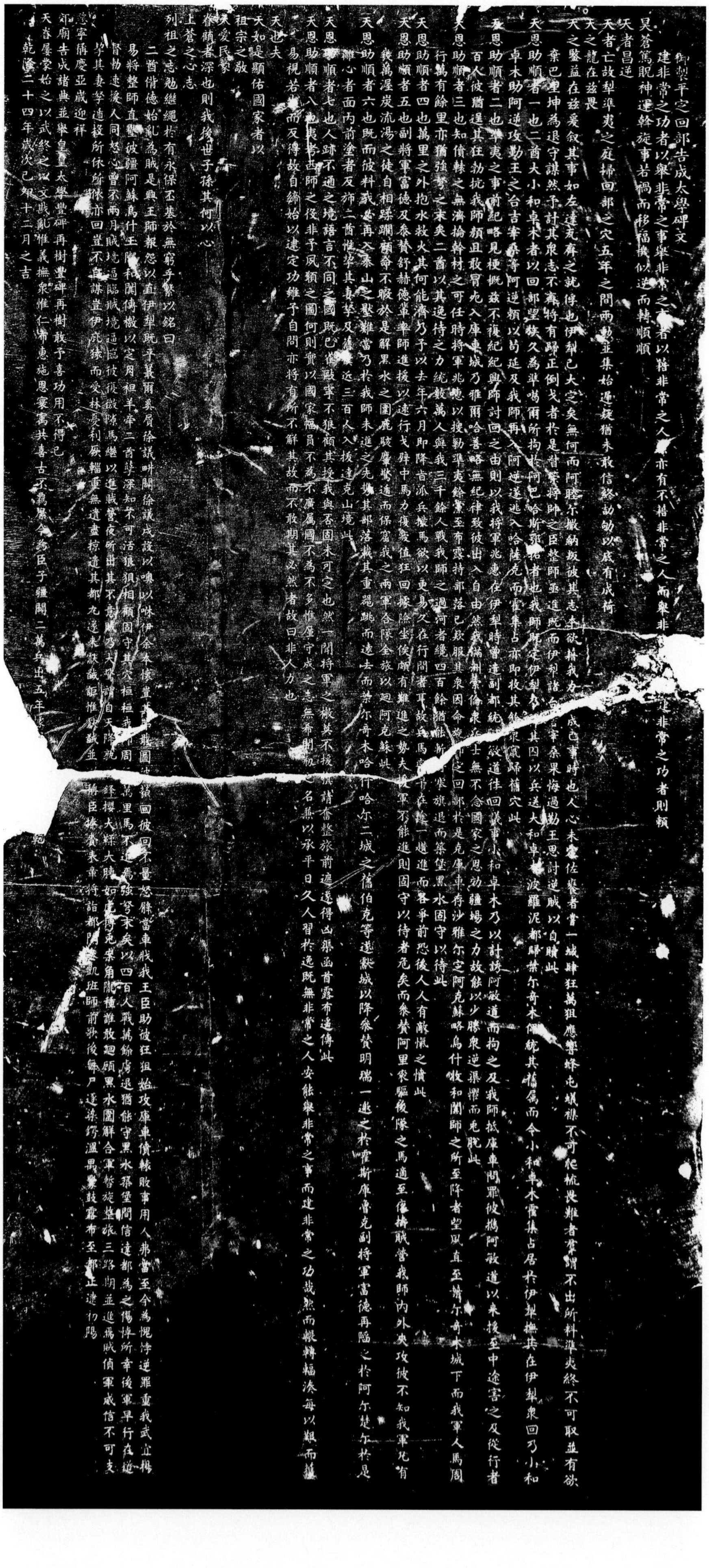

八十四　御製平定回部告成太學碑文

年代：清乾隆二十四年（1759）
碑文：

御製平定回部告成太學碑文

建非常之功者，以舉非常之事；舉非常之事者，以藉非常之人。然亦有不藉非常之人而舉非常之事，終建非常之功者，則賴昊蒼篤貺，神運斡旋，事若禍而移福，機似逆而轉順。順天者昌，逆天者亡。故犁準夷之庭，掃回部之穴，五年之間，兩勛并集。始遲疑猶未敢信，終劼劬以底有成。荷天之龍在茲，畏天之鑒益在茲。爰叙其事如左。

達瓦齊之就俘也，伊犁已大定矣，無何而阿睦尔撒納叛。彼其志，本欲藉我力以成已事。時也人心未定，佐饔者嘗一螆肆狂，萬狙應響，蜂屯蟻雜，不可爬梳。畏難者群謂，不出所料，準夷終不可取，并有欲弃巴里坤，為退守謀。然予計其衆志不齊，將有歸正倒戈者。于是督策將帥之臣，整師亟進。既而伊犁諸台吉宰桑果悔過勤王，思討逆賊以自贖。此天恩助順者一也。二酋大小和卓木者，以回部望族，久為準噶爾所拘于阿巴哈斯鄂拓者也。我師既定伊犁，乃釋其囚，以兵送大和卓木波羅泥都歸葉尔奇木，俾統其舊屬。而令小和卓木霍集占居于伊犁，撫其在伊犁衆回。乃小和卓木助阿逆攻勤王之台吉宰桑等，阿逆賴以苟延。及我師再入，阿逆遂逃入哈薩克，而霍集占亦即收其餘衆，竄歸舊穴。此天恩助順者二也。準夷之事，前紀略見梗概，茲不複紀，紀興師討回之由。則以我將軍兆惠在伊犁時曾遣副都統阿敏道往回議事，小和卓木乃以計誘阿敏道而拘之。及我師抵庫車問罪，彼携阿敏道以來援，至中途害之，及從行者百人。彼猶逞其狂勃，抗我師顏，且敢冒死入庫車城。乃雅爾哈善略無紀律，致彼出入自由。然我滿洲索倫衆兵士無不念國家之恩，效疆埸之力，故能以少勝衆。逆渠懼而免脱。此天恩助順者三也。知僨轅之無濟掄幹材之可任。時將軍兆惠以搜剿準夷餘黨，至布露特部落，已欸服其衆，因命旋師定回部。于是克庫車，存沙雅尔，定阿克蘇，略烏什，收和闐，師之所至，降者望風，直至葉尔奇木城下。而我軍人馬周行萬有餘里，亦猶强弩之末矣。二酋以其逸待之力，統數萬人，與我三千餘人戰。我師之過河者，纔四百餘，猶能斬將搴旗，退而築堡黑水，固守以待。此天恩助順者四也。萬里之外，抱水救火，其何能濟？乃予以去年六月，即降旨派兵撥馬，欲以更易久在行間者耳。故兵馬率早在途，一躦進而各争前恐後，人人有敵愾之憤。此天恩助順者五也。副將軍富德及參贊舒赫德輩，率師進援，以速行戈壁中，馬力復疲。值狂回據險坐俟，頗有難進之勢。夫援軍不能進，則固守以待者危矣。而參贊阿里衮驅後隊之馬適至，夜擣賊營。我師内外夾攻，彼不知我軍凡有幾萬，渥炭流湯之徒，自相蹂躪，顧命不暇，于是解黑水之圍。鹿駭獐驚，遁而保窟。我之兩軍合隊振旅以迴阿克蘇。此天恩助順者六也。既而彼料我必再入，泰山之壓難當。乃于我師未進之先，携其部落，載其重器，跳而遠去。而葉尔奇木、哈什哈尔二城之舊伯克等，遂獻城以降。參贊明瑞一邀之于霍斯庫魯克，副將軍富德再陷之于阿尔楚尔，于是離心者面内，前途者反旆。二酋惟挈其妻孥及舊僕近三百人，入拔達克山境。此天恩助順者七也。人迹不通之境，語言不同之國，既已雀驅，寧不狼顧，其授我與否，固未可定也。然一聞將軍之檄，莫不援旗請奮，整旅前遮，遂得凶渠函首，露布遥傳。此天恩助順者八也。

夷考西師之役，非予夙愿之圖，何則？實以國家幅員不為不廣，屬國不為不多，惟廑守成之志，無希開創之名，兼以承平日久，人習于逸，既無非常之人，安能舉非常之事，而建非常之功哉？然而輾轉輻凑，每以艱而獲易，視若失而反得，故自締始以逮定功，雖予自問，亦將有所不解其故，而不敢期其必然者。故曰非人力也，天也。夫天如是顯佑國家者，以祖宗之敬天愛民，蒙眷顧者深也。則我後世子孫，其何以心上蒼之心，志列祖之志，勉繼繩于有，永保

八十四　御製平定回部告成太學碑文（局部）

天之鑒益在茲爰敘其事如左達瓦齊之就俘也伊犁已大定矣無何而阿睦爾撒納叛彼其志本欲藉我
棄巴里坤為退守謀然予討其衆志不齊將有歸正倒戈者於是督策將帥之臣整師亟進既而伊犁
天恩助順者一也二酋大小和卓木者以回部望族久為準噶爾所拘於阿巴哈斯鄂拓者也我師既定伊
卓木助阿逆攻勤王之台吉車凌等阿逆賴以苟延及我師再入阿逆遂逃入哈薩克而霍集占亦即
天恩助順者二也準夷之事前紀略見梗概茲不復紀紀興師討回之由則以我將軍兆惠在伊犁時曾遣
百人彼猶逞其狂勃抗我師頗且敢冒死入庫車城乃雅爾哈善略無紀律致彼出入自由然我滿洲
天恩助順者三也知僨轅之無濟掄幹材之可任時將軍兆惠以搜勦準夷餘黨至布露特部落已欵服其
行萬有餘里亦猶強弩之末矣二酋以其逸待之力統數萬人與我三千餘人戰我師之過河者纔四
天恩助順者四也萬里之外抱水救火其何能濟乃予以去年六月即降旨派兵撥馬欲以更易久在行間
天恩助順者五也副將軍富德及參贊舒赫德輩率師進援以速行戈壁中馬力復疲值狂回據險坐俟頗
幾萬渥炭流湯之徒自相蹂躪顧命不暇於是解黑水之圍鹿駭麏驚遁而保窟我之兩軍合隊全旅
天恩助順者六也既而彼料我必再入泰山之壓難當乃於我師未進之先攜其部落載其重罷跳而遠去
離心者面內前塗者反旆二酋惟挈其妻孥及舊僕近三百人入拔達克山境以
天恩助順者七也人跡不通之境語言不同之國既已雀毆寧不狼顧其援我與否固未可定也然一聞將軍
天恩助順者八也東若西師之役非予夙願之圖何則實以國家幅員不為不廣屬國不為不多惟屢守成
易視若[illegible]而反得故自締始以建定功雖予自問亦將有所不解其故而不敢期其必然者故曰非人

丕基于無窮乎？繫以銘曰：

二酋背德，始亂為賊。是興王師，報怨以直。伊犁既平，蕞爾奚屑。徐議畊闢，徐議戍設。以噢以咻，伊余本懷。豈其弗戢，圖彼窺回。彼回不量，怒臂當車。戕我王臣，助彼狂狙。始攻庫車，僨轅敗事。用人弗當，至今為愧。悖逆罪重，我武宜揚。易將整師，直壓彼疆。阿蘇烏什，玉隴和闐。傳檄以定，肉袒羊牽。二酋孽深，知不可活。狼狽相顧，固守其穴。桓桓我師，周行萬里。馬不進焉，强弩末矣。以四百人，戰萬餘虜。退猶能守，黑水築堡。問信達都，為之傷悼。所幸後軍，早行在道。督敕速援，人同怒心。曾不兩月，賊境逼臨。賊境逼臨，彼復徼隙。馬繼以進，賊營夜斫。出其不意，賊乃大驚。謂自天降，孰敢鋒攖？大鞣大膊，如虎搏兔。案角隴種，誰敢迴顧？黑水圍解，合軍暫旋。整旅三路，期并進焉。賊偵軍威，信不可支。挈其妻孥，遁投所依。所依亦回，豈不自謀？豈伊庇猿，而受林憂。利厥輜重，無遺盡掠。遣其都丸，遂來獻馘。詎惟獻馘，并以稱臣。捧賫表章，將詣都門。奏凱班師，前歌後舞。尸逐染鍔，温禺釁鼓。露布至都，正逮初陽。慈寧稱慶，亞歲迎祥。郊廟告成，諸典并舉。皇皇太學，豐碑再樹。豐碑再樹，敢予喜功？用不得已，天眷屢蒙。始之以武，終之以文。戡亂惟義，撫衆惟仁。布惠施恩，寰宇共喜。古不羈縻，今為臣子。疆闢二萬，兵出五年。據實書事，永矢乾乾。

乾隆二十四年歲次己卯十二月之吉。

按：清乾隆二十四年（1759），乾隆帝因平定回部，御制碑文，告成于太學。我邑此碑原在邑學戟門内，已殘，現存于文廟碑廊内。

八十五　言子遺像

八十五　言子遺像

年代：清乾隆二十四年（1759）

碑文：

先賢言子諱偃，字子游，又稱叔氏，聖門文學首科，為武城宰。生于周敬王十四年，少孔子四十五歲，没于定王二十六年，年七十有二。唐開元二十七年，封吴侯。宋大中祥符二年，加封丹陽公。咸淳三年，改封吴公。元大德十一年，封吴國公。明嘉靖九年，改稱先賢言子。

宋高宗御制像贊：道義正己，文學擅科。出宰武城，聊以弦歌。割雞之試，牛刀謂何？前言戲耳，博學則多。

宋工部侍郎趙安仁贊：魯堂登科，睹奥將聖。武城之下，可以觀政。澹臺之舉，行不由徑。追建上公，素風逾盛。

修墓恭紀

始祖吴國公林墓在虞山北麓，乾元宫下，影娥川上。《史記索隱·吴世家注》：據《吴地記》，子游冢在常熟西虞山上，與仲雍冢并列。歷今二千餘年，保護勿替。明弘治中，知縣楊子器修，參議王綸重修。嘉靖十八年，巡按舒汀于墓左建崇祀堂、仰高亭。二十七年，巡按陳九德立石碑一座，植松柏千餘株。三十七年，知縣馮舜漁建報功亭三間。後俱廢。崇禎間，巡按路振飛重修立石。國朝康熙二十五年，知縣楊振藻重修。雍正間，先翰博繫園公移牒當事，時總藩鄂文毅公爾泰建坊，題曰南方夫子。兵備道王澄慧修築羅城一帶，墓地土性宜蘭，土人競求無藝。近奉嚴禁，均知恪守。先是，守墓之人康熙二十三年部檄飭取賢墓護□姓名，因將泗祖履功公達部。康熙五十一年，通族復呈舉先封君馭平公人品端方，世守奉祀。傳至如泗，以先澤餘蔭，出守三晋。居憂在籍，瞻省林墓，規制未備，責有攸歸，敬承先志，偕翰博兄如洙相度經營，墓前恭建御書坊額、御祭碑亭，開闢甬道，層築臺堦。墓下疏浚古川，伐石駕梁。仍于崇祀堂舊址築室數楹，中奉始祖遺像，旁祔本支木主，以昭世守。計需費若干，悉出廉俸，節省工竣，繪圖勒石，恭紀始末云。

七十五世孫、山西保德直隸州知州、保舉知府、軍功加一級如泗重修謹識。

乾隆二十四年歲次己卯三月穀旦。

按：清乾隆二十四年（1759），言如泗重修言子墓，因勒石。碑刻言子像、生平及宋高宗等贊。言如泗（1717—1806），字素園，言子七十五世孫，恩貢，仕至襄陽知府。碑原在言子墓前，現存言子舊宅。因關邑學，姑録之。

八十六　先賢言子文學里坊基

八十六　先賢言子文學里坊基

年代：清乾隆二十八年（1763）

碑文：

坊柱原址在風墻内。

先賢言子文學里坊基。

乾隆二十八年七月吉旦立。

按：原石已佚。

八十七　先賢言子墓圖

八十七　先賢言子墓圖

年代：清

碑文：

邑人錢霖恭繪。

七十九世裔孫良鑫摹刊。

按：現存言子舊宅。

八十八　梅里書院記

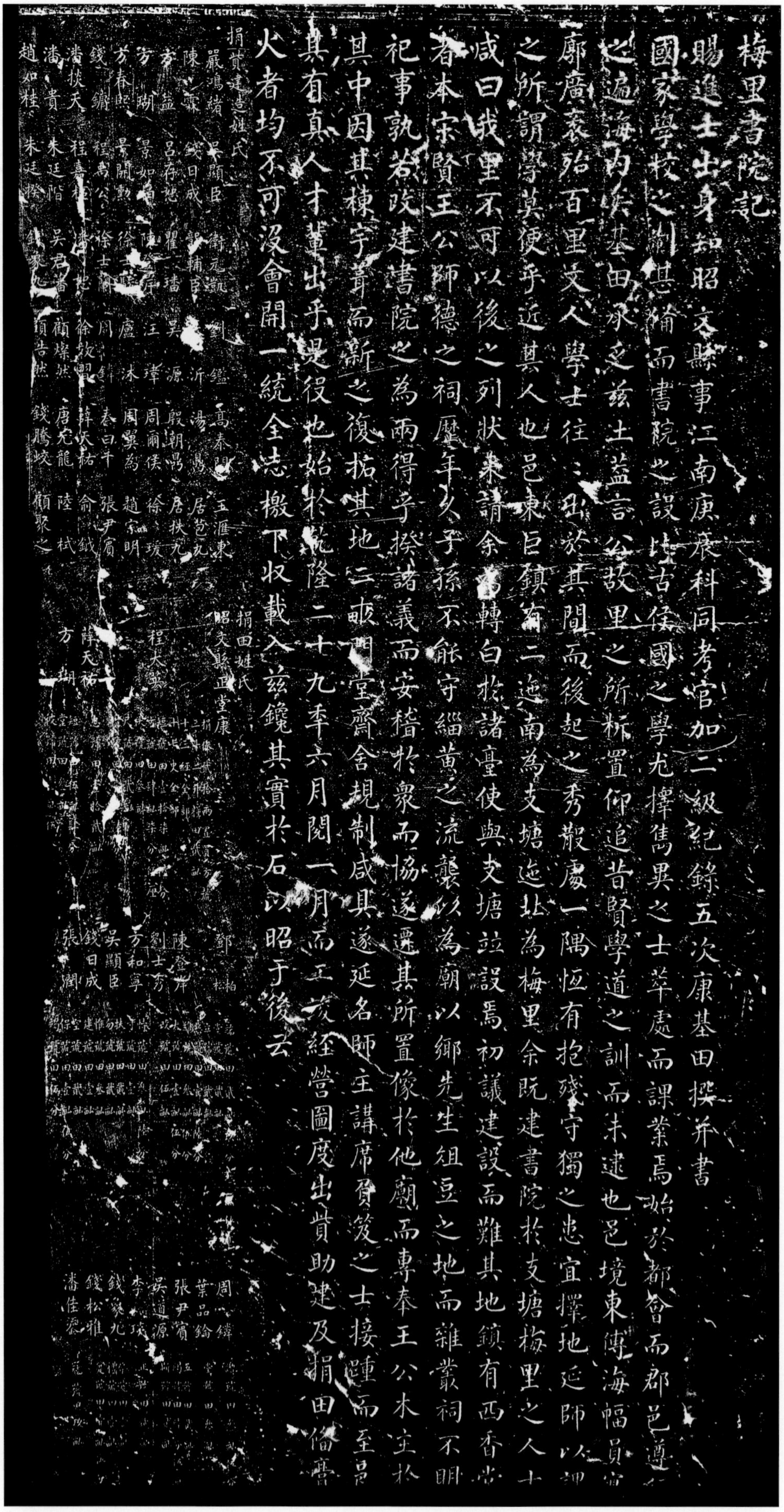
梅里書院記
賜進士出身知昭文縣事江南庚辰科同考官加二級紀錄五次康基田撰并書
國家學校之制甚備而書院之設比古侯國之學尤擇雋異之士萃處而課業焉始於都會而郡邑遵
之邇海內矣基田承乏茲土益言公故里之所漸置仰追昔賢學道之訓而未逮也邑境東傅海幅員
廓廣袤殆百里文人學士往往出於其間而後起之秀散處一隅恆有抱殘守獨之患宜擇地延師以訓
之所謂學莫便乎近其人也邑東巨鎮有二迤南為支塘迤北為梅里余既建書院於支塘梅里之人士
咸曰我里不可以後之列狀來請余為轉白於諸臺使與支塘並設焉初議建設而難其地鎮有西香
者本宋賢王公師德之祠歷年久子孫不能守緇黃之流襲以為廟以鄉先生俎豆之地而雜叢祠不明
祀事孰若改建書院之為兩得乎揆諸義而安稽於衆而協遂遷其所置像於他廟而專奉王公木主於
其中因其棟宇葺而新之復拓其地二畝門堂齋舍規制咸具遂延名師主講席負笈之士接踵而至
其有真人才輩出乎是役也始於乾隆二十九年六月閱一月而工竣經營圖度出貲助建及捐田備膏
火者均不可沒會開一統全志檄下收載入茲鑱其實於石以昭于後云

八十八　康基田《梅里書院記》

年代：清乾隆二十九年（1764）
碑文：

梅里書院記

賜進士出身、知昭文縣事、江南庚辰科同考官、加二級、紀録五次康基田撰并書。

國家學校之制甚備，而書院之設，比古侯國之學，尤擇雋异之士，萃處而課業焉。始于都會，而郡邑遵行之，遍海内矣。基田承乏兹土，蓋言公故里之所析置，仰追昔賢學道之訓，而未逮也。邑境東傅海，幅員寥廓，廣袤殆百里。文人學士，往往出于其間，而後起之秀，散處一隅，恒有抱殘守獨之患。宜擇地延師以課之，所謂學，莫便乎近其人也。邑東巨鎮有二，迤南為支塘，迤北為梅里。余既建書院于支塘，梅里之人士咸曰："我里不可以後之。"列狀來請。余為轉白于諸臺使，與支塘并設焉。初議建設而難其地，鎮有西香堂者，本宋賢王公師德之祠，歷年久，子孫不能守，緇黄之流襲以為廟。以鄉先生俎豆之地，而雜叢祠，不明祀事，孰若改建書院之為兩得乎？揆諸義而安，稽于衆而協，遂遷其所置像于他廟，而專奉王公木主于其中。因其棟宇，葺而新之，復拓其地二畝，門堂齋舍，規制咸具。遂延名師主講席，負笈之士接踵而至，邑其有真人才輩出乎？是役也，始于乾隆二十九年六月，閲一月而工竣。經營圖度、出貲助建及捐田備膏火者，均不可没。會開《一統全志》檄下，收載入兹，鑱其實于石，以昭于後云。

下附捐貲捐田人等姓氏，略。

按：乾隆二十九年，昭文知縣康基田創設梅里書院，自為記。康基田，字仲耕，興縣人，以進士來令昭文，曾創設六書院以課士，梅里此其一。仕至河道總督。碑在梅李，已佚。事關邑學，姑録之。

八十九　重修儒學記

八十九　李因培《重修儒學記》

年代：清乾隆三十年（1765）
碑文：

重修儒學記

常熟縣學之始，志據屋梁書宋至和紀年，其前無所考。歷宋元明代有修建，本朝數加繕葺。其後析常熟置昭文，而學則共之，迄今閱數十年，浸以圮壞。邑紳士周爰顧瞻，大懼無以興廢墜，于是矢志殫力，次第修復，廟則大成殿而兩廡、而戟門、欞星門，學則尊經閣、而明倫堂、教諭訓導之署、禮門坊表，欹傾者正之，腐敗者撤材而新之。先時，啓聖祠垣地為居民所占，而明倫堂左右舊有齋舍，皆夫役所盤踞。乃厘舊址，杜民占之私侵，助夫役之金而令遷焉，更葺齋舍，東曰博文，西曰約禮。前臨河，補其甃石之泐者，後環小河就湮，復疏浚之。小大畢舉，其所建畫以經久為務，而工力無所惜，凡用白金四千有奇。前知景州屈成霖獨出金五百為倡，諸紳士以次出貲，自百金至銖兩，悉視其力。始癸未夏，迄甲申秋而工竣。編修邵齊燾徵記于余，余聞之，憬然曰："是可謂急所重矣。夫事不修則廢，天下事之當急者，孰如學校？脱一旦因循顧慮，其後且至于不可修。顧知此者鮮。今邑士大夫不以時絀費鉅，汲汲焉修舉是亟，既堅既飾，不啬經始。此其于本末輕重之間，吾知其識所務矣。"維時常熟令華陽敬華南、昭文令興縣康基田、昭文訓導松江朱傳遠，各捐俸襄事，而凡輸材運甓，執斧操墁之屬，事集而役不煩者，則揀選知縣、舉人屈曾發，原任靖江學訓導曹垌，候選訓導鮑湠，能經紀有條理，例并書。

賜進士出身、資政大夫、禮部右侍郎、提督江蘇學政、加四級李因培撰。

賜進士出身、奉政大夫、兵部武選司員外郎、前翰林院庶吉士、加一級邵齊然書。

乾隆三十年正月甲辰朔，勒石。

按：清乾隆二十八年（1763），邑人屈成霖、蔣因培等重修邑學，李因培撰記，邵齊然書。李因培（1717—1767），字其材，晋寧人。清乾隆十年（1745）進士，曾任江蘇學政，仕至湖北等處巡撫。碑原在邑學明倫堂，現存常熟市碑刻博物館。

九十　清水書屋記

清水書屋記
清水距縣治二十里其民樸遯而淳余既設梅李書院多士講習其地而鄉村僻遠者不及焉
爰仿古者分鄉設學之意計里相度次第舉行而清水呂氏樂予之從事于茲也乃不待勸輸而請
設書屋于其鄉率其族人[illegible]梅李書院以為師生膏火之資嗚呼可謂賢矣嘗考宋世大中祥符
二年應天府民曹誠即楚邱戚同文舊居造舍百五十間聚書千卷博延生徒府奏其事賜額曰應
天書院一時以為盛事今清水呂氏毋乃師其意歟夫清水地不當城府生徒不必衆圖書不必富
齋房堂序不必其華麗也然學無一定之規一[illegible]之植而一旦脯修有資游息有所教授有師其功
顧不鉅哉由是其鄉之人相觀而善士氣日上鄉邦風俗之美可見于今日余既喜呂氏之賢樂與
余同志以底于有成也因記以其鄉額其額且為之記捐輸田畝列于後
賜進士出身文林郎知昭文縣事江南庚辰乙酉科鄉試同考官加三級紀錄五次康基田撰
乾隆三十一年歲在丙戌[illegible]月　穀旦

九十　康基田《清水書屋記》

年代：清乾隆三十一年（1766）

碑文：

清水書屋記

清水港去縣治二十里，其民樸遬而近淳。余既設梅李書院，多士講習其地，而鄉村僻遠者不及焉。爰仿古者分鄉設學之意，計里相度，次第舉行，而清水吕氏樂予之從事于兹也，乃不待勸輸而請設書屋于其鄉，率其族人營堂構，割膏腴，以為師生膏火之資。嗚乎，可謂賢矣。嘗考宋世大中祥符二年，應天府民曹誠即楚邱藏同文舊居，造舍百五十間，聚書千卷，博延生徒。府奏其事，賜額曰應天書院。一時以為盛事。今清水吕氏毋乃師其意歟？夫清水地不當城府，生徒不必衆，圖書不必富，齋房堂序不必賓且麗也。然昔無一瓦之覆，一壟之植，而一旦脯修有資，游息有所，教授有師，其功顧不鉅哉？由是其鄉之人相觀而善，士氣日上，鄉鄰風俗之美，可見于今日。余既喜吕氏之賢，樂與余同志以底于有成也，因即其鄉顔其額，且為之記。捐輸田畝列于後。

賜進士出身、文林郎、知昭文縣事、江南庚辰、乙酉科鄉試同考官、加三級、紀録五次康基田撰。

乾隆三十一年歲在丙戌八月穀旦。

後附捐輸田畝數，略。

按：清乾隆三十一年（1766），昭文知縣康基田創設清水書屋，并自為記。後附列捐置田數。碑原在寨角吕祠，已佚。因關邑學，姑録之。

九十一 正修書院記

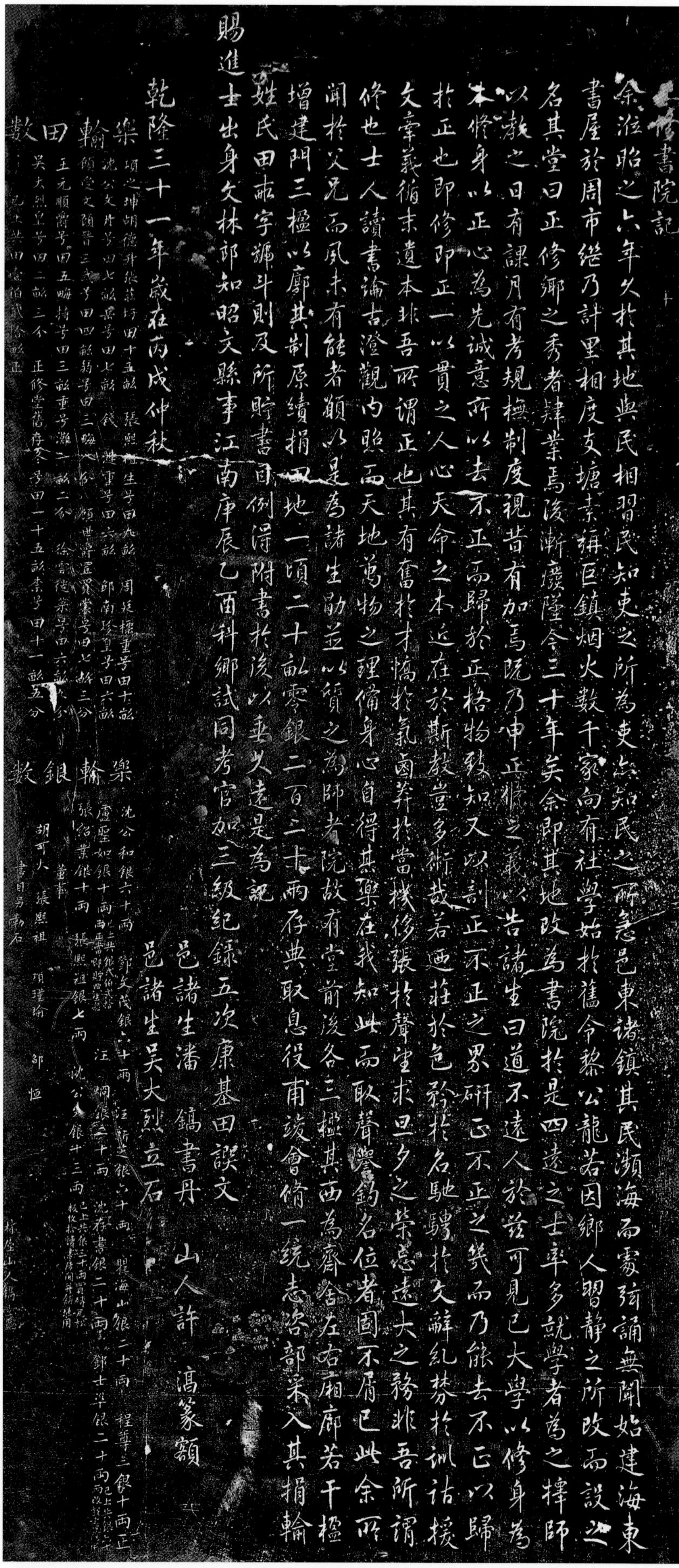
正修書院記
余治昭之六年久於其地與民相習民知吏之所為吏亦知民之所急邑東諸鎮其民瀕海而處弦誦無聞始建海東
書屋於周市繼乃計里相度支塘素稱巨鎮烟火數千家向有社學始於舊令黎公龍若因鄉人習靜之所改而設之
名其堂曰正修鄉之秀者肄業焉後漸廢墜今三十年矣余即其地改為書院於是四遠之士率多就學者為之擇師
以教之日有課月有考規模制度視昔有加焉既乃申正修之義以告諸生曰道不遠人於茲可見已大學以修身為
本修身以正心為先誠意所以去不正而歸於正格物致知又以剖正不正之界研正不正之幾而乃能去不正以歸
於正也即修即正一以貫之人心天命之本近在於斯教豈多術哉若迺莊於色務於名馳騁於文辭紛拏於訓詁擷
文章義循末遺本非吾所謂正也其有奮於才鶩於氣鹵莽於當機侈張於聲望求旦夕之榮忽遠大之務非吾所謂
修也士人讀書論古澄觀內照而天地萬物之理備身心自得其樂在我知此而取聲譽釣名位者固不屑已此余所
聞於父兄而夙未有能者顧以是為諸生勗並以質之為師者院故有堂前後各三楹其西為齋舍左右廂廊若干楹
增建門三楹以廓其制原續捐田地一頃二十畝零銀二百二十七兩存典取息役甫竣會脩一統志咨部采入其捐輸
姓氏田畝字號斗則及所貯書目例得附書於後以垂久遠是為記
賜進士出身文林郎知昭文縣事江南庚辰乙酉科鄉試同考官加三級紀錄五次康基田譔文
邑諸生潘鎬書丹 山人許鴻篆額
乾隆三十一年歲在丙戌仲秋 邑諸生吳大烈立石
樂輸田數
頃之坤胡德升張莊圩田十五畝 張熙祖生号田九畝 周廷標重号田十畝
沈公文丹号田七畝惡号田七畝 錢進重号田六畝 郎南珍皇号田六畝
顧愛文顧晉三哉号田四畝弱号田三畝八分 顧世濟置貿業号田七畝三分
王元順爵号田五畝持号田三畝重号灘二畝二分 徐雲從崇号田六畝
吳大烈皇号田二畝三分 正修堂舊存冬号田一十五畝桼号田十一畝五分
已上共田壹佰貳拾畝正
樂輸銀數
沈公和銀六十兩 鄧文茂銀六十兩 汪新芝銀六十兩 瞿海山銀二十兩 程尊三銀十兩正
盧聖如銀十兩 汪炯銀二十兩 沈存書銀二十兩 鄧士準銀二十兩
張紹業銀十兩 張熙祖銀七兩 沈公銀十三兩
董事 胡可大 張熙祖 項瑾瑜 郤恒
書目另勒石

九十一　康基田《正修書院記》

年代：清乾隆三十一年（1766）

碑文：

正修書院記

余莅昭之六年，久于其地，與民相習，民知吏之所為，吏亦知民之所急。邑東諸鎮，其民瀕海而處，弦誦無聞，始建海東書屋于周市，繼乃計里相度，支塘素稱巨鎮，烟火數千家，向有社學，始于舊令黎公龍若，因鄉人習静之所，改而設之，名其堂曰正修。鄉之秀者肄業焉。後漸廢墜，今三十年矣。余即其地改為書院，于是四遠之士，率多就學者。為之擇師以教之，日有課，月有考，規橅制度，視昔有加焉。既乃申正修之義，以告諸生曰："道不遠人，于兹可見已。大學以修身為本，修身以正心為先。誠意所以去不正而歸于正，格物致知，又以剖正不正之界，研正不正之幾，而乃能去不正以歸于正也。即修即正，一以貫之，人心天命之本，近在于斯，教豈多術哉？若乃莊于色，矜于名，馳騁于文辭，糾棼于訓詁，援文牽義，循末遺本，非吾所謂正也。其有奮于才，憍于氣，鹵莽于當機，侈張于聲望，求旦夕之榮，忘遠大之務，非吾所謂修也。士人讀書論古，澄觀内照，而天地萬物之理，修身心自得其樂，在我知此。而取聲譽、釣名位者，固不屑已。此余所聞于父兄，而夙未有能者，愿以是為諸生勖，并以質之為師者。"院故有堂，前後各三楹，其西為齋舍，左右厢廊若干楹。增建門三楹，以廓其制。原續捐田地一頃二十畝零，銀二百二十兩，存典取息。役甫竣，會修《一統志》，咨部采入。其捐輸姓氏、田畝字號斗則及所貯書目，例得附書于後，以垂久遠。是為記。

賜進士出身、文林郎、知昭文縣事、江南庚辰、乙酉科鄉試同考官、加三級、紀録五次康基田撰文。

乾隆三十一年歲在丙戌仲秋。

邑諸生潘鎬書丹，山人許淳篆額，邑諸生吴大烈立石。

樂輸田數：

項之珅、胡德升張莊圩田十五畝；張熙祖生号田九畝；周廷標重号田十畝；沈公文舟号田七畝，岳号田七畝；錢漣重号田六畝；邹南珍皇号田六畝；顧受文、顧晋三武号田四畝、弱号田三畝八分；顧世爵置買裳号田七畝三分；王元順爵号田五畝、持号田三畝、重号灘二畝二分；徐雲從菜号田六畝九分；吴大烈皇号田二畝三分。正修堂舊存冬号田一十五畝、柰号田十一畝五分。已上共田壹伯貳拾畝正。

樂輸銀數：

沈公和銀六十兩；鄧文茂銀六十兩；汪新芝銀六十兩；瞿海山銀二十兩；程尊三銀十兩正；盧聖如銀十兩；已上共銀貳伯貳拾兩正，當即貯典生息。汪炯銀二十兩；沈存書銀二十兩；鄧士準銀二十兩；已上共銀六十兩，改設書院用。張紹業銀十兩；張熙祖銀七兩；沈公文銀十三兩；已上共銀三十兩，買磚瓦松板，收拾讀書房間并鋪地用。

董事：

胡可大、張熙祖、項瑾瑜、邹恒。

書目另勒石。

标屋山人鐫字。

按：清乾隆三十一年（1766），昭文知縣康基田重修正修書院，并自為記，邑人潘鎬書。後附樂捐田數銀數。碑原在支塘正修書院，因關邑學，姑録之。現存常熟市支塘鎮王淦昌中學内。

九十二　智林社學記

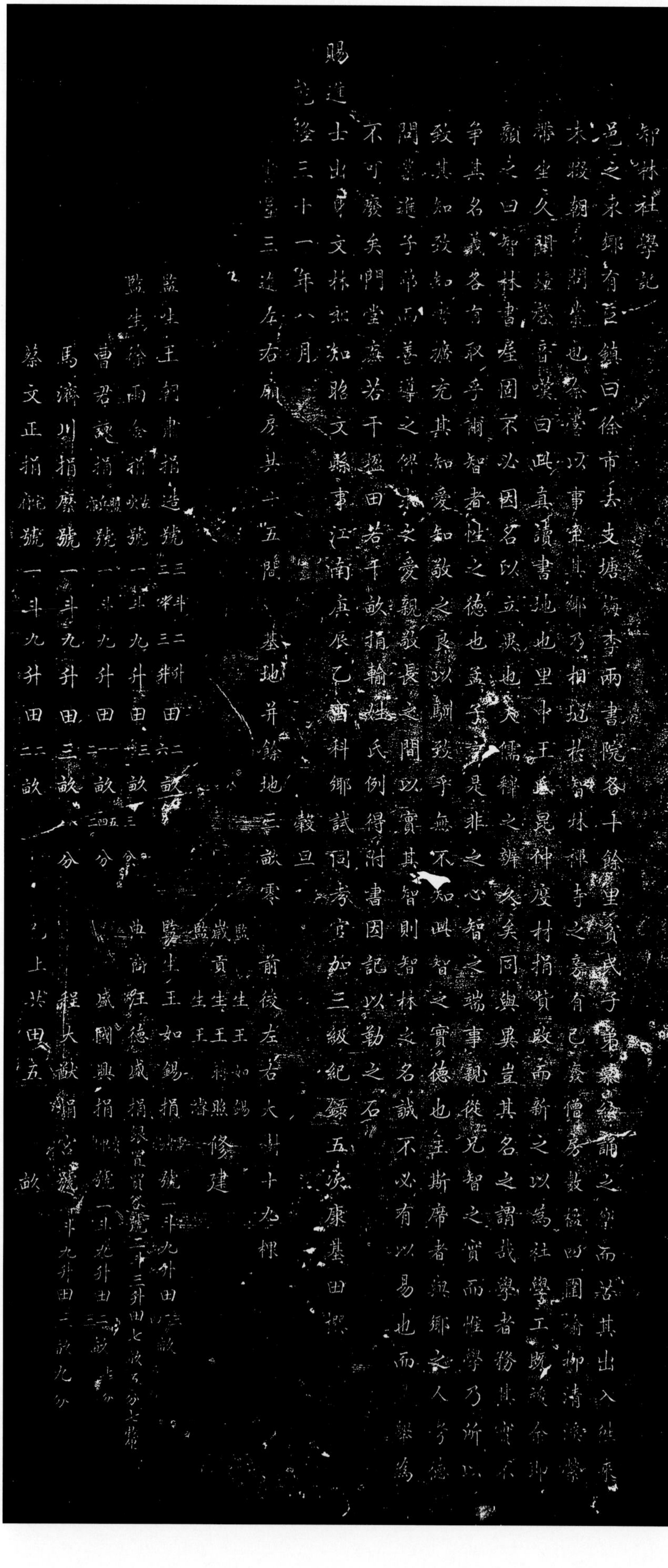

九十二　康基田《智林社學記》

年代：清乾隆三十一年（1766）

碑文：

智林社學記

邑之東鄉有巨鎮曰徐市，去支塘、梅李兩書院各十餘里。貧民子弟慕弦誦之樂，而苦其出入往來，未暇朝夕問業也。余嘗以事至其鄉，乃相地于智林禪寺之旁，有已廢僧房數楹，四圍榆柳，清溪縈帶。坐久聞鐘磬音，嘆曰："此真讀書地也。"里中王氏昆仲度材捐貲，改而新之，以為社學。工既竣，余即顔之曰智林書屋。固不必因名以立异也夫。儒釋之辨久矣，同與异，豈其名之謂哉？學者務其實，不争其名義各有取乎爾。智者，性之德也。孟子言，是非之心，智之端；事親從兄，智之實；而惟學乃所以致其知。致知者，擴充其知愛知敬之良，以馴致乎無不知。此智之實德也。主斯席者與鄉之人考德問業，進子弟而善導之，俾求之愛親敬長之間，以實其智。則智林之名誠不必有以易也。而是舉為不可廢矣。門堂廡若干楹、田若干畝。捐輸姓氏，例得附書，因記以勒之石。

賜進士出身、文林郎、知昭文縣事、江南庚辰、乙酉科鄉試同考官、加三級、紀録五次康基田撰。

乾隆三十一年八月穀旦。

後附學田畝數及捐輸姓氏，略。

按：清乾隆三十一年（1766），昭文知縣康基田創設，并自為記。後附捐輸姓氏。碑原在智林書院舊址，因關邑學，姑録之。碑殘，現存常熟市董浜鎮徐市中心小學内。

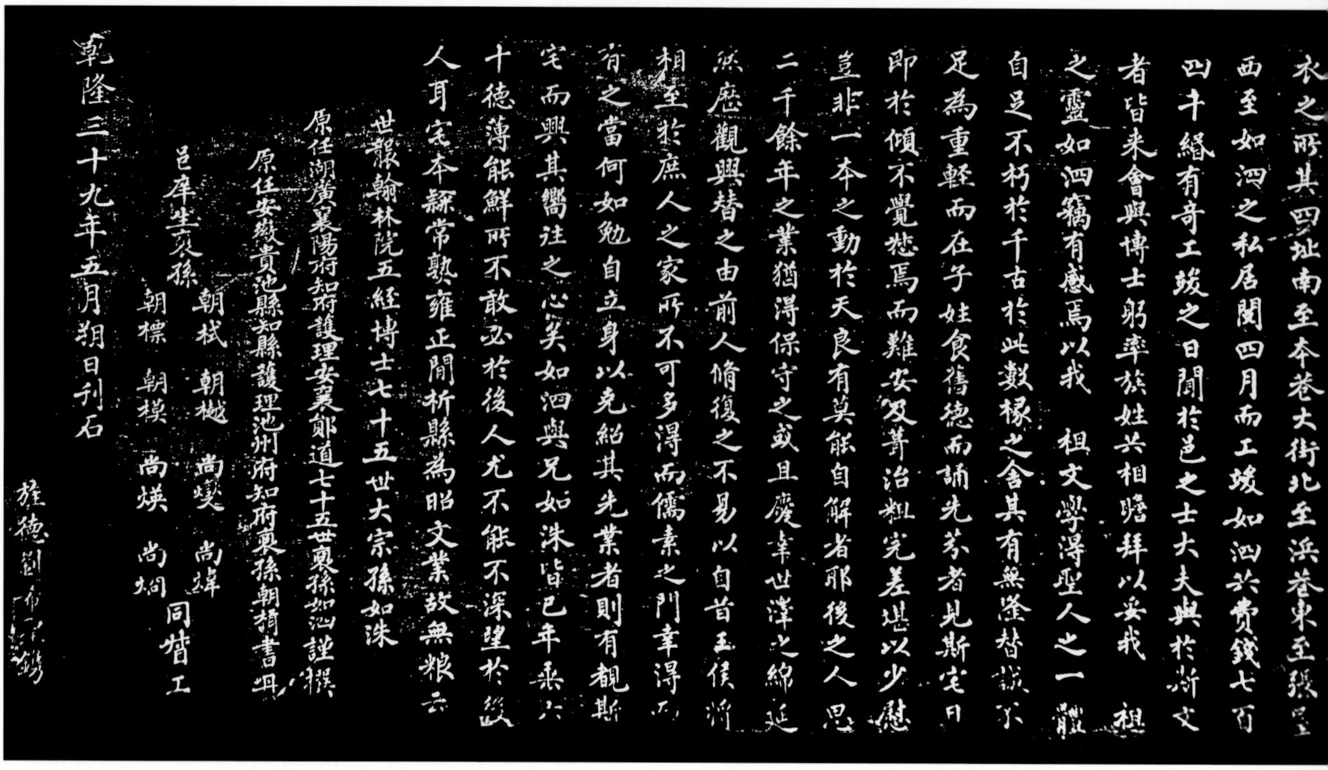

九十三　重修始祖先賢言子故宅記

年代：清乾隆三十九年（1774）

碑文：

重修始祖先賢言子故宅記

自昔王侯將相以至于庶人之家，其第宅鮮久而弗替者。惟至聖先師德侔天地，是以曲阜之宅，至今猶存。及門如顔閔諸賢，亦得附至德之光以垂不朽。至我祖于聖門獨為吴人，常熟實鍾靈之地，坊巷猶昔，俗稱東西子游巷。東巷中有宅，即舊宅也。宅中有墨井，志乘可考。《易》云：改邑不改井。矧邑之不改者乎？是宅世代相守，委弃于明末。雍正間，先博士緊園公始克復之，衍聖公孔傳鐸、邑人陳祖範并有記。歷年既遠，棟宇撓折。如泗鳩工葺治，與兄如洙相度經營，易朽以新，補其缺略，廓大門，建儀門三楹；復于廟前恭立今上皇帝御書扁額，與廟中舊奉聖祖仁皇帝賜額先後輝映。天章雲漢，照耀海隅。廟故有樓三楹，增飾户牖，以寶藏欽賜墨迹并歷蒙欽賜博士書籍，敬謹什襲，名曰寶翰樓。廟之東有屋四重，每重皆三楹，前重為祠，旁出入便門；次重則舊所名鴛鴦廳者，專奉先博士緊園公神主，以先封君馭平府君為配享，皆有功祖業者也；又次重為樓，奉歷世大宗神主及子孫之膺封贈有職者，他不得濫列焉。鴛鴦廳之後，即舊井，浚之，甃磚壘石，并構亭于井南，為瞻謁者憩止之地。樓之後重為故宅後門。廟之西

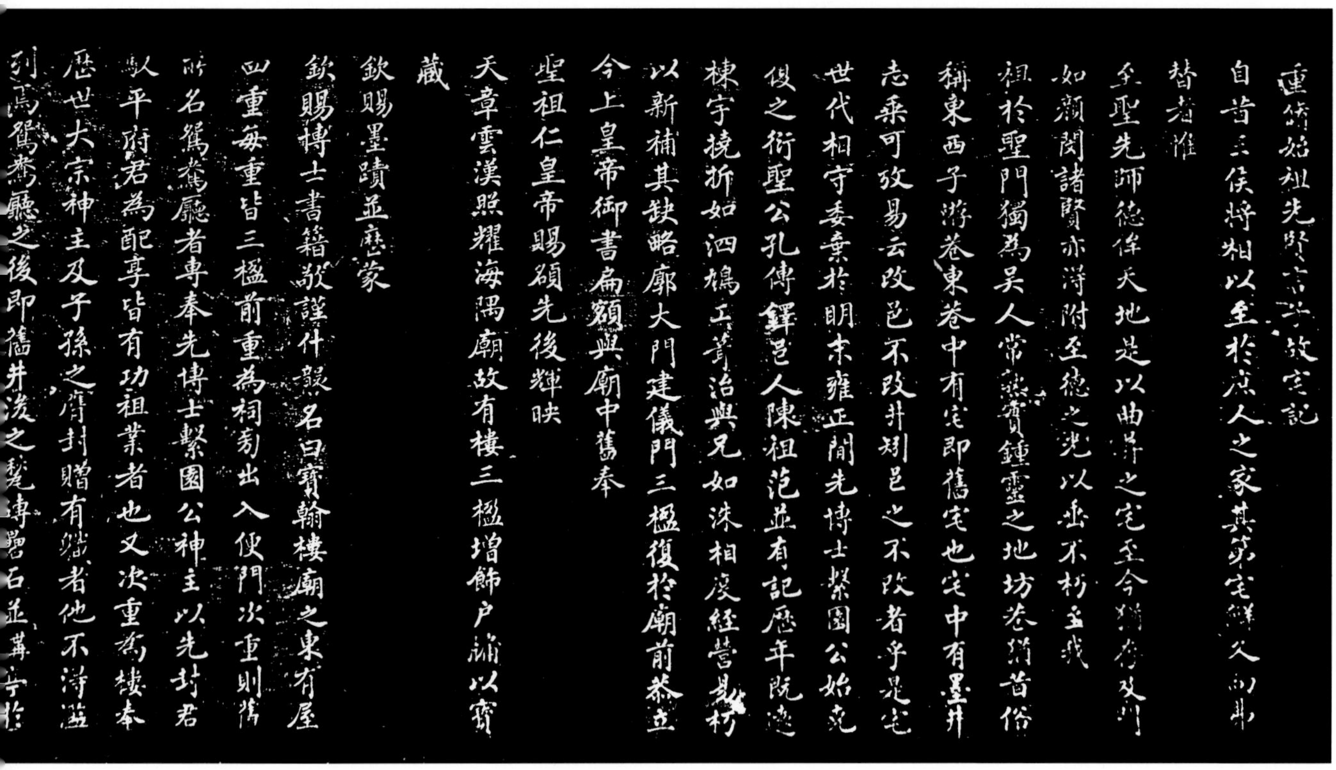

九十三　重修始祖先賢言子故宅記

亦有屋二重，每重亦皆三楹，爲祭祀時齋宿更衣之所。其四址：南至本巷大街，北至浜巷，東至張屋，西至如泗之私居。閲四月而工竣，如泗共費錢七百四十緡有奇。工竣之日，聞于邑之士大夫與于斯文者皆來會，與博士躬率族姓，共相瞻拜，以妥我祖之靈。

如泗竊有感焉，以我祖文學得聖人之一體，自足不朽于千古。于此數椽之舍，其有無隆替，誠不足爲重輕，而在子姓食舊德而誦先芬者，見斯宅日即于傾，不覺愵焉而難安。及葺治粗完，差堪以少慰，豈非一本之動于天良，有莫能自解者耶？後之人思二千逾年之業，猶得保守之，或且慶幸世澤之綿延。然歴觀興替之由，前人修復之不易，以自昔王侯將相至于庶人之家，所不可多得，而儒素之門幸得而有之，當何如勉自立身，以克紹其先業者，則有睹斯宅而興其嚮往之心矣。如泗與兄如洙皆已年垂六十，德薄能鮮，所不敢必于後人，尤不能不深望于後人耳。宅本隸常熟，雍正間析縣為昭文，業故無糧云。

世襲翰林院五經博士、七十五世大宗孫如洙，原任湖廣襄陽府知府、護理安襄鄖道、七十五世裔孫如泗謹撰。

原任安徽貴池縣知縣、護理池州府知府、裔孫朝楫書丹。

邑庠生裔孫朝栻、朝樾、朝標、朝模、尚燮、尚煒、尚焕、尚炯同督工。

乾隆三十九年五月朔日刊石，旌德劉希聖鐫字。

按：碑原在言子舊宅内，因關邑學，姑録之。

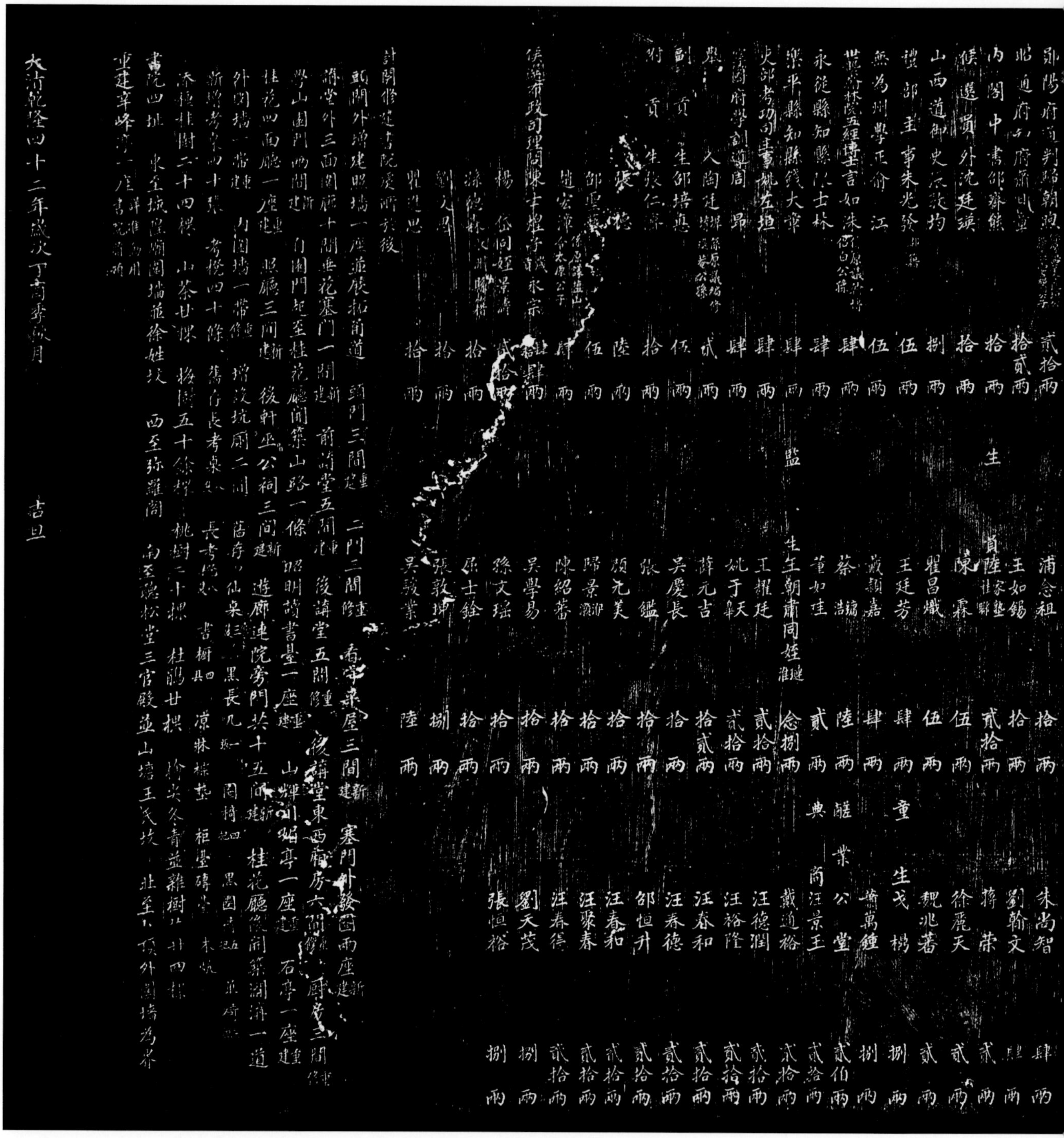

九十四　公建及重修游文書院原議

年代：清乾隆四十二年（1777）

碑文：

康熙六十一年庚子，合邑紳士公建游文書院原議

立公同文契。常熟紳士言侶白、陶退庵、汪隱湖、蔣復軒、蘇幼清、謝日三、翁秋允等，

九十四　公建及重修游文書院原議

为有讀書里山房一所，向係前任道憲劉用價置買公館。劉去任後，令嗣劉素中将産变賣，料理未完。邑中紳士思此地原係名迹，應為士子會文之所，衆襄義舉，前後契買，共價壹千貳伯貳拾兩正。但屋雖公置，修葺無資，目前已就傾頹。使産業非有專歸，日久漸成瓦礫。幸遇道憲楊公祖欲于政事之暇，課士會文，而未有勝地。因公懇楊公祖捐俸伍伯兩，目前為房屋起造之費，日後為會課供給之資，誠為一舉兩得。在原主劉既經絶賣，在邑中紳士前出屋價，本係公捐。此時自須公議，使名迹課士，各有攸賴，永永各無异言。欲後有憑，因立公同文契，為照。

計開：

一康熙五十九年，劉素中契賣原置讀書里山地自造房屋，并原置躡雲堂屋一，總得價銀壹千兩正，印契常字二伯五十一號。

一找絶契銀壹伯伍拾兩正，印契常字二百五十二號。

一契買讀書臺後山地一塊，價銀叁拾兩正。

一另契買房屋五間，價銀肆拾兩正。印契常字二百五十三號。

一讀書臺下頭門甬道基地一塊，山塘王氏義捐，立有議據。

康熙六十一年二月　日立公同文契。

言侶白，諱德堅，世襲翰林院五經博士；陶退庵，諱貞一，康熙壬辰進士，編修；汪隱湖，諱應銓，康熙戊戌殿元；蔣復軒，諱泂，康熙癸巳進士，屯田侍郎；蘇幼清，諱本潔，康熙癸巳舉人，興化守；謝日三，諱晋，雍正丙午舉人，碭山教諭；翁秋元，諱是平，刑部員外；陶稺中，諱正靖，雍正庚戌進士，太常正卿；趙太原，諱嗣孝，保舉教習，鹽山知縣；沈道周，諱宗鎬，舉人；孫二酉，諱爵昌，贈宗人府主事；席成叔，諱襄，浙江鹽運副使；王含章，諱元勛，生員；邱寶文，諱芳，生員；張九如。

雍正六年，道憲朗山楊公重修書院交代紳士原議：

立交托文契。原任蘇松道楊朗山為有虞山讀書里躡雲堂書屋，原係合邑紳袍公置，為士子會文肄業之所。後因修葺無力，日就傾圮，以致課業曠廢。朗山捐俸伍伯兩，逐一修理，復集肄業。各紳袍立有公同議單一紙為據。今朗山以丁艱赴都，將屋托與陶退庵、汪隱湖、謝日三、邱寶文等收管，并屋中家伙開單交割。嗣後惟期兩邑士子以時會課，庶不負紳袍公置及朗山捐修之意。倘或日久傾圮，不能修理，所費另為設法。緣鞭長不及，理應交托，俾事有專司，以杜覬覦侵占之弊。立此交托，永遠存照。

計開，同前原議。

雍正六年四月　日，立交托文契，楊朗山，諱本植，旗籍。

承托：陶退庵、汪隱湖、歸既垣，諱鴻，康熙癸未進士，西華知縣、言侶白、嚴逸園，諱鎏，教習，知縣，晋封按察使、趙協公，諱貴斯，雍正癸卯舉人；謝日三、趙太原、屈傳野，諱成霖，乾隆丙辰進士，景州牧、沈道周、孫二酉、王美中，諱畢登，康熙庚子舉人、邱寶文、張惟賢，諱朝宰，州佐、邱麗中，諱煜，生員。

計開，修建書院，除動支乾隆四十年分闔邑公捐施粥餘剩通足錢肆伯叁拾陸千伍伯叁拾文，又銀壹伯兩外，所有各紳士樂輸錢銀數目開後：

許州直隸州知州蔣果，係原議侍郎復軒公姪，東撫履軒公子，叁伯兩，此項係銀；四川布政使錢鋆，叁伯兩；襄陽府知府言如泗，係原議翰博侶白公從孫，叁伯兩；臺灣府知府蔣元樞，係原議侍郎復軒公姪，大學士文恪公子，貳伯兩，此項係銀；畢節縣知縣、候選州佐屈曾、曉發，係原議景州牧傳野公子，壹伯兩；户部員外席紹榮，係原議浙江鹽運副使成叔公子，伍拾兩；封廣順州知州席永世，肆拾兩；莄州知州孫嗣孝，捐峰石一座，價值叁拾貳兩；杭州府知府邵齊然，叁拾兩，此項係銀；倉場户部侍郎蔣賜棨，係原議侍郎復軒公姪，大學士文恪公子，叁拾兩；内閣中書吴敬，叁拾兩；鄖陽府通判歸朝煦，係原議西華令既垣公從孫，工部尚書昭簡公子，貳拾兩；昭通府知府蕭日章，拾貳兩；内閣中書邵齊熊，拾兩；候選員外沈廷瑛，拾兩；山西道御史張敦均，捌兩；禮部主事朱光發，邵籍，伍兩；無為州學正俞江，伍兩；世襲翰林院五經博士言如洙，係原義翰博侶白公孫，肆兩；永從縣知縣陳士林，肆兩；樂平縣知縣錢大章，肆兩；吏部考功司主事姚左垣，肆兩；寧國府學訓導周昂，肆兩；舉人陶廷墀、堉，係原議編修退庵公孫，貳兩；副貢生邵培悳，伍兩；附貢生張仁濟，拾兩；張德，陸兩；邵聖藝，伍兩；趙宏漳，係原議鹽山令太原公子，肆兩；候選布政司理問陳士煌子，歲貢，永宗，肆拾肆兩；

楊岱同姪景濤，貳拾兩；孫德森，長洲縣籍，拾兩；劉文思，拾兩；瞿進思，拾兩；張敦圻，捌兩；衛桂輪，肆兩；候選布政司經歷吴東潮，拾伍兩；候選州同陸寅，拾貳兩；龐濤，拾兩；方瑚，拾兩；職員顧德銈同姪景灝，肆拾兩；嚴朝鼎同姪祖蟾，貳拾兩；衛濂，捌兩；貢生趙德芝，捐錢拾兩，又捐田計價乙百貳拾兩，内徐載庚貳拾兩；錢鏞，拾兩；浦念祖，拾兩；王如錫，拾兩；生員陸家塾、桂聯，貳拾兩；陳霖，伍兩；瞿昌熾，伍兩；王廷芳，肆兩；戴穎嘉，肆兩；蔡鏞、浩，陸兩；董如珪，貳兩；監生王朝肅同姪璉、淮，念捌兩；王耀廷，貳拾兩；姚于天、皋，貳拾兩；薛元吉，拾貳兩；吴慶長，拾兩；張鑒，拾兩；顔元美，拾兩；歸景沪、灝，拾兩；陳紹蕃，拾兩；吴學易，拾兩；孫文瑶，拾兩；屈士銓，拾兩；張敦坤，捌兩；吴駿業，陸兩；潘廷林，陸兩；吴上林，陸兩；張燮，伍兩；王言，伍兩；錢允福，伍兩；陳雲，伍兩；趙祖培，伍兩；趙承基，伍兩；柏濟，肆兩；沈濟，肆兩；瞿德城，肆兩；朱尚智，肆兩；劉翰文，肆兩；蔣荣，貳兩；徐麗天，貳兩；魏兆蕃，貳兩；童生戈棉，捌兩；蕭萬鍾，捌兩；鹺業公堂，貳伯兩；典商汪景玉，貳拾兩；戴通裕，貳拾兩；汪德潤，貳拾兩；汪裕隆，貳拾兩；汪春和，貳拾兩；汪春德，貳拾兩；邵恒升，貳拾兩；汪春和，貳拾兩；汪聚春，貳拾兩；汪春得，貳拾兩；劉天茂，捌兩；張恒裕，捌兩。

計開，修建書院處所于後：

頭門外增照墙一座，并展拓甬道；頭門三間，重建；二門三間，重修；看守平屋三間，新建；塞門外發圈兩座，新建；講堂外三面圍廊十間、垂花塞門一間，新建；前講堂五間，重建；後講堂五間，重修；後講堂東西廂房六間，重修；厨房三間，重修；學山園門兩間，新建；自園門起至桂花廳間築山路一條；昭明讀書臺一座，重建；山輝川媚亭一座，重建；石亭一座，重建；桂花四面廳一座，重建；照廳三間，新建；後軒巫公祠三間，新建；游廊連院旁門共十五間，新建；桂花廳後開築澗溝一道；外圍墻一帶，重建；内圍墻一帶，重修；增設坑廁二間；舊存四仙桌，三隻；黑長几，一張；圈椅，四把；黑圈椅，五把；单椅，三把；新增考桌四十張；考凳四十條；舊存長考桌，八隻；長考凳，八隻；書櫥，四具；凉床棕墊；柜臺磚臺；木炕；添種桂樹二十四棵；山茶廿棵；梅樹五十餘棵；桃樹二十棵；杜鵑廿棵；檜尖冬青并雜樹共廿四棵。

書院四址：東至城隍廟圍墻并徐姓墳；西至弥羅閣；南至聽松堂、三官殿并山塘王氏墳；北至山頂外圍墻為界。

重建辛峰亭一座，詳准動用書院捐項。

大清乾隆四十二年歲次丁酉季秋月吉旦。

按：清康熙末，邑人陶貞一等出資購買虞山南麓地，建為書院。乾隆四十年（1775），重修書院，因立石。刻有康熙六十年（1721）議購糧道劉殿邦所置公館文契、雍正六年（1728）修葺躡雲書屋議據等。碑現在游文書院，因關邑學，姑録之。

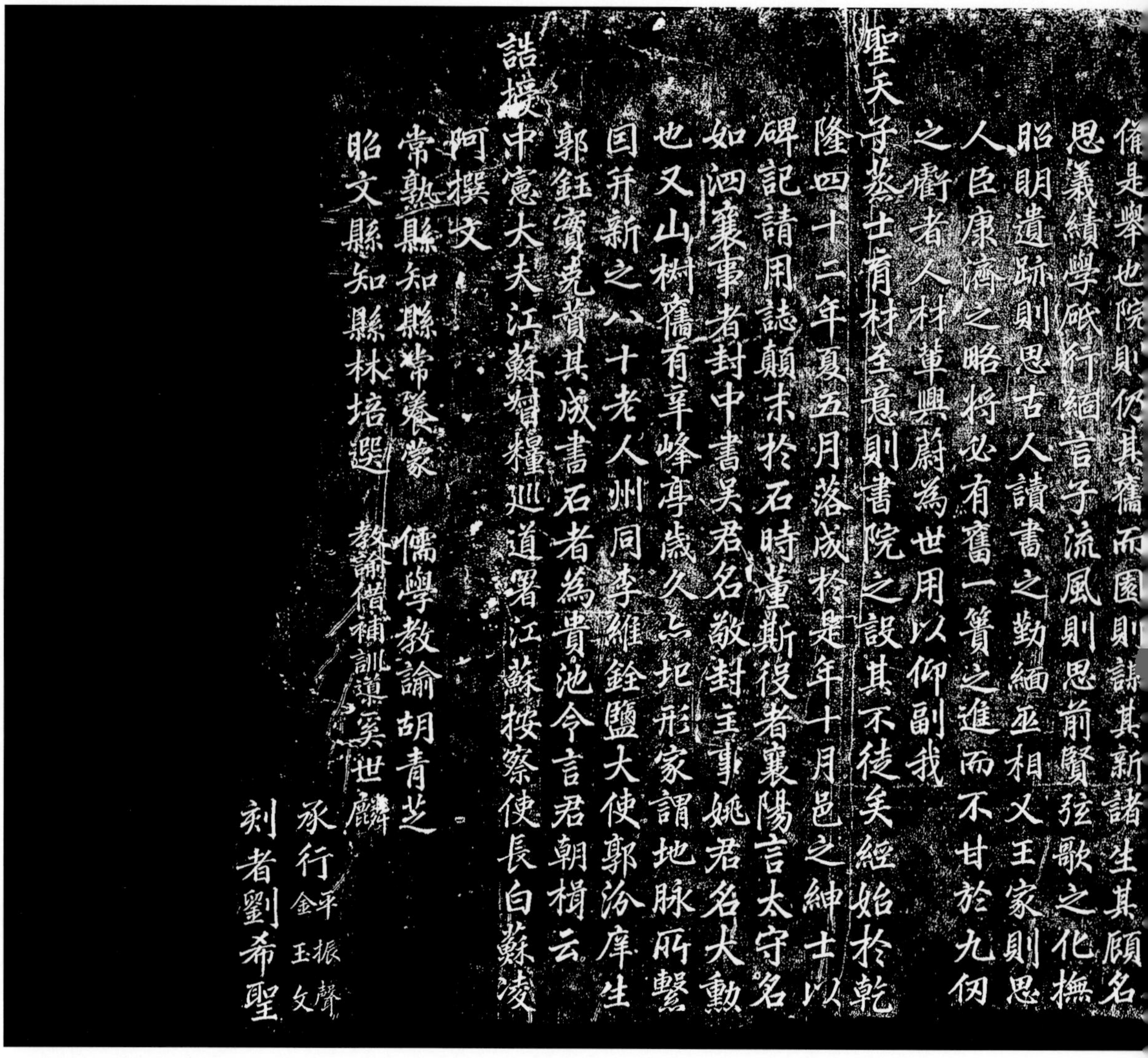

九十五　蘇淩阿《重修石梅游文書院碑記》

年代：清乾隆四十二年（1777）

碑文：

重修石梅游文書院碑記

虞山在江南諸山中最秀，其北麓有游文書院在焉。盖取《漢書》所謂“游文六經之中”，而又合于邑先賢子游子之文學，此前人命名之義所由來也。溯自國朝康熙庚子，邑紳言翰博諱德堅、陶編修諱貞一諸人醵金購址，請于前觀察朗山楊公，爰創規模。嗣是撥田規畫，為師生膏火。數十年來，鴻儒碩彦，多出其中，是虞山固毓材地，而書院又儲材藪也。顧歲久弗葺，將就頽圮。

余莅兹土，嘗試士于其中，見敝陋殊甚，方與兩邑宰謀所以繕治之。適邑之紳士咸請曰：“有昔歲捐賑餘資在，可辦也，不足則愿以私財益之。”余嘉此邦士大夫之勇于好義，亟白之大吏，得報可，乃筮日庀材，講堂學舍一撤而新之，下至庖湢器皿，罔弗畢具。又慮諸生肄業其中，或無以發舒精神，涵泳機趣也。院之東故有梁昭明太子讀書臺，臺下植老梅數十本；又西偏有堂，堂前古桂數株，盤鬱可愛；後則緣坡北上，松篁掩靄，蒙泉出焉。向為名勝地，游者趾相錯。今則另闢一徑，自讀書臺之右繞出院後，而達于西堂。其南復構三楹，祀商相巫賢父子，名其

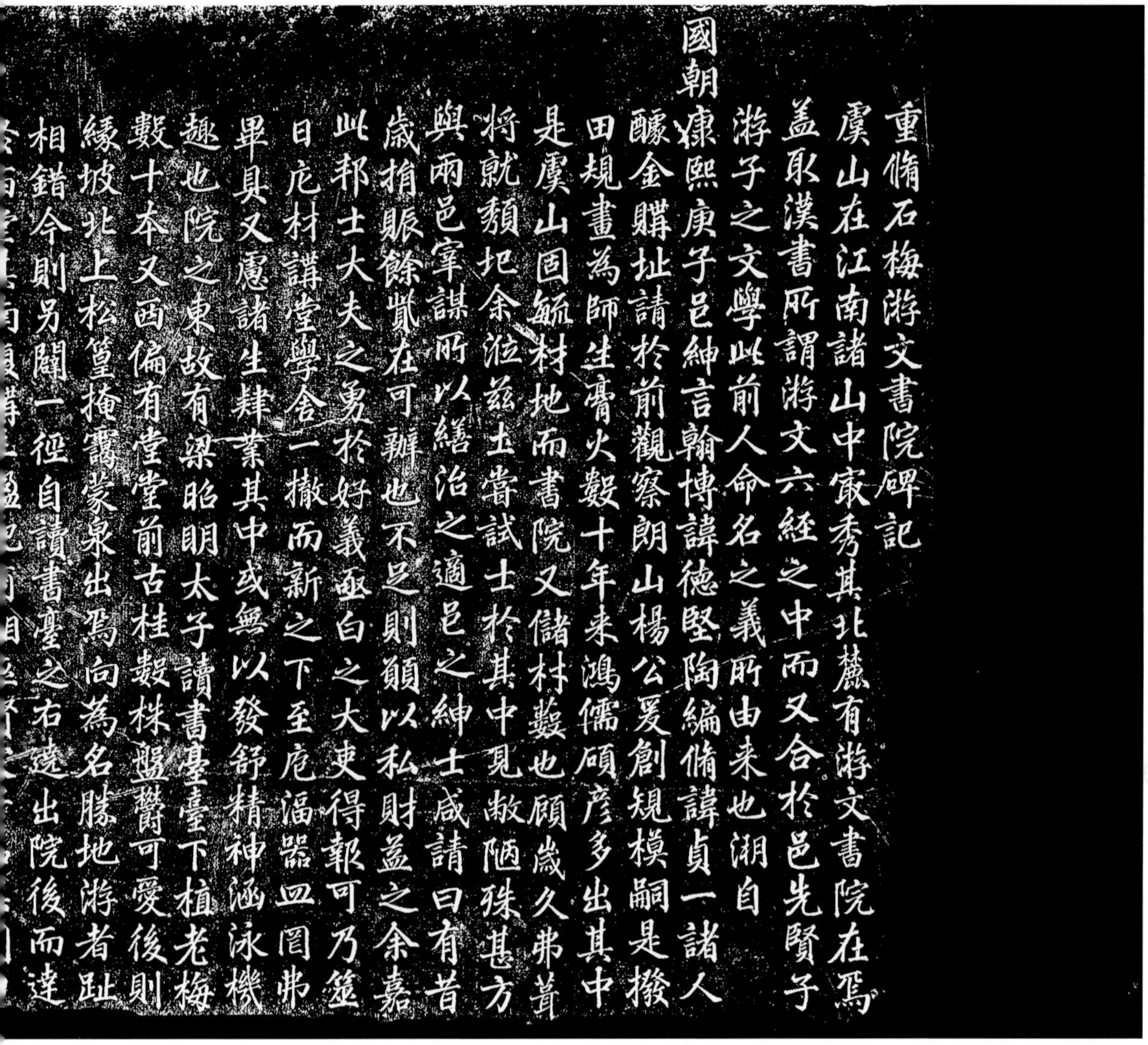
重脩石梅游文書院碑記
虞山在江南諸山中最秀其北麓有游文書院在焉
蓋取漢書所謂游文六經之中而又合於邑先賢子
游子之文學此前人命名之義所由來也溯自
國朝
康熙庚子邑紳言翰博諱德堅陶編脩諱貞一諸人
醵金購址請於前觀察朗山楊公戞創規模嗣是撥
田規畫為師生膏火數十年來鴻儒碩彥多出其中
是虞山固毓材地而書院又儲材藪也顧歲久弗葺
將就頹圮余涖茲土嘗試士於其中見敝陋殊甚方
與兩邑宰謀所以繕治之適邑之紳士咸請曰有昔
歲捐賑餘貲在可辦也不足則願以私財益之余嘉
此邦士大夫之勇於好義亟白之大吏得報可乃筮
日庀材講堂學舍一撤而新之下至庖湢器皿罔弗
畢具又慮諸生肄業其中或無以發舒精神涵泳機
趣也院之東故有梁昭明太子讀書臺臺下植老梅
數十本又西偏有堂堂前古桂數株盤鬱可愛後則
緣坡北上松篁掩靄蒙泉出焉向為名勝地游者趾
相錯今則另闢一徑自讀書臺之右遶出院後而達

園曰學山，俾諸生誦讀之暇，得以蔭茂樹、俯流泉，天機自來，會心不遠，以息游為藏修之助。于是書院之事大備。是舉也，院則仍其舊，而園則謀其新，諸生其顧名思義，績學砥行，緬言子流風則思前賢弦歌之化，撫昭明遺迹則思古人讀書之勤，緬巫相乂王家則思人臣康濟之略，将必有奮一簣之進，而不甘于九仞之虧者。人材輩興，蔚為世用，以仰副我聖天子菁士育才至意，則書院之設，其不徒矣。

經始于乾隆四十二年夏五月，落成于是年十月。邑之紳士以碑記請，用志顛末于石。時董斯役者，襄陽言太守名如泗；襄事者，封中書吴君名敬、封主事姚君名大勛也。又山椒舊有辛峰亭，歲久亦圮，形家謂地脉所繫，因并新之。八十老人州同李維銓、鹽大使郭汾、庠生郭鈺實克贊其成。書石者，為貴池令言君朝楫云。

誥授中憲大夫、江蘇督糧巡道、署江蘇按察使、長白蘇凌阿撰文。

常熟縣知縣常養蒙、昭文縣知縣林培選、儒學教諭胡青芝、儒學借補訓導奚世麟，承行平振聲、金玉文，刻者劉希聖。

按：清乾隆四十二年（1777），邑人言如泗等集資重修游文書院，糧道蘇凌阿撰記，邑人言朝楫書。蘇凌阿（1717 — 1799），正白旗人，仕至東閣大學士，兼署刑部尚書。碑現存游文書院，因關邑學，姑録之。

九十六　學制復舊重新原案

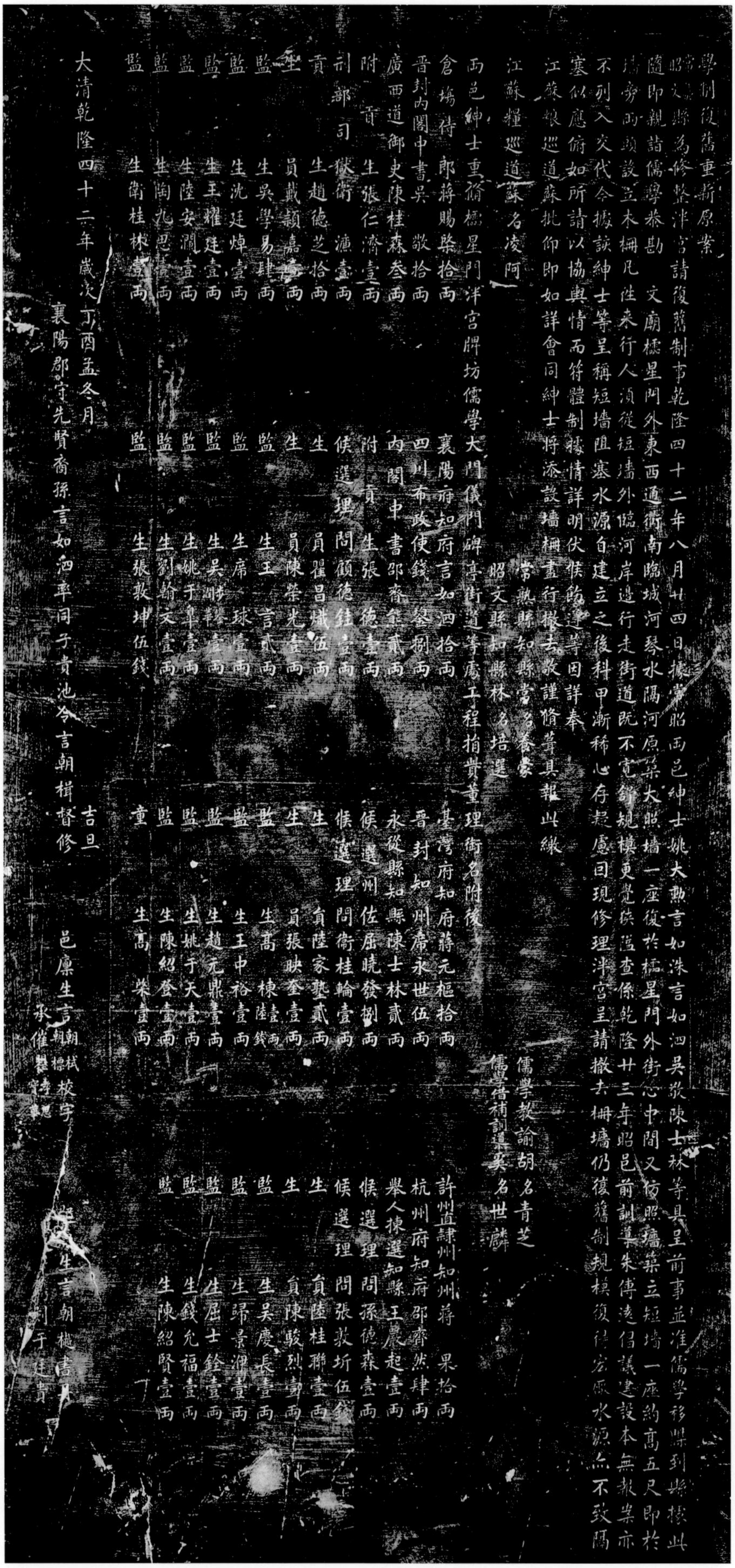

學制復舊重新原案
常昭文縣爲修整泮宮請復舊制事乾隆四十二年八月廿四日據常昭兩邑紳士姚大勲言如洙言如泗吳敬陳士林等具呈前事並准儒學移開到縣據此
隨即親詣儒學恭勘　文廟櫺星門外東西通衢南臨城河琴水隔河原築大照墻一座復於櫺星門外街心中間又倣照墻築立短墻一座約高五尺即於
接旁兩頭設立木栅凡往來行人須從短墻外臨河岸邊行走街道既不寬舒規模更覺狹隘查係乾隆廿三年昭邑前訓導朱傳逵倡議建設本無裁案亦
不列入交代今據該紳士等呈稱短墻阻塞水源自建立之後科甲漸稀心存疑慮因現修理泮宮呈請撤去栅墻仍復舊制規模復得宏厰水源亦不致隔
塞似應俯如所請以協輿情而符體制據情詳明伏候飭遵等因詳奉
江蘇糧巡道蘇批仰即如詳會同紳士將添設墻栅盡行撤去敬謹脩葺具報此繳
江蘇糧巡道蘇名凌阿　常熟縣知縣當名養蒙　儒學教諭胡名青芝
昭文縣知縣林名培選　儒學借補訓導奚名世麟
兩邑紳士重脩櫺星門泮宮牌坊儒學大門儀門碑亭街道等處工程捐貲董理銜名附後
倉場侍郎蔣賜棨拾兩　襄陽府知府言如泗拾兩　臺灣府知府蔣元樞拾兩　許州直隸州知州蔣　果拾兩
晉封內閣中書吳　敬拾兩　四川布政使錢　鋆捌兩　晉封知州席永世伍兩　杭州府知府邵齊然肆兩
廣西道御史陳桂森叁兩　內閣中書邵齊[illegible]貳兩　永從縣知縣陳士林貳兩　舉人揀選知縣王晟起壹兩
附貢生張仁濟壹兩　附貢生張德壹兩　候選州佐屈曉發捌兩　候選理問孫德森壹兩
刑部司獄衛　漉壹兩　候選理問顧德鈺壹兩　候選理問衛桂輪壹兩　候選理問張𡙇圻伍錢
貢生趙德芝拾兩　生員瞿昌熾伍兩　貢生陸家塾貳兩　貢生陸桂聯壹兩
生員戴頴嘉肆兩　生員陳榮光壹兩　生員張映奎壹兩　貢生陳駿烈貳兩
監生吳學易肆兩　監生王　言貳兩　監生高　棟壹兩陸錢　監生吳慶長壹兩
監生沈廷焯壹兩　監生席　球壹兩　監生王中裕壹兩　監生歸景淵壹兩
監生王耀廷壹兩　監生吳[illegible]壹兩　監生趙元鼎壹兩　監生屈士銓壹兩
監生陸安潤壹兩　監生姚于阜壹兩　監生姚于天壹兩　監生錢允福壹兩
監生陶九思壹兩　監生劉翰文壹兩　監生陳紹登壹兩　監生陳紹賢壹兩
監生衛桂林壹兩　監生張敦坤伍錢　童生高　榮壹兩
大清乾隆四十二年歲次丁酉孟冬月　吉旦
襄陽郡守先賢裔孫言如泗率同子貴池令言朝楫督修
邑廩生言朝栻　朝標　校字
承催　瞿孝思　[illegible]
[illegible]生言朝樾書丹
[illegible]刻　于廷貴

九十六　學制復舊重新原案

年代：清乾隆四十二年（1777）
碑文：

學制復舊重新原案

常熟、昭文縣為修整泮宫，請復舊制事：乾隆四十二年八月廿四日，據常昭兩邑紳士姚大勛、言如洙、言如泗、吴敬、陳士林等具呈前事，并准儒學移牒到縣。據此，隨即親詣儒學，恭勘文廟，欞星門外，東西通衢，南臨城河琴水，隔河原築大照墻一座，復于欞星門外街心中間，又仿照墻築立短墻一座，約高五尺。即于墻旁兩頭設立木栅，凡往來行人須從短墻外臨河岸邊行走。街道既不寬舒，規模更覺狹隘。查係乾隆廿三年昭邑前訓導朱傳遠倡議建設。本無報案，亦不列入交代。今據該紳士等呈稱，短墻阻塞水源，自建立之後，科甲漸稀，心存疑慮。因現修理泮宫，呈請撤去栅墻，仍復舊制。規模復得宏敞，水源亦不致隔塞。似應俯如所請，以協輿情而符體制。據情詳明，伏候飭遵等因。詳奉江蘇糧巡道蘇批，仰即如詳，會同紳士，將添設墻栅盡行撤去。敬謹修葺具報。此繳。江蘇糧巡道蘇，名凌阿；常熟縣知縣常，名養蒙；昭文縣知縣林，名培選。儒學教諭胡，名青芝；儒學借補訓導奚，名世麟。

兩邑紳士重修欞星門、泮宫牌坊、儒學大門、儀門、碑亭、街道等處工程捐貲、董理銜名附後：

倉場侍郎蔣賜棨，拾兩；襄陽府知府言如泗，拾兩；臺灣府知府蔣元樞，拾兩；許州直隸州知州蔣果，拾兩；晋封内閣中書吴敬，拾兩；四川布政使錢鋆，捌兩；晋封知州席永世，伍兩；杭州府知府邵齊然，肆兩；廣西道御史陳桂森，叁兩；内閣中書邵齊熊，貳兩；永從縣知縣陳士林，貳兩；舉人揀選知縣王岩起，壹兩；附貢生張仁濟，壹兩；附貢生張德，壹兩；候選州佐屈曉發，捌兩；候選理問孫德森，壹兩；刑部司獄衛濂，壹兩；候選理問顧德銈，壹兩；候選理問衛桂輪，壹兩；候選理問張敦圻，伍錢；貢生趙德芝，拾兩；生員瞿昌熾，伍兩；生員陸家塾，貳兩；生員陸桂聯，壹兩；生員戴穎嘉，壹兩；生員陳榮光，壹兩；生員張映奎，壹兩；生員陳駿烈，壹兩；監生吴學易，肆兩；監生王言，貳兩；監生高棟，壹兩陸錢；監生吴慶長，壹兩；監生沈廷焯，壹兩；監生席球，壹兩；監生王中裕，壹兩；監生歸景泂，壹兩；監生王耀庭，壹兩；監生吴步鑾、潤華，壹兩；監生趙元鼎，壹兩；監生屈士銓，壹兩；監生陸安瀾，壹兩；監生姚于臯，壹兩；監生姚于天，壹兩；監生錢允福，壹兩；監生陶九思，壹兩；監生劉翰文，壹兩；監生陳紹登，壹兩；監生陳紹賢，壹兩；監生衛桂林，壹兩；監生張敦坤，伍錢；童生高棨，壹兩。

大清乾隆四十二年歲次丁酉孟冬月吉旦

襄陽郡守、先賢裔孫言如泗率同子貴池令言朝楫督修，邑廪生言朝栻、朝標校字，郡廪生言朝樾書丹。承催：瞿孝思、瞿寶華。鎸刻：于廷貴。

按：清乾隆四十二年（1777），兩邑士紳具詳上府，重新學宫。并據批復，由言如泗督修完工。言朝樾書。後附捐貲、董理人員姓氏。碑原在邑學戟門内，現存文廟碑廊内。

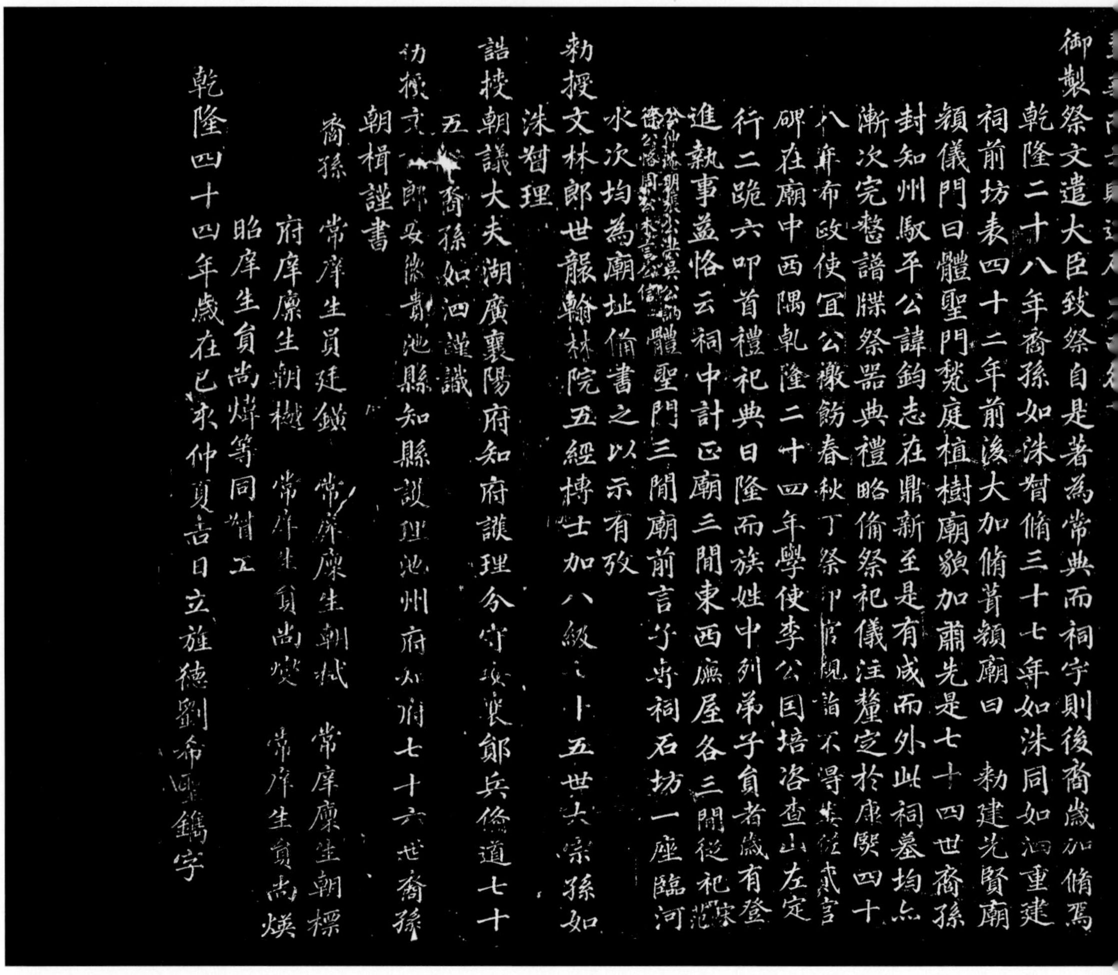

九十七　言如泗《始祖先賢吴國公言子專祠建修記》

年代：清乾隆四十四年（1779）

碑文：

始祖先賢吴國公言子專祠建修記

始祖先賢吴國公誕生常熟，墓在常邑城内虞山北麓，故宅在縣治北之子游東巷，家廟在縣治東街，書院有二：文學書院在道署東書院衖，衖以書院得名也；西城書院在西門内大街岳廟東。蘇州府城之廟舊名學道書院者，則在干將坊巷。而廟之最古者，莫如常熟文廟之東，曰專祠，亦稱小學。吾鄉俗稱文廟為大學，此稱小學以别之。趙宋慶元三年，縣令孫公應時初建于明倫堂東，新安朱子有記，重勒于元，再勒于明，碑在祠之體聖門西。開禧三年，縣令葉公凱修，寶慶間移祠于文廟東。端平二年，縣令王公爚移建文廟後，助祠田四百畝有奇，并建象賢齋于新學西，置田五百二十畝，别設訓導一員，教育言氏諸孫，中書舍人袁甫有碑記。六十一世孫諱福孫公，元至正二十四年任常熟州學象賢齋訓導，現載天台陳基撰《修學碑記》。福孫公次子、前明給事中以實公諱信，即由象賢齋弟子員升擢也。袁舍人《教育碑》本在祠後，今移立文廟大成門西，其田則廢不可考矣。明成化間，巡按御史胡公以祠隘，命蘇州府同知毛公瑄、知縣祝公獻等復移文廟東，别啓祠門，面河臨街。大學士楊公一清有碑記，碑在體聖門東。國朝康熙間，縣令趙公浚重修。康熙四十四年，聖祖南巡，七十三世裔孫廩生繄園公諱德堅恭

九十七　始祖先賢吳國公祠言子專祠建修記

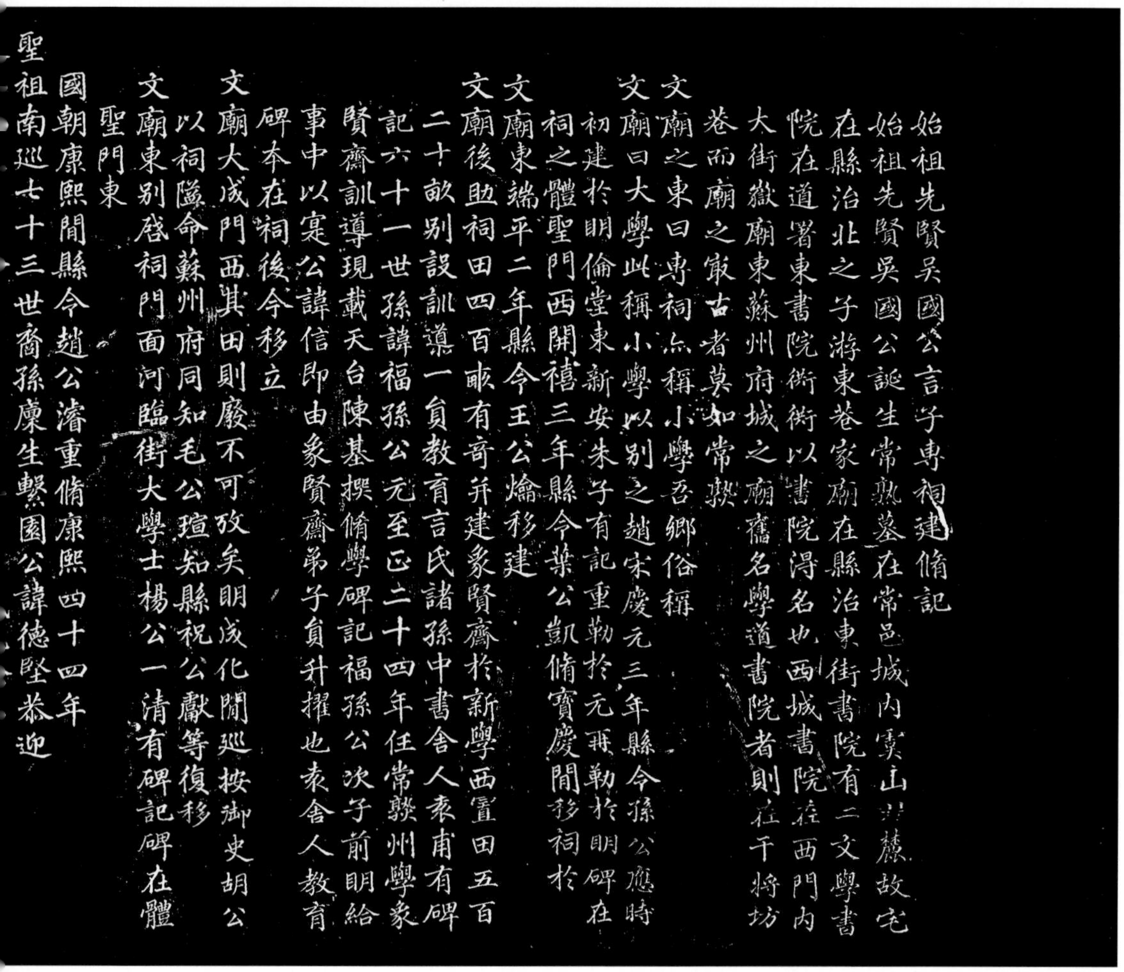
始祖先賢吳國公言子專祠建脩記
始祖先賢吳國公誕生常熟墓在常邑城内虞山[illegible]麓故宅
在縣治北之子游東巷家廟在縣治東街書院有二文學書
院在道署東書院街街以書院得名也西城書院在西門内
大街嶽廟東蘇州府城之廟舊名學道書院者則在干將坊
巷而廟之最古者莫如常熟
文廟之東曰專祠亦稱小學吾鄉俗稱
文廟曰大學此稱小學以別之趙宋慶元三年縣令孫公應時
初建於明倫堂東新安朱子有記重勒於元再勒於明碑在
祠之體聖門西開禧三年縣令葉公凱脩寶慶間移祠於
文廟東端平二年縣令王公爚移建
文廟後助祠田四百畝有奇并建象賢齋於新學西置田五百
二十畝別設訓導一員教育言氏諸孫中書舍人袁甫有碑
記六十一世孫諱福孫公元至正二十四年任常熟州學象
賢齋訓導現載天台陳基撰脩學碑記福孫公次子前明給
事中以寔公諱信即由象賢齋弟子貢升擢也袁舍人教育
碑本在祠後今移立
文廟大成門西其田則廢不可攷矣明成化間巡按御史胡公
以祠隘命蘇州府同知毛公瑄知縣祝公獻等復移
文廟東別啟祠門面河臨街大學士楊公一清有碑記碑在體
聖門東
國朝康熙間縣令趙公濬重脩康熙四十四年
聖祖南巡七十三世裔孫庠生槃園公諱德堅恭迎

迎鑾輅，賜“文開吳會”額懸祠；尋予博士世職。乾隆三年，今皇帝臨雍，賜裔孫生員鍔、如泗二人貢太學。十三年，幸魯，賜裔孫生員春榮貢太學。十六年，翠華南幸，賜“道啓東南”額，御製祭文，遣大臣致祭。自是著為常典。而祠宇則後裔歲加修焉。乾隆二十八年，裔孫如洙督修；三十七年，如洙同如泗重建祠前坊表；四十二年，前後大加修葺，顏廟曰敕建先賢廟，顏儀門曰體聖門，甃庭植樹，廟貌加肅。先是，七十四世裔孫封知州馭平公諱鈞志在鼎新，至是有成，而外此祠墓均亦漸次完整，譜牒祭器典禮略備，祭祀儀注厘定于康熙四十八年，布政使宜公檄飭春秋丁祭，印官親詣，不得委佐貳官。碑在廟中西隅。乾隆二十四年，學使李公因培咨查山左，定行二跪六叩首禮，祀典日隆。而族姓中列弟子員者歲有登進，執事益恪云。

祠中計正廟三間，東西廡屋各三間，從祀宋范公仲淹、明張公洪、吳公訥、徐公恪、周公木、言公信。體聖門三間，廟前言子專祠石坊一座，臨河水次均為廟址，備書之以示有考。

敕授文林郎、世襲翰林院五經博士、加八級、七十五世大宗孫如洙督理。

誥授朝議大夫、湖廣襄陽府知府、護理分守安襄鄖兵備道、七十五世裔孫如泗謹識。

敕授文林郎、安徽貴池縣知縣、護理池州府知府、七十六世裔孫朝楫謹書。

裔孫：常庠生員廷鑕、常庠廩生朝栻、常庠廩生朝標、府庠廩生朝樾、常庠生員尚燮、常庠生員尚煐、昭庠生員尚煒等同督工。

乾隆四十四年歲在己亥仲夏吉日立，旌德劉希聖鐫字。

按：清乾隆四十二年（1777），言如泗等重修言子專祠。四十四年（1779）勒石。言如泗撰，言朝楫書。碑原在言子祠，已佚。

九十八　諭正士習碑

年代：清乾隆四十五年（1780）

碑文：

雍正五年三月二十四日，會試舉人叨荷特恩，合詞陳謝。奉上諭：朕視天下萬民，皆為一體。况讀書鄉薦之人，异日俱可作朕股肱耳目。是以朕心待之，實有一體聯屬之意，愛養培護。即如自厚其身，此皆出于中心之自然，并非欲邀天下士子之感頌也。今舉子等以會試叨荷特恩，合詞陳謝，是尚不能深悉朕一體相關之意，而存上下彼此之形迹矣。朕待天下，惟有一誠，而崇儒重道之心，尤為篤切。但所崇者，皆真儒所重者，皆正道。若徒尚虚文，邀取名譽，致貽世道人心之害，朕不忍為也。爾等讀書之人，實四民之所觀瞻，風俗之所維繫，果能誦法聖賢，

九十八 諭正士習碑

躬修實踐，宅心正直，行已端方，則通籍于朝，必能為國家宣猷樹績，膺棟梁之選。即退處鄉閭，亦必能教孝勸忠，為衆人之坊表。故士習既端而人心尚有不正，風俗尚有不淳者，無是理也。爾等既感朕恩，即當仰體朕心，恪遵朕訓，争自濯磨，或出或處，皆端人正士，為國家所倚賴，如此方為實以報效，不在感恩奏謝之儀文也。欽此。

兩江總督臣薩載、署兩江總督臣陳輝祖、江蘇巡撫臣閔鶚元、江蘇學政臣彭元瑞、江蘇布政使臣瑺齡、江蘇按察使臣塔琦、江蘇糧巡道臣王兆棠、蘇州府知府臣胡觀瀾、常熟縣知縣臣黄元燮、昭文縣知縣臣王錦、署常熟縣教諭臣范學醇。

按：清乾隆四十五年（1780），兩江總督薩載等將雍正帝于雍正五年（1727）會試舉人謝恩摺之批諭勒石，立于各地文廟。碑原在邑學明倫堂，石已半泐，現據《清實録》補入，碑已佚。

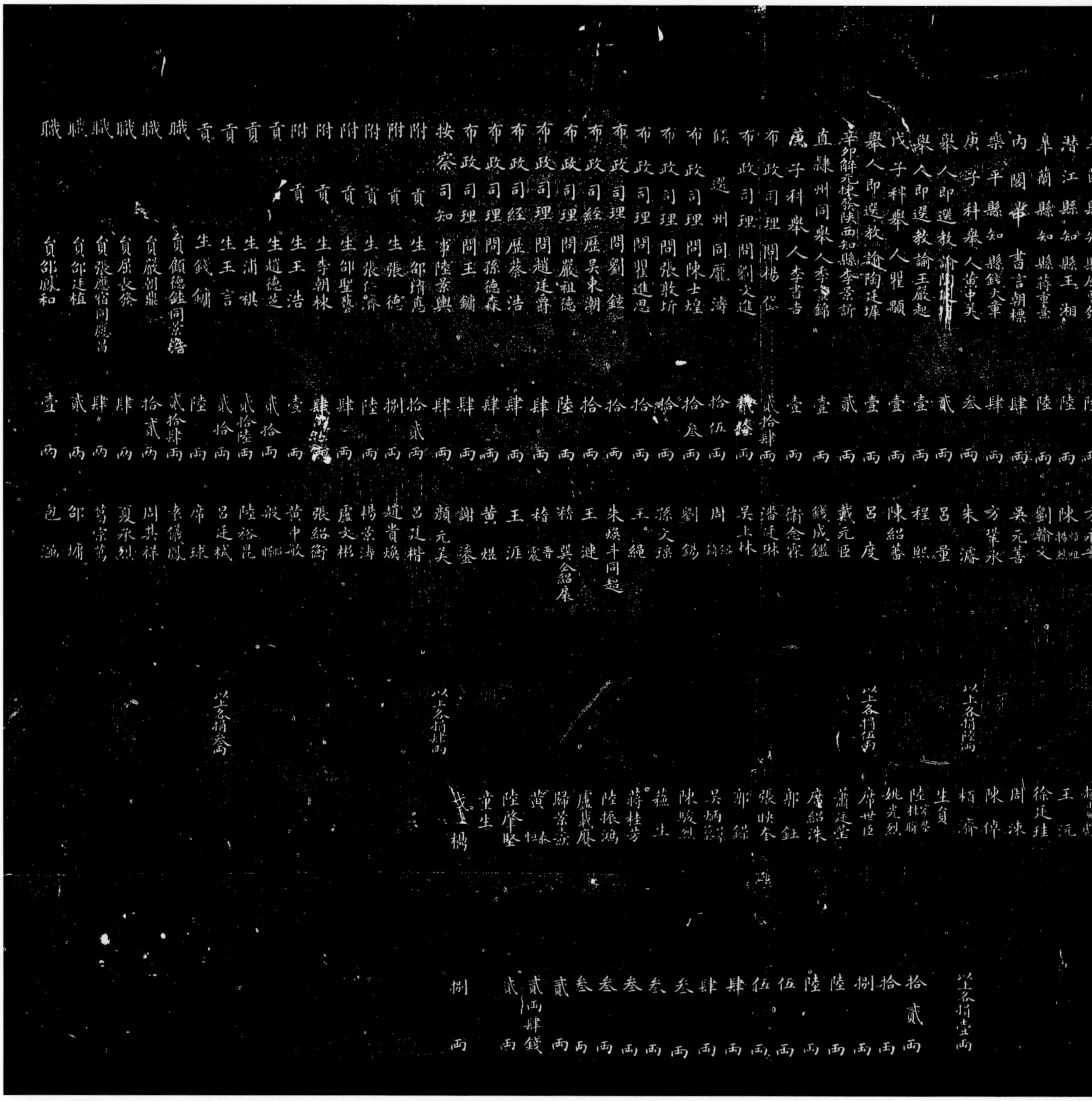

九十九　乾隆辛丑重修儒學記略

年代：清乾隆四十六年（1781）

碑文：

乾隆辛丑重修儒學記略

常熟之學，修建具詳志乘。國朝雍正間，縣析為昭文，中分其城，而學宫仍合。乾隆三十年，合邑大修，計費四千緡有奇。四十二年，學制復舊重新，撤去學前短垣木栅，略為補葺，兩勒貞珉。庚子仲秋，再興工作，經始年餘未竣，迄于辛丑七月，風潮摧拉，敝漏更增。常熟邑侯黄公名

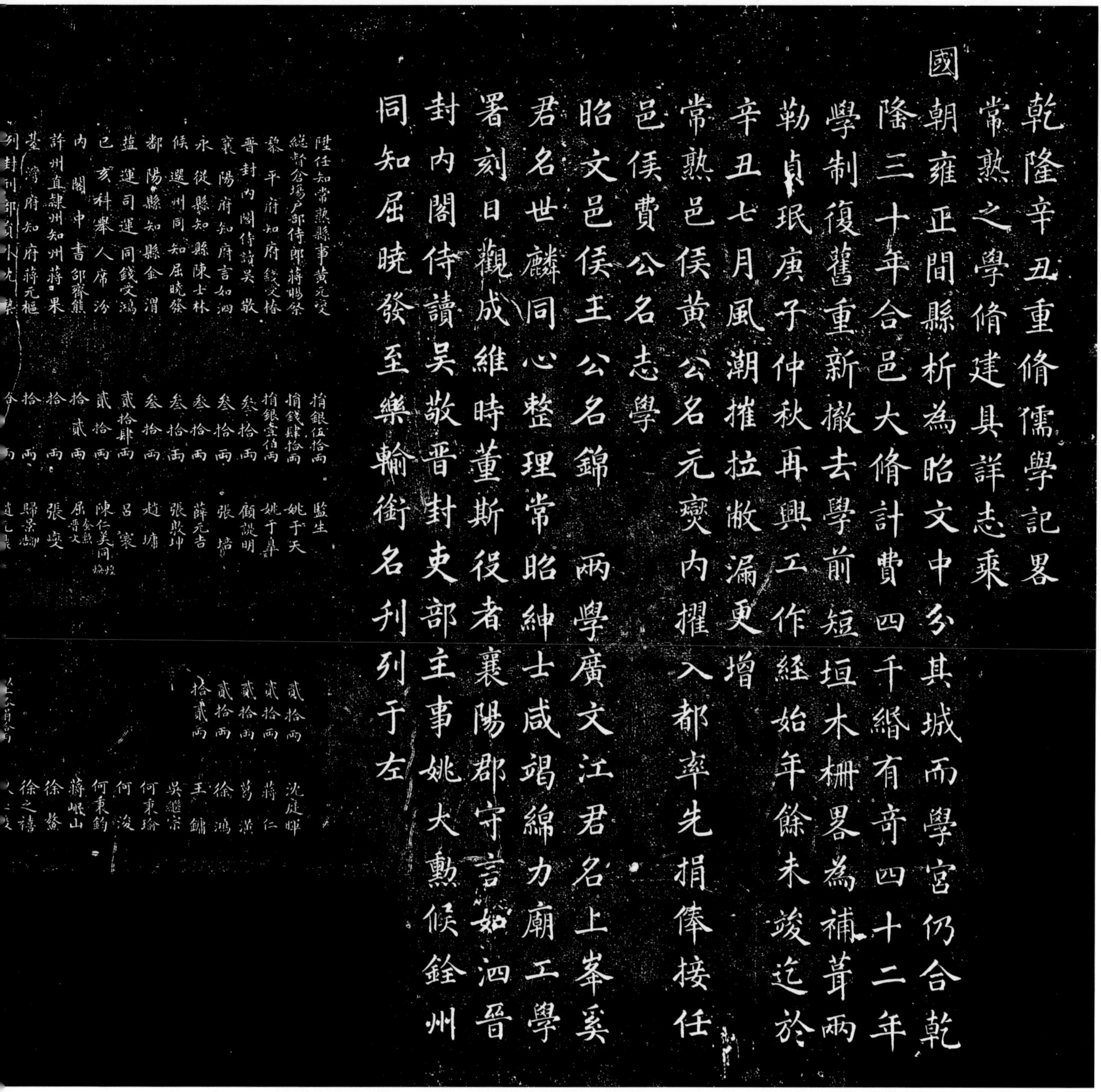
乾隆辛丑重脩儒學記畧
常熟之學脩建具詳志乘
國朝雍正間縣析為昭文中分其城而學宮仍合乾
隆三十年合邑大脩計費四千緡有奇四十二年
學制復舊重新撤去學前短垣木柵畧為補葺兩
勅貞珉庚子仲秋再興工作經始年餘未竣迄於
辛丑七月風潮摧拉滲漏更增
常熟邑侯黄公名元燮內擢入都率先捐俸接任
邑侯費公名志學
昭文邑侯王公名錦　兩學廣文江君名上峯奚
君名世麟同心整理常昭紳士咸竭綿力廟工學
署刻日觀成維時董斯役者襄陽郡守言如泗晉
封內閣侍讀吳敬晉封吏部主事姚大勳候銓州
同知屈曉發至樂輸銜名刊列于左

九十九　乾隆辛丑重修儒學記略

元燮内擢入都，率先捐俸。接任邑侯費公名志學、昭文邑侯王公名錦，兩學廣文江君名上峰，奚君名世麟，同心整理；常昭紳士咸竭綿力，廟工學署刻日觀成。維時董斯役者，襄陽郡守言如泗、晉封内閣侍讀吴敬、晉封吏部主事姚大勛、候銓州同知屈曉發。至樂輸銜名，刊列于左。

陞任知常熟縣事黄元燮，捐銀伍拾兩；総督倉場户部侍郎蔣賜棨，捐錢肆拾兩；黎平府知府錢受椿，捐銀壹伯兩；晉封内閣侍讀吴敬，叁拾兩；襄陽府知府言如泗，叁拾兩；永從縣知縣陳士林，叁拾兩；候選州同知屈曉發，叁拾兩；鄱陽縣知縣金渭，叁拾兩；鹽運使運同錢受鴻，貳拾肆兩；已亥科舉人席汾，貳拾兩；内閣中書邵齊熊，拾貳兩；許州直隸州知州蔣果，拾兩；臺灣府知府蔣元樞，拾兩；例封刑部員外沈槼，拾兩；内閣中書張敦培，拾兩；浦江縣知縣言朝楫，陸兩；河東曹儀通判歸朝煦，陸兩；無為州學正俞江同進士廷栢，拾兩；畢節縣知縣屈曾發，陸兩；

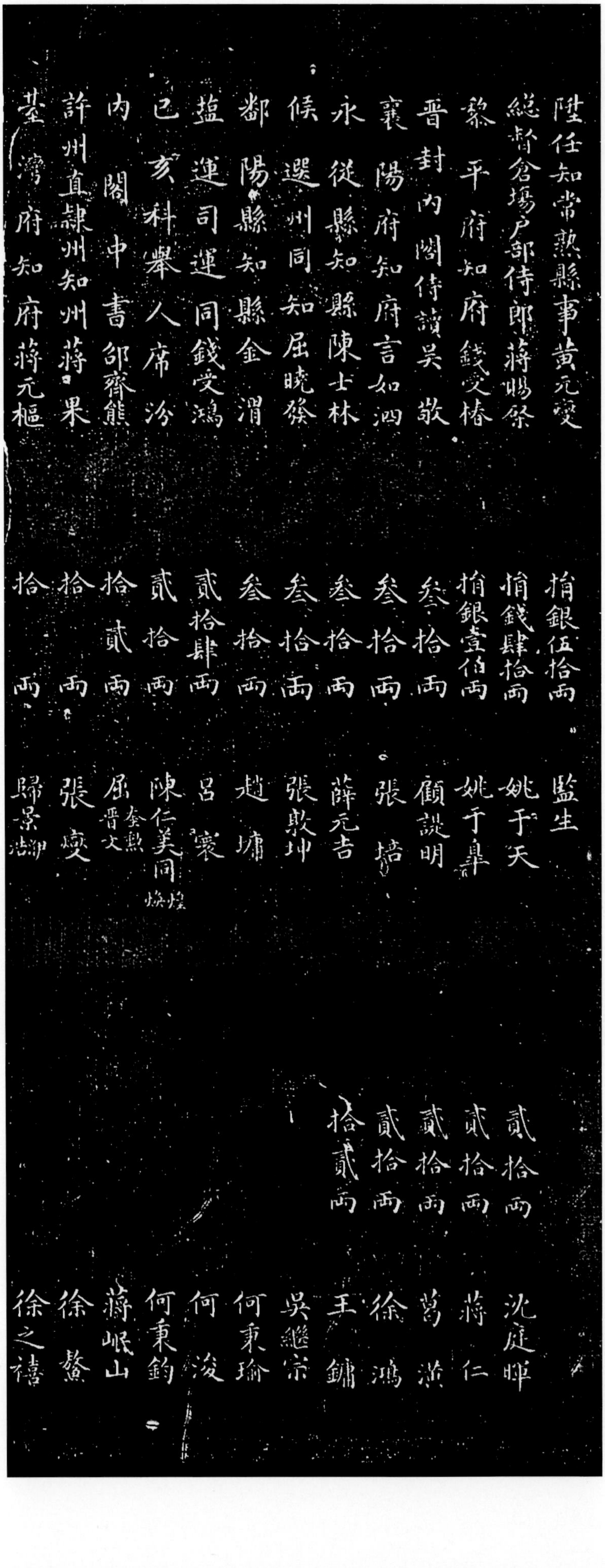
陞任知常熟縣事黃元燮
總督倉場戶部侍郎蔣賜棨
黎平府知府錢受椿
晉封內閣侍讀吳敬
襄陽府知府言如泗
永從縣知縣陳士林
候選州同知屈曉發
鄱陽縣知縣金渭
鹽運司運同錢受鴻
己亥科舉人席汾
內閣中書邵齊熊
許州直隸州知州蔣果
臺灣府知府蔣元樞

捐銀伍拾兩
捐錢肆拾兩
捐銀壹伯兩
叁拾兩
叁拾兩
叁拾兩
叁拾兩
叁拾兩
貳拾肆兩
貳拾兩
拾貳兩
拾兩
拾兩

監生
姚于天
姚于皋
顧說明
張墖
薛元吉
張敦坤
趙墉
呂襄
陳仁美同煥煌
屈奎熙晉文
張燮
歸景濂

貳拾兩
貳拾兩
貳拾兩
貳拾兩
拾貳兩

沈庭暉
蔣仁
葛瀠
徐鴻
王鏞
吳繼宗
何秉瑜
何浚
何秉鈞
蔣岷山
徐鰲
徐之禧

九十九　乾隆辛丑重修儒學記略（局部）

潛江縣知縣王湘，陸兩；臯蘭縣知縣蔣重熹，陸兩；内閣中書言朝標，肆兩；樂平縣知縣錢大章，肆兩；庚子科舉人黄中美，叁兩；舉人即選教諭陶廷堉，貳兩；舉人即選教諭王嚴起，壹兩；戊子科舉人瞿顒，壹兩；舉人即選教諭陶廷墀，壹兩；辛卯解元、揀發陝西知縣李景訢，貳兩；直隸州同舉人季書錦，壹兩；庚子科舉人李書吉，壹兩；布政司理問楊岱，貳拾肆兩；布政司理問劉文進，貳拾兩；候選州同龐濤，拾伍兩；布政司理問陳士煌，拾叁兩；布政司理問張敦圻，拾兩；布政司理問瞿進思，拾兩；布政司理問劉鉉，拾兩；布政司經歷吴東潮，拾兩；布政司理問嚴祖德，陸兩；布政司理問趙廷爵，肆兩；布政司經歷蔡浩，肆兩；布政司理問孫德森，肆兩；布政司理問王鏞，肆兩；按察司知事陸景輿，肆兩；附貢生邵堉悳，拾貳兩；附貢生張德，捌兩；附貢生張仁濟，陸兩；附貢生邵聖藝，肆兩；附貢生李朝楝，肆兩；附貢生王浩，壹兩；貢生趙德芝，貳拾兩；貢生浦祺，貳拾陸兩；貢生王言，貳拾兩；貢生錢鏞，陸兩；職員顧德銈同景浩，貳拾肆兩；職員嚴朝鼎，拾貳兩；職員屈長發，肆兩；職員張應宿同應昌，肆兩；職員邵廷植，貳兩；職員邵鳳和，壹兩。

監生：姚于天，貳拾兩；姚于臯，貳拾兩；顧謨明，貳拾兩；張培，貳拾兩；薛元吉，拾貳兩；張敦坤、趙墉、吕寰、陳仁美同煌、焕、屈奎勛、屈晋文、張夔、歸景泙、歸景浩、趙元鼎，以上各捐拾兩；朱尚智，捌兩；王振坤、王振聲，捌兩；景開勛、錢允福、方永安、陳顯祖、陳揚烈、劉翰文、吴元善、方鞏承、朱浚，以上各捐陸兩；吕量、程熙、陳紹著、吕度，以上各捐伍兩；戴元臣、錢成鑒、衛念霖、潘廷琳、吴上林、周鎔、周鑄、劉錫、孫文瑶、王繩、朱焕斗同超、王漣、稽巽仝紹宸、稽晋、稽震、王涯、黄煜、謝鋆、顔元美，以上各捐肆兩；吕廷楷、趙貴焕、楊景濤、盧文彬、張紹衡、黄中敏、殷昭、殷曙、陸裕昆、吕廷栻，以上各捐叁兩；席球、袁儀鳳、周其祥、夏承烈、葛宗萬、邵墉、包涵、沈庭暉、蔣仁、葛潢、徐鴻、王鏞、吴繼宗、何秉瑜、何浚、何秉鈞、蔣岷山、徐鰲、徐之禧、陳玉穀、吴駿業、衛桂林、衛桂宫、吕恒吉，以上各捐貳兩；吴世英、趙貴彪、王沅、徐廷珪、周涑、陳倬、栢濟，以上各捐壹兩。

生員：陸家塾、陸桂聯，拾貳兩；姚光烈，拾兩；席世臣，捌兩；蕭廷瑩，陸兩；席紹洙，陸兩；郭鈺，伍兩；張映奎，伍兩；郭鑅，肆兩；吴炳篆、吴炳纂，肆兩；陳駿烈，叁兩；蘇生，叁兩；蔣桂芳，叁兩；陸振鴻，叁兩；盧載賡，叁兩；歸景焘，貳兩；黄泰、黄恒，貳兩肆錢；陸肇堅，貳兩；

童生：戈樇，捌兩。

按：清乾隆四十六年（1781），常昭兩邑知縣黄元燮、王錦等同心整理邑學，邑士紳言如泗、吴敬等身兼董事，助襄其成。後附樂捐姓氏。碑原在邑學明倫堂，已佚。

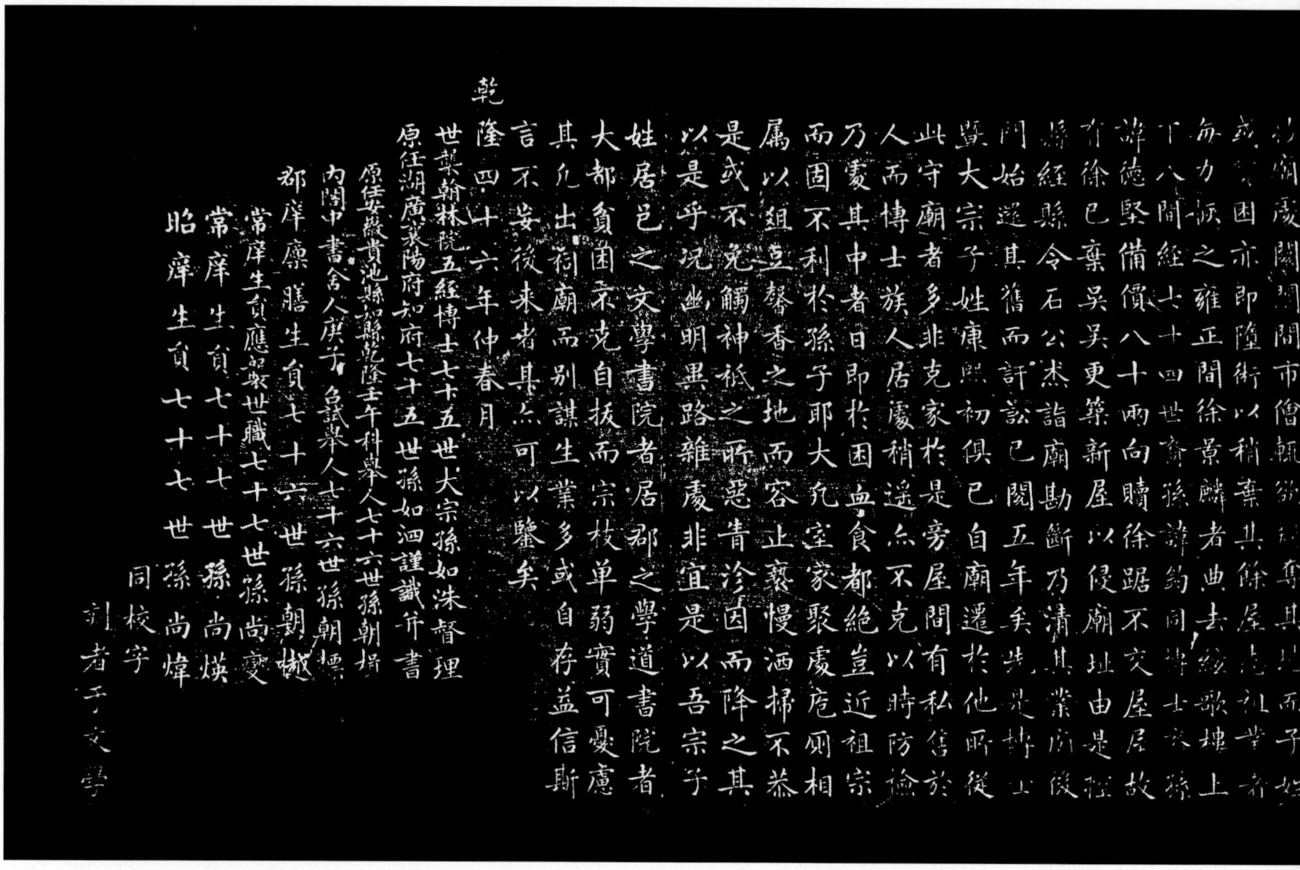

一百　始祖先賢吴國公縣東家廟重修記略

年代：清乾隆四十六年（1781）

碑文：

始祖先賢吴國公縣東家廟重修記略

縣東家廟自宋以來建修始末具詳家乘邑志矣。子孫廢弃之餘，所存惟大門一楹，儀門亦曰茶廳者三楹，正殿三楹。其殿後之樓曰弦歌樓，上下十間，則係先封大夫馭平公訟之官，以錢贖歸者。廟久不修，瓦漏墻裂，屋勢欹斜。乾隆三十九年之秋，如泗鳩工葺治，自大門以迄正殿，焕然一新，費錢九十緡有奇。正殿供奉聖祖仁皇帝御書“文開吴會”額，前廳供奉今上御書“道啓東南”額。其在廟東前所弃賣未絶之屋，有若東門房樓屋上下二間，次重樓屋上下二間，又次重為廟中東廡屋三楹，又次重為正殿東書樓上下二間。此屋本弃于章姓，章之贅婿王姓現居。

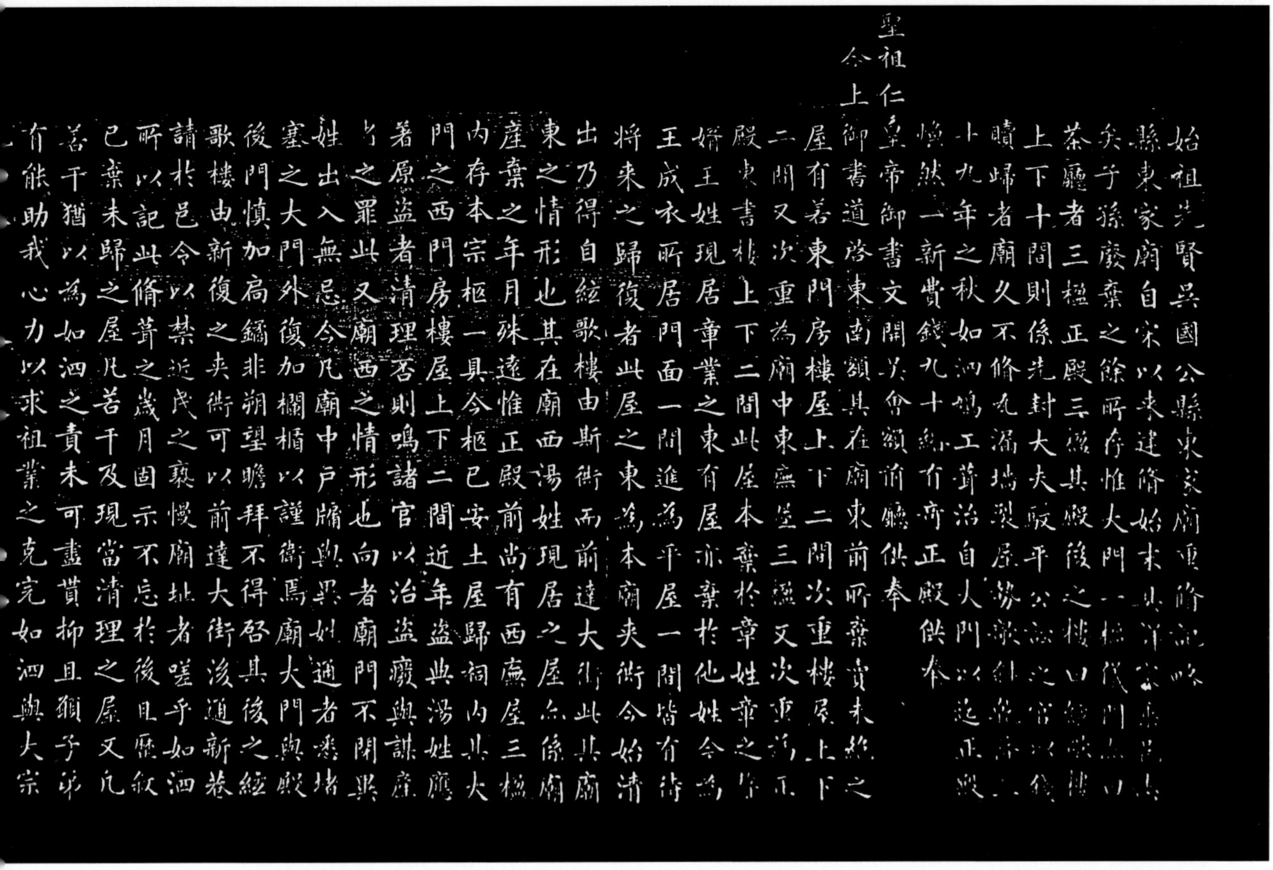

一百　始祖先賢吴國公縣東家廟重修記略

章業之東有屋亦弃于他姓，今為王成衣所居，門面一間，進為平屋一間，皆有待將來之歸復者。此屋之東，為本廟夾衖，今始清出，乃得自弦歌樓由斯衖而前達大街。此其廟東之情形也。其在廟西，湯姓現居之屋，亦係廟産，弃之年月殊遠，惟正殿前尚有西廡屋三楹，内存本宗柩一具。今柩已安土，屋歸祠内。其大門之西，門房樓屋上下二間，近年盜典湯姓。應著原盜者清理，否則鳴諸官，以治盜廢與謀産者之罪。此又廟西之情形也。向者廟門不閉，異姓出入無忌。今凡廟中户牖與異姓通者，悉堵塞之，大門外復加欄楯，以謹衛焉。廟大門與殿後門慎加扃鐍，非朔望瞻拜不得啓。其後之弦歌樓，由新復之夾衖可以前達大街。後通新巷，請于邑令，以禁近民之褻慢廟址者。

嗟乎，如泗所以記此修葺之歲月，固示不忘于後，且歷叙已弃未歸之屋凡若干，及現當清理之屋又凡若干，猶以為如泗之責未可盡貫，抑且願子弟有能助我心力，以求祖業之克完。如泗與大宗兄如洙固日夜幸之，亦以自勵也。

按，廟處闤闠間，市儈輒欲規奪其地，而子姓或貧困，亦即墮術，以稍弃其餘屋。志祖業

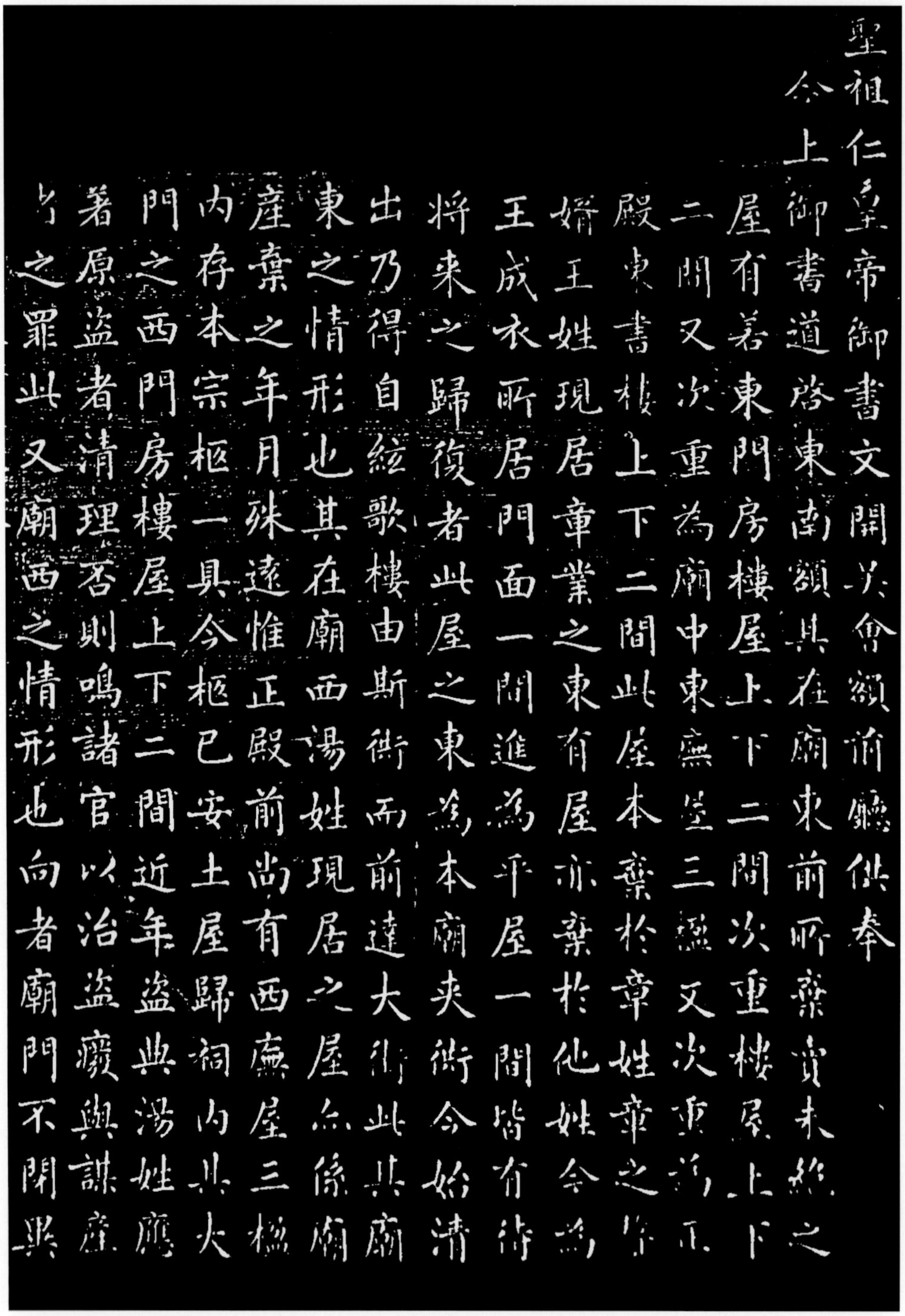

聖祖仁皇帝御書文開吳會額前廳供奉今上御書道啓東南額其在廟東前所棄賣未然之屋有若東門房樓屋上下二間次重樓屋上下二間又次重為廟中東廡坐三楹又次重為正殿東書樓上下二間此屋本棄於章姓章之祭婿王姓現居章業之東有屋亦棄於他姓今為王成衣所居門西一間進為平屋一間皆有待將來之歸復者此屋之東為本廟夾衖今始清出乃得自絃歌樓由斯衖而前達大衖此其廟東之情形也其在廟西湯姓現居之屋亦係廟產棄之年月殊遠惟正殿前尚有西廡屋三楹內存本宗柩一具今柩已安土屋歸祠內其大門之西門房樓屋上下二間近年盜與湯姓應著原盜者清理否則鳴諸官以治盜覈與謀產者之罪此又廟西之情形也向者廟門不閉與

一百　始祖先賢吳國公縣東家廟重修記略（局部）

者每力恢之。雍正間，徐景麟者典去弦歌樓上下八間，經七十四世裔孫諱鈞同博士裔孫諱德堅備價八十兩向贖，徐踞不交屋。屋故有徐已弃吴，吴更築新屋，以侵廟址。由是控縣。經縣令石公杰詣廟勘斷，乃清其業，廟後門始還其舊，而訐訟已閱五年矣。

先是，博士暨大宗子姓康熙初俱已自廟遷于他所，從此守廟者多非克家，于是旁屋間有私售于人。而博士族人居處稍遥，亦不克以時防檢。乃處其中者日即于困血食都絶，豈近祖宗而固不利于孫子耶？大凡室家聚處，庖廁相屬，以俎豆馨香之地，而容止褻慢，灑掃不恭，是或不免觸神祇之所惡，眚沴因而降之，其以是乎？况幽明異路，雜處非宜，是以吾宗子姓居邑之文學書院者，居郡之學道書院者，大都貧困不克自拔，而宗枝單弱，實可憂慮。其凡出祠廟而别謀生業，多或自存。益信斯言不妄，後來者其亦可以鑒矣。

乾隆四十六年仲春月

世襲翰林院五經博士、七十五世大宗孫如洙督理。

原任湖廣襄陽府知府、七十五世孫如泗謹職并書。

原任安徽貴池縣知縣、乾隆壬午科舉人、七十六世孫朝楫，内閣中書舍人、庚子召試舉人、七十六世孫朝標，郡庠廩膳生員、七十六世孫朝樾，常庠生員、應襲世職、七十七世孫尚夔，常庠生員、七十七世孫尚煐，昭庠生員、七十七世孫尚煒同校字。

刻者于文學。

按：言氏家廟建修已久，興廢不常。清乾隆四十六年（1781），裔孫如洙等重行修葺，并述始末以志石。原碑現已佚，僅存拓片。

復言子故宅記
常熟治城言子始生
之地也墓在虞山北
麓去山半里爲子游
巷有故宅子孫世守
之垂二千餘年明永
樂初六十二世孫名
信者由象賢齋弟子
貢賔興擢胄監尋任
諫垣以言事得罪簿
錄其家而宅遂廢至
明季泰西氏之教滛

溢中國所在多有於
是言子宅爲天主教
堂矣
皇帝尊先君孔子之道以
爲耶教惑民一切宜
屏去乃
命天下郡縣驅其人使就
外國置之嶺海窮處
所謂教堂者既廢言
子大宗孫五經博士
德堅因得以請復故
宅言於撫藩檄下有

司寇木主而釋奠焉
於是乎向者二千餘
年之世守其廢又三
百年而歸然復爲言
子宅矣德堅頊以其
嗣孫如洙謁予因屬
爲記予讀史記謂嘗
適魯觀仲尼廟堂車
服禮器諸生以時習
禮其家低回留之不
能去今斯宅也南方
之學士可以時習禮

其中庶幾所謂得聖
人之精華者亦可以
講明而切究之乎四
方來觀者亦有低回
留之不去者乎
聖天子崇正除邪而大吏
總風化之任亟亟於
帝昭德政德堅以其
時復先公之宇蓋自
我先君孔子之道與
時汙隆今言子之宅
之既廢而復固有數

焉於其間實遺斯道昌明之會也嗣而守之吾望言氏後人其相與世世保之使千萬年如始祔時者則又將来師師之責有蘇濤者助田在隆慶間今得百五十畝再歸言氏世世奉祀不替云

大清雍正五年八月太子少師襲封衍聖公孔傳鐸拜譔

賜進士出身文淵閣大學士海寧陳元龍篆額

乾隆四十七年五月襄陽郡守七十五世孫如泗集元趙孟頫書

浙江浦江縣知縣壬午舉人七十六世孫衍栻

内閣中書舍人庚子召試舉人七十六世孫朝棟校字

承襲翰林院五經博士七十七世孫[illegible]督刊

一百零一　復言子故宅記

年代：清乾隆四十七年（1782）

碑文：

復言子故宅記

常熟治城，言子始生之地也。墓在虞山北麓。去山半里，為子游巷，有故宅，子孫世守之，垂二千餘年。明永樂初，六十二世孫名信者，由象賢齊弟子員賓興，擢胄監，尋任諫垣，以言事得罪，簿錄其家，而宅遂廢。至明季，泰西氏之教淫溢中國，所在多有，于是言子宅為天主教堂矣。皇帝尊先君孔子之道，以為耶教惑民，一切宜屏去，乃命天下郡縣驅其人，使就外國，置之嶺海窮處。所謂教堂者既廢，言子大宗孫五經博士德堅因得以請復故宅，言于撫藩。檄下有司，置木主而釋奠焉。于是乎向者二千餘年之世守，其廢又三百年而巋然復為言子宅矣。德堅頃以其嗣孫如洙謁予，因屬為記。

予讀《史記》，謂尝適魯，觀仲尼廟堂車服禮器，諸生以時習禮其家，低回留之不能去。今斯宅也，南方之學士可以時習禮其中，庶幾所謂得聖人之精華者，亦可以講明而切究之乎？四方來觀者，亦有低回留之不去者乎？聖天子崇正除耶，而大吏總風化之任，亟亟于常昭德政。德堅以其時復先公之宇，蓋自我先君，孔子之道與時汙隆。今言子之宅之既廢而復，固有數焉于其間，實遭斯道昌明之會也。嗣而守之，吾望言氏後人，其相與世世保之，使千萬年如始袝時者，則又將來師帥之責。

有蘇濤者，助田在隆慶間，今得百五十畝，再歸言氏，世世奉祀不替云。

大清雍正五年八月，太子少師、襲封衍聖公孔傳鐸拜撰。

賜進士出身、文淵閣大學士、海寧陳元龍篆額。

乾隆四十七年五月，襄陽郡守、七十五年世孫如泗集元趙孟頫書。

浙江浦江縣知縣、壬午舉人、七十六世孫朝楫，內閣中書舍人、庚子召試舉人、七十六世孫朝標校字。

承襲翰林院五經博士、七十七世孫尚夔督刊。

按：清雍正間，言氏裔孫德堅請復言氏舊宅，衍聖公孔傳鐸爲之記。孔傳鐸（1673—1732），字振路，孔子六十七世孫，襲封衍聖公。著有《安懷堂集》等。清乾隆四十七年（1782），言氏修復舊宅，如泗集趙孟頫字重書孔傳鐸記并刻石。今碑未見，僅存拓片。

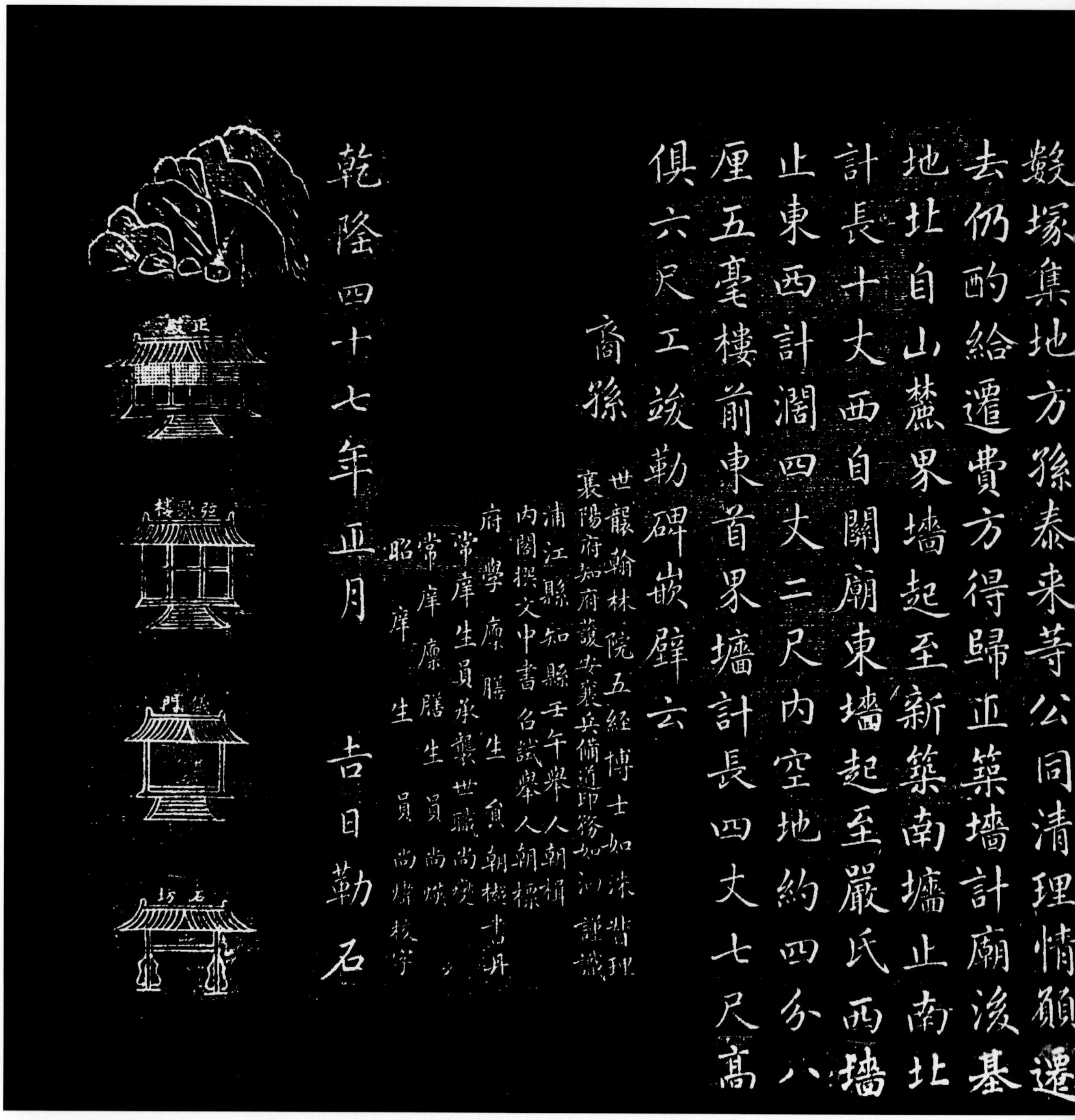

一百零二　先賢言氏西城書院重建記

年代：清乾隆四十七年（1782）

碑文：

先賢言氏西城書院重建記

西城樓閣負山面湖，為虞山八景之一。始祖言子廟在焉。後廟前樓，樓前儀門一重，北至墻外山麓石壁，南達西門大街，門坊額曰言氏西城書院，東至嚴氏逍遥游別業，與言廟基中有石墻隔斷。乾隆間，嚴韋川觀察湖南歸，向如洙暫借開通。西并岳武兩廟。四方瞻仰所必及也。查郡邑志，廟昉于國朝康熙二十五年，巡撫湯公斌奏毁五仙淫祠，邑侯楊公振藻奉文即西莊廟改，奉先賢木主。乾隆七年，邑侯張公耀璧築基重建弦歌樓三楹，計費錢三百緡。歲庚子，裔孫如洙、如泗重建正殿，并葺大門，前樓增塑遺像，恭懸今上御書“道啓東南”額，前後墻垣一律修整，計費錢二百八十緡有奇。廟後空地，即當日五仙太母殿基，向有圍墻，近年坍廢，墻基形迹猶存。

一百零二　先賢言氏西城書院重建記

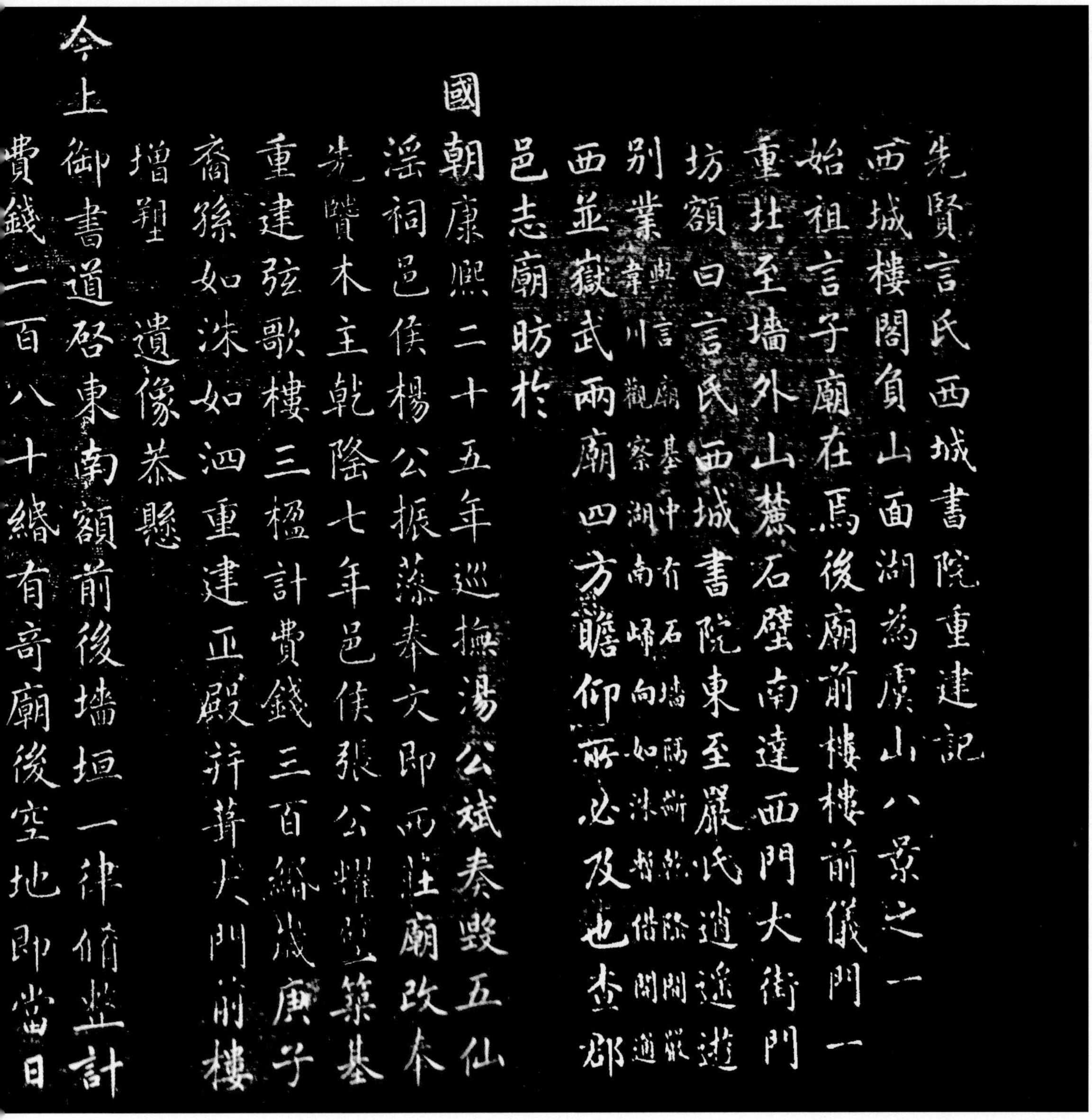
先賢言氏西城書院重建記
西城樓閣負山面湖為虞山八景之一
始祖言子廟在焉後廟前樓樓前儀門一
重壯至墻外山麓石壁南達西門大街門
坊額曰言氏西城書院東至嚴氏逍遙遊
别業（與言廟基中有石墻隔斷然除開嚴章川觀察湖南歸向如洙暫借開通）
西並嶽武兩廟四方瞻仰所必及也查郡
邑志廟昉於
國
朝康熙二十五年巡撫湯公斌奏毀五仙
淫祠邑侯楊公振藻奉文即西莊廟改奉
先賢木主乾隆七年邑侯張公耀璧築基
重建弦歌樓三楹計費錢三百緡歲庚子
裔孫如洙如泗重建正殿并葺大門前樓
增塑　遺像恭懸
今上
御書道啓東南額前後墻垣一律脩整計
費錢二百八十緡有奇廟後空地即當日

附近居民竟在北墻根下盗厝數塚，集地方孫泰來等公同清理，情願遷去，仍酌給遷費，方得歸正築墻。計廟後基地北自山麓界墻起，至新築南墻止，南北計長十丈。西自關廟東墻起，至嚴氏西墻止，東西計闊四丈二尺，内空地約四分八厘五毫。樓前東首界墻計長四丈七尺，高俱六尺。工竣，勒碑嵌壁云。

裔孫：世襲翰林院五經博士如洙督理，襄陽府知府，護安襄兵備道印務如泗謹識。浦江縣知縣、壬午舉人朝楫，内閣撰文中書、召試舉人朝標，府學廪膳生員朝樾書丹。常庠生員、承襲世職尚燮，常庠廪膳生員尚煐，昭庠生員尚煒校字。

乾隆四十七年正月吉日勒石。

按：即言子廟，額曰西城書院，清康熙二十五年（1686），知縣楊振藻即西莊廟改建。乾隆四十七年（1782），裔孫如洙、如泗等重建正殿大門。清咸豐十年（1860），太平軍陷常熟，毁。此石系如洙等重建時所立，現僅見拓片。

一百零三　跋魏了翁、袁甫碑

趙宋魏文靖脩廟學碑與
袁中書教諭言子諸孫記
並垂志乘皆名筆也重加
拂拭表出俾我同學咸深
瞻仰云乾隆丁未臘月朔
日賢裔言如泗謹識

一百零三　言如泗《跋魏了翁、袁甫碑》

年代：清乾隆五十二年（1787）
碑文：

趙宋魏文靖《修廟學碑》與袁中書《教育言子諸孫記》并垂志乘，皆名筆也。重加拂拭，表出，俾我同學咸深瞻仰云。乾隆丁未臘月朔日，賢裔言如泗謹識。

按：清乾隆五十二年（1787），言如泗在整理邑學時，作宋魏了翁《修廟學碑》及袁甫《教育言氏諸孫記》跋語。碑原在邑學戟門東，已佚。

一百零四　萬仞宮墻記

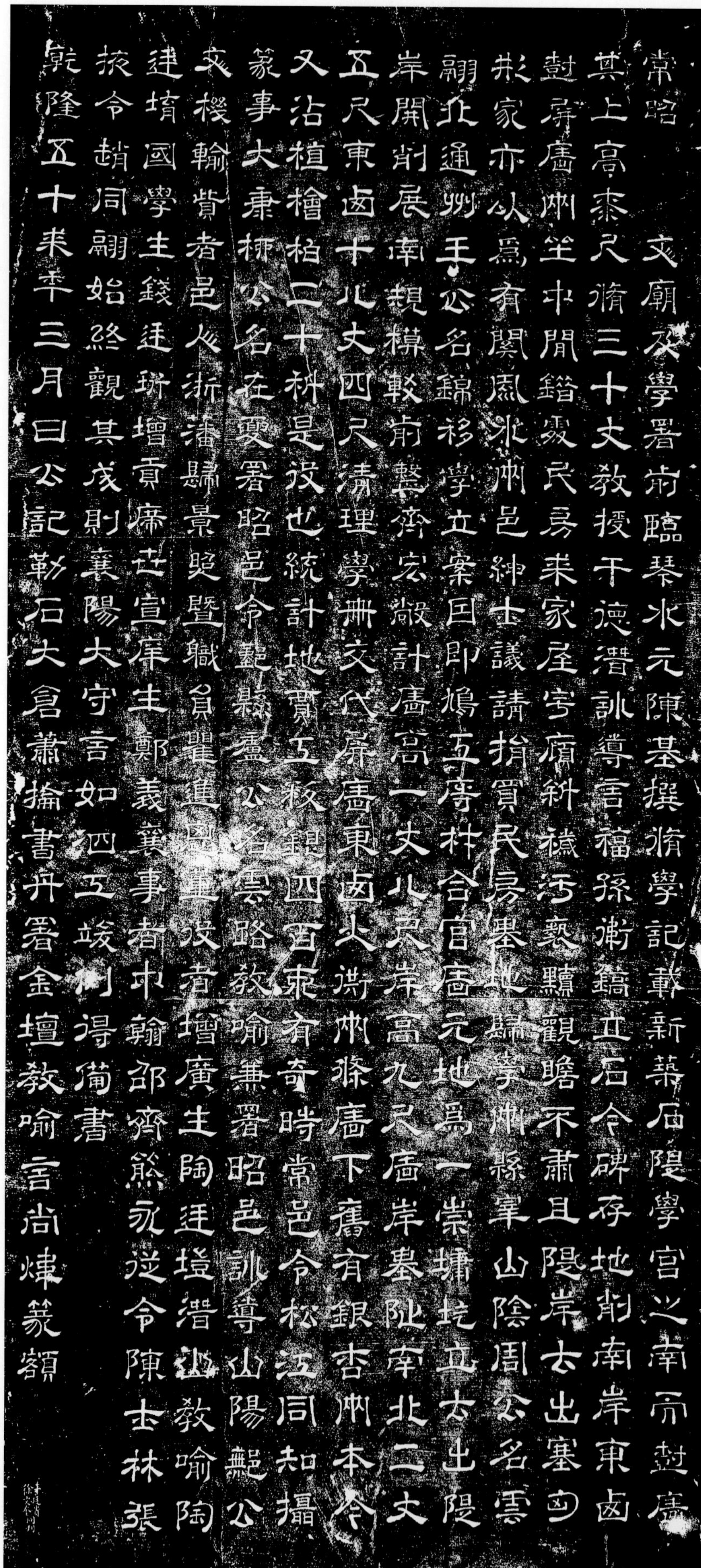

常昭　文廟及學署前臨琴水元陳基撰脩學記載新築石隄學宮之南亘甃廣
其上高柒尺脩三十丈教授干德潛訓導言福孫衛鎬立石今碑存地削南岸東西
甃房廣州至中間鑿處民房米家屋宇廟斜穢污褻黷觀瞻不肅且隄岸古出塞凶
形家亦以爲有關風水州邑紳士議請捐買民房基地歸學州縣寧山陰周公名雲
翮北通州王公名錦移學立案因即鳩工庀材合官廣元地爲一崇墉屹立古出隄
岸開削展南規模較前整齊宏敞計廣高一丈八尺岸高九尺廣岸基址南北二丈
五尺東西十八丈四尺清理學册又代屏廣東西大街州縣廣下舊有銀杏州本今
又沿植檜柏二十株是役也統計地價工料銀四百兩有奇時常邑令松江同知攝
篆事大庾梅公名在旻署昭邑令藍縣盧公名雲路教諭兼署昭邑訓導山陽龔公
文樸輸貲者邑人浙藩歸景熙暨職員瞿進思董役者增廣生陶廷塏潛山教諭陶
廷埼國學生錢廷珩增貢席世宣庠生鄭義襄事者中翰邵齊然永從令陳士林張
掖令趙同翮始終觀其成則襄陽大守言如泗五歲間得備書
乾隆五十柒年三月日公記勒石太倉蕭掄書丹署金壇教諭言尚煒篆額

一百零四　萬仞宫墻記

年代：清乾隆五十七年（1792）

碑文：

常昭文廟及學署，前臨琴水，元陳基撰《修學記》，載新築石堤學宫之南，而樹墻其上，高桼尺，修三十丈。教授干德潜、訓導言福孫、衛鎬立石。今碑存地削，南岸東西樹屏墻兩座，中間錯處民房桼家，屋宇廎斜，穢污褻黷，觀瞻不肅。且隄岸去出塞匈，形家亦以為有關風水。兩邑士紳議請捐買民房基地歸學，兩縣宰山陰周公名雲翩、北通州王公名錦移學立案，因即鳩工庤材，合官墻元地為一。崇墉圪立，去出隄岸開削展南，規模較前整齊宏敞，計墻高一丈八尺，岸高九尺，墻岸基址南北二丈五尺，東西十八丈四尺。清理學册，交代屏墻東西火衖兩條，墻下舊有銀杏兩本，今又沾植檜柏二十株。是役也，統計地買工役銀四百兩有奇。時常邑令松江同知攝篆事太康柳公名在夏、署昭邑令鄞縣盧公名雲路、教喻兼署昭邑訓導山陽許公文機。輸貲者，邑人浙藩歸景照，暨職員瞿進思。董役者，增廣生陶廷塏、潛山教喻陶廷堉、國學生錢廷珩、增貢席世宣、庠生鄭義。襄事者，中翰邵齊熊、永從令陳士林、張掖令趙同翩。始終觀其成，則襄陽太守言如泗。工竣，例得備書。

乾隆五十桼年三月日，公記勒石。太倉蕭掄書丹，署金壇教喻言尚煒篆額。

于廷貴、徐文奎同刊。

按：清乾隆五十七年（1792），邑士紳言如泗等修理邑學，重拓宫墻，公記勒石。太倉蕭掄隸書，邑人言尚煒篆額。碑原在邑學儀門外，已佚。

一百零五　嚴禁士子鬧學碑

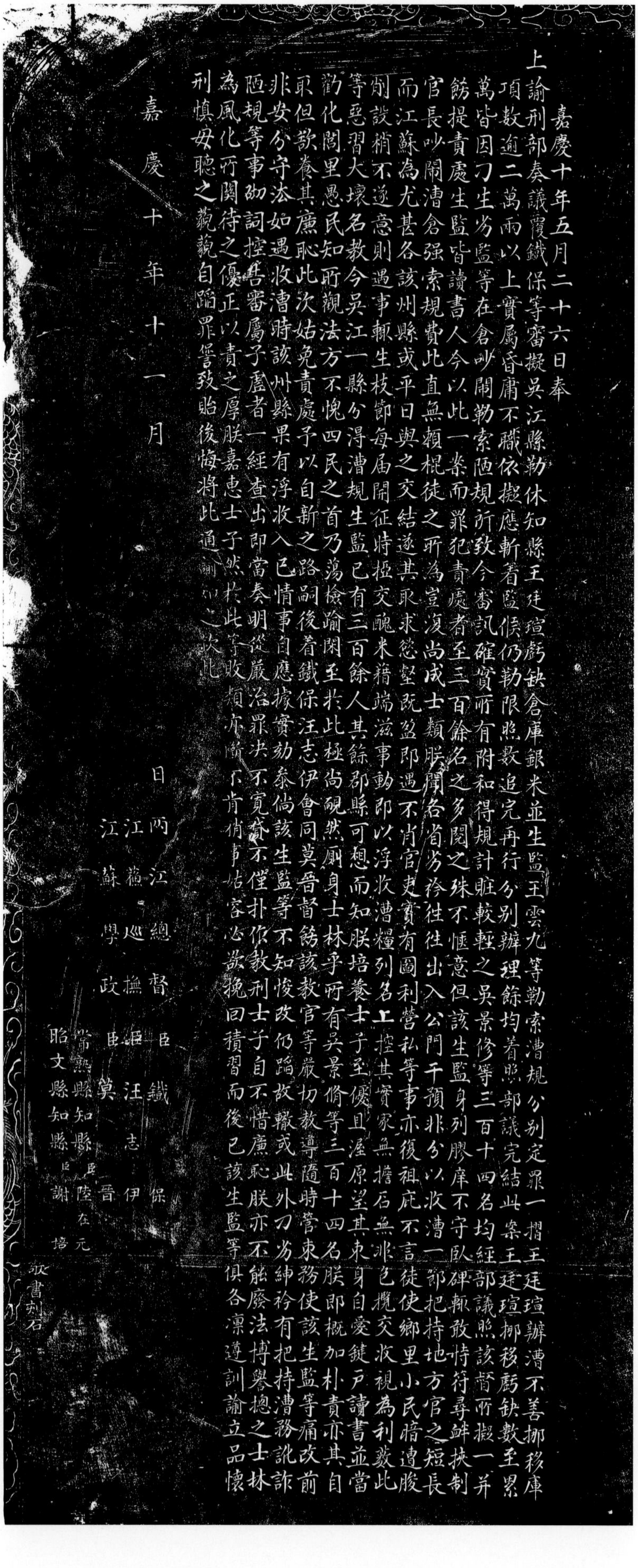

嘉慶十年五月二十六日奉
上諭刑部奏議覆鐵保等審擬吴江縣勒休知縣王廷瑄虧缺倉庫銀米並生監王雲九等勒索漕規分别定罪一摺王廷瑄辦漕不善挪移庫項數逾二萬兩以上實屬昏庸不職依擬應斬着監候仍勒限照數追完再行分别辦理餘均着照部議完結此案王廷瑄挪移虧缺數至累萬皆因刁生劣監等在倉吵鬧勒索陋規所致今審訊確實所有附和得規計贓較輕之吴景修等三百十四名均經部議照該督所擬一并飭提責處生監皆讀書人今以此一案而罪犯責處者至三百餘名之多閲之殊不愜意但該生監身列膠庠不守臥碑輙敢恃符尋衅挾制官長吵鬧漕倉强索規費此直無賴棍徒之所為豈復尚成士類朕聞各省劣衿往往出入公門干預非分以收漕一節把持地方官之短長而江蘇為尤甚各該州縣或平日與之交結遂其取求慾壑既盈即遇不肖官吏實有圖利營私等事亦復袒庇不言徒使鄉里小民暗遭朘削設稍不遂意則遇事輙生枝節每届開征時挖交醜米藉端滋事動即以浮收漕糧列名上控其實家無擔石無非包攬交收視為利藪此等惡習大壞名教今吴江一縣分得漕規生監已有三百餘人其餘郡縣可想而知朕培養士子至優且渥原望其束身自愛鍵戶讀書並當勸化閭里愚民知所觀法方不愧四民之首乃蕩檢踰閑至於此極尚覥然廁身士林乎所有吴景脩等三百十四名朕即概加朴責亦其自取但欲養其廉恥此次姑免責處予以自新之路嗣後着鐵保汪志伊會同莫晉督飭該教官等嚴切教導隨時管束務使該生監等痛改前非安分守法如遇收漕時該州縣果有浮收入己情事自應據實劾叅倘該生監等不知悛改仍蹈故轍或此外刁劣紳衿有把持漕務訛詐陋規等事砌詞控告審屬子虚者一經查出即當奏明從嚴治罪决不寬貸不僅扑作教刑士子自不惜廉恥朕亦不能廢法博譽揔之士林為風化所關待之優正以責之厚朕嘉惠士子然於此等敗類亦斷不肯稍事姑容必欲挽回積習而後已該生監等俱各凛遵訓諭立品懷刑慎毋聽之藐藐自蹈罪愆致貽後悔將此通諭知之欽此

嘉慶十年十一月　日

兩江總督臣鐵保
江蘇巡撫臣汪志伊
江蘇學政臣莫晉
常熟縣知縣臣陸在元
昭文縣知縣臣謝培
敬書刻石

一百零五　嚴禁士子鬧學碑

年代：清嘉慶十年（1805）

碑文：

嘉慶十年五月二十六日，奉上諭，刑部奏，議覆鐵保等審擬吴江縣勒休知縣王廷瑄虧缺倉庫銀米，并生監王雲九等勒索漕規，分别定罪一摺。王廷瑄辦漕不善，挪移庫項數逾二萬兩以上，實屬昏庸不職，依擬應斬，着監候，仍勒限照數追完，再行分别辦理，餘均着照部議完結此案。王廷瑄挪移虧缺，數至累萬，皆因刁生劣監等在倉吵鬧勒索陋規所致，今審訊確實，所有附和得規計贓較輕之吴景修等三百十四名，均經部議，照該督所擬，一并飭提責處。生監皆讀書人，今以此一案而罪犯責處者至三百餘名之多，閲之殊不愜意，但該生監身列膠庠，不守卧碑，輒敢恃符尋衅，挾制官長，吵鬧漕倉，强索規費。此直無賴棍徒之所為，豈復尚成士類？

朕聞各省劣衿往往出入公門，干預非分，以收漕一節，把持地方官之短長，而江蘇為尤甚。各該州縣或平日與之交結，遂其取求，慾壑既盈。即遇不肖官吏實有圖利營私等事，亦復袒庇不言，徒使鄉里小民暗遭朘削。設稍不遂意，則遇事輒生枝節。每届開征時，挜交醜米，藉端滋事，動即以浮收漕糧，列名上控。其實家無擔石，無非包攬交收，視為利藪。此等惡習，大壞名教。今吴江一縣，分得漕規生監已有三百餘人，其餘郡縣，可想而知。

朕培養士子，至優且渥，原望其束身自愛，鍵户讀書，并當勸化閭里愚民，知所觀法，方不愧四民之首。乃蕩檢逾閑，至于此極，尚靦然厠身士林乎？所有吴景修等三百十四名，朕即概加朴責，亦其自取。但欲養其廉耻，此次姑免責處，予以自新之路。嗣後着鐵保、汪志伊會同莫晋督飭該教官等，嚴切教導，隨時管束，務使該生監等痛改前非，安分守法。如遇收漕時，該州縣果有浮收入己情事，自應據實劾參。倘該生監等不知悛改，仍蹈故轍，或此外刁劣紳衿有把持漕務、訛詐陋規等事，砌詞控告，審屬子虚者，一經查出，即當奏明，從嚴治罪，决不寬貸。不僅扑作教刑，士子自不惜廉耻，朕亦不能廢法博譽。總之士林為風化所關，待之優，正以責之厚。朕嘉惠士子，然于此等敗類，亦斷不肯稍事姑容，必欲挽回積習而後已。該生監等俱各凛遵訓諭，立品懷刑，慎毋聽之藐藐自蹈罪僁，致貽後悔。將此通諭知之，欽此。

嘉慶十年十一月　日，兩江總督臣鐵保、江蘇巡撫臣汪志伊、江蘇學政臣莫晋，常熟縣知縣臣陸在元、昭文縣知縣臣謝培敬書刻石。

按：清嘉慶十年（1805），常昭兩邑知縣陸在元、謝培敬等立。碑為嘉慶諭旨，曉諭各地士子安分守法，不得出入公門，干預非分。碑原在邑學明倫堂，已佚。

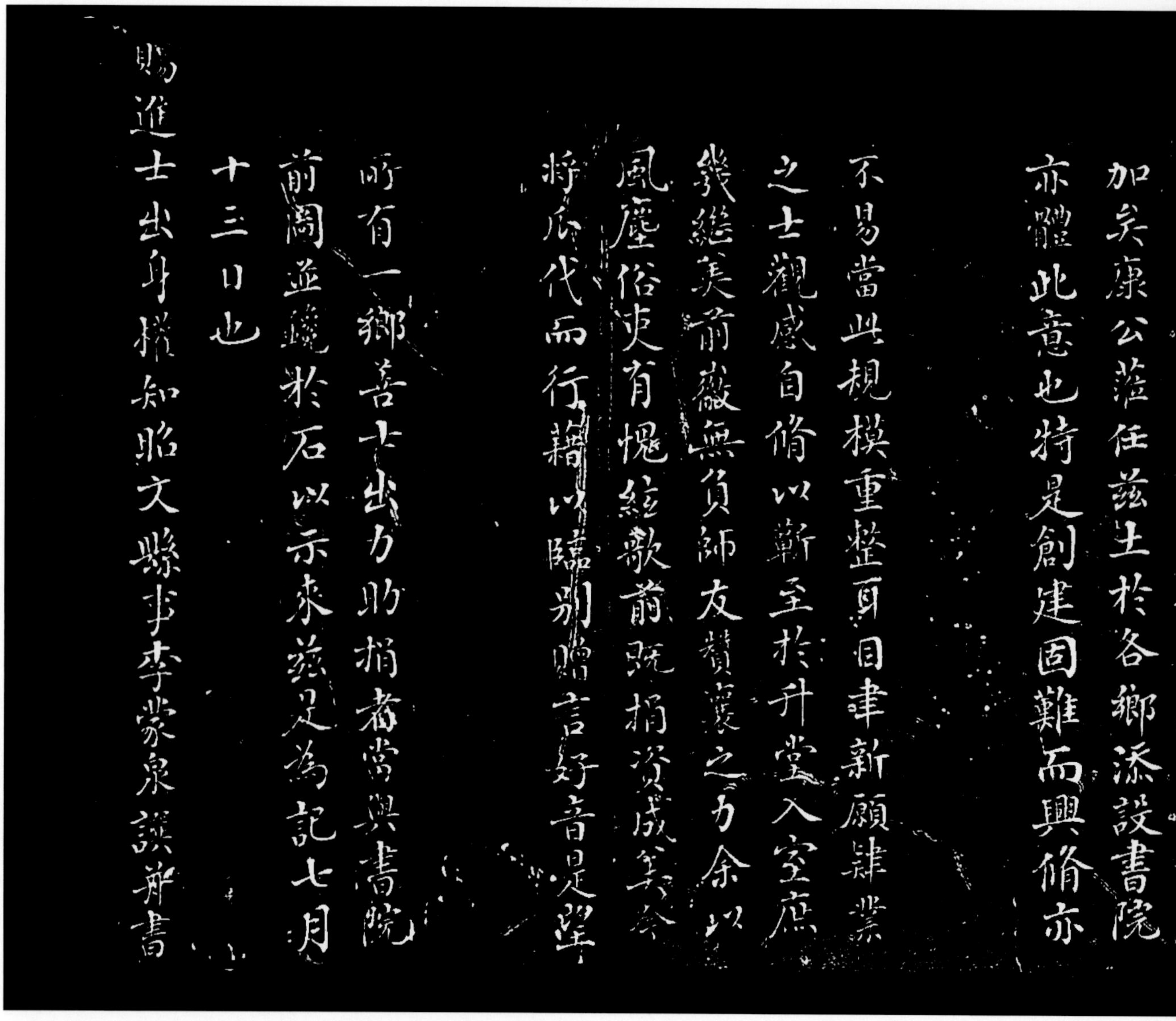
加矣康公蒞任茲土於各鄉添設書院亦體此意也特是創建固難而興脩亦不易當此規模重整耳目聿新顧肄業之士觀感自脩以新至於升堂入室庶幾繼美前徽無負師友贊襄之力余以風塵俗吏有愧絃歌前既捐資成美今將屆代而行藉以臨別贈言好音是望所有一鄉善士出力助捐者當與書院前閣並鐫於石以示來茲是為記七月十三日也
賜進士出身權知昭文縣事李蒙泉譔并書

一百零六　李蒙泉《重修梅里書院記》

年代：清道光二十四年（1844）

碑文：

重修梅里書院記

梅里書院，建于乾隆甲申七月。倡議者，紳士方益諸君。狀上邑令康公基田，為請于上臺，厘定規條，事詳前記。歷年既久，墻屋漸頹。道光歲甲辰，余攝篆琴東，時有茂才張景鎰、上舍陸淳熙，董率修葺，里人相勵而樂助之。先是，余適因公至梅里，過書院，囑以繪書院圖，并添奉康公木主，以示不忘創始之意。旋即持圖來，請記于余。遐思先賢言子道行于兹，餘韻

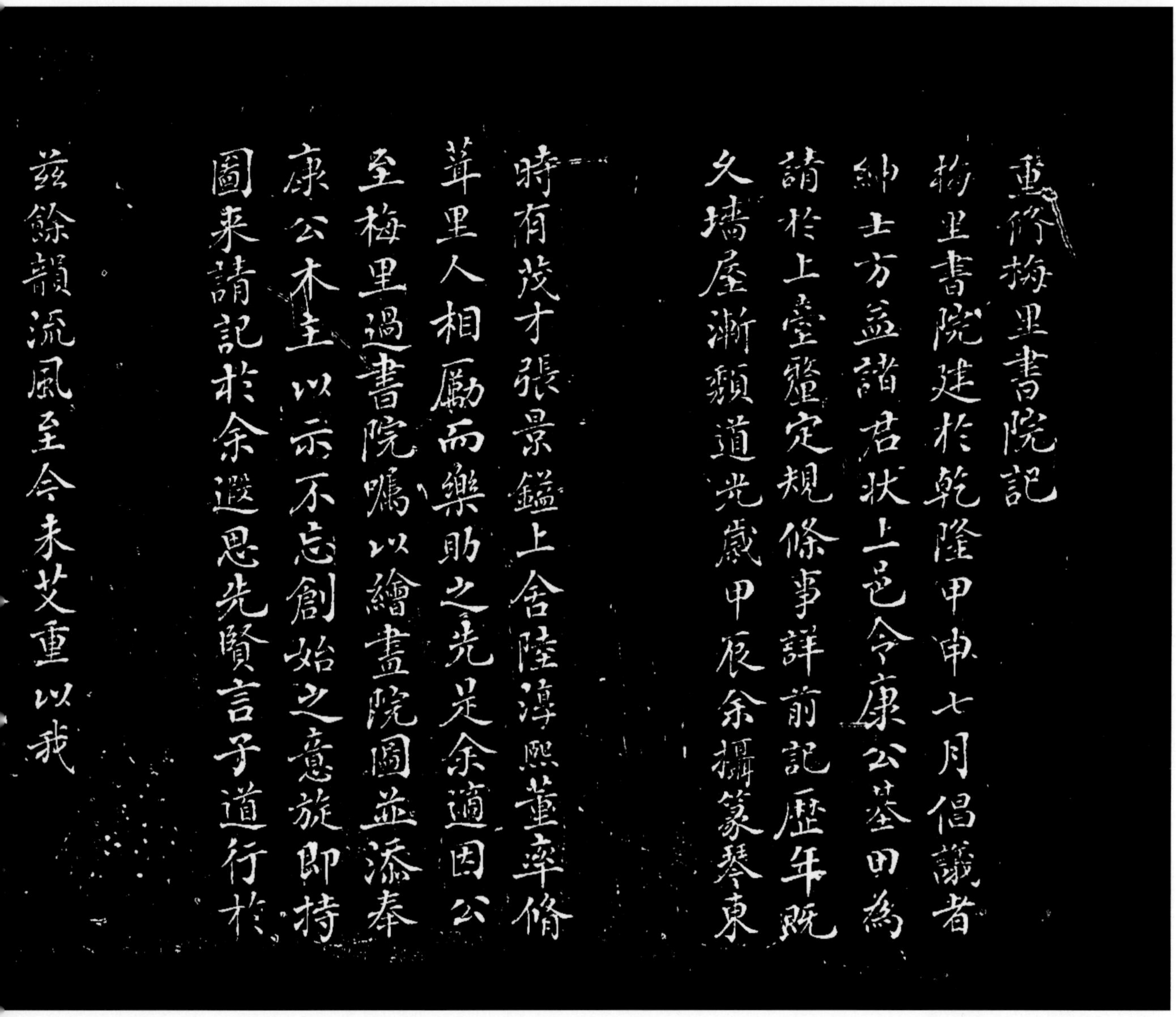

重修梅里書院記
梅里書院建於乾隆甲申七月倡議者
紳士方益諸君狀上邑令康公基田爲
請於上臺釐定規條事詳前記歷年既
久墻屋漸頽道光歲甲辰余攝篆琴東
時有茂才張景鎰上舍陸溥熙董率脩
葺里人相勵而樂助之先是余道因公
至梅里過書院囑以繪畫院圖並添泰
康公木主以示不忘創始之意旋即持
圖來請記於余遐思先賢言子道行於
兹餘韻流風至今未艾重以我

一百零六　重修梅里書院記

流風，至今未艾，重以我朝表彰文物，尊右師儒，各縣城鄉創立書院，以輔學校之所未及。法良意美，蔑以加矣。康公莅任兹土，于各鄉添設書院，亦體此意也。特是創建固難，而興修亦不易。當此規模重整，耳目聿新，愿肄業之士觀感自修，以蘄至于升堂入室，庶幾繼美前徽，無負師友贊襄之力。余以風塵俗吏，有愧弦歌，前既捐資成美，今將瓜代而行，藉以臨别贈言，好音是望。所有一鄉善士出力助捐者，當與書院前圖并鑱于石，以示來兹。是為記，七月十三日也。

賜進士出身、權知昭文縣事李蒙泉撰并書。

按：清道光二十四年（1844），邑人張景鎰等重修梅里書院，昭文令李蒙泉撰并書。李蒙泉，字麓源，山東歷城人，清道光二十年（1840）進士，二十三年（1843）來知昭文。碑原在梅里書院，已佚，事關邑學，姑録之。

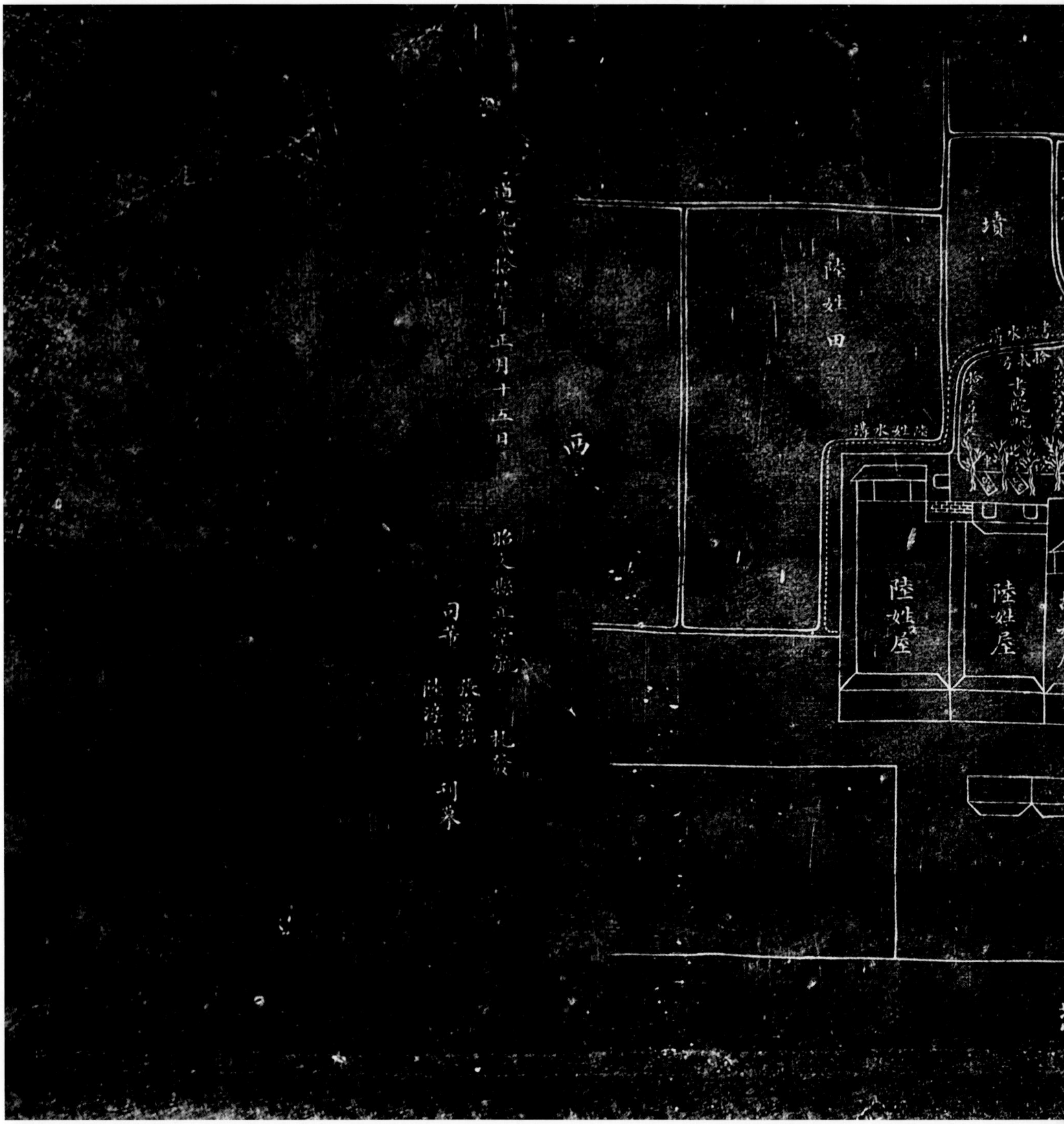

一百零七　梅里書院基圖

年代：清道光二十四年（1844）

碑文：

梅里書院基圖

書院正屋計共肆進，旁屋叁進，照墻壹座，前場壹塊，自水站起，至街道止，進深拾肆丈，闊肆丈貳尺。旁有水溝壹條，進深貳拾貳弓叁尺。正屋第壹進頭門進深貳丈捌尺，闊貳丈叁尺

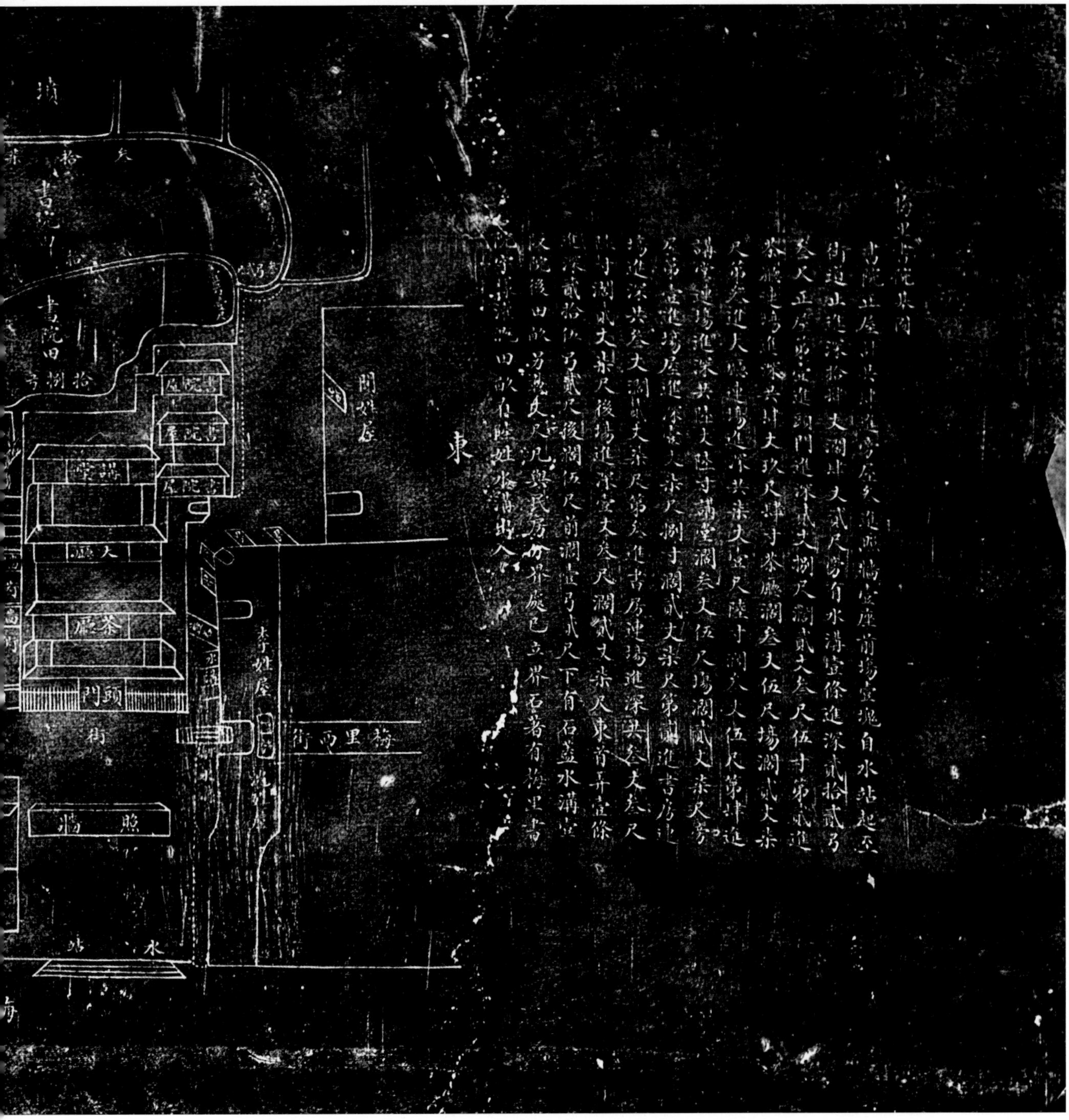

一百零七　梅里書院基圖

伍寸；第貳進茶廳連場進深共肆丈玖尺肆寸，茶廳闊叁丈五尺，場闊貳丈柒尺；第叁進大廳連場進深共柒丈壹尺陸寸，闊叁丈伍尺；第肆進講堂連場進深共陸丈陸寸，講堂闊叁丈伍尺，場闊貳丈柒尺。旁屋第壹進場屋進深壹丈柒尺捌寸，闊貳丈柒尺；第貳進書房連場進深共叁丈，闊貳丈柒尺；第叁進書房連場進深共叁丈叁尺陸寸，闊貳丈柒尺；後場進深壹丈叁尺，闊貳丈柒尺。東首弄壹條，進深貳拾伍弓貳尺，後闊伍尺，前闊壹弓貳尺。下有石蓋水溝壹段。院後田畝另載丈尺。凡與民房分界處已立界石，著有"梅里書院"字樣，灌溉田畝在陸姓水溝出入。

道光貳拾陸年正月十五日，昭文縣正堂毓　札發，司董張景鎰、陸淳熙刊摹。

一百零八　正修書院增設義塾記

一百零八　沈偉田《正修書院增設義塾記》

年代：清咸豐九年（1859）

碑文：

正修書院增設義塾記

余自客冬奉檄攝茲土，啓行之日，二三同學餞于舟，咸舉酒相屬，叩所以為治。余曰："某書生也，吏事非所嫻。雖然，嘗聞諸吾師，仕學一理也，明新一本也，如謂正修之功，必不可施之齊治。大學之教，當不其然。余曷敢言治？要當實吾心、實吾力，不負所學，以不負此官，庶幾持謝故人于萬一乎？"僉曰："善。"

既下車，他務未遑，首觀士習。虞陽為名賢生長之邦，弦誦之聲徹于境。余既喜流風之遠，益思與邦人士謀所以鼓舞作興者。會邑人以恤孤義塾請，亟奬而進之。居有頃，支塘正修司院又以增設義塾請，復奬而進之，且割廉以倡率之。嘉實事也。顧成，謂書院之間舊矣，所造就大矣，新間故小易大，非政也，殆不可應之。曰："君以為書院之設，為博聲望乎？抑將以勵實學也？兹院自康公拓宇，百載于兹，主講修脯歲若干，諸生膏火月若干，洵不薄矣。今司事聲叙謂歲不過三期，期不足五卷，是餼羊雖具，實去而名僅存也。"余則謂名大不如實小，且成材不可驟幾，養正實其既始。古者建學，教成人不遺小子，升俊秀不廢顓蒙。聞兹院舊係社學，創始黎公，廣社學為院，固昔賢之□□□。而社學轉荒，未必非昔賢之缺，然則節有餘以補不足，因養正以得成材，是以小基大，亦即以新復故也，□為不重乎？議既定，司事條塾規，□進其間調停之法，挹注之方，損益盈虛，厘然各當，所以嘉惠來學者，誠非淺尠。斯舉也，雖不足以語治，亦庶幾實心實政之一端乎？余故樂觀厥成，而為紀其緣始若此。若夫松醪既薦師不以修薄吝教，言蛾術，時勸士，不以家貧荒幼學，正修之功，先之以格致，當必有循名核實者，是又余之所厚望也夫。

欽加同知銜陞用同知、署江南蘇州府昭文縣事、四川墊江縣知縣、加五級隨帶加二級、紀録十二次沈偉田撰文。

敕授江寧府溧水縣訓導、甲午科第一名舉人徐元達謹書。

咸豐九年四月□□，生員陳慶祺、貢生周熙元、□生許元修、職員顧雲泰、監生胡春煦、廩生趙宗鴻謹立。

按：清咸豐九年（1859），支塘正修書院以增設義塾請縣，昭邑令沈偉田嘉其事，并為撰文，邑人徐元達書，陳慶祺等立石。沈偉田，字義民，浙江歸安人，清道光二十六年（1846）舉人。咸豐八年（1858）來署昭文。碑原在支塘正修書院，已佚，因關邑學，姑録之。

一百零九　楊泗孫《重建先賢言子祠墓記》

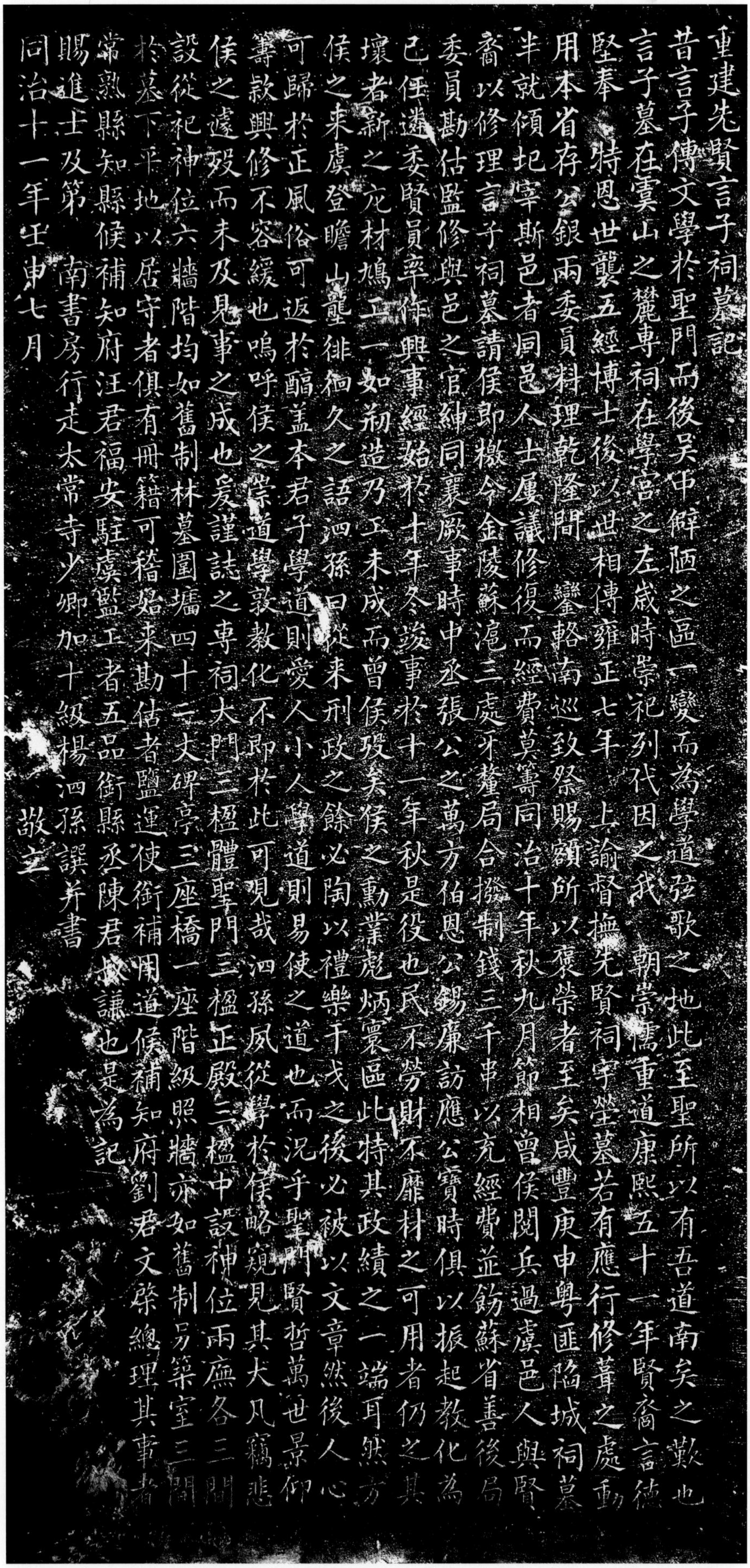

重建先賢言子祠墓記

昔言子傳文學於聖門而後吳中辟陋之區一變而爲學道弦歌之地此至聖所以有吾道南矣之歎也言子墓在虞山之麓專祠在學宮之左歲時崇祀列代因之我朝崇儒重道康熙五十一年賢裔言德堅奉特恩世襲五經博士後以世相傳雍正七年上諭督撫先賢祠宇塋墓若有應行修葺之處動用本省存公銀兩委員料理乾隆間鑾輅南巡致祭賜額所以褒榮者至矣咸豐庚申粵匪陷城祠墓半就傾圮宰斯邑者同邑人士屢議修復而經費莫籌同治十年秋九月節相曾侯閱兵過虞邑人與賢裔以修理言子祠墓請侯即檄令金陵蘇滬三處牙釐局合撥制錢三千串以充經費並飭蘇省善後局委員勘估監修與邑之官紳同襄厥事時中丞張公之萬方伯恩公錫廉訪應公寶時俱以振起教化爲己任遴委賢員率作興事經始於十年冬蕆事於十一年秋是役也民不勞財不靡材之可用者仍之其壞者新之庀材鳩工一如初造乃工未成而曾侯薨矣侯之勳業彪炳寰區此特其政績之一端耳然方侯之來虞登瞻山壟徘徊久之語泗孫曰從來刑政之餘必陶以禮樂干戈之後必被以文章然後人心可歸於正風俗可返於醇蓋本君子學道則愛人小人學道則易使之道也而況乎聖門賢哲萬世景仰籌款興修不容緩也嗚呼侯之崇道學敦教化不即於此可見哉泗孫夙從學於侯略窺見其大凡竊悲侯之遽殁而未及見事之成也爰謹誌之專祠大門三楹體聖門三楹正殿三楹中設神位兩廡各三間設從祀神位六牆階均如舊制林墓圍牆四十二丈碑亭三座橋一座階級照牆亦如舊制另築室三間於墓下平地以居守者俱有冊籍可稽始來勘估者鹽運使銜補用道候補知府劉君文棨總理其事者常熟縣知縣候補知府汪君福安駐虞監工者五品銜縣丞陳君崧謙也是爲記

賜進士及第南書房行走太常寺少卿加十級楊泗孫譔并書

同治十一年壬申七月　敬立

一百零九　楊泗孫《重建先賢言子祠墓記》

年代：清同治十一年（1872）
碑文：

重建先賢言子祠墓記

昔言子傳文學于聖門，而後吴中僻陋之區，一變而為學道弦歌之地。此至聖所以有“吾道南矣”之歎也。言子墓在虞山之麓，專祠在學宫之左，歲時崇祀，列代因之。我朝崇儒重道，康熙五十一年，賢裔言德堅奉特恩世襲五經博士，後以世相傳。雍正七年，上諭督撫，先賢祠宇塋墓若有應行修葺之處，動用本省存公銀兩，委員料理。乾隆間，鑾輅南巡，致祭賜額，所以褒榮者至矣。咸豐庚申，粵匪陷城，祠墓半就傾圮。宰斯邑者同邑人士屢議修復，而經費莫籌。

同治十年秋九月，節相曾侯閲兵過虞，邑人與賢裔以修理言子祠墓請，侯即檄令金陵、蘇、滬三處牙厘局合撥制錢三千串，以充經費，并飭蘇省善後局委員勘估監修，與邑之官紳同襄厥事。時中丞張公之萬、方伯恩公錫、廉訪應公寶時俱以振起教化為己任，遴委賢員，率作興事。經始于十年冬，竣事于十一年秋。是役也，民不勞，財不靡，材之可用者仍之，其壞者新之，庀材鳩工，一如創造。乃工未成，而曾侯歿矣。侯之勛業彪炳寰區，此特其政績之一端耳。然方侯之來虞，登瞻山壟，徘徊久之，語泗孫曰：“從來刑政之餘，必陶以禮樂；干戈之後，必被以文章。然後人心可歸于正，風俗可返于醇。盖本‘君子學道則愛人，小人學道則易使’之道也，而况乎聖門賢哲，萬世景仰。籌款興修，不容緩也。”嗚呼，侯之崇道學、敦教化，不即于此可見哉？泗孫夙從學于侯，略窺見其大凡，竊悲侯之遽歿而未及見事之成也。爰謹志之。

專祠大門三楹、體聖門三楹、正殿三楹，中設神位；兩廡各三間，設從祀神位六；墻階均如舊制。林墓圍墻四十二丈、碑亭三座、橋一座，階級、照墻亦如舊制；另築室三間于墓下平地，以居守者。俱有册籍可稽。始來勘估者，鹽運使銜補用道、候補知府劉君文棨；總理其事者，常熟縣知縣、候補知府汪君福安；駐虞監工者，五品銜縣丞陳君叔謙也。是為記。

賜進士及第、南書房行走、太常寺少卿、加十級楊泗孫撰并書。

同治十一年壬申七月敬立。

按：清同治十一年（1872），曾國藩撥款重修言子祠，楊泗孫撰并書。楊泗孫（1823—1889），字鍾魯，號濱石，邑人，清咸豐二年（1852）進士，仕至太常寺少卿。碑原在言子祠，已殘，現存文廟碑廊内。

聖賢神象
常熟殷用霖謹書

至聖先師
復聖顏夫子　字子淵
宗聖曾夫子　字子輿
述聖孔子思夫子

亞聖
夫子　字子輿
閔夫子　諱損字子騫
冉夫子　諱耕字伯牛
冉夫子　諱雍字仲弓
宰夫子　諱予字子我
二

端木夫子諱賜字子貢
冉夫子諱求字子有
仲夫子諱
由字子路
言夫子諱偃字子游
卜夫子
諱商字子夏
三

顓孫夫子
諱師字子張
有夫子
諱若字子有
朱夫子
諱熹字仲晦
蘧夫子諱瑗字伯玉
林夫子諱放字子邱

澹臺夫子諱
滅明字子羽
宓夫子諱不齊字子賤
原夫子諱憲字子思
公冶夫子
諱長字子長
南宮夫子諱适字子容
五

公晳夫子諱哀字季次
商夫子諱瞿字子木
高夫子諱柴字子羔
漆雕夫子諱開字子若
樊夫子諱須字子遲
六

司馬夫子諱耕
字子牛
商夫子諱澤
字子秀
梁夫子諱鱣字叔魚
巫馬夫子諱施字
子期
冉夫子諱孺字子曾
七

顏夫子諱
辛字子柳
伯夫子諱虔字子晳
曹夫子諱卹字子循
冉夫子諱季字子
公孫夫子
龍字子石
八

漆雕夫子諱徒父字子有
秦夫子諱商字丕茲
漆雕夫子諱哆字子斂
顔夫子諱高字子驕
公西夫子諱赤字子華

壤夫子諱駟赤字子徒
任夫子諱不齊字子選
石夫子諱作蜀字子明
公夫子諱良孺字子正
公夏夫子諱首字子乘
十

公夫子諱肩定字子仲
罕父夫子諱黑字子索
后夫子諱處字子里
鄡夫子諱單字子聲
奚夫子諱容蔵字子晳
十一

榮夫子 諱旂 字子祺
顏夫子 諱祖 字子襄
句夫子 諱井疆 字子壇
左夫子 諱人郢 字行
秦夫子 諱祖 字子南
十二

鄭夫子 諱國 字子徒
原夫子 諱亢 字籍
縣夫子 諱成 字子祺
公祖夫子 諱句茲 字子之
廉夫子 諱潔 字子庸
十三

燕夫子 諱伋 字思
叔仲夫子 諱會 字子期
樂夫子 諱欬 字子聲
公西夫子 諱輿如 字子上
狄夫子 諱黑 字皙之
十四

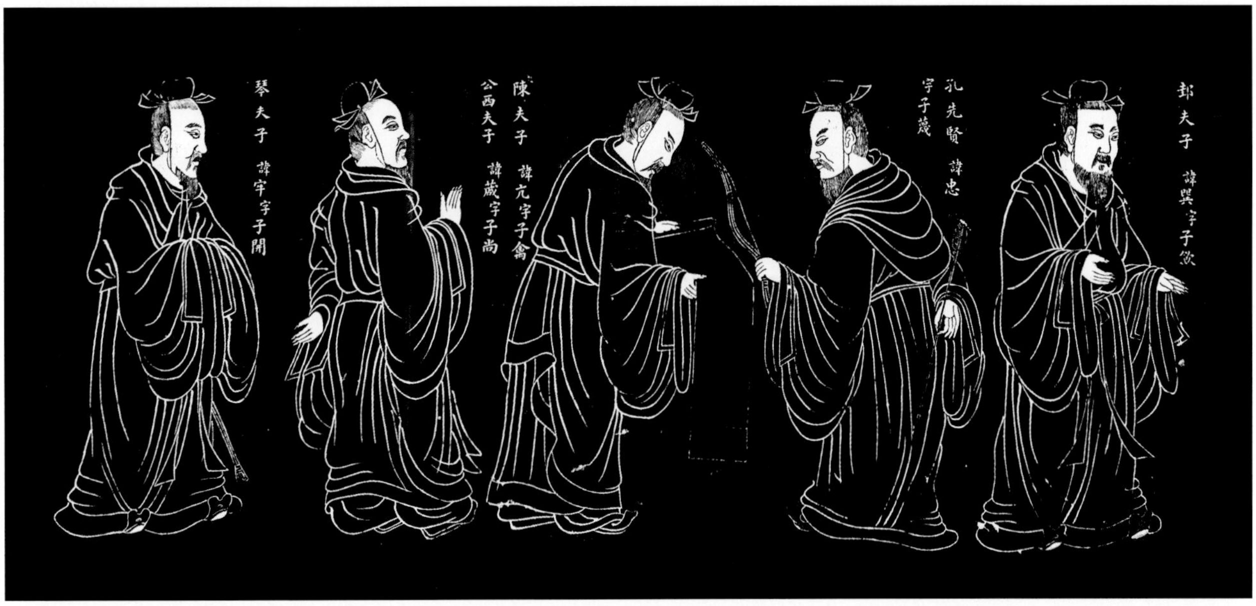
邽夫子 諱巽字子歛
孔先賢 諱忠 字子蔑
陳夫子 諱亢字子禽
公西夫子 諱葴字子尚
琴夫子 諱牢字子開

顏夫子諱之僕字子叔
步叔夫子 諱乘字子車
施夫子諱之常字子恒
秦夫子 諱非字子之
申夫子 諱根字子續
十六

顏夫子 諱噲字子聲
左夫子 諱邱明
顏夫子 諱何字子冉
秦夫子 諱冉字子開
縣夫子 諱亶字子象

一百十　文廟聖賢神象圖

年代：清光緒五年（1879）

碑文：

聖賢神象，常熟殷用霖謹書

至聖先師；復聖顏夫子，字子淵；宗聖曾夫子，字子輿；述聖孔子思夫子；亞聖孟夫子，字子輿；閔夫子諱損，字子騫；冉夫子諱耕，字伯牛；冉夫子諱雍，字仲弓；宰夫子諱予，字子我；端木夫子諱賜，字子貢；冉夫子諱求，字子有；仲夫子諱由，字子路；言夫子諱偃，字子游；卜夫子諱商，字子夏；顓孫夫子諱師，字子張；有夫子諱若，字子有；朱夫子諱熹，字仲晦；蘧夫子諱瑗，字伯玉；林夫子諱放，字子邱；澹台夫子諱滅明，字子羽；宓夫子諱不齊，字子賤；原夫子諱憲，字子思；公冶夫子諱長，字子長；南宮夫子諱適，字子容；公晳夫子諱哀，字季次；商夫子諱瞿，字子木；高夫子諱柴，字子羔；漆雕夫子諱開，字子若；樊夫子諱須，字子遲；司馬夫子諱耕，字子牛；商夫子諱澤，諱子秀；梁夫子諱鱣，字叔魚；巫馬夫子諱施，字子期；冉夫子諱孺，字子曾；顏夫子諱辛，字子柳；伯夫子諱虔，字子晳；曹夫子諱卹，字子循；冉夫子諱季，字子產；公孫夫子諱龍，字子石；漆雕夫子諱徒父，字子有；秦夫子諱商，字丕兹；漆雕夫子諱哆，字子斂；顏夫子諱高，字子驕；公西夫子諱赤，字子華；壤夫子諱駟赤，字子徒；任夫子諱不齊，字子選；石夫子諱作蜀，字子明；公夫子諱良孺，字子正；公夏夫子諱首，字子乘；公夫子諱肩定，字子仲；罕父夫子諱黑，字子索；后夫子諱處，字子里；鄡夫子諱單，字子聲；奚夫子諱容箴，字子晳；榮夫子諱旂，字子祺；顏夫子諱祖，字子襄；句夫子諱井疆，字子壃；左夫子諱人郢，字行；秦夫子諱祖，字子南；鄭夫子諱國，字子徒；原夫子諱亢，字籍；

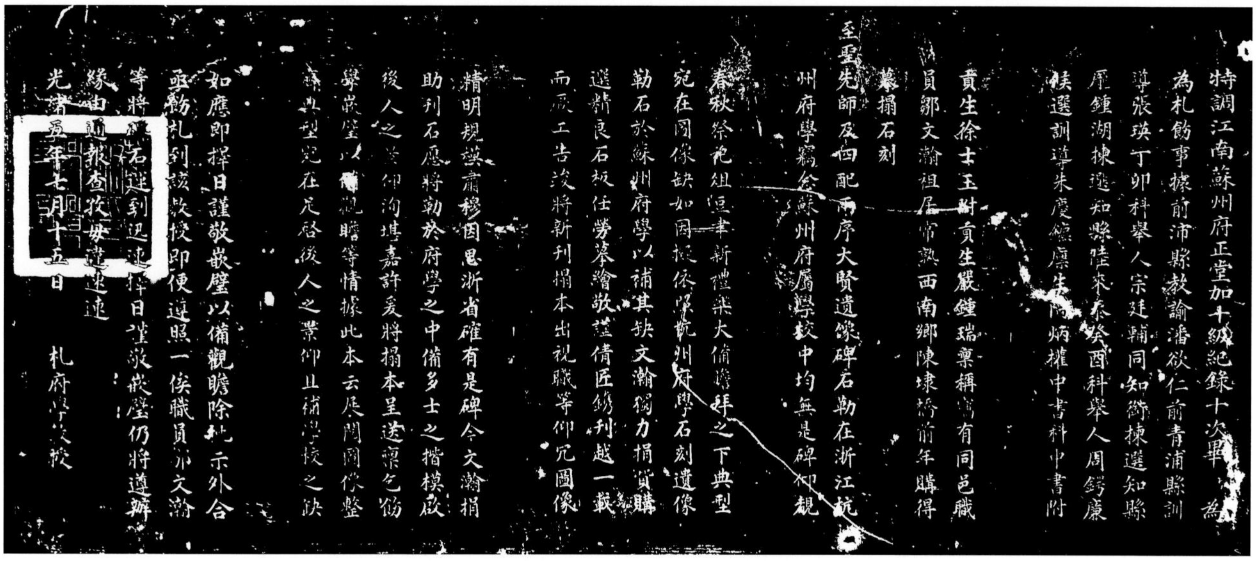

縣夫子諱成，字子祺；公祖夫子諱句兹，字子之；廉夫子諱潔，字子庸；燕夫子諱伋，字思；叔仲夫子諱會，字子期；樂夫子諱欬，字子聲；公西夫子諱與如，字子上；狄夫子諱黑，字皙之；邽夫子諱巽，字子斂；孔先聖諱忠，字子蔑；陳夫子諱亢，字子禽；公西夫子諱葴，字子尚；琴夫子諱牢，字子開；顔夫子諱之僕，字子叔；步叔夫子諱乘，字子車；施夫子諱之常，字子恒；秦夫子諱非，字子之；申夫子諱振，字子績；顔夫子諱噲，字子聲；左夫子諱邱明；顔夫子諱何，字子冉；秦夫子諱冉，字子開；縣夫子諱亶，字子象；牧夫子諱皮。

常熟沈雲燾監刊，長洲錢祥摹繪，烏程沈鴻藻敬書。光緒五年歲在己卯孟夏，常熟鄒文瀚敬立。

謹嵌蘇州府學，吳縣王鳳章鎸石。

文廟聖賢神象圖，殷用霖謹篆。

特調江南蘇州府正堂加十級紀錄十次畢　爲爲札飭事：據前沛縣教諭潘欲仁、前青浦縣訓導張瑛、丁卯科舉人宗廷輔、同知銜揀選知縣龐鍾湖、揀選知縣陸來泰、癸酉科舉人周鍔廉、候選訓導朱慶鑣、禀生陶炳權、中書附貢生徐士玉、附貢生嚴鍾瑞禀稱，竊有同邑職員鄒文瀚，祖居常熟西南鄉陳埭橋，前年購得摹拓石刻至聖先師及四配、兩序大賢遺像碑石，勒在浙江杭州府學。竊念蘇州府屬學校中均無是碑，仰睹春秋祭祀，俎豆聿新，禮樂大備，瞻拜之下，典型宛在，圖錄缺如，因擬依照杭州府學石刻遺像，勒石于蘇州府學，以補其缺。文瀚獨力捐貲，購選精良石板，任勞摹繪，敬謹倩匠鎸刊。越一載而厥工告竣，將新刊拓本出視。職等仰冗圖像精明，規模肅穆，因思浙省確有是碑，今文瀚捐助刊石，願將勒于府學之中，備多士之楷模，啓後人之景仰，洵堪嘉許。爰將拓本呈送，禀乞飭學嵌壁，以備觀瞻，等情。據此本云，展閲圖像整齊，典型宛在，足啓後人之景仰，且補學校之缺如。應即擇日謹敬嵌壁，以備觀瞻。除批示外，合亟飭札到，該教授即便遵照，一俟職員鄒文瀚等將碑石運到，迅速擇日謹敬嵌壁，仍將遵辦緣由通報查孜，毋違，速速。

光緒五年七月十五日，札府學教授。

按：此刻原存杭州府學，常熟鄒文瀚購得拓片，亟刻石于蘇州府學。殷用霖篆，錢祥摹繪，沈鴻藻書。殷用霖，字伯唐，邑人，楊沂孫弟子，曾宦游浙江，盡得所傳，篆隸鐵筆，一時稱美。有《印印》《漢宫印略》《可園吟草》等傳世。此拓因關邑學掌故，故亦存之，以備觀瞻。

一百十一　清光緒十六年會試恩科題名録

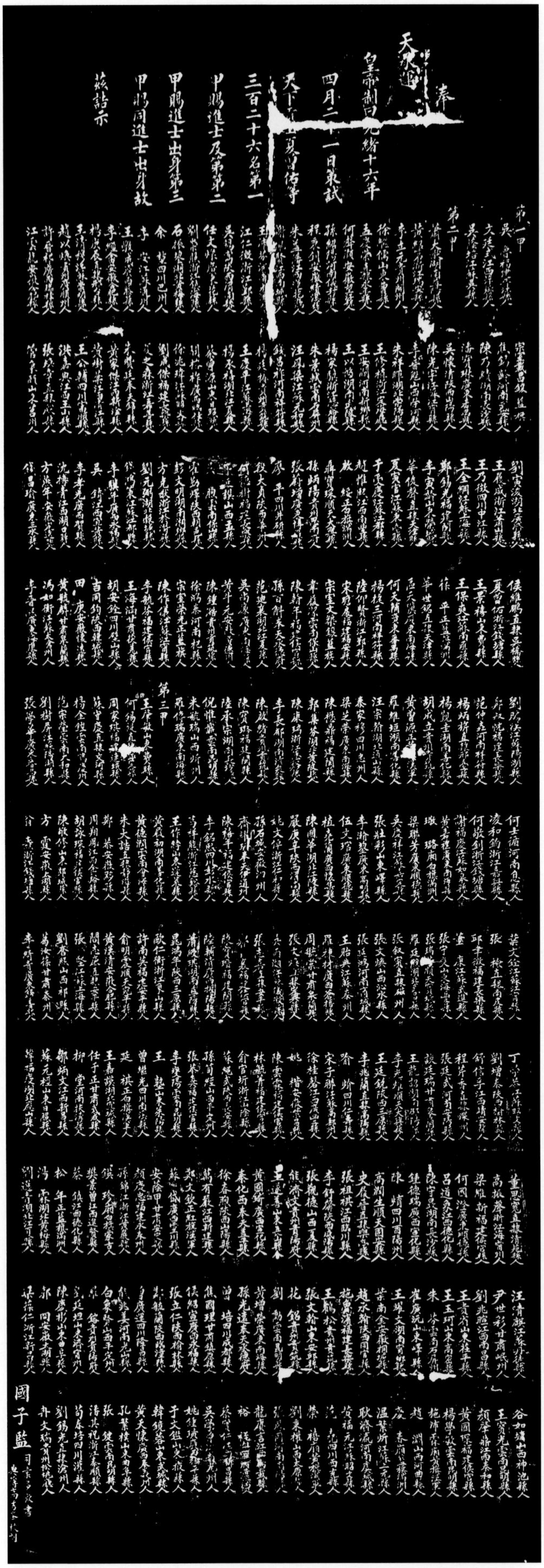

一百十一　清光緒十六年會試恩科題名録

年代：清光绪十六年（1890）

碑文：

奉天承運，皇帝制曰：光緒十六年四月二十一日，策試天下貢生夏曾佑等三百二十六名，第一甲賜進士及第，第二甲賜進士出身，第三甲賜同進士出身。故兹誥示。

第一甲：

吴魯，福建晋江縣人。文廷式，江西萍鄉縣人。吴蔭培，江蘇吴縣人。

第二甲

蕭大猷，湖南益陽縣人。黄紹第，浙江瑞安縣人。李立元，貴州開州人。徐繼儒，山東曹縣人。孟慶榮，直隸永年縣人。何聲灝，安徽望江縣人。孫紹陽，河南儀封縣人。程秉釗，安徽績溪縣人。朱益藩，江西蓮花縣人。謝佩賢，江西南城縣人。王沛芬，河南光州人。江仁徵，浙江鄞縣人。吴錫嶲，陝西渭南縣人。任文燦，廣東花縣人。劉崇照，浙江鎮海縣人。石振鋆，湖北黄梅縣人。余堃，四川巴州人。李安，江蘇通州人。王敷成，廣西藤縣人。李經畬，安徽合肥縣人。楊庚辰，直隸邢臺縣人。王清穆，江蘇崇明縣人。趙以煥，貴州廣順州人。許晋祁，廣西臨桂縣人。江雲龍，安徽合肥縣人。宗室載昌，鑲藍旗人。焦錫齡，河南武安縣人。陳乃績，湖南長沙縣人。潘寶琳，廣東番禺縣人。吴懷清，陝西山陽縣人。陳光宇，江蘇江寧縣人。李晋魁，山西滎河縣人。朱祥暉，湖北崇陽縣人。王修植，浙江定海廳人。王安瀾，河南新鄉縣人。王以慜，湖南武陵縣人。楊家驤，浙江慈溪縣人。朱景軾，雲南石屏州人。汪鳳梁，江蘇元和縣人。錢昌祚，河南祥符縣人。楊廷椿，貴州貴筑縣人。王慶平，江蘇上海縣人。楊丞禧，湖北江夏縣人。蔡曾源，山東日照縣人。闞榕祚，廣西臨桂縣人。徐兆瑋，江蘇昭文縣人。劉成杰，福建長樂縣人。夏之森，浙江嘉善縣人。朱贊廷，奉天錦縣人。黄家杰，江西新淦縣人。黄樹棻，江西清江縣人。王公輔，四川富順縣人。洪嘉與，江西玉山縣人。張煥章，直隸獻縣人。管象頤，山東莒州人。劉寅浚，湖北廣濟縣人。王履咸，浙江蕭山縣人。王乃徵，四川中江縣人。王全綱，江蘇上海縣人。鄭錫光，福建閩縣人。李寅齡，山東榮城縣人。華俊聲，直隸天津縣人。夏寅官，江蘇東臺縣人。于受慶，江蘇江都縣人。趙惟熙，江西南豐縣人。啓綬，正白旗，滿洲人。聶寶琛，順天大興縣人。孫炳陽，貴州思南府人。張蔚增，廣東博羅縣人。廖平，四川井研縣人。段大貞，陝西華州人。何德樹，福建長樂縣人。于延撰，山西孟縣人。吴煦，雲南保山縣人。霍勤燡，陝西朝邑縣人。彭文明，湖南湘鄉縣人。方克猷，浙江于潜縣人。劉元弼，湖北穀城縣人。錢鴻策，江蘇江都縣人。李驤年，廣西永福縣人。吴錡，江西宜黄縣人。李孝光，廣西賀縣人。沈搏青，江西湖口縣人。方燕年，安徽定遠縣人。錢昌瑜，廣東三水縣人。侯維鵬，直隸吴橋縣人。夏曾佑，浙江錢塘縣人。王景禧，山東費縣人。王保爽，江蘇南匯縣人。葆平，正藍旗，滿洲人。華世銘，直隸天津縣人。區天驤，廣東南海縣人。何天輔，廣東番禺縣人。楊捷三，河南祥符縣人。陸仰賢，浙江鄞縣人。宋瞻宸，福建福安縣人。宗室文桀，鑲藍旗人。韋履潔，雲南保山縣人。陳翰年，福建侯官縣人。孫百斛，奉天承德府人。范迪襄，湖北江夏縣人。吴尚廉，廣東南海縣人。黄斗元，安徽廣德州人。陳鐘浩，貴州貴筑縣人。徐鴻泰，河南杞縣人。宗室榮光，正藍旗人。陳作儀，江蘇江寧縣人。李毓芬，福建侯官縣人。王海涵，甘肅茯羌縣人。胡安銓，四川壁山縣人。吉同鈞，陝西韓城縣人。田庚，安徽懷遠縣人。黄毓麟，甘肅皋蘭縣人。馮如衡，江蘇太倉州人。李晋熙，廣東海康縣人。劉瞻漢，江蘇陽湖縣人。鄭叔忱，福建長樂縣人。范仲垚，河南祥符縣人。楊炳旂，直隸邢臺縣人。楊觀圭，湖南善化縣人。胡成立，貴州貴筑縣人。黄曾源，正黄旗，漢軍人。羅維垣，湖南善化縣人。汪宗翰，湖北通山縣人。

秦家穆，四川忠州人。梁芝榮，廣東南海縣人。陳懋鼎，福建閩縣人。郭集芬，湖北黄陂縣人。陳康瑞，浙江慈溪縣人。李長郁，湖南清泉縣人。陳啓緒，貴州貴筑縣人。陳寶璐，福建閩縣人。陸承宗，湖南長沙縣人。倪惟誠，雲南昆明縣人。米毓瑞，山西忻州人。羅傳瑞，廣東南海縣人。

第三甲

王肇敏，山東費縣人。何錫禔，直隸正定縣人。周家琪，福建連城縣人。蘇守慶，直隸交河縣人。楊金鎧，雲南鶴慶州人。范宗瑩，雲南大和縣人。劉樹屏，江蘇陽湖縣人。張學華，廣東番禺縣人。何士循，河南息縣人。凌和鈞，浙江嘉興縣人。何敬釗，浙江錢塘縣人。謝福慶，江蘇如皋縣人。黄嘉禮，廣東南海縣人。璥璐，厢白旗，滿洲人。梁聊芳，廣東順德縣人。吴慶祥，江蘇嘉定縣人。張壯彩，山東嶧縣人。李瀚鋆，廣東高明縣人。伍文琯，廣東順德縣人。植堯蘭，廣西懷集縣人。陳國華，湖北江陵縣人。嚴庚辛，陝西渭南縣人。姚文倬，浙江仁和縣人。孫石城，安徽泗州人。齊耀珂，奉天伊通州人。陳禧年，福建侯官縣人。李銘熙，四川彭水縣人。葛祥熊，浙江慈溪縣人。王作綍，山東蓬萊縣人。黄履初，湖南善化縣人。黄德潤，雲南會澤縣人。朱大誥，直隸静海縣人。鄭恭，安徽黟縣人。周翔鳳，江西金溪縣人。胡咏琛，福建侯官縣人。陳敬修，山東鄭城縣人。方霆，安徽太湖縣人。翁燾，浙江錢塘縣人。葉文銓，江蘇江寧縣人。張檢，直隸南皮縣人。邱聿徽，福建長樂縣人。董康，江蘇武進縣人。張宁炎，山東海豐縣人。張瑞芳，順天寶坻縣人。羅廷煦，湖北武昌縣人。張叙賓，直隸磁州人。張文焕，山西沁水縣人。張延鴻，河南商城縣人。王貽典，江蘇泰州人。羅棟材，廣西蒼梧縣人。周毓棠，甘肅皋蘭縣人。張文焕，直隸定興縣人。吴丙湘，江蘇儀徵縣人。張志嘉，直隸安平縣人。鄭襄，福建侯官縣人。陳寶瑨，福建閩縣人。陸輔清，廣西權陽縣人。蕭綬琪，湖南益陽縣人。晁鴻年，山西三原縣人。歐仁衡，浙江象山縣人。許南英，福建安平縣人。俞明震，順天宛平縣人。黄漢清，安徽合肥縣人。閻志廉，直隸安平縣人。張堅，江蘇上海縣人。劉奮熙，山西祁縣人。葛汝葆，甘肅秦州人。李綺青，廣東歸善縣人。丁學恭，江蘇昭文縣人。劉增泰，陝西榆林縣人。舒信孚，江西靖安縣人。程芹香，直隸深州人。張廷武，河南安陽縣人。談廷瑞，甘肅皋蘭縣人。王龍詔，湖南邵陽縣人。李光耀，順天大興縣人。王廷鋭，陝西三原縣人。李兆蘭，直隸高陽縣人。喻炌，四川仁壽縣人。宋子聯，江蘇高郵州人。徐桂磬，江西廣豐縣人。姚楷，安徽繁昌縣人。陳雲霖，福建侯官縣人。林毓菁，福建侯官縣人。俞官圻，浙江山陰縣人。蘇繩武，陝西長安縣人。孫笴經，山西平定州人。張恭彝，福建侯官縣人。李燮陽，雲南昆明縣人。王塾，山東萊陽縣人。曾繼光，四川南溪縣人。延祺，正白旗，漢軍人。王嘉謨，湖北宜城縣人。任于正，甘肅武成縣人。柳堂，河南扶清縣人。鄒炳文，江西新昌縣人。蘇元樫，山東日照縣人。韓福慶，湖北應山縣人。董思寬，直隸清苑縣人。高振聲，浙江海寧州人。梁維新，福建侯官縣人。何國澄，廣東順德縣人。吕道象，江西德化縣人。陳守叚，湖南長沙縣人。鍾德瑞，廣西宣化縣人。陳焴，四川酉陽州人。高潤生，順天固安縣人。史履晋，直隸樂亭縣人。張祖祺，江西臨川縣人。李舒馨，陝西咸陽縣人。張觀德，山西夏縣人。熊濟文，貴州貴陽府人。王遂善，山東長山縣人。黄國琦，廣西宣化縣人。秦化西，奉天盖平縣人。徐春煦，陝西山陽縣人。萬有嚴，江西新建縣人。鄭文欽，正紅旗，漢軍人。蘇岱，廣西靈川縣人。安蔭甲，甘肅安定縣人。顔慶忠，福建永春州人。孫錦江，浙江黄岩縣人。锳珍，厢白旗，蒙古人。樊景曾，江西進賢縣人。蔡鎮，江西德化縣人。松年，正藍旗，滿洲人。湯霖，湖北黄梅縣人。劉選青，湖北江夏縣人。汪清麒，江蘇丹徒縣人。尹世彩，甘肅岷州人。劉兆暄，江西南昌縣人。王貴省，山東茌平縣人。王玉珂，山東高密縣人。朱芬，雲南石屏州人。崔廣沅，山東嶧縣人。王燿文，湖南寧鄉縣人。葉南金，安徽桐城縣人。趙承翰，陝西同官縣人。施魯濱，福建長樂縣人。王鶴松，貴州貴筑縣人。張文翰，山東安邱縣人。花銘，貴州貴筑縣人。劉勛，雲南昆明縣人。黄增榮，廣東南海縣人。孫光遠，奉天承德府人。曾培，四川成都縣人。焦國理，甘肅鎮原縣人。

侯紹宣，廣西永福縣人。張立仁，陝西榆林縣人。鄭毓蘭，陝西臨潼縣人。曾廣運，四川隆昌縣人。熊兆姜，河南光山縣人。白象賢，山西平定州人。羅鎔，貴州貴陽府人。劉延坦，山東濟寧州人。陳慶彬，山東曲阜縣人。郭冏，安徽太湖縣人。梁葆仁，浙江新昌縣人。谷如墉，山西神池縣人。王寶光，雲南昆明縣人。顏肇鼎，江西泰和縣人。黄國琛，福建侯官縣人。楊學敏，雲南昆明縣人。施沛霖，厢黄旗，漢軍人。趙淵，山西河曲縣人。慶春，厢藍旗，滿洲人。温繁炘，江蘇上元縣人。耿濟瀛，河南虞城縣人。黄福元，江蘇昭文縣人。范堯，四川西充縣人。榮禧，厢黄旗，漢軍人。劉秉權，山西太原縣人。張鳳岡，河南南陽縣人。龍賡言，江西萬載縣人。裕袏□□，厢黄旗，滿州人。蔡寶仁，江西新昌縣人。吴學曾，河南光州人。姚鐘璜，廣西桂平縣人。于文鑒，山東掖縣人。韓鏡蓉，山東武城縣人。黄天懷，廣西奉義州人。孔繁樸，山東曲阜縣人。張鍵，雲南昆明縣人。潘其祝，浙江泰順縣人。苟春培，四川灌縣人。劉錫光，直隸滄州人。冉文瑞，貴州松桃廳人。

国子监：司業多歡書，典簿高秀峰校刻

一百十二　黄溍《文學書院記》

年代：元

碑文：

昔州縣未有學，先儒或擇勝地，建精舍以講授。為政者輒就而褒表之，號曰書院。宋初，天下四書院而已，然惟白鹿、睢陽之有田，僅見于傳記，皆上之人以是而厚其養，未有以一鄉之善士專任其事者。其後命州縣咸立學，而學校之官遍于天下，書院之創置亦日增多。

我朝尊右儒術，以風厲乎海内，聞者莫不知勸，有力而好事之家，往往構廣廈以崇祀事，輟良田以豐廪食。其為書院者，遂與州縣學參立，而布滿于四方。既奉濂洛、乾淳二三大儒以為先賢，而于前代名臣、山林高蹈之士，有所弗遺。凡尸而祝之者，非仕其國，則其鄉邑也。孔子之門，從游三千，速肖七十，獨子游為吴人。今常熟州，實其所居里，南州之先賢孰有加于子游者乎寥寥，千載莫有能表顯之者。州故為縣時，孫公應時知縣事，嘗為位于學官講舍之西偏，率學士大夫及其子弟，行釋菜禮，而未克為專祠。後百五十年，為今至順二年，州人曹善誠始出私錢買地作祠宇，而闢講堂于其後，列齋廬于其旁。有司因為請于中書，設師弟子員，而揭以新額曰"文學書院"。曹君既贍以田一千六百畝有奇，恐旱乾水溢之不虞，將割田以繼者，疑為苟避征徭，未敢自言。大名王侯侃來守是州，力勸相之，于是曹君益之，畀以田二千六百畝有奇。事聞于郡，未報，而王侯以秩滿去，曾君亦入掾太師府。今守張侯術閲故牘而得其始末，亟命佐吏賈天瑞請郡闢白。自是其田有苗税而無力役，春秋之事，得不匱乏，為士者亦有所蒙賴，而優游于誦弦俎豆間。鄉貢進士達里新署其山長而未上，攝書院事者，儒學教授徐夢吉，以為曹君有功于名教，與兩侯之成始終，皆不可以無述。爰狀其實，屬溍記之。

溍竊觀孫公舉曠古之闕典，意甚美而為事殊簡略，特以先師朱子之記，而見稱于人。曹君乃能不愛其所有，而汲汲焉致力于孫公之所不及，固已不易；以一鄉之善士而專任樂育人材之責，亦古所無。顧欲以溍之蒙陋，嗣為之記，而自附于朱子之末，安敢犯是不韙哉？惟朱子之文，天下學者莫不家傳人誦之，况為其州之士而群居于此，豈無聞其緒言而興起者？誠能相與勉焉，朝益暮習，而無苟利乎，為養士之厚，必有异乎今世之所謂文學，而不為昔人之所謂賤儒。此則朱子之所望于來者，溍無庸以剿説為也。

按：此篇始原碑皆佚，拓片亦不存，因關儒學，姑録備考。

一百十三　黄溍《常熟州學田記》

年代：元

碑文：

常熟故吴地，州之西，子游宅在焉。當孔子時，吴通上國已久，北學宜非一人，獨子游以身通受業，列于七十有二人之間，而其言行見于紀録為甚具，迨今千七百餘年。生其地而好學能文名者猶彬彬焉，風氣之厚，俗習之盛，誠非旁州比縣之所及，然自其為縣時已有學，而所占田多薄瘠，以歲之不易也，諸生往往無所仰食。學校之養，顧出他州縣下，弦誦之聲希闊寂寥。前後為是州若職教事思有以裕之，而未知所以為計。學之賓老以為州之有力而名好事莫如曹君，乃相率造君以為言。君欣然為輟田之可耕者若干畝、山之可樵者若干畝以佐之，士之群居聚食，始無所乏絶，莫不德君之所為，而愿得予文以記之。予聞古昔授田建學，悉有成法，民之為士，固不必廩于學宫，而大家巨室亦不得有羨田以資施與也。自先王之法壞而不可復見，説者蓋以為三千之徒聚而食于孔子，或又以飲食之人為子游氏之儒，何言之無稽耶？今之去孔子日益以遠，有能聞布衣養徒之事而興起焉，可謂難也已。若夫為弟子員而藏修息游于斯者，皆生于子游之鄉，而得其風氣習俗之美者也，苟無辜乎？居之安，食之飽，而必有事。將見其處也無愧乎子游之文學，其出也必無忘子游之學道而愛人，一簞一瓢，不足為其儉，萬鍾之禄，不足為其泰，孰得以區區飲食之細厚誣君子也？是用弗讓而為之記，以告來者云爾。

一百十四　閻復《楊氏義學記》

年代：元

碑文：

古者井天下之田，一夫百畝，分田制禄，作為學校以教之。家有塾，黨有庠，術有序，三者王政之大端也。後世井田之法廢，富者田連阡陌，貧者無置錐之地，庠序之教，衣冠士族，流為工商，降為皂隸者多矣。此義莊、義學之所由設也。吴郡義田自范文正公始，常熟縣楊侯實踵行之。侯家居琴川百有餘年，宗派既蕃，思以義庇其族，即所居沙頭里懇田若干，築室二十楹，敦請耆儒以主師席。凡族中之貧者有養，老者有奉，少者得致力于學。予嘗為部使者，知侯尚義之志，老而彌篤，不可不為表見于世。噫，聖賢既没，義之説不明天下矣；而義之在人心，未嘗泯焉。凡今之人見一義事，莫不翕然稱之。兄弟友愛，再世同居，則曰義門；豐年聚粟，以備饑荒，則日義倉；里門有井，遠近同汲，則曰義漿。矧兹莊學為義之大者乎？自文正公發端之後，以義名莊者，東郡陳君德高名學者，玉山劉侯允迪，二公而已。世豈無好義而繼之者或寡。今楊侯一舉而兼之，予故樂為之書。且諗知楊氏子弟宗族，曰學校所以教人為義者也，農桑衣食之原，禮義所從出也。而今而後，凡仰食于莊、肄業于學，一言一動，孜孜切切，相與勉之以義，毋或負侯置莊起學之意云。

一百十五　楊維楨《重建學宫碑》

年代：元

碑文：

姑蘇六邑，而常熟號多秀民，則以言公偃文學之鄉也。五季學廢，宋重創于舊地。端平初，修者邑令王爚。有元升縣為州，學益大，至正二十年，帥官盧公葺其廢，事出鹵莽，不三四年而大弊。今吕侯典州，下車首謁孔子廟，惕然于衷，呼舊文學衛鎬曰：“吾國主不以吾不肖，俾典是州，豈徒理簿書、赴期會而已？學校，吾首事也。”難者曰：“學未主職，廩未復稍，弟子員未定嚮，太守欲以空言作興乎？”侯曰：“非也，一卷之書必有師，十室之邑必有忠信。司民紀者，苟有于作興，吾未見上率而下不應也。故庚桑瑣隸，風移碨磥，况千里之師帥乎？”于是州人趙韓虞輩翕然應于下，自元年六月朔起，工訖于秋九月，内而聖殿□堂奥室，外而欞戟諸門，旁而兩廡齋舍、庾藏厨傳、丹陽公祠、后土，三賢有堂，采芹有亭，奏樂有軒，咸一新之。冬十月朔，侯既率僚佐及邦之一二庶老，行釋奠禮竣事，又遣州士趙生馳書三泖之澤，求余文以登諸石。

余謂常熟古文學之鄉，兵變來，甲族大家弦歌之聲未嘗一日廢，丹陽公之遺風，千載一日耳，况今東南亂極有治象，英辟賢輔，授州縣之寄者有循良吏如吕侯不一，可為吾道賀者，豈直常熟一州而已哉？抑吾有諗于吕侯者，曰，興黌舍，復養地，謹其出内，使祭祀時，廩稍足，此侯有司責也。若其躬校經學，試策殿最，使州士有成，以俟异日鄉秀，當檢典故告太守，此侯師帥責也。侯尚以余勉之，安知侯之得士無如公者，出以廣弦歌之化焉。余老未朽，尚及見之。侯名熙，字某，河州里人，通經博史，某地之衣冠世胄也。自某官起，選升丹徒令。丹徒之人歌其去思云。是年十月，有元李黼榜進士，奉訓大夫、江西等處儒學提舉、會稽楊維楨撰。

一百十六　趙永言《學圃記》

年代：明

碑文：

常熟邑校習射之圃，在學西三里許，東至西二十三步，南至北一百十有三步，西南一小角，南北七步奇，東西七步之半。自宋迄今，四百有餘祀矣。正統改元，會提督學政、監察御史、吉豐彭公駐節分院，越二日，謁先聖先師，禮成，坐明倫堂，諸生進講畢，起如觀德亭。諸生某次而射中有賞，不中有罰。射既，顧予等曰：“圃建于此，學遠甚，朔望往復，寧不勞耶？”有司奉命，至已未于學東貿地一區為圃。舊圃密邇有二鄰，知邑版籍田賦數有力，欲用白金二十兩市為基。有司諾之，余召諸生語曰：“舊圃民可得乎？”諸生曰：“不可，愿留為蔬圃，以供厨饌。”有司堅欲成鄰之圖，余語之再，竟弗予諾。余曰：“聞于朝，予民則民得，予學則學得。”時有邑之士民陳叔瑛、蔣玉輝，以余言諷有司。有司度不□，仍欲納價如民數。余偕諸生謝升等捐廩，稍得銀十兩，復募好事者，又得銀十兩，與之而後已。余複慮時遷歲改，民覬覦之心不忘，為師者代去，為生徒者出為世用，復為民之圃，惜哉。余故特記其顛末并録樂助君子姓氏于石，使世教是學者知所自，使世為生徒者亦知所自，不為民所有，永為學之蔬圃云。

一百十七　錢仁夫《重建正蒙社學記》

年代：明

碑文：

邑城舊有社學，在縣治西秋報門内，城隍廟東數十步，成化初元，縣令甘公澤始創。弘治壬子，改社學為府館，今府館又改為察院矣。縣令王公綸擇慧日寺西偏隙地，規為社學，去舊學又數十步，堂構粗完。歲丙辰，縣令慈溪楊公子器實來，大新政教，謂社學弗稱，因其舊而拓大之，為堂三間，二夾室。前有軒，為東西齋各三間，堂曰"正蒙"，齋曰"果行"、曰"育德"。為屏為門，以障内外，以閑出入。而又有湢有庖，可游以息，是宜青衿來者百十，而濟濟雲集也。每朔望，師生隨入縣學，講學行禮。公暇或來社學，召諸生時一試之，課其程業，稽其勤惰，而勸懲焉。能通曉文義者，即升入縣學。諸生咸自砥礪濯磨，知進身實基于此。又慮主師席者無所仰給，適愚民有聚衆財買田奉神祀者，為田總五十七畝，事覺當没官。公申請上司，撥置社學，永為師者供億之助。公亦盡心于此矣。時里儒王臣、季鶴，在社學為師，恐歲月遷改，繼此後來，罔知上人作興成就之盛心，率諸生詣予，請記其事于石，用傳永久。

予惟化民成俗，莫善于學。三代盛時，自國都以及閭巷，皆有學。朝家法古為治，在兩京有國學，有武學，在府州縣衛各有儒學，而里中又設社學，蓋為學有次第，進身有等級，而所以明人倫、厚風俗，無二道也。第有司有賢有否，有視為急務，念念不忘者，有以為粉飾太平之具，恝然不加之意焉者。自公來我常熟，以學校人才為首事，而改淫祠為社學，每鄉每鎮有之，田間幼稚皆知誦習，化嚚訟之風，以成禮讓之俗。公賢于人亦遠。使天下郡縣皆如是，何三代之不可復哉？記邑城社學，特舉其大者耳，他未暇以悉記也。

一百十八　瞿景淳《重建文學書院記》

年代：明

碑文：

永嘉王公治常熟之二年乙丑，政修民和，百廢具興。學宫之左有吴公祠，公既展謁，因歎曰："嗟乎，兹固先賢吴公之鄉也。國家方以文學造士，今僅有祠而書院不立，造士之制，無乃缺諸？且嵩陽嶽麓，類有書院。矧兹為吴公之鄉，而獨缺焉，固有司之事也。"乃相地于邑治之西，得廢圃一區，介兩憲院間，西枕山麓，顧瞻則吴公之墓在焉。公曰："可矣！"乃白之按院温公。温公亟是之，首發贖金若干助其役。公乃度基址，計丈尺，具材用，卜日興工。其地南阻民居，乃東闢為書院門，門内稍虚其南為坦途，北折為表，曰南方精華，言南方文學肇吴公也。門内為池，樹以綽楔，表曰洙泗淵源，言吴公之道本洙泗也。又進為學道堂，揭示遺訓，俾士民知所興也。堂北為祠門，中建祠宇，旁翼以亭，自非瞻禮，門不輕啓，明有敬也。堂之左右，稍北則對立書樓，稍南則對立號舍，各蔽以墻。出入有門，升降有階，士之肄業其中，而升堂問難者有過廊，咸得沾時雨之教也。吴公故有專祠，然僅容俎豆，而不足以聚生徒，則崇教之道未備。今書院之立，奉祀有祠，講道有堂，藏書有樓，肄業有舍，規制宏敞，真足以報吴公之德，而慰吾人景行之思矣。余獨念今之以文學名者，或有异于吴公也。吴公之文學，蓋篤其實，非徒飾空言者，若今之以文學名者，徒飾空言，為干禄之資耳，無乃有异于吴公乎？世有豪杰之士，必有不安于科舉之習，而以操履為重者，矧至吴公之鄉，而依其門墻，可徒浮華是競，以忝吴公乎，是可以省矣！不然，吾邑故有學校，豈不足以造士，而司教化者，必勤勤于書院之立哉！

一百十九　趙用賢《射圃亭記》

年代：明

碑文：

按邑乘，邑故有射圃，正統、弘治中凡再徙置。嘉靖初，縣令徐公淡即學道書院稍拓為圃，實在學宫之西，而其地頗逼闤闠，再議廢置。後三十餘年，永嘉王公繼令吾土，得城東隅甌脫地更為之。而其地欹仄湫隘，庭廡卑陋，上不足以充于揖讓，而下不足以周于步武。今晋安留公為縣之逾年，興舉教化，邑之子弟相與講論道藝，喟然興歎于是圃之廢，乃購地得息壤于虞山東麓，芰屏緇翳，披剃叢奥，始就彝曠。公乃首斥俸資，庀材鳩工，北面為堂三楹，顔曰觀德。其後列更衣、膳食之所。成之日，萬曆丁丑夏六月也，距始事僅閲半歲。而豐軒廣亭，以及侯壘福籌之具，焕然畢備。公以時率諸生褒衣斐履，觀游其間。高陵迴溪，綺綰綉錯，而岡阜林麓之曠，非有市廛争逐之譊。則是圃之設，其可以永存而不廢者。公于是屬賢為紀其事。

予嘗覽觀成周之際，司馬有射人之屬，以法授射者。而司徒保氏掌養國子以道，曰教之五射。至其選士之法，春合諸學，秋合諸射，小司馬因得以藝進退，而鄉閭族黨所書其德行者。大司徒猶必校之于澤宫，而慶讓行焉。何者？明道藝之教，非出殊途，而文事武備，士固相資為用者。晚近世不究于斯義，儒生則持文詞，介胄則高武力，至互相詆訾。而平世右文，見謂從容緩帶，可以晝諾樽俎。良有司緣俗為治，亦見謂弓矢决拾，非所以器人。而專其道德之習者，遂弃去不講，無惑乎士寡全才，而文武之道不備也。夫留公乃當治平之盛，其興賢與能，既以式化士類，而修廢舉墜，復以其餘推極乎先王道藝合一之教，斯不可謂卓然志吾之道歟？

一百二十　王錫爵《重建虞山書院記》

年代：明

碑文：

昔者仲尼之門，蓋聚天下之長材秀民，而經緯以禮樂，黼黻以詩書，凡彬彬洙泗之間者，上下千載，縱横九州以求其人而不得一再見也。言游氏生長江海之濱，去文身斷髮之俗未遠也，而北學中國，遂裒然見推于七十二子之徒。蓋東南之人，由是與聞聖人之道，可謂盛矣。海虞故有文學書院，祠子游，宋元以來屢興屢廢。歲丙午，耿侯初令尉氏，以治行高等，徙令兹邑。而不佞屬受廛接壤，與在膏沐之下，竊嘗剽聞為政風采，如清傜役、均賦、墾田、浚河，皆鑿鑿號神明。而其大者，催科與撫字并行，庭卧桁楊，里無嘩頌。吾以為此天下真循吏，即不階文學，亦自可以甘棠豎不朽已。而侯方飭吏以儒，弦歌講誦不輟，間乃修復言子之祠，闢書院于左。前者為堂，後者為室，而加以重樓邃宇，臚列其次。其外為門為橋，仍别為署，以存二氏創祠館以祠前令之賢者。射有圃，浴有房，庖湢惟稱。自邑之士紳先生與子弟之好學者、四方之願從者，相與講學校藝，習禮其中。

既成，請記于余。余惟世降東周王者之道熄，而吾吴去鄒魯極遠，其師承孔氏，號文學名家，獨言子一人止耳。時亦有延陵季子，與之生同時，居同地，而不得見易象春秋及六代之樂，則其時雖有賢公卿大夫，欲聚其子弟而與之談説聖人之道，如陳九奏于擊壤之衢，行百拜于抔飲之處，安所信而從焉？今江左幸治安，海虞得賢侯，表章先賢之遺迹，而日與横經負笈之彦講求其所學于仲尼者。士生其間，豈非千載一遇哉？抑嘗聞言子之學，其大在六經，而其效歸之君子愛人、小人易使。夫此兩效者，則耿侯親行之、新驗之已。二三子儻未習乎古，目前經術政事一稟于侯，抑詭怪而依中庸，離口吻而求實際，是即謂之善師言子可也。蓋不佞數耳講學家言，人握靈蛇，幾無孔子，何况言子登斯堂者？其亦先辨志與擇術，事師在此，事君亦在此矣。

一百二十一　耿橘《虞山書院義助記》

年代：明

碑文：

匹夫而承五帝三王之統者，孔子一人而已。故孔子以前，五帝三王之統，天統也，非人也。孔子以後，秦漢唐宋之統，人統也，非天也。人可絶而天不可絶，自然之理也。孔子之門，惟顔淵、曾輿為之□，次之即言游。夫大江以南，得孔子之天統者，言子一人而已。有書院而毁之，伊何人哉？嗚呼，天則民彝，不可磨滅，私憎作惡，衹是徒勞。有其昧之，明乃昭焉；有其疵之，醇乃大焉；有其廢之，興乃勃焉。此非人力所能為也，天也。若鄉宦蔣侍御等、鄉民吴元淳等助銀復建言子書院者，皆天則民彝中人物矣，豈非本縣之所喜説樂道者乎？本縣此役，亦隨良士民後，順風而呼云爾。工完不可無記，記良士民之姓名，矧一時上官多嘉與其事而給助之者，尤不可無記，于是乎言。

一百二十二　王叔杲《重建文學書院碑》

年代：明

碑文：

予令常熟之三日，肅謁文廟。廟之左偏有吴公子游祠附焉。予入而禮之，出而問贊者曰："是邑也，子游之鄉也，豈無所謂專祠、書院者乎？"咸對以未之有也。

夫句吴自泰伯端委以治，而尚仍文身之陋，惟子游北學于中國，傳仲尼之道以歸，而大江以南，學者莫不得其精華。由是稱文獻之邦者，蓋三千年于兹。其功非亞于仲尼者與？而是邦為首善之地，諸鄉之後進又其教誨之所先也。乃書院之制缺然未之有作，詎非士之耻而有司之過與？于是謀及鄉大夫，謀及士庶，僉曰："惟令是從。"惟直指温公行部至縣，諸生以狀白者。公毅然以崇賢舉廢是任，亟命予曰："是邑之缺典也，令其圖之。"予乃度地于虞山之麓、御史臺之西，去吴公墓二百步而近，有隙地一方，從若干丈，横若干丈，厥土黄壤，廣衍爽塏，可八畝餘，于院為稱。予購之民間而酬其值，于是畫餱糧，慮財用，傭工役。南為門者一楹，曰文學里，以臨通衢；直北百武、東向為門者一楹，曰文學書院；由甬道折而西南，為正門者三楹，曰南方精華；又北為池者一泓，石梁亘其上，石循環其旁；又北為綽楔而四柱者一，曰洙泗淵源；又北則為學道堂，中三楹，夾室二楹，前為軒又三楹；堂之前，左右為齋舍，東西向者各十有四楹；兩舍之前，又各為高垣以界之；堂之後，左右各為樓者三楹；樓左又為庖厨三楹。而祠之制略備矣。又以瞻依無所，則士心罔攝，于是為祠以妥先像者凡五楹，前為祠門，于堂之後，其外則繚以周垣。經始于乙丑之三月，落成于是年之七月。木必丹雘，石必砥錯，厥材孔良，厥土孔精，直者如繩，折者如矩，閎偉壯麗，蓋邑之公宇民廬罔有逾之者矣。然祠臨之于上，不可以莫之祭也。于是歲為釋菜者二；士群之于中，不可以莫之程也，于是月為考試者三。祭有品，試有饌，費安從出也？于是有常稔之田者六十畝，歲收其入以為供焉。夫院制備矣，祠義周矣，而掌之非其人，胡可久也？議以分教一人居于斯。而建廨之役，予以赴召不遑及，而僅具其費，以屬之董役者。總為金千六百有奇，出公帑者十之六，予捐俸而設處者十之四。是役也，主議者温公；規畫調度，予則身之；董諸役，俾速于有成，則衛簿重鑒之勞也。

噫，予之令常熟僅十有六月，而于兹役實殫心焉。今院宇翼翼，諸士彬彬集矣，幸以無辱監司之委，以無隳崇賢勸學之素志。然豈予之勤哉？亦諸大夫士之樂贊、民之勸趨而相與有成者也。予故紀其歲月與其規制，以諗于後之君子，尚相期翼于永久焉爾。乃若述聖謨、明正學以開示群賢，則有諸鉅公之文在焉，予烏乎能？

一百二十三　王鈇《重修儒學碑》

年代：明

碑文：

粤自魯侯嘗修泮宫，公子魚董其事。史克頌焉，仲尼録之，以昭厥功。咏事撫時，曠世相感。是歲壬子夏四月，予方忝職是邦，謁廟詣學，第見仞墻崇嚴，殿宇絢耀，前後映帶，莫辨新故，竊自喜曰："學校飭哉！"有進而告者曰："學校久敝。"會稽鈕公署邑，鋭意作興，言之當道，出之公帑，行之典史，顔君伯芳俾任其勞。乃春正月，聚材鳩工，命日戒役。自大門而禮殿、經閣、堂廡、齋廬，暨言公、名宦、鄉賢諸祠，凡榱題楹桷之朽蠹者更之，瓦甓石闌之傾陊者正之，號房廢圮者營造之，丹碧漫漶者鮮明之。越三月竣事，游居易心，瞻視改觀，作士振俗之助，可嘉已乎！予曰："有是哉！魯侯明德之風懋矣，其所頌禱，烏可已耶？鈕公由禮科而臬憲，以事誣遷貳是邑，剸裁迎刃，已不足為其治矣。學校之加飭，其志蓋在歟？顧予會逢其適，坐受厥成，盍亦因其功以明志乎？"

夫學校加飭，存乎有司，而其所以增重之者，則深有望于士類。增重云者，奚俟他求？子游言公，邑之鄉先生也，如公之徒繩繩焉，學校不由是而增重乎？言公崛起南服，篤信聖師，得文學一體。朱子謂其學知有本，异乎今世之文學。予惟今世之文學，詎宜异乎言公？况盛世興學，造士之隆，又大异于往世。士慶遭逢，自不容不以學校自重，是故本忠信以為之實地，勵行檢以為之廉隅，禮義自閑，垣墉固焉；德業日新，堂宇闢焉；文藝發揚，藻繪麗焉。至于明時薦拔，以苾芬邦邑，則又有司之所加飭焉。斯學斯宫，誠哉譽髦淵藪，迥出尋常。視瞻之外，言公文學之風遍矣，其所增重，不既偉耶？然則學校之設，有本有文，增重之者本也，加飭之者文也，本與文而交修，盡善之道也。苟遺其本，將輪轅餙而弗庸乎？悉以識之，庶幾知所重者，求諸身心，嗣後飭者考。夫歲月若其勞績之著，固無待于誇詡焉。公諱緯，字仲文，浙之會稽人。

一百二十四　松溪真學《奎文閣題名記》

年代：明

碑文：

夫奎文閣者，塞虛蔽風，為聖廟護背之計位，子對午應，馬角狀頭之謡，所以妥聖而裕文也。學初建是議，多故弗克，聊植竹木為衛。擬人文當少益，迨卯秋果逾子榜，鄉士大夫咸獎成，乃謀同寅餘杭方公元泰、和蕭公永陵，捐俸倡義，罔不樂助。時二府泰和王公、三府柳州余公繼署縣事，皆可所請。既而大尹蒲州馮公專委鄉耆朱寅，免其重徭，董領義貲銀一百四十九兩六錢一分，米荳六十石七斗一升，并梁一副。已僅苟完，而朱寅又感免徭之勸，凡若致文之餙，佑文之神，皆有以增其美也。學以好義事終，爰記諸石，一以旌義之助，一以明財之用，且知非一力所能成也。助貲或餘留，為祭田之倡，尚冀發科者續之于後，以贍厥祀，俟修厥敝，庶妥聖裕文以無窮也。吁，知我者謂我心憂，不知我者謂我何求。使知我者恒與我遇，殆可以無憂也耶？

一百二十五　趙永言《跋彭勖教官箴》

年代：明

碑文：

司教之職，猶器之型。型端器正，教立學興。其教維何，四書經史。熟讀其詞，講明其理。理明詞熟，落筆成文。致之于用，靡效不臻。曰嚴曰勤，維教之則。嚴以警惰，勤乃有得。我身克治，其伊敢違。敬服斯語，吾道是輝。

正統紀元，守南京少保兼户部尚書東魯黄公福上書言學校事，廷命大臣議之。越一月，議聞，復可其議。乃于中外遴選學行兼備、堪為師表天下者，得一十三人，加其爵，分巡兩京及諸藩府。前進士建寧郡博吉豐彭公勖明五經，尤精于子史，屢司文衡，通釋《尚書》行于世。咸以公為首薦，擢侍御史。公受任以來，凡輶車所至，諭以聖賢大學之道，俾為師者知所以教，為弟子者知所以學。罔不奉命惟謹。越二載，公著《教官箴》一通，分于學校，以為職教者之規。永言偕訓導會稽翁玭，捧讀再四，詞極簡嚴，得春秋之筆。吁，師道不立久矣，雋永斯箴，不能兢惕，益晋以自立者以，難矣哉。乃謀于縣侯上虞郭世南、丞分宜李子廉、湖南吴得勝、尉延平陳賜福，愿得石刻于講堂之左，朝夕目擊，庶乎有以警于心也。世南曰："果刻之，則永永不泯，非特今之為師者知所勸，殆見後之為師者亦莫不知所勸。侍御公其有功于師道者，不既多乎？先生宜識之也。"時正統四年春後二月望日，浚儀趙永言跋。

一百二十六　黄體勤《重建會饌堂碑》

年代：明

碑文：

帝王造成天下之賢才，惟重夫教養之道焉耳，粤自唐虞夏商，其制莫備于成周，歷漢隋唐宋，尤莫隆于我朝。夫立為學校而豐其廪餼，教養之具，道之在乎外者也；明以禮義，而正其心術，教養之實，道之在乎内者也。教不出乎養之外，養實寓乎教之内，是又聖人造育之深。太祖高皇帝定鼎金陵，首以建學為務，教養之道，内外不遺，鑒百王而垂萬世，是以于今百有餘年，化導旁浹。皇上繼統，益崇儒術。踐祚之初，道辟雍其，作新天下，士氣至矣。猶慮真才未臻實效，復慎選憲臣，分行天下，專理學政。浮梁侍御戴公實膺南畿之命。南畿大江南北，郡衛州縣百二十餘學，生員以逾萬計，而閭巷之學，山林之士不與焉。教化之未易周，莫此為大。至倡以明體適用之學，本諸躬行心得之餘，不為口耳詞章之習，以副聖意，而其條約合本末精粗，靡不悉備。

古趙藺君以進士出知常熟，為政敦尚本實，注意學校，惟以體公之心為心。學舊有會饌堂，歲久棟宇不支，材日以就蠹。藺君申其建立之狀于戴公。公允其請。遂量材授役，以付能者。邑人曹淳聞義而起，愿備木石以自效。百凡費需，君復經畫其宜，一不以屬吏而煩于民。堂初面東，寒暑会食不便，君召諸生而語之，移改南向，高敞宏邃，視舊有加，制度華不及靡，朴不至陋。為堂三間，中廣二丈有奇，左右二間，狹于中之一，深加于廣而高殺于深，庖厨器皿，燦然具新。始工于成化乙未九月初十日丙申，落成于十一月十日乙卯。

嗟夫，教養之道，戴公既已躬行于上，藺君又能力體于下，然吾黨之為教職者，尚當知所以教，而為弟子者亦當知所以學。朝而游焉，進而聚于是堂，暮而習焉，退而坐于是堂。思夫外而學校廪禄所以養吾身，先立其大，不役其小，使身以之而修。思夫内而禮義廉耻所以養吾心，為子盡孝，為臣盡忠，使心以之而正。正心修身之道，不必遠取諸外，宣聖之明訓，皎乎與日月并麗于天。吴國言公子游，孔門高弟，邑之先賢也。試登堂而望焉，西有言氏之里，文學之名尚在乎；南有橋井之古迹，琴水冷冷，猶聞武城弦歌之音乎；東有吴公之祠，儀容嚴肅，恍若講道洙泗之時乎。諸生興高山仰止之思，誠能尋前賢正印之緒，以溯聖人之道，而求無負國家教養之原。制乎外以養其内，養乎内兼修于外，則戴公身心之教，藺君作興之功，于是乎在。苟所學非其所教，所居溺其所養，則非建堂之本意也。體勤蕪陋，愧不足以為教，然所愿于諸子，而因以自勵者，欲其無忝于斯堂。

一百二十七　許成器《新建屏墻記》

年代：明

碑文：

海虞學嵌琴川七弦中，故以風氣勝。惟是門當闤闠，雖一衣還水，為封畛，然刓缺欹仄，輒棙盱衡，重以袒褻之服，喧豗之聲，一無所屏，毋論倚席者、鼓篋者之出入于斯，心厭之久。即形家法且無當焉。蓋學所面為丙位，上直太微，主文明。考之形家言，一曰方正之垣號太微，一曰太微垣局最方正。則丙位形勢必方正，乃與天星符，而文明斯柄，奈之何，令其刓缺欹仄爾爾？顧闤闠之室，强半為署丞徐君業。徐君生平陳誼甚厚，嘗究心于青烏。一日過而凝睇焉，為弗慊也者。歸謀諸子姓，我乃今然後知海虞之人文少遜于疇曩者，丙位之垣局，未以人力補天工也。彼范希文者，豈天人耶？且不難施其宅為黌宫。我又何可吝一儆舍地，而令黌宫無以耀精華？遂捐址深若而赤、廣若而丈，又捐金若而緡。石必貞潤者為堤，無令罅隙；磚必堅緻者為墻，無令參差。躬親部署，要為可久計，以癸巳仲夏經始，迄季夏而工告竣。儼然峻峙于南者，平中準、直中繩而方中矩也，天章地靈備矣。都人士環橋門而觀，咸嘖嘖頌君誼焉。于時邑侯張公先余而諭者裴君嘗欲勒之碑，俱以擢行未果。余繼至，會邑侯段公、寅友訓孫君、葛君時時屬余修已事，余敬諾而未得間。無何，孫君行矣，乃今葛君且之章丘，申屬益力，即不文，其何敢竟成謹責？

余聞之何知仁義，已嚮其利者為有德。今距希文數百年，而吴之人文甲縣宇，疇非起家于其所施之址哉？希文何蕲于為後人德，而後人自嚮其利，實其仁義之自性植者，發于一念之真至而不容已。即天地神明，亦且為之默相而有以顯灼其德于今若是烈也。取徐君以絜雖所施廣狹殊，乃其一念勃發于凝睇之頃，直可與希文覿體相證，而鑒之天地神明者，姑毋皇論。其後有如丁酉之舉于京兆者六人，戊戌之第于大廷者三人，駸駸且還疇囊之盛矣，不亦天之交應之符而為德無已時耶？噫，徐君偶一觸念，即黌宫所久當正之垣位不旋踵而正矣，顧猶外也，吾儕心中亦自有垣位，忍其刓缺而欹仄乎？第發徐君決定志，準之繩之矩之，本來之方正尤當不庚念而即還者，斯又吾儕之第一義，而非堇堇以科第當人文也。愿相與共最之。

徐君名育德，其子姓之隸學者多賢。張公名集義，丙戌進士，餘姚人。段公名然，乙未進士，江夏人。裴君名唐，保昌人。孫君名以會，平樂人。葛君名思賢，丹陽人。咸與觀厥成，法得附書。

一百二十八　孫繼有《詹先生去思碑》

年代：明

碑文：

先是癸未、丙戌之交，琴川有詹先生，婁江有常先生，其教大都循安定之軌而通之以時。諸士子嚴事而則傚之，禮讓彬彬，亦無异胡公弟子。時稱海濱兩先生云。兩先生以成均行為日久矣，其教澤在人，尚□□不能置。近讀《弇州續集》，得《常先生去思碑記》。余素習常先生，其文酷肖其人，弇州非諛詞也。獨怪其集中無及詹先生者，得無弇州謝筆之後，未暇為琴川識所思歟？嘗竊疑之。庚子夏，余適寄迹梁溪，青衿數十輩踵門而請曰："某某，琴川諸博士也。昔有碩師曰詹先生者，去琴川十年所矣。諸士思無所寄，乞先生一言志之。"余謝不敏，諸士復申其請曰："吴中非乏如椽之筆，所以乞言于先生者，以先生直聲在宇内，美不虚，惡不隱，言言皆實録。先生幸賜一言，使知先生者以先生之言重詹先生，知詹先生者且以詹先生之素信先生，則諸士之私也。且某輩非敢踵時俗之套，思去者以媚來者。詹先生去有可思，故思之耳。先生以弱冠領鄉薦，循乙榜，例授教。琴川人或疑其盛年有驕色，至則飲人以和。其引進士類如不及，其可思者一。先生月課諸士，率糊名，次其甲乙，其所識拔者若而人，今半脱穎去矣。餘以孫陽之顧，聲價如昔，而士各争自淬勵，其無負先生之教。琴川士遂雄吴中，其可思者二。故事一干訟牒，諸士率囚首待理，有司挫之以威，常有冤不獲一吐。先生察其冤者，毅然白之公庭。數年中諸士無不白之枉。間有以健訟稱者，繩以大義，靡不悔罪革心，不敢干有司之罔。其可思者三。琴川言公故里，士知學道，而晚近世稍漓矣。先生以禮教範俗，薦紳重諸士，諸士重縉紳，齊民亦無敢越分，長嚚陵誶詈之習。其可思者四。吴中業麟經者邑不數人，又人自珍秘，無廣其傳。先生以耑門名家，日集諸士子，揚確大綱，摽指奥義，每至夜分不倦。常出秘旨，恣傳寫不恡。乃今家藏户説，幾與麻城安福類矣。此又先生大有造于琴川者也，其可思者五。先生鋭于友古而虚于下士，介于褆躬而厚于濟物，他若卻質儀，贍貧士，絶干靖，勤考校，其可思者種種非一事。兹不具述，姑述其大者如此。有師如此，去即忘之，非夫也。去思有無，何足為先生輕重？顧婁江之思寄之弇州之筆，而琴川之思尚未有所寄。竊為諸士耻之。君子樂道人善，先生獨無意乎？"余聞其言，益有感先生之賢也。夫有司之去思十常八九，而廣文之去司百無一焉。非廣文之賢不及有司也，一居要途，一居冷局，則人情寒暄之别耳。先生陟成均，晋廷尉，猶然冷局，而諸士之思久而彌篤若此。其師模遺澤，何遜安定哉？敬述諸士之語，為諸士識不忘，若方之弇州之記常君，則愧無地矣。先生諱仰聖，字惟學，别字時賓，楚之麻城人。

一百二十九　趙國琦《許先生去思碑》

年代：明

碑文：

萬曆已亥之歲，不佞國琦以廬江令上計，故事得轉繁邑，遷令于虞。虞，仲雍、子游二氏之里也。里素多賢，俗龐茂樸敦，衿佩之子，習禮讓，能文章，方鼓篋遜業，即推隆其師傅。不佞未入强，忻忻有師友仁賢之慶矣。比至，接諸生，以次見，蹌蹌翼翼，容止自規。余益暢喜，謂盍簪甫筵，多得魴美，私計必有端人正士，模範作帥，鼓化不倦，不則諸生即襲美扣讓，流風弦歌，冠裳文物，寧盛若此？

既齋三日，展謁文廟，登明倫，就見師傅，則南面而臨函丈之席，表躬而任作人之化者，蓋宛陵之許公焉。余退而慰曰："是人士之宗盟，名教之主持也。多士之翕然彬彬，有繇來矣。"余得與公主賓者歷歲，又得以計事偕公上春官，益殷勤邸舍，以是交公最懽而得公甚悉。蓋公未脱駒齒，便征龍文，擅奇童聖兒之譽，溲雞撰碑，驅雀著賦，已英英玉堂間人物矣。長破萬卷，如都百城，采緗縑之微言，閱典墳之奧旨。嗢膏飫液，摘翡脱犀，寢驚仲舒之龍，夢吐楊雄之鳳。摛詞撰著，真足儷花鬬月，撐霆而挾霜矣。未幾舉孝廉，羽儀南國，鼓幟昭代。公憺不知炫，韜精潛實，讀書益攻。數奇，竟不一第，乃受博士。博士，秦官也，漢儀重學通行修之人，取博古達今之士，道至隆重，吏不稱君，公侯皆拜。自衛宏、桓榮之徒各以家法教授，而化始衰。迨黄初中，學多褊狹，不能親教，止于具員，惟樂文載一人并授五業，道乃愈替。延于末季，倚席興譏，朋徒怠散，而學舍頹敝，鞠為園蔬。則虞傅之得公，豈非微靈二氏，將復振其流風歟？

余悉公之傅虞也，士月有課，歲有程，考德咨行，言宗六經，誼先孝弟。好植潔修者則亟為奬引，高文麗藻者則勤施齒牙。沃良材以莖露，披庶品以春風。博同心于塤篪，鎔躍鐵于爐冶。可謂不汏秕滓，自出菁華。公更身先不斁，樂育無窮。揖太乙而黎燃，受卯金之竹牒；齎油素以染翰，摘鉛槧之麗文。武庫經笥，墨莊書窖，固惟人嘗珍味于鼎鬻，啖芳滋于雞蹠矣。又矧愛惡不争，喜怒不著，是非託古以見意，賓寅耐久而善交。豈非所謂金煉寶摩，春温玉潤者哉？至于飭俎豆，節禮樂，廟庭無跛倚之祭；核名實，嚴賓飲，善良被袞榮之勸。孤忠亮節，必振其苗裔；岩栖莽伏，間發其幽潛。捐餼廪以葺宫，剔奸源而返畝。風猷耿耿，不可淆信，某人所稱方中之美範，人倫之勝業也。他如却修脯，軫孤寒，傅之保之，義兼恩悉，公之嘉惠士者，難殫述已。宜公之立諸生于館下者五年，尊親之者如一日；去廣文而玉堂者兩載，思慕之者無已。時則向之騰芳薦剡，播譽冠冕，又孰不得公之實者哉，悉公者蓋不專不佞琦也。顧謬托金蘭之藉，重申桃李之情，則按其呈請，臚列公之盛徵，礱石勒珉，昭公于不忘，不佞又何辭焉？若曰公天禄石渠之客也，天子方賜公以憑亮之重席，不佞因有所諛詞，則二氏之靈，其鑒我矣。公名成器，字道甫，别號鰲宇，宛陵人。

一百三十　顧雲程《潛白黄公去思碑》

年代：明

碑文：

今著雍君灘歲，潛白黄公由海虞教擢隆安邑令。公以隆安遠在西陲，聞命即行，青囊故篋，翛然上道。虞一時諸士攀轅阻塞，馬首不前。公亦低回，欲留不忍，歌驪駒以别。

公既去，而諸士思益深，請以道旁之片石旌公且志不朽。蓋公之于虞士，其所以漸涵培護者，既與他廣文异，而其教思德澤，浸淫鍥入于人心者，亦與他廣文异。虞自構癸卯之變，士習稍嘩，而士氣亦稍弱。當事者思擇一人董帥之而難其選，時公方治三河之政。三河邊圉下邑，無煩奏刀，兼以兵鏟交迫，公意欲内移。當事者廉公器望，亟以師道寄公。公亦慨然請行，曰："海虞故文學地，巫雍言偃之風想今猶存，予一旦擁皋比踞其上，鎔金揉木，追復彬彬舊物，固予愿也，奈何指為畏途？"至則進諸生而庭訓之，敦以節操，風以廉耻，譚以藝術，暇則為開席講論，陳引經義，隨人箴砭，聞者莫不竦然。每月朔望，師南面，弟子北面，雁行一堂之上而揖遜之，魚魚雁雁，冠裳甚都。諸士又莫不肅然自莊，兢然自檢。曩日喧嚣不共與踣敝不振之習，洗刷殆盡。宫校間矩度一新，皆公之造也。

歲丙午，諸邑令俱上計。吴中諸邑以繁劇甲天下，凡所代攝，廣文無與焉。公獨以碩望推標，遂有鹿城之役。鹿城地哆賦殷，尤號難治，公隨方撫馭，洞中綮窾，餘惟載其清净，與民休息。不三月，鹿城之人無不嘖嘖誦慈君者。公雖署職一時，而棠澤甚溥，鹿城之人咸欲借寇于公，以迫于前令，弗獲竟其施，然足徵公一班矣。公歸而虞士益載慕公，公益樂育諸士，春風披拂，人人醉心。旱麓之章所咏，豈弟作人，公實有焉。宜其教思德澤，浸淫鍥入于人心者，永永不忘也。

今公且考三載之迹，當事者思以内遷擬公，然以公素嫻吏才，復擢為隆安令。非公志也。不佞循覽漢儒林傳，見叔孫通、胡常、匡衡、翟方進、歐陽歙、戴望、鄭玄之徒，所教授子弟滿郡國間，譽成而上，逮有朝脱鱣堂，暮侍台扆者。以公才望如許，詎不堪與叔孫匡翟輩比望并登，而僅以百里羈公，非其職矣。雖然，長才异能，任所剔歷。公局宇宏亮，意識沉煉，吏道既優，師模更偉。其在隆安也，猶之海虞也。异日以守平第一特聞，入侍天子左右，安知不與叔孫匡翟輩後先輝映，榮施宇内？寧是海虞學宫之片石，足志不朽哉？公諱家謀，字智甫，别號潛白，閩之寧化人，由選胄登甲午北畿賢書。

一百三十一　陳綸《三友堂記》

年代：明

碑文：

天下之物，有玄理焉，覽之可以怡暢至情，感之可以聿修懿行。此堂成而植三友于庭之意也。夫斯堂之鼎建，邑侯順軒羅公經其謀，二尹裕齋張公幹其事，中丞虞山陳公翊其成。蓋為予齋居之頹且隘，而廣其游息之所也。工既訖，予日坐起于斯，思慎操履無或妄，謹視聽無或蕩，效古人托物自規之意，爰擇萬卉之中而得三友焉。于松，吾取其貞且勁也；于竹，吾取其貞且潔也；于梅，吾取其貞且芳也。乃樹之為庭實。肅然成行，蓊然成林，隱映差池，秘邃幽閴。從而撫焉玩焉，期不愧于兹焉。或者睹予之適其適，而昧予寓意之遠也，則曰："先生栽佳卉于環堵，構美景于中庭，惟風之至則顥氣徹于洞户矣，惟月之來則清光凝于扃闥矣。仰條幹之秀，聳而眸豁；承蒼翠之密，茂而神爽。先生其抱瀟灑絶塵之資，而喜樂志者乎？"予謂之曰："君子觀物，匪徒嘉其俛仰，美其動息也。用以悟理，用以養德。惟松之有心，君子似之；惟竹之有筠，君子似之；惟梅之有實，君子似之。予景兹三者之居大端、凌霜雪、貫四時也。因取而封植之，灌溉之，凭吾軒，倚吾楹，步吾庭，日相與接遇，而日求其似。則兹三者，允吾三益也，烏得而舍諸？"嗟乎，萬品流形，三物擅其貞，然非養不成。使人剥之芟之，予未見其壽且孳，豈得作清廟之材、造筠天之器、調鼎鼐之味哉？惟士亦然，其禀清英，涵貞懿，嶄然秀出，可楨王國者，亦必養之以至于成也。今立德作範，鄉有虞山公焉；振文敷化，邑有順軒公焉。諸賢之作養也有資矣。凡登斯堂者，盍會予樹物之故以樹德，此又予與諸賢交修之意也。時宗道陳子、子韶陸子聆予言而欣然告曰："先生之意，非文無以揚；先生之文，非石無以紀。請鎸諸石以昭訓，可乎？"遂立石而記乎堂。

一百三十二　鄧韍《留竹堂記》

年代：明

碑文：

常熟職員寓舍凡數區，自令居以下，惟邑博士之居為最善，其中有堂焉，廣四楹，崇可二仞，疏爽完潔，實前人所自作，視他屋更善也。正德六年，閩怡山先生陳公來嗣教事，寓而樂之，曰："凡仕于外者，雖位有崇卑，而各有常職。苟欲事興作以具乎游觀，此于法不得為而于力未能也。顧堂之治于此，吾冒成力而有之，第稍營樹植以備厥觀，是亦可以適性情而了吾事矣。"乃使人入山中，移竹數本，面堂而植焉。歲月既久，竹益長茂。先生講授之暇，輒來嘯咏其下。其詩瀟散平夷，姿韵秀發，要有得于竹者。嘗謂以吾之居此而安焉，雖使為此邦之人，奚不可也。蓋其安而能適有如此者。居七年，念將書滿且去，一日據竹而歎曰："美哉竹乎，吾將去此而安之？然吾之敝敝于斯者，雖幸少逭乎？不恪揆歲成力蓋寡焉，無足道者。吾愧無以遺之諸生，其所遺者竹而已。堂吾不得而專，生吾可得而有。"于是題其堂曰"留竹"，且以附見示永久云。

他日諸生竊相與語，以為先生行修言則，教嚴而專，學法修舉，多士咸造，向之惰窳者思警，顓蒙者得悟，蕩者思節，挾經入室，資應不窮，如飲群河，各得其所欲。而其謙抑靖厚之風，不言而教，有在乎條程節目之外者，是其遺我諸生至矣。今乃謂無所留而在乎竹，是重諸生不敏之罪。斯語其然乎？韍聞而歎曰："是何病先生之于其官也？"蓋古君子之于仕，惟自以為有所不足，而嘗見其業之有餘世之言教者，其任責與否不可得而知，而務聲聞，矜力效，以是擬有司之課者，類然也。而其弊將使學者惑焉，而教有弗尊。今觀先生之名堂，是不以其官自名，而歉然若有不及。姑即寓于物者以自居，即如諸君之所述其宦業，信有餘地矣。雖為遜，夫安得而掩之？後之學者苟未悉乎先生，其請觀乎名堂；苟有見乎名堂，其可易乎先生。召南之棠，京兆之槐，昔之好德者有遺思焉，則斯竹之麗乎堂也，其在乎學，亦可以跐美于前聞矣。吾愿于竹相與謹之勿伐，既以顔于堂，更嗣葺而存之，其可不可也。于是衆皆以韍嘗出先生門，又能言其美，請于同教事禾川顔先生、建寧林先生，俾韍記于堂之壁。韍謝不任，弗獲，乃次第其辭而書之以刻焉。

一百三十三　周光宙《雙桂堂記》

年代：明

碑文：

雙桂堂者，邑博熙齋白先生敷教之堂也。堂以雙桂名者，為熙齋先生起也。蓋邑庠有明倫堂，其西廡之旁，舊為邑博之居，前堂後寢，歷歲滋久，卑敝弗稱。先生下車，教化風行，乃以嘉靖壬寅七月佽俸鳩工，撤其舊而新之。高潔明爽，足為聚徒講學之區。堂之前，謀樹叢桂，以發登科之祥。余仲姪曾辱與先生有道誼之雅，文字之益，乃移家園古桂二株，植之于庭，致敬祝于先生也。昔人以舉雋秋闈為蟾宫折桂，拔士南宫則曰禮闈擢桂，雙桂之植，意者有取于斯與？惟先生以中州之產，青年選貢，循例司訓于吾庠，性行剛方，儀度端雅，重禮教，惇孝義，素蘊經世之學，日與諸生講解要義，懇懇焉體認真切至。選其尤者數十輩，期月再試，以稽其功。辨辭察理，以純其學。而士多造就焉。先生教益修，學益楙，充養益至。凡邑之士夫咸以高捷宏建遠期于先生，兹固先生之所自信而自許者，亦諸弟子相與祝望而無間然者乎？于是姚子庠、徐子南國乃以植桂之意，請命于先生，遂扁其堂曰"雙桂"。索書于光宙，并徵言以為記。

余感而歎曰："桂雖一木之微，傳記特云，月中有仙桂，天香散清馥。信貴重于群植舊矣。如晋郤詵謂對策曰天下第一，猶桂林一枝。五代時竇氏禹鈞五男子競爽，則有丹桂五枝芳之咏。是桂之樹于學宫也，固宜，峹况先生之居，清虚雅静，所樹猶宜。植以深根，培以沃壤，日暄雨潤，以茁其芽蘖，不越三載而有高枝挺生，芳馨流著。先生自寓之意，不既愜矣乎？顧其敷教亦然，崇德以固其本，講學以達其枝，會文以發其葩。亦不越三載而有俊髦夐出，侈名于天下。先生成物之化，不既洽矣乎？是雖預發其詳，理所必至。凡嗣厥後者，克念先生之遺植，敬愛而保護之有加，逾遠逾芳，作為美傳，則兹講堂植桂之意，其稱名也小，其取義也大，其流澤也遠，詎可以細事視之耶？"光宙因不敢以不佞辭，爰叙其事以紀厥祥，且以告夫嗣守者。

右記作于壬寅冬，謀致堂壁間，故久未礱石。越明年癸卯秋，桂枝蕃沃剩芳，先生之高弟瞿子景淳遂膺上選。又明年甲辰春，會試名第一，廷試為第一甲第二人。前所謂高枝挺生，俊髦夐出，信有徵矣。迄今乙未，先生擢袞之泗水學諭，例得應試東藩，嗣當展厥素養，褎然聯捷，以副大夫士屬望之意。物之兆詳端，可期矣。諸士于其行不忍為别，請勒記于壁，圖示不忘。光宙為重識此，以見其本末云。

一百三十四　蔣以忠《常熟縣梅李鎮耆民蘇濤義捐田宅記》

年代：明

碑文：

隆慶三年歲在己巳，實惟我蘇郡刺史春臺蔡公布政之三年，先是境内數有水旱，民多流亡，其賦至累役者代償，公私虚乏，而教化用是弗興。公心惻焉，為下令屬邑俾建義倉，勸民之富者入粟以備歲歉。又建社學，選民子弟之幼者群游其中，以肄小學，大率遵仿先儒象山、考亭兩先生故事，而其所加惠吴民者至矣。顧民敝俗澆，率務為厚積而寡施，未有應命者。久之，吾邑之東鄉梅李鎮有居民蘇濤奉公教令，造公而言曰："濤小人也，居公之田里舊矣，頃者聞公行仁政，社有倉，里有學，自以為千載一時，將使濤等俱蒙至治之澤，幸甚，然竊恶時之多貲者輒自隱不肯出一粟，甚非閣下至意。今小人有産可輸，而且無子，請為衆先之。更籍其平生拮据所得者田五百畝有奇、居室一區以獻。惟公哀憐。賜入之亟下所司度濤所居，自寢室由徑外悉改為義倉、社學，各選人主之，而田則千五百畝之中每歲以一百五十畝之入輸官稅，二百五十畝之入，輸之倉以包補本區之荒糧，輸之塾以供師徒之廪餼，輸之縣學以賚儒生之缺乏。而是歲所餘租穀尚百石，請輸之濟農倉以備賑給，可不可乎？"于是公許之，下其請于縣。縣又使耆人陸雨者取執于其里之人，而具牘報焉。公乃始移獎檄章服其人，而俾縣立石紀其事，以詔于後。

嗟乎，濤可謂義且智矣。凡人自一金，以上無故而捐之，未有不難于色。凡人有蓄産之微，垂老而撫之，未有不嬰于懷。若濤者，觀其所蓄，積銖累寸，量亦難矣。即身乏胤嗣，身存之日尤可以優餘而坐享。而彼之見不出此而出于義，至斥其産若敝屣，然其視民之躭躭逐逐，奔走于利，及年老身獨，深為莫敖氏之慮，而盡捐其貲以佞佛飯僧，求福田利益于冥冥之中者，不亦天淵乎哉？此吾所以為義且智歟，雖然，此亦我春臺公講學之化之所及也，使各鄉之人皆如濤，列邑之民又各如濤，象山、考亭之政，將成之如反掌。雖僻壤窮陬，皆得家禮樂而户詩書矣，而不可以大慰公之心乎？是為記。

一百三十五　張元臣《吴公祠記》

年代：清

碑文：

東吴常熟吴公祠，宋慶元丁巳，知縣事會稽張君應時即學宫講堂東偏，建以祀先賢言氏子游者也。祠成，孫君躬率邑士大夫及子親奠爵釋菜，以妥公靈，禮極備至。文公朱子為之記。厥後改建于王君𤅊，重修于前明唐君禮、胡君漢，迄今又二百餘年，廟貌僅存，祀事弗飭。康熙乙酉春，天子南巡狩幸蘇，言氏裔孫德堅具奏行在，乞賜祠額，增光祀典。天子親灑宸翰，額曰文開吴會。蓋异數也。越五年庚寅，元臣恭膺簡命，視學江南，校閲所至，人文炳蔚，甲于他省。溯厥由來，公實開東南文獻之源，有功于鄉邑甚大，謹具疏依閔子、子貢後裔襲五經博士例，敕下所司，查明子游嫡裔，恭請特簡一人，予以五經博士，俾得世裔，掌祭祀。禮部具覆，應如學臣所請，制曰可。元臣謹按前明世宗朝御史張鰲山、給事沈漢前後疏請，除授言氏嫡孫五經博士。當時止準修葺廟宇，量給祭田。今天子誕敷文教，表彰先賢，不鄙末議，崇德報功之典，遠軼前代，而天章日華，復極焜耀。天子之致崇極于公者如是，為臣子者，其敢弗承？每歲春秋丁日，例祭先聖先賢祠，祝册自京師頒行郡邑，而有司將事者弗親詣公祠下，牲牢酒醴，弗豐弗潔，薦祼登降，弗中儀度，非天子致崇極之意也。

昔昌黎韓氏作《南海神廟碑》，極著刺史孔公齋祓誓衆、宿廟共事之美，而謂前刺史委事于副，弗共厥職。今公祠近附學宫，非若海神廟遠隔海壖，祀宜益虔。先是，蘇藩宜君思恭檄縣，正印官詣致祭以昭崇重。有司奉行弗來。兹乃為之記，并系以詩曰：

公産南方，北學中國。得聖一體，顔閔是埒。南方文獻，公浚其源。詩書禮樂，家歌户弦。流風漸漬，歷禩千百。萬户尸祝，耑祠在邑。惟聖天子，稽古右文。宸章寵錫，録及後昆。祀事弗虔，曷稱德意。春祫秋嘗，邑宰親莅。罇凈爵潔，牲肥酒芳。陟降上下，公儼在堂。東海蒼茫，虞山萃嵲。刻詩于碑，垂示罔極。

後記

江蘇常熟是國家歷史文化名城，是春秋先賢言子的故里。言子是“孔門十哲”之一，他繼承了孔子的儒學思想傳統并加以傳播與發展，“道啓東南”，“文開吴會”，成為江南文化的開創者。南宋慶元三年（1197），知縣孫應時始將吴公祠移至文廟。常熟文廟左為言子祠（吴公祠），中為先師廟，右為明倫堂。修復後的文廟設有碑廊，全長近八十米，裏面陳列了自宋代至清代的碑刻，内容包括皇帝加封、祭祀孔子和修建孔廟、科舉的記錄等。

碑刻，是江南常熟的一個文化亮點。我國自古有刻石立碑之傳統，碑刻是研究地方歷史的珍貴資料，它銘之于石，公之于衆，與社會生活關係密切，所揭示的史實也較為可靠。將這些碑刻文字梳理保存下來，是文物工作者義不容辭的責任。

本書將常熟文廟内的儒學碑刻作了全面的收集、整理，資料豐富，標校認真，圖文并茂，綱目明晰，所收碑刻為讀者提供了第一手的史料，具有歷史文化價值和藝術審美價值。本書收錄了這些碑刻的拓片圖版、點校碑文，并對作者加以簡要介紹，便于讀者閱讀參考。

碑刻的整理和研究是一件極其繁瑣的工作。在編輯過程中，由于館内人力有限，我們遇到了許多困難，比如拓片、錄文、點校和文獻資料的查閱等等。可以説本書的順利出版，凝聚着工作人員的心血和汗水，同時也得到局領導的關注、文史專家的細心點校及常熟市圖書館的支持。在此，謹向關注、支持本書編輯出版的單位和個人致以衷心的謝意。

文廟碑刻作為常熟文廟的文化精髓，在建築和碑廊中陳列展示。這些自宋至清的近六十方碑石，歷經滄桑，依然屹立，記錄着文廟的歷史。《常熟縣重修廟學記》《重修常熟縣儒學記》等碑石可以和史料相互印證；《御制四配贊》《宣聖廟禁約》，可以表明常熟文廟在歷史上的地位；南宋時期的碑刻《常熟縣教育言子諸孫記》是常熟文廟現存年代最早的碑，闡述了教育的重要性，上面記載了當時官府對言子後裔教育的重視。這些碑石蕴含着深厚的歷史文化内涵和較高的書法藝術價值。

本書是常熟文化工作者多年工作的一個結晶，編輯者不斷積累，不斷充實，辛勤編輯、整理，在碑的收集與鑒别、碑文的釋讀與考證上花了大量功夫，以期為廣大讀者研究常熟儒學文化、科舉文化提供參考。

以言子為輝煌標誌的常熟儒學文化是吴文化和江南文化的重要代表，相信這部集子的出版會對當今吴文化、江南文化的研究會産生深遠的影響。

乾隆乙丑歲仲夏月吉
先賢言子故里
賜進士出身知常熟縣事滇南陳蒖纕立石